ŒUVRES COMPLÈTES DE J. MICHELET

HISTOIRE DE FRANCE

MOYEN AGE

ÉDITION DÉFINITIVE, REVUE ET CORRIGÉE

TOME DEUXIÈME

PARIS
ERNEST FLAMMARION, ÉDITEUR
26, RUE RACINE, PRÈS L'ODÉON

Tous droits réservés.

HISTOIRE
DE FRANCE

II

IMPRIMERIE E. FLAMMARION, 26, RUE RACINE, PARIS.

ŒUVRES COMPLÈTES DE J. MICHELET

HISTOIRE
DE FRANCE
MOYEN AGE

ÉDITION DÉFINITIVE, REVUE ET CORRIGÉE

TOME DEUXIÈME

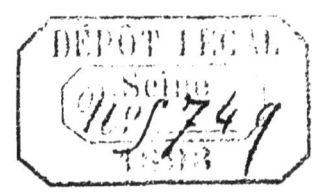

PARIS
ERNEST FLAMMARION, ÉDITEUR
26, RUE RACINE, PRÈS L'ODÉON

Tous droits réservés.

HISTOIRE DE FRANCE

LIVRE III

TABLEAU DE LA FRANCE.

L'histoire de France commence avec la langue française. La langue est le signe principal d'une nationalité. Le premier monument de la nôtre est le serment dicté par Charles-le-Chauve à son frère, au traité de 843. C'est dans le demi-siècle suivant que les diverses parties de la France, jusque-là confondues dans une obscure et vague unité, se caractérisent chacune par une dynastie féodale. Les populations, si longtemps flottantes, se sont enfin fixées et assises. Nous savons maintenant où les prendre, et, en même temps qu'elles existent et agissent à part, elles prennent peu à peu une voix; chacune a son histoire, chacune se raconte elle-même.

La variété infinie du monde féodal, la multiplicité d'objets par laquelle il fatigue d'abord la vue et l'attention, n'en est pas moins la révélation de la France. Pour la première fois elle se produit dans sa forme géographique. Lorsque le vent emporte le vain et uniforme brouillard dont l'empire allemand avait tout couvert et tout obscurci, le pays apparaît, dans ses diversités locales, dessiné par ses montagnes, par ses rivières. Les divisions politiques répondent ici aux divisions physiques. Bien loin qu'il y ait, comme on l'a dit, confusion et chaos, c'est un ordre, une régularité inévitable et fatale. Chose bizarre! nos quatre-vingt-six départements répondent, à peu de chose près, aux quatre-vingt-six districts des Capitulaires, d'où sont sorties la plupart des souverainetés féodales, et la Révolution, qui venait donner le dernier coup à la féodalité, l'a imitée malgré elle.

Le vrai point de départ de notre histoire doit être une division politique de la France, formée d'après sa division physique et naturelle. L'histoire est d'abord toute géographie. Nous ne pouvons raconter l'époque féodale ou *provinciale* (ce dernier nom la désigne aussi bien) sans avoir caractérisé chacune des provinces. Mais il ne suffit pas de tracer la forme géographique de ces diverses contrées; c'est surtout par leurs fruits qu'elles s'expliquent, je veux dire par les hommes et les événements que doit offrir leur histoire. Du point où nous nous plaçons, nous prédirons ce que chacune d'elles doit faire et produire, nous leur marquerons leur destinée, nous les doterons à leur berceau.

Et d'abord contemplons l'ensemble de la France, pour la voir se diviser d'elle-même.

Montons sur un des points élevés des Vosges, ou, si vous voulez, au Jura. Tournons le dos aux Alpes. Nous distinguerons (pourvu que notre regard puisse percer un horizon de trois cents lieues) une ligne onduleuse, qui s'étend des collines boisées du Luxembourg et des Ardennes aux ballons des Vosges ; de là, par les coteaux vineux de la Bourgogne, aux déchirements volcaniques des Cévennes, et jusqu'au mur prodigieux des Pyrénées. Cette ligne est la séparation des eaux : du côté occidental, la Seine, la Loire et la Garonne descendent à l'Océan ; derrière, s'écoulent la Meuse au nord, la Saône et le Rhône au midi. Au loin, deux espèces d'îles continentales : la Bretagne, âpre et basse, simple quartz et granit, grand écueil placé au coin de la France pour porter le coup des courants de la Manche ; d'autre part, la verte et rude Auvergne, vaste incendie éteint avec ses quarante volcans.

Les bassins du Rhône et de la Garonne, malgré leur importance, ne sont que secondaires. La vie forte est au nord. Là s'est opéré le grand mouvement des nations. L'écoulement des races a eu lieu de l'Allemagne à la France dans les temps anciens. La grande lutte politique des temps modernes est entre la France et l'Angleterre. Ces deux peuples sont placés front à front comme pour se heurter ; les deux contrées, dans leurs parties principales, offrent deux pentes en face l'une de l'autre ; ou si l'on veut, c'est une seule vallée dont la Manche est le fond. Ici la Seine et Paris ; là

Londres et la Tamise. Mais l'Angleterre présente à la France sa partie germanique ; elle retient derrière elle les Celtes de Galles, d'Écosse et d'Irlande. La France, au contraire, adossée à ses provinces de langue germanique (Lorraine et Alsace), oppose un front celtique à l'Angleterre. Chaque pays se montre à l'autre par ce qu'il a de plus hostile.

L'Allemagne n'est point opposée à la France, elle lui est plutôt parallèle. Le Rhin, l'Elbe, l'Oder vont aux mers du Nord, comme la Meuse et l'Escaut. La France allemande sympathise d'ailleurs avec l'Allemagne, sa mère. Pour la France romaine et ibérienne, quelle que soit la splendeur de Marseille et de Bordeaux, elle ne regarde que le vieux monde de l'Afrique et de l'Italie, et d'autre part le vague Océan. Le mur des Pyrénées nous sépare de l'Espagne, plus que la mer elle-même ne la sépare de l'Afrique. Lorsqu'on s'élève au-dessus des pluies et des basses nuées jusqu'au *por* de Vénasque, et que la vue plonge sur l'Espagne, on voit bien que l'Europe est finie ; un nouveau monde s'ouvre : devant, l'ardente lumière d'Afrique ; derrière, un brouillard ondoyant sous un vent éternel.

En latitude, les zones de la France se marquent aisément par leurs produits. Au nord, les grasses et basses plaines de Belgique et de Flandre avec leurs champs de lin et de colza, et le houblon, leur vigne amère du Nord. De Reims à la Moselle commence la vraie vigne et le vin ; tout esprit en Champagne, bon et chaud en Bourgogne, il se charge, s'alourdit en Languedoc pour se réveiller à Bordeaux. Le mûrier, l'olivier paraissent à Montauban; mais ces enfants délicats du Midi risquent toujours sous le ciel inégal de la France[1]. En longitude, les zones ne sont pas moins marquées. Nous verrons les rapports intimes qui unissent, comme en une longue bande, les provinces frontières des Ardennes, de Lorraine, de Franche-Comté et de Dauphiné. La ceinture océanique, composée d'une part de Flandre, Picardie et Normandie, d'autre part de Poitou et Guyenne, flotterait dans son immense développement, si elle n'était serrée au milieu par ce dur nœud de la Bretagne.

On l'a dit, *Paris, Rouen, le Havre sont une même ville dont la Seine est la grand'rue.* Éloignez-vous au midi de cette rue magnifique, où les châteaux touchent aux châteaux, les villages aux villages; passez de la Seine inférieure au Calvados, et du Calvados à la Manche, quelles que soient la richesse et la fertilité de la contrée, les villes diminuent de nombre, les cultures aussi; les pâturages augmentent. Le pays est sérieux; il va devenir triste et sauvage. Aux châteaux altiers de la Normandie vont succéder les bas manoirs bretons. Le costume semble suivre le changement de l'architecture. Le bonnet triomphal des femmes de Caux, qui annonce si dignement les filles des conquérants de l'Angleterre, s'évase vers Caen, s'aplatit dès Villedieu; à Saint-Malo, il se divise, et figure au vent, tantôt les ailes d'un moulin, tantôt les voiles d'un vaisseau.

1. *App.* 1.

D'autre part, les habits de peau commencent à Laval. Les forêts qui vont s'épaississant, la solitude de la Trappe, où les moines mènent en commun la vie sauvage, les noms expressifs des villes Fougères et Rennes (Rennes veut dire aussi fougère), les eaux grises de la Mayenne et de la Vilaine, tout annonce la rude contrée.

C'est par là, toutefois, que nous voulons commencer l'étude de la France. L'aînée de la monarchie, la province celtique, mérite le premier regard. De là nous descendrons aux vieux rivaux des Celtes, aux Basques ou Ibères, non moins obstinés dans leurs montagnes que le Celte dans ses landes et ses marais. Nous pourrons passer ensuite aux pays mêlés par la conquête romaine et germanique. Nous aurons étudié la géographie dans l'ordre chronologique, et voyagé à la fois dans l'espace et dans le temps.

La pauvre et dure Bretagne, l'élément résistant de la France, étend ses champs de quartz et de schiste depuis les ardoisières de Châteaulin près Brest jusqu'aux ardoisières d'Angers. C'est là son étendue géologique. Toutefois, d'Angers à Rennes, c'est un pays disputé et flottant, un *border* comme celui d'Angleterre et d'Écosse, qui a échappé de bonne heure à la Bretagne. La langue bretonne ne commence pas même à Rennes, mais vers Elven, Pontivy, Loudéac et Châtelaudren. De là, jusqu'à la pointe du Finistère, c'est la vraie Bretagne, la Bretagne *bretonnante*, pays devenu tout étranger au nôtre, justement parce qu'il est resté trop fidèle à notre état primitif; peu français, tant il est gaulois; et qui nous aurait échappé plus d'une fois, si nous ne le tenions serré, comme dans des pinces et des tenailles, entre quatre villes françaises d'un génie rude et fort : Nantes et Saint-Malo, Rennes et Brest.

Et pourtant cette pauvre vieille province nous a sauvés plus d'une fois; souvent, lorsque la patrie était aux abois et qu'elle désespérait presque, il s'est trouvé des poitrines et des têtes bretonnes plus dures que le fer de l'étranger. Quand les hommes du Nord couraient impunément nos côtes et nos fleuves, la résistance commença par le Breton Noménoé; les Anglais furent repoussés au quatorzième siècle par Duguesclin; au quinzième, par Richelieu; au dix-septième, poursuivis sur toutes les mers par Duguay-Trouin. Les guerres de la liberté religieuse et celles de la liberté politique n'ont pas de gloires plus innocentes et plus pures que Lanoue et Latour d'Auvergne, le premier grenadier de la République. C'est un Nantais, si l'on en croit la tradition, qui aurait poussé le dernier cri de Waterloo : *La garde meurt et ne se rend pas.*

Le génie de la Bretagne, c'est un génie d'indomptable résistance et d'opposition intrépide, opiniâtre, aveugle; témoin Moreau, l'adversaire de Bonaparte. La chose est plus sensible encore dans l'histoire de la philosophie et de la littérature. Le Breton Pélage, qui mit l'esprit stoïcien dans le christianisme, et réclama le premier dans l'Église en faveur de la liberté humaine, eut pour successeurs le Breton Abailard et le Breton Descartes. Tous trois ont donné l'élan à la philosophie de leur siècle. Toutefois, dans Descartes même, le dédain des faits, le mépris de l'histoire et des langues, indiquent assez que ce génie indépendant, qui fonda la psychologie et doubla les mathématiques, avait plus de vigueur que d'étendue [1].

Cet esprit d'opposition, naturel à la Bretagne, est marqué au dernier siècle et au nôtre par deux faits contradictoires en apparence. La même partie de la Bretagne (Saint-Malo, Dinan et Saint-Brieuc) qui a produit, sous Louis XV, Duclos, Maupertuis et La Mettrie, a donné, de nos jours, Chateaubriand et La Mennais.

Jetons maintenant un rapide coup d'œil sur la contrée.

A ses deux portes, la Bretagne a deux forêts, le Bocage normand et le Bocage vendéen; deux villes, Saint-Malo et Nantes, la ville des corsaires et celle des négriers [2]. L'aspect de Saint-Malo est singulièrement laid et sinistre; de plus, quelque chose de bizarre que nous retrouverons par toute la presqu'île, dans les costumes, dans les tableaux, dans les monuments [3]. Petite ville, riche, sombre et triste, nid de vautours ou d'orfraies, tour à tour île et presqu'île selon le flux ou reflux; tout bordé d'écueils sales et fétides, où le varech pourrit à plaisir. Au loin, une côte de rochers blancs, anguleux, découpés comme au rasoir. La guerre

---

1. *App.* 2. — 2. *App.* 3.

3. Par exemple, dans les clochers penchés, ou découpés en jeux de cartes, ou lourdement étagées de balustrades, qu'on voit à Tréguier et à Landerneau; dans la cathédrale tortueuse de Quimper, où le chœur est de travers par rapport à la nef; dans la triple église de Vannes, etc. Saint-Malo n'a pas de cathédrale, malgré ses belles légendes.

est le bon temps pour Saint-Malo; ils ne connaissent pas de plus charmante fête. Quand ils ont eu récemment l'espoir de courir sus aux vaisseaux hollandais, il fallait les voir sur leurs noires murailles avec leurs longues-vues, qui couvaient déjà l'Océan [1].

A l'autre bout, c'est Brest, le grand port militaire, la pensée de Richelieu, la main de Louis XIV; fort, arsenal et bagne, canons et vaisseaux, armées et millions, la force de la France entassée au bout de la France : tout cela dans un port serré, où l'on étouffe entre deux montagnes chargées d'immenses constructions. Quand vous parcourez ce port, c'est comme si vous passiez dans une petite barque entre deux vaisseaux de haut bord; il semble que ces lourdes masses vont venir à vous et que vous allez être pris entre elles. L'impression générale est grande, mais pénible. C'est un prodigieux tour de force, un défi porté à l'Angleterre et à la nature. J'y sens partout l'effort, et l'air du bagne et la chaîne du forçat. C'est justement à cette pointe où la mer, échappée du détroit de la Manche, vient briser avec tant de fureur que nous avons placé le grand dépôt de notre marine. Certes, il est bien gardé. J'y ai vu mille canons [2]. L'on y entrera pas; mais l'on n'en sort pas comme on veut. Plus d'un vaisseau a péri à la passe de Brest [3]. Toute cette côte est un cimetière. Il s'y perd soixante embarcation chaque hiver. La mer est anglaise d'inclination;

---

1. L'auteur était à Saint-Malo au mois de septembre 1831.
2. A l'arsenal, sans compter les batteries (1833).
3. Par exemple, le *Républicain*, vaisseau de cent vingt canons, en 1793.

elle n'aime pas la France; elle brise nos vaisseaux; elle ensable nos ports[1].

Rien de sinistre et formidable comme cette côte de Brest; c'est la limite extrême, la pointe, la proue de l'ancien monde. Là, les deux ennemis sont en face : la terre et la mer, l'homme et la nature. Il faut voir quand elle s'émeut, la furieuse, quelles monstrueuses vagues elle entasse à la pointe de Saint-Mathieu, à cinquante, à soixante, à quatre-vingts pieds; l'écume vole jusqu'à l'église où les mères et les sœurs sont en prière[2]. Et même dans les moments de trêve, quand l'Océan se tait, qui a parcouru cette côte funèbre sans dire ou sentir en soi : *Tristis usque ad mortem?*

C'est qu'en effet il y a là pis que les écueils, pis que la tempête. La nature est atroce, l'homme est atroce, et ils semblent s'entendre. Dès que la mer leur jette un pauvre vaisseau, ils courent à la côte, hommes, femmes et enfants; ils tombent sur cette curée. N'espérez pas arrêter ces loups, ils pilleraient tranquillement sous le feu de la gendarmerie[3]. Encore s'ils attendaient toujours le naufrage, mais on assure qu'ils l'ont souvent préparé. Souvent, dit-on, une vache, promenant à ses cornes un fanal mouvant, a mené les

---

1. Dieppe, le Havre, La Rochelle, Cette, etc.
2.   *Goélans, goélans,*
     Ramenez-nous nos maris, nos amans!
3. Attesté par les gendarmes mêmes. Du reste, ils semblent envisager le *bris* comme une sorte de droit d'alluvion. Ce terrible droit de *bris* était, comme on sait, l'un des privilèges féodaux les plus lucratifs. Le vicomte de Léon disait, en parlant d'un écueil : « J'ai là une pierre plus précieuse que celles qui ornent la couronne des rois. »

vaisseaux sur les écueils. Dieu sait alors quelles scènes de nuit! On en a vu qui, pour arracher une bague au doigt d'une femme qui se noyait, lui coupaient le doigt avec les dents[1].

L'homme est dur sur cette côte. Fils maudit de la création, vrai Caïn, pourquoi pardonnerait-il à Abel? La nature ne lui pardonne pas. La vague l'épargne-t-elle quand, dans les terribles nuits de l'hiver, il va par les écueils attirer le varech flottant qui doit engraisser son champ stérile, et que si souvent le flot apporte l'herbe et emporte l'homme? L'épargne-t-elle quand il glisse en tremblant sous la pointe du Raz, aux rochers rouges où s'abîme *l'enfer de Plogoff*, à côté de la *baie des Trépassés*, où les courants portent les cadavres depuis tant de siècles? C'est un proverbe breton : « Nul n'a passé le Raz sans mal ou sans frayeur. » Et encore : « Secourez-moi, grand Dieu, à la pointe du « Raz, mon vaisseau est si petit, et la mer est si « grande[2]! »

Là, la nature expire, l'humanité devient morne et froide. Nulle poésie, peu de religion; le christianisme y est d'hier. Michel Noblet fut l'apôtre de Batz en 1648. Dans les îles de Sein, de Batz, d'Ouessant, les mariages sont tristes et sévères. Les sens y semblent éteints; plus d'amour, de pudeur, ni de jalousie. Les filles font, sans rougir, les démarches pour leur mariage[3]. La

---

1. Je rapporte cette tradition du pays sans la garantir. Il est superflu d'ajouter que la trace de ces mœurs barbares disparaît chaque jour.
2. *Voyage de Cambry.*
3. *Ibid.* — Dans les Hébrides et autres îles, l'homme prenait la femme à l'essai pour un an; si elle ne lui convenait pas, il la cédait à un autre. *App.* 4.

femme y travaille plus que l'homme, et dans les îles d'Ouessant elle y est plus grande et plus forte. C'est qu'elle cultive la terre ; lui, il reste assis au bateau, bercé et battu par la mer, sa rude nourrice. Les animaux aussi s'altèrent et semblent changer de nature. Les chevaux, les lapins sont d'une étrange petitesse dans ces îles.

Asseyons-nous à cette formidable pointe du Raz, sur ce rocher miné, à cette hauteur de trois cents pieds, d'où nous voyons sept lieues de côtes. C'est ici, en quelque sorte, le sanctuaire du monde celtique. Ce que vous apercevez par delà la baie des Trépassés, est l'île de Sein, triste banc de sable sans arbres et presque sans abri ; quelques familles y vivent, pauvres et compatissantes, qui, tous les ans, sauvent des naufragés. Cette île était la demeure des vierges sacrées qui donnaient aux Celtes beau temps ou naufrage. Là, elles célébraient leur triste et meurtrière orgie ; et les navigateurs entendaient avec effroi de la pleine mer le bruit des cymbales barbares. Cette île, dans la tradition, est le berceau de Myrdhyn, le Merlin du moyen âge. Son tombeau est de l'autre côté de la Bretagne, dans la forêt de Broceliande, sous la fatale pierre où sa Vyvyan l'a enchanté.

Tous ces rochers que vous voyez, ce sont des villes englouties ; c'est Douarnenez, c'est Is, la Sodome bretonne ; ces deux corbeaux, qui vont toujours volant lourdement au rivage, ne sont rien autre que les âmes du roi Grallon et de sa fille ; et ces sifflements qu'on croirait ceux de la tempête, sont les *crierien*, ombres des naufragés qui demandent la sépulture.

A Lanvau, près Brest, s'élève, comme la borne du continent, une grande pierre brute. De là, jusqu'à Lorient, et de Lorient à Quiberon et Carnac, sur toute la côte méridionale de la Bretagne, vous ne pouvez marcher un quart d'heure sans rencontrer quelques-uns de ces monuments informes qu'on appelle druidiques. Vous les voyez souvent de la route dans des landes couvertes de houx et de chardons. Ce sont de grosses pierres basses, dressées et souvent un peu arrondies par le haut ; ou bien, une table de pierre portant sur trois ou quatre pierres droites. Qu'on veuille y voir des autels, des tombeaux, ou de simples souvenirs de quelque événement, ces momuments ne sont rien moins qu'imposants, quoi qu'on ait dit. Mais l'impression en est triste, ils ont quelque chose de singulièrement rude et rebutant. On croit sentir dans ce premier essai de l'art une main déjà intelligente, mais aussi dure, aussi peu humaine que le roc qu'elle a façonné. Nulle inscription, nul signe, si ce n'est peut-être sous les pierres renversées de Loc-Maria-Ker, encore si peu distincts qu'on est tenté de les prendre pour des accidents naturels. Si vous interrogez les gens du pays, ils répondront brièvement que ce sont les maisons des Korrigans, des Courils, petits hommes lascifs qui, le soir, barrent le chemin, et vous forcent de danser avec eux jusqu'à ce que vous en mouriez de fatigue. Ailleurs, ce sont les fées qui, descendant des montagnes en filant, ont apporté ces rocs dans leur tablier[1]. Ces pierres éparses sont toute une noce pétrifiée. Une pierre isolée, vers Morlaix, témoigne du malheur d'un paysan qui, pour avoir blasphémé, a été avalé par la lune[2].

Je n'oublierai jamais le jour où je partis de grand matin d'Auray, la ville sainte des chouans, pour visiter, à quelques lieues, les grands monuments druidiques de Loc-Maria-Ker et de Carnac. Le premier de ces villages, à l'embouchure de la sale et fétide rivière d'Auray, *avec ses îles du Morbihan, plus nombreuses qu'il n'y a de jours dans l'an*, regarde par-dessus une petite baie la plage de Quiberon, de sinistre mémoire. Il tombait du brouillard, comme il y en a sur ces côtes la moitié de l'année. De mauvais ponts sur des marais, puis le bas et sombre manoir avec la longue avenue de chênes qui s'est religieusement conservée en Bretagne; des bois fourrés et bas, où les vieux arbres même ne s'élèvent jamais bien haut; de temps en temps un paysan qui passe sans regarder; mais il vous a bien vu avec son œil oblique d'oiseau de nuit. Cette figure explique leur fameux cri de guerre, et le nom de *chouans*, que leur donnaient les *bleus*. Point de maisons sur les chemins; ils reviennent chaque soir au village. Partout de grandes landes, tristement parées

---

1. C'est la forme que la tradition prend dans l'Anjou. Transplantée dans les belles provinces de la Loire, elle revêt ainsi un caractère gracieux, et toutefois grandiose dans sa naïveté.

2. Cet astre est toujours redoutable aux populations celtiques. Ils lui disent pour en détourner la malfaisante influence : « Tu nous trouves bien, laisse-nous bien. » Quand elle se lève, ils se mettent à genoux, et disent un *Pater* et un *Ave*. Dans plusieurs lieux, ils l'appellent Notre-Dame. *App.* 5.

de bruyères roses et de diverses plantes jaunes; ailleurs, ce sont des campagnes blanches de sarrasin. Cette neige d'été, ces couleurs sans éclat et comme flétries d'avance, affligent l'œil plus qu'elles ne le récréent, comme cette couronne de paille et de fleurs dont se pare la folle d'*Hamlet*. En avançant vers Carnac, c'est encore pis. Véritables plaines de roc où quelques moutons noirs paissent le caillou. Au milieu de tant de pierres, dont plusieurs sont dressées d'elles-mêmes, les alignements de Carnac n'inspirent aucun étonnement. Il en reste quelques centaines debout; la plus haute a quatorze pieds

Le Morbihan est sombre d'aspect et de souvenirs; pays de vieilles haines, de pèlerinages et de guerre civile, terre de caillou et race de granit. Là, tout dure; le temps y passe plus lentement. Les prêtres y sont très forts. C'est pourtant une grave erreur de croire que ces populations de l'Ouest, bretonnes et vendéennes, soient profondément religieuses : dans plusieurs cantons de l'Ouest, le saint qui n'exauce pas les prières risque d'être vigoureusement fouetté[1]. En Bretagne, comme en Irlande, le catholicisme est cher aux hommes comme symbole de la nationalité. La religion y a surtout une influence politique. Un prêtre irlandais qui se fait ami des Anglais est bientôt chassé du pays. Nulle église, au moyen âge, ne resta plus longtemps indépendante de Rome que celle d'Irlande et de Bretagne. La dernière essaya longtemps de se

---

1. Dans la Cornouaille. — Il leur est arrivé de même dans les guerres des chouans de battre leurs chefs, et de leur obéir un moment après.

soustraire à la primatie de Tours, et lui opposa celle de Dol.

La noblesse innombrable et pauvre de la Bretagne était plus rapprochée du laboureur. Il y avait là aussi quelque chose des habitudes du clan. Une foule de familles de paysans se regardaient comme nobles ; quelques-uns se croyaient descendus d'Arthur ou de la fée Morgane, et plantaient, dit-on, des épées pour limites à leurs champs. Ils s'asseyaient et se couvraient devant leur seigneur en signe d'indépendance. Dans plusieurs parties de la province, le servage était inconnu : les domaniers et quevaisiers, quelque dure que fût leur condition, étaient libres de leur corps, si leur terre était serve. Devant le plus fier des Rohan [1], ils se seraient redressés en disant, comme ils font, d'un ton si grave : *Me zo deuzar armoriq* : « Et moi aussi je suis Breton ». Un mot profond a été dit sur la Vendée, et il s'applique aussi à la Bretagne : *Ces populations sont au fond républicaines* [2]; républicanisme social, non politique.

Ne nous étonnons pas que cette race celtique, la plus obstinée de l'ancien monde, ait fait quelques efforts dans les derniers temps pour prolonger encore sa nationalité ; elle l'a défendue de même au moyen âge. Pour que l'Anjou prévalût au douzième siècle sur la Bretagne, il a fallu que les Plantagenets devinssent, par deux mariages, rois d'Angleterre et

---

1. On connaît les prétentions de cette famille descendue des Mac Tiern de Léon. Au seizième siècle, ils avaient pris cette devise qui résume leur histoire : « *Roi ne puis, prince ne daigne, Rohan suis.* » — 2. *App.* 6.

ducs de Normandie et d'Aquitaine. La Bretagne, pour leur échapper, s'est donnée à la France, mais il leur a fallu encore un siècle de guerre entre les partis français et anglais, entre les Blois et les Montfort. Quand le mariage d'Anne avec Louis XII eut réuni la province au royaume, quand Anne eut écrit sur le château de Nantes la vieille devise du château des Bourbons (*Qui qu'en grogne, tel est mon plaisir*), alors commença la lutte légale des États, du Parlement de Rennes, sa défense du droit coutumier contre le droit romain, la guerre des privilèges provinciaux contre la centralisation monarchique. Comprimée durement par Louis XIV[1], la résistance recommença sous Louis XV, et La Chalotais, dans un cachot de Brest, écrivit avec un cure-dents son courageux factum contre les jésuites.

Aujourd'hui la résistance expire, la Bretagne devient peu à peu toute France. Le vieil idiome, miné par l'infiltration continuelle de la langue française, recule peu à peu. Le génie de l'improvisation poétique, qui a subsisté si longtemps chez les Celtes d'Irlande et d'Écosse, qui chez nos Bretons même n'est pas tout à fait éteint, devient pourtant une singularité rare. Jadis, aux demandes de mariage, le bazvalan[2] chantait un couplet de sa composition ; la jeune fille répondait quelques vers ; aujourd'hui ce sont des formules apprises

---

1. Voy. les Lettres de madame de Sévigné, 1675, de septembre en décembre. Il y eut un très grand nombre d'hommes roués, pendus, envoyés aux galères. Elle en parle avec une légèreté qui fait mal.

2. Le bazvalan était celui qui se chargeait de demander les filles en mariage. C'était le plus souvent un tailleur, qui se présentait avec un bas bleu et un bas blanc.

par cœur qu'ils débitent. Les essais, plus hardis qu'heureux des Bretons qui ont essayé de raviver par la science la nationalité de leur pays, n'ont été accueillis que par la risée. Moi-même j'ai vu à T*** le savant ami de Le Brigant, le vieux M. D*** (qu'ils ne connaissent que sous le nom de M. Système). Au milieu de cinq ou six mille volumes dépareillés, le pauvre vieillard, seul, couché sur une chaise séculaire, sans soin filial, sans famille, se mourait de la fièvre entre une grammaire irlandaise et une grammaire hébraïque. Il se ranima pour me déclamer quelques vers bretons sur un rythme emphatique et monotone qui, pourtant, n'était pas sans charme. Je ne pus voir, sans compassion profonde, ce représentant de la nationalité celtique, ce défenseur expirant d'une langue et d'une poésie expirantes.

Nous pouvons suivre le monde celtique, le long de la Loire, jusqu'aux limites géologiques de la Bretagne, aux ardoisières d'Angers; ou bien jusqu'au grand monument druidique de Saumur, le plus important peut-être qui reste aujourd'hui; ou encore jusqu'à Tours, la métropole ecclésiastique de la Bretagne, au moyen âge.

Nantes est un demi-Bordeaux, moins brillant et plus sage, mêlé d'opulence coloniale et de sobriété bretonne. Civilisé entre deux barbaries, commerçant entre deux guerres civiles, jeté là comme pour rompre la communication. A travers passe la grande Loire, tourbillonnant entre la Bretagne et la Vendée; le fleuve des noyades. *Quel torrent!* écrivait Carrier, enivré de la poésie de son crime, *quel torrent révolutionnaire que cette Loire!*

C'est à Saint-Florent, au lieu même où s'élève la colonne du Vendéen Bonchamps, qu'au neuvième siècle le Breton Noménoé, vainqueur des Northmans, avait dressé sa propre statue; elle était tournée vers l'Anjou, vers la France, qu'il regardait comme sa proie[1]. Mais l'Anjou devait l'emporter. La grande féodalité dominait chez cette population plus disciplinable; la Bretagne, avec son innombrable petite noblesse, ne pouvait faire de grande guerre ni de conquête. La *noire ville* d'Angers porte, non seulement dans son vaste château et dans sa tour du Diable, mais sur sa cathédrale même, ce caractère féodal. Cette église de Saint-Maurice est chargée, non de saints, mais de chevaliers armés de pied en cap: toutefois ses flèches boiteuses, l'une sculptée, l'autre nue, expriment suffisamment la destinée incomplète de l'Anjou. Malgré sa belle position sur le triple fleuve de la Maine, et si près de la Loire, où l'on distingue à leur couleur les eaux des quatre provinces, Angers dort aujourd'hui. C'est bien assez d'avoir quelque temps réuni sous ses Plantagenets l'Angleterre, la Normandie, la Bretagne et l'Aquitaine; d'avoir plus tard, sous le bon René et ses fils, possédé, disputé, revendiqué du moins les trônes de Naples, d'Aragon, de Jérusalem et de Provence, pendant que sa fille Marguerite soutenait la Rose rouge contre la Rose

---

1. Charles-le-Chauve, à son tour, s'en fit élever une en regard de la Bretagne.

blanche, et Lancastre contre York. Elles dorment aussi au murmure de la Loire, les villes de Saumur et de Tours, la capitale du protestantisme, et la capitale du catholicisme[1] en France; Saumur, le petit royaume des prédicants et du vieux Duplessis-Mornay, contre lesquels leur bon ami Henri IV bâtit La Flèche aux jésuites. Son château de Mornay, et son prodigieux *dolmen*[2] font toujours de Saumur une ville historique. Mais bien autrement historique est la bonne ville de Tours, et son tombeau de saint Martin, le vieil asile, le vieil oracle, le Delphes de la France, où les Mérovingiens venaient consulter les sorts, ce grand et lucratif pèlerinage pour lequel les comtes de Blois et d'Anjou ont tant rompu de lances. Mans, Angers, toute la Bretagne, dépendaient de l'archevêché de Tours; ses chanoines, c'étaient les Capets et les ducs de Bourgogne, de Bretagne, et le comte de Flandre et le patriarche de Jérusalem, les archevêques de Mayence, de Cologne, de Compostelle. Là, on battait monnaie, comme à Paris; là, on fabriqua de bonne heure la soie, les tissus précieux et aussi, s'il faut le dire, ces confitures, ces rillettes, qui ont rendu Tours et Reims également célèbres; villes de prêtres et de sensualité. Mais Paris, Lyon et Nantes ont fait tort à l'industrie de Tours. C'est la faute aussi de ce doux soleil, de cette molle Loire; le travail est chose contre nature dans ce paresseux climat de Tours, de Blois et de Chinon, dans cette patrie de Rabelais, près du tombeau d'Agnès

---

1. Du moins à l'époque mérovingienne. — 2. *App.* 7.

Sorel. Chenonceaux, Chambord, Montbazon, Langeais, Loches, tous les favoris et favorites de nos rois, ont leurs châteaux le long de la rivière. C'est le pays du *rire* et du *rien faire*. Vive verdure en août comme en mai, des fruits, des arbres. Si vous regardez du bord, l'autre rive semble suspendue en l'air, tant l'eau réfléchit fidèlement le ciel : le sable au bas, puis le saule qui vient boire dans le fleuve; derrière, le peuplier, le tremble, le noyer et les îles fuyant parmi les îles; en montant, des têtes rondes d'arbres qui s'en vont moutonnant doucement les uns sur les autres. Molle et sensuelle contrée ! c'est bien ici que l'idée dut venir de faire la femme reine des monastères, et de vivre sous elle dans une voluptueuse obéissance, mêlée d'amour et de sainteté. Aussi jamais abbaye n'eut la splendeur de Fontevrault[1]. Il en reste aujourd'hui cinq églises. Plus d'un roi voulut y être enterré : même le farouche Richard Cœur-de-Lion leur légua son cœur; il croyait que ce cœur meurtrier et parricide finirait par reposer peut-être dans une douce main de femme, et sous la prière des vierges.

Pour trouver sur cette Loire quelque chose de moins mou et de plus sévère, il faut remonter au coude par lequel elle s'approche de la Seine, jusqu'à la sérieuse Orléans, ville de légistes au moyen âge, puis calviniste, puis janséniste, aujourd'hui industrielle. Mais je parlerai plus tard du centre de la France; il me tarde de pousser au midi; j'ai parlé des Celtes de

1. *App.* 8.

Bretagne, je veux m'acheminer vers les Ibères, vers les Pyrénées.

Le Poitou, que nous trouvons de l'autre côté de la Loire, en face de la Bretagne et de l'Anjou, est un pays formé d'éléments très divers, mais non point mélangés. Trois populations fort distinctes y occupent trois bandes de terrains qui s'étendent du nord au midi. De là les contradictions apparentes qu'offre l'histoire de cette province. Le Poitou est le centre du calvinisme au seizième siècle, il recrute les armées de Coligny, et tente la fondation d'une république protestante ; et c'est du Poitou qu'est sortie de nos jours l'opposition catholique et royaliste de la Vendée. La première époque appartient surtout aux hommes de la côte ; la seconde, surtout au Bocage vendéen. Toutefois l'une et l'autre se rapportent à un même principe, dont le calvinisme républicain, dont le royalisme catholique n'ont été que la forme : esprit indomptable d'opposition au gouvernement central.

Le Poitou est la bataille du Midi et du Nord. C'est près de Poitiers que Clovis a défait les Goths, que Charles-Martel a repoussé les Sarrasins, que l'armée anglo-gasconne du prince Noir a pris le roi Jean. Mêlé de droit romain et de droit coutumier, donnant ses légistes au Nord, ses troubadours au Midi, le Poitou est lui-même comme sa Mélusine[1], assemblage de natures diverses, moitié femme et moitié serpent. C'est dans le pays du mélange, dans le pays des

---

1. Voy. les Éclaircissements.

mulets et des vipères[1], que ce mythe étrange a dû naître.

Ce génie mixte et contradictoire a empêché le Poitou de rien achever; il a tout commencé. Et d'abord la vieille ville romaine de Poitiers, aujourd'hui si solitaire, fut, avec Arles et Lyon, la première école chrétienne des Gaules. Saint-Hilaire a partagé les combats d'Athanase pour la divinité de Jésus-Christ. Poitiers fut pour nous, sous quelques rapports, le berceau de la monarchie, aussi bien que du christianisme. C'est de sa cathédrale que brilla pendant la nuit la colonne de feu qui guida Clovis contre les Goths. Le roi de France était abbé de Saint-Hilaire de Poitiers, comme de Saint-Martin de Tours. Toutefois cette dernière église, moins lettrée, mais mieux située, plus populaire, plus féconde en miracles, prévalut sur sa sœur aînée. La dernière lueur de la poésie latine avait brillé à Poitiers avec Fortunat; l'aurore de la littérature moderne y parut au douzième siècle; Guillaume VII est le premier troubadour. Ce Guillaume, excommunié pour avoir enlevé la vicomtesse de Châtellerault, conduisit, dit-on, cent mille hommes à la terre sainte[2], mais il emmena aussi la foule de ses maîtresses[3]. C'est de lui qu'un vieil auteur dit : « Il fut bon troubadour, bon chevalier d'armes, et courut longtemps le monde pour tromper les dames. » Le

---

1. *App.* 9.
2. Il arriva avec six hommes devant Antioche.
8. L'évêque d'Angoulême lui disait : « Corrigez-vous »; le comte lui répondit : « Quand tu te peigneras. » L'évêque était chauve.

Poitou semble avoir été alors un pays de libertins spirituels et de libres penseurs. Gilbert de la Porée, né à Poitiers, et évêque de cette ville, collègue d'Abailard à l'école de Chartres, enseigna avec la même hardiesse, fut comme lui attaqué par saint Bernard, se rétracta comme lui, mais ne se releva pas comme le logicien breton. La philosophie poitevine naît et meurt avec Gilbert.

La puissance politique du Poitou n'eut guère meilleure destinée. Elle avait commencé au neuvième siècle par la lutte que soutint contre Charles-le-Chauve, Aymon, père de Renaud, comte de Gascogne, et frère de Turpin, comte d'Angoulême. Cette famille voulait être issue des deux fameux héros de romans, saint Guillaume de Toulouse et Gérard de Roussillon, comte de Bourgogne. Elle fut en effet grande et puissante, et se trouva quelque temps à la tête du Midi. Ils prenaient le titre de ducs d'Aquitaine, mais ils avaient trop forte partie dans les populations de Bretagne et d'Anjou, qui les serraient au nord; les Angevins leur enlevèrent partie de la Touraine, Saumur, Loudun, et les tournèrent en s'emparant de Saintes. Cependant les comtes de Poitou s'épuisaient pour faire prévaloir dans le Midi, particulièrement sur l'Auvergne, sur Toulouse, ce grand titre de ducs d'Aquitaine; ils se ruinaient en lointaines expéditions d'Espagne et de Jérusalem; hommes brillants et prodigues, chevaliers troubadours souvent brouillés avec l'Église, mœurs légères et violentes, adultères célèbres, tragédies domestiques. Ce n'était pas la première fois qu'une comtesse de Poitiers assassinait sa rivale, lorsque la jalouse Éléonore de Guyenne fit périr la belle Rosemonde dans le labyrinthe où son époux l'avait cachée.

Les fils d'Éléonore, Henri, Richard Cœur-de-Lion et Jean, ne surent jamais s'ils étaient Poitevins ou Anglais, Angevins ou Normands. Cette lutte intérieure de deux natures contradictoires se représenta dans leur vie mobile et orageuse. Henri III, fils de Jean, fut gouverné par les Poitevins; on sait quelles guerres civiles il en coûta à l'Angleterre. Une fois réuni à la monarchie, le Poitou du *marais* et de la plaine se laissa aller au mouvement général de la France. Fontenay fournit de grands légistes, les Tiraqueau, les Besly, les Brisson. La noblesse du Poitou donna force courtisans habiles (Thouars, Mortemart, Meilleraye, Mauléon). Le plus grand politique et l'écrivain le plus populaire de la France appartiennent au Poitou oriental : Richelieu et Voltaire ; ce dernier, né à Paris, était d'une famille de Parthenay [1].

Mais ce n'est pas là toute la province. Le plateau des deux Sèvres verse ses rivières, l'une vers Nantes, l'autre vers Niort et La Rochelle. Les deux contrées excentriques qu'elles traversent, sont fort isolées de la France. La seconde, petite Hollande [2], répandue en marais, en canaux, ne regarde que l'Océan, que La Rochelle. La *ville blanche* [3] comme la ville noire,

---

1. Il y aurait encore des Arouet dans les environs de cette ville, au village de Saint-Loup. — 2. *App.* 10.

3. Les Anglais donnaient autrefois ce nom à La Rochelle, à cause du reflet de la lumière sur les rochers et les falaises.

La Rochelle comme Saint-Malo, fut originairement un asile ouvert par l'Église aux juifs, aux serfs, aux *colibert*s du Poitou. Le pape protégea l'une comme l'autre [1] contre les seigneurs. Elles grandirent affranchies de dîme et de tribut. Une foule d'aventuriers, sortis de cette populace sans nom, exploitèrent les mers comme marchands, comme pirates; d'autres exploitèrent la cour et mirent au service des rois leur génie démocratique, leur haine des grands. Sans remonter jusqu'au serf Leudaste, de l'île de Rhé, dont Grégoire de Tours nous a conservé la curieuse histoire, nous citerons le fameux cardinal de Sion, qui arma les Suisses pour Jules II, les chanceliers Olivier sous Charles IX, Balue et Doriole sous Louis XI; ce prince aimait à se servir de ces intrigants, sauf à les loger ensuite dans une cage de fer.

La Rochelle crut un instant devenir une Amsterdam, dont Coligny eût été le Guillaume d'Orange. On sait les deux fameux sièges contre Charles IX et Richelieu, tant d'efforts héroïques, tant d'obstination, et ce poignard que le maire avait déposé sur la table de l'Hôtel de Ville, pour celui qui parlerait de se rendre. Il fallut bien qu'ils cédassent pourtant, quand l'Angleterre, trahissant la cause protestante et son propre intérêt, laissa Richelieu fermer leur port; on distingue encore à la marée basse les restes de l'immense digue. Isolée de la mer, la ville amphibie ne fit plus que languir. Pour mieux la museler, Rochefort

---

1. *App.* 11.

fut fondé par Louis XIV à deux pas de La Rochelle, le port du roi à côté du port du peuple.

Il y avait pourtant une partie du Poitou qui n'avait guère paru dans l'histoire, que l'on connaissait peu et qui s'ignorait elle-même. Elle s'est révélée par la guerre de la Vendée. Le bassin de la Sèvre nantaise, les sombres collines qui l'environnent, tout le Bocage vendéen, telle fut la principale et première scène de cette guerre terrible qui embrasa tout l'Ouest. Cette Vendée qui a quatorze rivières, et pas une navigable [1] pays perdu dans ses haies et ses bois, n'était, quoi qu'on ait dit, ni plus religieuse, ni plus royaliste que bien d'autres provinces frontières, mais elle tenait à ses habitudes. L'ancienne monarchie, dans son imparfaite centralisation, les avait peu troublées; la Révolution voulut les lui arracher et l'amener d'un coup à l'unité nationale; brusque et violente, portant partout une lumière subite, elle effaroucha ces fils de la nuit. Ces paysans se trouvèrent des héros. On sait que le voiturier Cathelineau pétrissait son pain quand il entendit la proclamation républicaine; il essuya tout simplement ses bras et prit son fusil [2]. Chacun en fit autant et l'on marcha droit aux *bleus*. Et ce ne fut pas homme à homme, dans les bois, dans les ténèbres, comme les chouans de Bretagne, mais en masse, en corps de

---

1. *App.* 12.
2. Il résulte de l'interrogatoire de d'Elbée que la véritable cause de l'insurrection vendéenne fut la levée de 300.000 hommes décrétée par la République. Les Vendéens haïssent le service militaire, qui les éloigne de chez eux. Lorsqu'il a fallu fournir un contingent pour la garde de Louis XVIII, il ne s'est pas trouvé un seul volontaire.

peuple et en plaine. Ils étaient près de cent mille au siège de Nantes. La guerre de Bretagne est comme une ballade guerrière du *border* écossais, celle de Vendée une iliade.

En avançant vers le Midi, nous passerons la sombre ville de Saintes et ses belles campagnes, les champs de bataille de Taillebourg et de Jarnac, les grottes de la Charente et ses vignes dans les marais salants. Nous traverserons même rapidement le Limousin, ce pays élevé, froid, pluvieux[1], qui verse tant de fleuves. Ses belles collines granitiques, arrondies en demi-globes, ses vastes forêts de châtaigniers, nourrissent une population honnête, mais lourde, timide et gauche par indécision. Pays souffrant, disputé si longtemps entre l'Angleterre et la France. Le bas Limousin est autre chose; le caractère remuant et spirituel des Méridionaux y est déjà frappant. Les noms des Ségur, des Saint-Aulaire, des Noailles, des Ventadour, des Pompadour, et surtout des Turenne, indiquent assez combien les hommes de ce pays se sont rattachés au pouvoir central et combien ils y ont gagné. Ce drôle de cardinal Dubois était de Brives-la-Gaillarde.

Les montagnes du haut Limousin se lient à celles de l'Auvergne, et celles-ci avec les Cévennes. L'Auvergne est la vallée de l'Allier, dominée à l'ouest par la masse du Mont-Dore qui s'élève entre le Pic ou Puy-de-Dôme et la masse du Cantal. Vaste incendie éteint, aujourd'hui paré presque partout d'une forte et rude végéta-

---

1. Proverbe : « Le Limousin ne périra pas par sécheresse. »

tion[1]. Le noyer pivote sur le basalte, et le blé germe sur la pierre ponce[2]. Les feux intérieurs ne sont pas tellement assoupis que certaine vallée ne fume encore, et que les *étouffis* du Mont-Dore ne rappellent la Solfatare et la Grotte du Chien. Villes noires, bâties de lave (Clermont, Saint-Flour, etc.). Mais la campagne est belle, soit que vous parcouriez les vastes et solitaires prairies du Cantal et du Mont-Dore, au bruit monotone des cascades, soit que, de l'île basaltique où repose Clermont, vous promeniez vos regards sur la fertile Limagne et sur le Puy-de-Dôme, ce joli *dé à coudre* de sept cents toises, voilé, dévoilé tour à tour par les nuages qui l'aiment et qui ne peuvent ni le fuir ni lui rester. C'est qu'en effet l'Auvergne est battue d'un vent éternel et contradictoire, dont les vallées opposées et alternées de ses montagnes animent, irritent les courants. Pays froid sous un ciel déjà méridional, où l'on gèle sur les laves. Aussi, dans les montagnes, la population reste l'hiver presque toujours blottie dans les étables, entourée d'une chaude et lourde atmosphère[3]. Chargée, comme les Limousins, de je ne sais combien d'habits épais et pesants, on dirait une race méridionale[4] grelottant au vent du nord, et

---

1. Les produits de la terre, comme de l'industrie, sont communs et grossiers, abondants il est vrai.
2. Au nord de Saint-Flour, la terre est couverte d'une couche épaisse de pierres ponces, et n'en est pas moins très fertile.
3. *App.* 13.
4. En Limagne, race laide, qui semble méridionale ; de Brioude jusqu'aux sources de l'Allier, on dirait des crétins ou des mendiants espagnols. (De Pradt.)

comme resserrée, durcie, sous ce ciel étranger. Vin grossier, fromage amer [1], comme l'herbe rude d'où il vient. Ils vendent aussi leurs laves, leurs pierres ponces, leurs pierreries communes [2], leurs fruits communs qui descendent l'Allier par bateau. Le rouge, la couleur barbare par excellence, est celle qu'ils préfèrent; ils aiment le gros vin rouge, le bétail rouge. Plus laborieux qu'industrieux, ils labourent encore souvent les terres fortes et profondes de leurs plaines avec la petite charrue du Midi qui égratigne à peine le sol [3]. Ils ont beau émigrer tous les ans des montagnes, ils rapportent quelque argent, mais peu d'idées.

Et pourtant il y a une force réelle dans les hommes de cette race, une sève amère, acerbe peut-être, mais vivace comme l'herbe du Cantal. L'âge n'y fait rien. Voyez quelle verdeur dans leurs vieillards, les Dulaure, les de Pradt; et ce Montlosier octogénaire, qui gouverne ses ouvriers et tout ce qui l'entoure, qui plante et qui bâtit, et qui écrirait au besoin un nouveau livre contre le *parti-prêtre* ou pour la féodalité, ami et en même temps ennemi du moyen âge [4].

Le génie inconséquent et contradictoire que nous remarquions dans d'autres provinces de notre zone

---

1. L'amertume de leurs fromages tient, soit à la façon, soit à la dureté et l'aigreur de l'herbe, les pâturages ne sont jamais renouvelés.

2. Jusqu'en 1784, les Espagnols venaient acheter les pierreries grossières de l'Auvergne.

3. Dans le pays d'outre-Loire, on n'emploie guère que l'*araire*, petite charrue insuffisante pour les terres fortes. Dans tout le Midi, les chariots et outils sont petits et faibles. — Arthur Young vit avec indignation cette petite charrue qui effleurait la terre, et calomniait sa fertilité.

4. 1833.

moyenne, atteint son apogée dans l'Auvergne. Là se trouvent ces grands légistes [1], ces logiciens du parti gallican, qui ne surent jamais s'ils étaient pour ou contre le pape : le chancelier de l'Hospital; les Arnauld; le sévère Domat, Papinien janséniste, qui essaya d'enfermer le droit dans le christianisme; et son ami Pascal, le seul homme du dix-septième siècle qui ait senti la crise religieuse entre Montaigne et Voltaire, âme souffrante où apparaît si merveilleusement le combat du doute et de l'ancienne foi.

Je pourrais entrer par le Rouergue dans la grande vallée du Midi. Cette province en marque le coin d'un accident bien rude [2]. Elle n'est elle-même, sous ses sombres châtaigniers, qu'un énorme monceau de houille, de fer, de cuivre, de plomb. La houille y brûle en plusieurs lieues, consumée d'incendies séculaires qui n'ont rien de volcanique [3]. Cette terre, maltraitée et du froid et du chaud dans la variété de ses expositions et de ses climats, gercée de précipices, tranchée par deux torrents, le Tarn et l'Aveyron, a peu à envier à l'âpreté des Cévennes. Mais j'aime mieux entrer par Cahors. Là tout se revêt de vignes. Les mûriers commencent avant Montauban. Un paysage de trente ou quarante lieues s'ouvre devant vous, vaste océan d'agriculture, masse animée, confuse, qui se perd au loin

---

1. Domat, de Clermont; les Laguesle, de Vic-le-Comte; Duprat et Barillon, son secrétaire, d'Issoire; l'Hospital, d'Aigueperse; Anne Dubourg, de Riom; Pierre Lizel, premier président du Parlement de Paris, au seizième siècle; les Du Vair, d'Aurillac, etc.
2. *App.* 14.
3. La houille forme plus des deux tiers du sol de ce département.

dans l'obscur; mais par-dessus s'élève la forme fantastique des Pyrénées aux têtes d'argent. Le bœuf attelé par les cornes laboure la fertile vallée, la vigne monte à l'orme. Si vous appuyez à gauche vers les montagnes, vous trouvez déjà la chèvre suspendue au coteau aride, et le mulet, sous sa charge d'huile, suit à mi-côte le petit sentier. A midi, un orage, et la terre est un lac; en une heure, le soleil a tout bu d'un trait. Vous arrivez le soir dans quelque grande et triste ville, si vous voulez, à Toulouse. A cet accent sonore, vous vous croiriez en Italie; pour vous détromper, il suffit de regarder ces maisons de bois et de brique; la parole brusque, l'allure hardie et vive vous rappelleront aussi que vous êtes en France. Les gens aisés du moins sont Français; le petit peuple est tout autre chose, peut-être Espagnol ou Maure. C'est ici cette vieille Toulouse, si grande sous ses comtes; sous nos rois, son Parlement lui a donné encore la royauté, la tyrannie du Midi. Ces légistes violents qui portèrent à Boniface VIII le soufflet de Philippe-le-Bel, s'en justifièrent souvent aux dépens des hérétiques; ils en brûlèrent quatre cents en moins d'un siècle. Plus tard, ils se prêtèrent aux vengeances de Richelieu, jugèrent Montmorency et le décapitèrent dans leur belle salle marquée de rouge[1]. Ils se glorifiaient d'avoir le capitole de Rome, et la cave aux morts[2] de Naples, où les cadavres se conservaient si bien. Au capitole de Toulouse, les archives de la ville étaient gardées dans une armoire de fer,

---

1. Elle l'était encore au dernier siècle. (Piganiol de la Force.)
2. On y conservait des morts de cinq cents ans.

comme celles des flamines romains ; et le sénat gascon avait écrit sur les murs de sa curie : *Videant consules ne quid respublica detrimenti capiat*[1].

Toulouse est le point central du grand bassin du Midi. C'est là, ou à peu près, que viennent les eaux des Pyrénées et des Cévennes, le Tarn et la Garonne, pour s'en aller ensemble à l'Océan. La Garonne reçoit tout. Les rivières sinueuses et tremblotantes du Limousin et de l'Auvergne y coulent au nord, par Périgueux, Bergerac ; de l'est et des Cévennes, le Lot, la Viaur, l'Aveyron et le Tarn s'y rendent avec quelques coudes plus ou moins brusques, par Rodez et Alby. Le Nord donne les rivières, le Midi les torrents. Des Pyrénées descend l'Ariège ; et la Garonne, déjà grosse du Gers et de la Baïze, décrit au nord-ouest une courbe élégante, qu'au midi répète l'Adour dans ses petites proportions. Toulouse sépare à peu près le Languedoc de la Guyenne, ces deux contrées si différentes sous la même latitude. La Garonne passe la vieille Toulouse, le vieux Languedoc romain et gothique, et, grandissant toujours, elle s'épanouit comme une mer en face de la mer, en face de Bordeaux. Celle-ci, longtemps capitale de la France anglaise, plus longtemps anglaise de cœur, est tournée, par l'intérêt de son commerce, vers l'Angleterre, vers l'Océan, vers l'Amérique. La Garonne, disons maintenant la Gironde, y est deux fois plus large que la Tamise à Londres.

Quelque belle et riche que soit cette vallée de la

---

[1]. Millin.

Garonne, on ne peut s'y arrêter; les lointains sommets des Pyrénées ont un trop puissant attrait. Mais le chemin est sérieux. Soit que vous preniez par Nérac, triste seigneurie des Albret, soit que vous cheminiez le long de la côte, vous ne voyez qu'un océan de landes, tout au plus des arbres à liège, de vastes *pinadas*, route sombre et solitaire, sans autre compagnie que les troupeaux de moutons noirs [1] qui suivent leur éternel voyage des Pyrénées aux Landes, et vont, des montagnes à la plaine, chercher la chaleur au nord, sous la conduite du pasteur landais. La vie voyageuse des bergers est un des caractères pittoresques du Midi. Vous les rencontrez montant des plaines du Languedoc aux Cévennes, aux Pyrénées, et de la Crau provençale aux montagnes de Gap et de Barcelonnette. Ces nomades, portant tout avec eux, compagnons des étoiles, dans leur éternelle solitude, demi-astronomes et demi-sorciers, continuent la vie asiatique, la vie de Loth et d'Abraham, au milieu de notre Occident. Mais en France les laboureurs, qui redoutent leur passage, les resserrent dans d'étroites routes. C'est aux Apennins, aux plaines de la Pouille ou de la campagne de Rome qu'il faut les voir marcher dans la liberté du monde antique. En Espagne, ils règnent; ils dévastent impunément le pays. Sous la protection de la toute-puissante compagnie de la *Mesta*, qui emploie de quarante à soixante mille bergers, le triomphant mérinos mange la contrée, de l'Estramadure à la Navarre, à l'Aragon. Le berger

---

1. *App.* 15.

espagnol, plus farouche que le nôtre, a lui-même l'aspect d'une de ses bêtes, avec sa peau de mouton sur le dos, et aux jambes son *abarca* de peau velue de bœuf, qu'il attache avec des cordes.

La formidable barrière de l'Espagne nous apparaît enfin dans sa grandeur. Ce n'est point, comme les Alpes, un système compliqué de pics et de vallées, c'est tout simplement un mur immense qui s'abaisse aux deux bouts [1]. Tout autre passage est inaccessible aux voitures, et fermé au mulet, à l'homme même, pendant six ou huit mois de l'année. Deux peuples à part, qui ne sont réellement ni Espagnols ni Français, les Basques à l'ouest, à l'est les Catalans et Roussillonnais [2], sont les portiers des deux mondes. Ils ouvrent et ferment; portiers irritables et capricieux, las de l'éternel passage des nations, ils ouvrent à Abdérame, ils ferment à Roland; il y a bien des tombeaux entre Roncevaux et la Seu d'Urgel.

Ce n'est pas à l'historien qu'il appartient de décrire et d'expliquer les Pyrénées. Vienne la science de Cuvier et d'Élie de Beaumont, qu'ils racontent cette histoire anté-historique. Ils y étaient, eux, et moi je n'y étais pas, quand la nature improvisa sa prodigieuse épopée géologique, quand la masse embrasée du globe

---

1. Le mot basque *murua* signifie muraille et Pyrénées. (W. de Humboldt.)

2. A. Young, I. « Le Roussillon est vraiment une partie de l'Espagne, les habitants sont Espagnols de langage et de mœurs. Les villes font exception; elles ne sont guère peuplées que d'étrangers. Les pêcheurs des côtes ont un aspect tout moresque. » — La partie centrale des Pyrénées, le comté de Foix (Ariège), est toute française d'esprit et de langage; peu ou point de mots catalans.

souleva l'axe des Pyrénées, quand les monts se fendirent, et que la terre, dans la torture d'un titanique enfantement, poussa contre le ciel la noire et chauve *Maladetta*. Cependant une main consolante revêtit peu à peu les plaies de la montagne de ces vertes prairies, qui font pâlir celles des Alpes [1]. Les pics s'émoussèrent et s'arrondirent en belles tours; des masses inférieures vinrent adoucir les pentes abruptes, en retardèrent la rapidité, et formèrent du côté de la France cet escalier colossal dont chaque gradin est un mont [2].

Montons donc, non pas au Vignemale, non pas au Mont-Perdu [3], mais seulement au por de Paillers, où les eaux se partagent entre les deux mers, ou bien entre Bagnères et Barèges, entre le beau et le sublime [4]. Là vous saisirez la fantastique beauté des Pyrénées, ces sites étranges, incompatibles, réunis par une inexplicable féerie [5]; et cette atmosphère magique, qui

---

[1]. Ramond. « Ces pelouses des hautes montagnes, près de qui la verdure même des vallées inférieures a je ne sais quoi de cru et de faux. » — Laboulinière. « Les eaux des Pyrénées sont pures, et offrent la jolie nuance appelée *vert d'eau*. — Dralet. « Les rivières des Pyrénées, dans leurs débordements ordinaires, ne déposent pas, comme celles des Alpes, un limon malfaisant, au contraire... » — [2]. *App.* 16.

[3]. On sait que le grand poète des Pyrénées, M. Ramond, a cherché le Mont-Perdu pendant dix ans. — Quelques-uns, dit-il, assuraient que le plus hardi chasseur du pays n'avait atteint la cime du Mont-Perdu qu'à l'aide du diable, qui l'y avait conduit par dix-sept degrés. » — Le Mont-Perdu est la plus haute montagne des Pyrénées françaises, comme le Vignemale est la plus haute des Pyrénées espagnoles.

[4]. C'est entre ces deux vallées, sur le plateau appelé la *Hourquette des cinq Ours*, que le vieil astronome Plantade expira près de son quart de cercle, en s'écriant : « Grand Dieu ! que cela est beau ! »

[5]. Ramond. « A peine on pose le pied sur la corniche, que la décoration change, et le bord de la terrasse coupe toute communication entre deux sites incompatibles. De cette ligne, qu'on ne peut aborder sans quitter l'un ou

tour à tour rapproche, éloigne les objets[1]; ces gaves écumants ou vert d'eau, ces prairies d'émeraude. Mais bientôt succède l'horreur sauvage des grandes montagnes, qui se cachent derrière, comme un monstre sous un masque de belle jeune fille. N'importe, persistons, engageons-nous le long du gave de Pau, par ce triste passage, à travers ces entassements infinis de blocs de trois et quatre mille pieds cubes; puis les rochers aigus, les neiges permanentes, puis les détours du gave, battu, rembarré durement d'un mont à l'autre; enfin le prodigieux Cirque et ses tours dans le ciel. Au pied, douze sources alimentent le gave, qui mugit sous des *ponts de neige*, et cependant tombe de treize cents pieds, la plus haute cascade de l'ancien monde[2].

Ici finit la France. Le *por* de Gavarnie, que vous voyez là-haut, ce passage tempétueux, où, comme ils disent, le fils n'attend pas le père[3], c'est la porte de l'Espagne. Une immense poésie historique plane sur cette limite des deux mondes, où vous pourriez voir à votre choix, si le regard était assez perçant, Toulouse ou Saragosse. Cette embrasure de trois cents pieds dans les montagnes, Roland l'ouvrit en deux coups de sa durandal. C'est le symbole du combat éternel de la France et de l'Espagne, qui n'est autre que celui de

l'autre, et qu'on ne saurait outre-passer sans en perdre un de vue, il semble impossible qu'ils soient réels à la fois; et s'ils n'étaient point liés par la chaîne du Mont-Perdu, qui en sauve un peu le contraste, on serait tenté de regarder comme une vision, ou celui qui vient de disparaître, ou celui qui vient de le remplacer. »

1. Laboulinière.
2. Elle a mille deux cent soixante-dix pieds de hauteur. (Dralet.) — 3. Ibid.

l'Europe et de l'Afrique. Roland périt, mais la France a vaincu. Comparez les deux versants : combien le nôtre a l'avantage [1]! Le versant espagnol, exposé au midi, est tout autrement abrupt, sec et sauvage; le français, en pente douce, mieux ombragé, couvert de belles prairies, fournit à l'autre une grande partie des bestiaux dont il a besoin. Barcelone vit de nos bœufs [2]. Ce pays de vins et de pâturages est obligé d'acheter nos troupeaux et nos vins. Là, le beau ciel, le doux climat et l'indigence; ici, la brume et la pluie, mais l'intelligence, la richesse et la liberté. Passez la frontière, comparez nos routes splendides et leurs âpres sentiers [3], ou seulement, regardez ces étrangers aux eaux de Cauterets, couvrant leurs haillons de la dignité du manteau, sombres, dédaigneux de se comparer. Grande et héroïque nation, ne craignez pas que nous insultions à vos misères!

Qui veut voir toutes les races et tous les costumes des Pyrénées, c'est aux foires de Tarbes qu'il doit aller. Il y vient près de dix mille âmes : on s'y rend de plus de vingt lieues. Là, vous trouverez souvent à la fois le bonnet blanc du Bigorre, le brun de Foix, le rouge du Roussillon, quelquefois même le grand chapeau plat

---

1. L'Èbre coule à l'est, vers Barcelone; la Garonne, à l'ouest, vers Toulouse et Bordeaux. Au canal de Louis XIV répond celui de Charles-Quint. C'est toute la ressemblance. — 2. *App.* 17.

3. A. Young. « Entre Jonquières et Perpignan, sans passer une ville, une barrière, ou même une muraille, on entre dans un nouveau monde. Des pauvres et misérables routes de la Catalogne, vous passez tout d'un coup sur une noble chaussée, faite avec toute la solidité et la magnificence qui distinguent les grands chemins de France; au lieu de ravines, il y a des ponts bien bâtis; ce n'est plus un pays sauvage, désert et pauvre. »

d'Aragon, le chapeau rond de Navarre, le bonnet pointu de Biscaye[1]. Le voiturier basque y viendra sur son âne, avec sa longue voiture à trois chevaux; il porte le berret du Béarn; mais vous distinguerez bien vite le Béarnais et le Basque; le joli petit homme sémillant de la plaine, qui a la langue si prompte, la main aussi, et le fils de la montagne, qui la mesure rapidement de ses grandes jambes, agriculteur habile et fier de sa maison, dont il porte le nom. Si vous voulez trouver quelque analogue au Basque, c'est chez les Celtes de Bretagne, d'Écosse ou d'Irlande qu'il faut le chercher. Le Basque, aîné des races de l'Occident, immuable au coin des Pyrénées, a vu toutes les nations passer devant lui : Carthaginois, Celtes, Romains, Goths et Sarrasins. Nos jeunes antiquités lui font pitié. Un Montmorency disait à l'un d'eux : « Savez-vous que nous datons de mille ans? — Et nous, dit le Basque, nous ne datons plus. »

Cette race a un instant possédé l'Aquitaine. Elle y a laissé pour souvenir le nom de Gascogne. Refoulée en Espagne au neuvième siècle, elle y fonda le royaume de Navarre, et en deux cents ans, elle occupa tous les trônes chrétiens d'Espagne (Galice, Asturies et Léon, Aragon, Castille). Mais la croisade espagnole poussant vers le Midi, les Navarrois, isolés du théâtre de la gloire européenne, perdirent tout peu à peu. Leur dernier roi, Sanche-l'*Enfermé*, qui mourut d'un cancer, est le vrai symbole des destinées de son peuple.

1. *App.* 18.

Enfermée en effet dans ses montagnes par des peuples puissants, rongée pour ainsi dire par les progrès de l'Espagne et de la France, la Navarre implora même les musulmans d'Afrique, et finit par se donner aux Français. Sanche anéantit son royaume en le léguant à son gendre Thibault, comte de Champagne; c'est Roland brisant sa durandal pour la soustraire à l'ennemi. La maison de Barcelone, tige des rois d'Aragon et des comtes de Foix, saisit la Navarre à son tour, la donna un instant aux Albret, aux Bourbons, qui perdirent la Navarre pour gagner la France. Mais, par un petit-fils de Louis XIV, descendu de Henri IV, ils ont repris non seulement la Navarre, mais l'Espagne entière. Ainsi s'est vérifiée l'inscription mystérieuse du château de Coaraze, où fut élevé Henri IV : *Lo que a de ser no puede faltar* : « Ce qui doit être ne peut manquer. » Nos rois se sont intitulés rois de France et de Navarre. C'est une belle expression des origines primitives de la population française comme de la dynastie.

Les vieilles races, les races pures, les Celtes et les Basques, la Bretagne et la Navarre, devaient céder aux races mixtes, la frontière au centre, la nature à la civilisation. Les Pyrénées présentent partout cette image du dépérissement de l'ancien monde. L'antiquité y a disparu; le moyen âge s'y meurt. Ces châteaux croulants, ces tours des *Maures*, ces ossements des Templiers qu'on garde à Gavarnie, y figurent, d'une manière toute significative, le monde qui s'en va. La montagne elle-même, chose bizarre, semble aujourd'hui attaquée dans son existence. Les cimes décharnées qui la couronnent témoignent de sa caducité[1]. Ce n'est pas en vain qu'elle est frappée de tant d'orages; et d'en bas l'homme y aide. Cette profonde ceinture de forêts qui couvraient la nudité de la vieille mère, il l'arrache chaque jour. Les terres végétales, que le gramen retenait sur les pentes, coulent en bas avec les eaux. Le rocher reste nu; gercé, exfolié par le chaud, par le froid, miné par la fonte des neiges, il est emporté par les avalanches. Au lieu d'un riche pâturage, il reste un sol aride et ruiné : le laboureur, qui a chassé le berger, n'y gagne rien lui-même. Les eaux qui filtraient doucement dans la vallée, à travers le gazon et les forêts, y tombent maintenant en torrents, et vont couvrir ses champs des ruines qu'il a faites. Quantités de hameaux ont quitté les hautes vallées faute de bois de chauffage, et reculé vers la France, fuyant leurs propres dévastations[2].

Dès 1673, on s'alarma. Il fut ordonné à chaque habitant de planter tous les ans un arbre dans les forêts du domaine, deux dans les terrains communaux. Des forestiers furent établis. En 1669, en 1756, et plus tard, de nouveaux règlements attestèrent l'effroi qu'inspirait le progrès du mal. Mais à la Révolution, toute barrière tomba; la population pauvre commença d'ensemble cette œuvre de destruction. Ils escaladèrent, le feu et la bêche en main, jusqu'au nid des aigles,

---

1. Plusieurs espèces animales disparaissent des Pyrénées. Le chat sauvage y est devenu rare; le cerf en a disparu depuis deux cents ans, selon Buffon.
2. *App.* 19.

cultivèrent l'abîme, pendus à une corde. Les arbres furent sacrifiés aux moindres usages; on abattait deux pins pour faire une paire de sabots[1]. En même temps le petit bétail, se multipliant sans nombre, s'établit dans la forêt, blessant les arbres, les arbrisseaux, les jeunes pousses, dévorant l'espérance. La chèvre surtout, la bête de celui qui ne possède rien, bête aventureuse, qui vit sur le commun, animal niveleur, fut l'instrument de cette invasion dévastatrice, la Terreur du désert. Ce ne fut pas le moindre des travaux de Bonaparte de combattre ces monstres rongeants. En 1813, les chèvres n'étaient plus le dixième de leur nombre en l'an X[2]. Il n'a pu arrêter pourtant cette guerre contre la nature.

Tout ce Midi, si beau, c'est néanmoins, comparé au Nord, un pays de ruines. Passez les paysages fantastiques de Saint-Bertrand-de-Comminges et de Foix, ces villes qu'on dirait jetées là par les fées; passez notre petite Espagne de France, le Roussillon, ses vertes prairies, ses brebis noires, ses romances catalanes, si douces à recueillir le soir de la bouche des filles du pays. Descendez dans ce pierreux Languedoc, suivez-en les collines mal ombragées d'oliviers, au chant monotone de la cigale. Là, point de rivières navigables; le canal des deux mers n'a pas suffi pour y suppléer; mais force étangs salés, des terres salées aussi, où ne croît que le salicor[3]; d'innombrables

---

1. Dralet. — 2. Id.

3. L'arrondissement de Narbonne en fournit la manufacture des glaces de Venise.

sources thermales, du bitume et du baume, c'est une autre Judée. Il ne tenait qu'aux rabbins des écoles juives de Narbonne de se croire dans leur pays. Ils n'avaient pas même à regretter la lèpre asiatique ; nous en avons eu des exemples récents à Carcassonne[1].

C'est que, malgré le *cers* occidental, auquel Auguste dressa un autel, le vent chaud et lourd d'Afrique pèse sur ce pays. Les plaies aux jambes ne guérissent guère à Narbonne[2]. La plupart de ces villes sombres, dans les plus belles situations du monde, ont autour d'elles des plaines insalubres : Albi, Lodève, Agde *la noire*[3], à côté de son cratère. Montpellier, héritière de feu Maguelone, dont les ruines sont à côté ; Montpellier, qui voit à son choix les Pyrénées, les Cévennes, les Alpes même, a près d'elle et sous elle une terre malsaine, couverte de fleurs, tout aromatique et comme profondément médicamentée ; ville de médecine, de parfums et de vert-de-gris[4].

C'est une bien vieille terre que ce Languedoc. Vous y trouvez partout les ruines sous les ruines ; les Camisards sur les Albigeois, les Sarrasins sur les Goths,

1. Trouvé.
2. Selon le même auteur, il en est de même des plaies à la tête à Bordeaux. — Le cers et l'autan dominent alternativement en Languedoc. Le cers (*cyrch*, impétuosité, en gallois) est le vent d'ouest, violent, mais salubre. — L'autan est le vent du sud-est, le vent d'Afrique, lourd et putréfiant. App. 20.
3. Proverbe : *Agde, ville noire, caverne de voleurs.* Elle est bâtie de laves. Lodève est noire aussi.
4. Montpellier est célèbre par ses distilleries et parfumeries. On attribue la découverte de l'eau-de-vie à Arnaud de Villeneuve, qui créa les parfumeries dans cette ville. — Autrefois Montpellier fabriquait seule le vert-de-gris ; on croyait que les caves de Montpellier y étaient seules propres.

sous ceux-ci les Romains, les Ibères. Les murs de Narbonne sont bâtis de tombeaux, de statues, d'inscriptions[1]. L'amphithéâtre de Nîmes est percé d'embrasures gothiques, couronné de créneaux sarrasins, noirci par les flammes de Charles-Martel. Mais ce sont encore les plus vieux qui ont le plus laissé; les Romains ont enfoncé la plus profonde trace : leur Maison carrée, leur triple pont du Gard, leur énorme canal de Narbonne qui recevait les plus grands vaisseaux[2].

Le droit romain est bien une autre ruine, et tout autrement imposante. C'est à lui, aux vieilles franchises qui l'accompagnaient, que le Languedoc a dû de faire exception à la maxime féodale : Nulle terre sans seigneur. Ici la présomption était toujours pour la liberté. La féodalité ne put s'y introduire qu'à la faveur de la croisade, comme auxiliaire de l'Église, comme *familière* de l'Inquisition. Simon de Monfort y établit quatre cent trente-quatre fiefs. Mais cette colonie féodale, gouvernée par la coutume de Paris, n'a fait que préparer l'esprit républicain de la province à la centralisation monarchique. Pays de liberté politique

---

1. Sous François Ier, les murs de Narbonne furent réparés et couverts de fragments de monuments antiques. L'ingénieur a placé les inscriptions sur les murs, et les fragments de bas-relief près des portes et sur les voûtes. C'est un musée immense, amas de jambes, de têtes, de mains, de troncs, d'armes, de mots sans aucun sens; il y a près d'un million d'inscriptions presque entières, et qu'on ne peut lire, vu la largeur du fossé, qu'avec une lunette. — Sur les murs d'Arles, on voit encore grand nombre de pierres sculptées, provenant d'un théâtre.

2. Le canal était large de cent pas, long de deux mille et profond de trente.

et de servitude religieuse, plus fanatique que dévot, le Languedoc a toujours nourri un vigoureux esprit d'opposition. Les catholiques même y ont eu leur protestantisme sous la forme janséniste. Aujourd'hui encore, à Alet, on gratte le tombeau de Pavillon, pour en boire la cendre qui guérit la fièvre. Les Pyrénées ont toujours fourni des hérétiques, depuis Vigilance et Félix d'Urgel. Le plus obstiné des sceptiques, celui qui a cru le plus au doute, Bayle, est de Carlat. De Limoux, les Chénier[1], les frères rivaux, non pourtant, comme on l'a dit, jusqu'au fratricide; de Carcassonne, Fabre d'Églantine. Au moins l'on ne refusera pas à cette population la vivacité et l'énergie. Énergie meurtrière, violence tragique. Le Languedoc, placé au coude du Midi, dont il semble l'articulation et le nœud, a été souvent froissé dans la lutte des races et des religions. Je parlerai ailleurs de l'effroyable catastrophe du treizième siècle. Aujourd'hui encore, entre Nîmes et la montagne de Nîmes, il y a une haine traditionnelle qui, il est vrai, tient de moins en moins à la religion : ce sont les Guelfes et les Gibelins. Ces Cévennes sont si pauvres et si rudes ; il n'est pas étonnant qu'au point de contact avec la riche contrée de la plaine, il y ait un choc plein de violence et de rage envieuse. L'histoire de Nîmes n'est qu'un combat de taureaux.

Le fort et dur génie du Languedoc n'a pas été assez distingué de la légèreté spirituelle de la Guyenne et

---

1. *App.* 21.

de la pétulance emportée de la Provence. Il y a pourtant entre le Languedoc et la Guyenne la même différence qu'entre les Montagnards et les Girondins, entre Fabre et Barnave, entre le vin fumeux de Lunel et le vin de Bordeaux. La conviction est forte, intolérante en Languedoc, souvent atroce, et l'incrédulité aussi. La Guyenne, au contraire, le pays de Montaigne et de Montesquieu, est celui des croyances flottantes ; Fénelon, l'homme le plus religieux qu'ils aient eu, est presque un hérétique. C'est bien pis en avançant vers la Gascogne, pays de pauvres diables, très nobles et très gueux, de drôles de corps, qui auraient tous dit, comme leur Henri IV : *Paris vaut bien une messe;* ou, comme il écrivait à Gabrielle, au moment de l'abjuration : *Je vais faire le saut périlleux*[1]*!* Ces hommes veulent à tout prix réussir, et réussissent. Les Armagnacs s'allièrent aux Valois ; les Albret, mêlés aux Bourbons, ont fini par donner des rois à la France.

Le génie provençal aurait plus d'analogie, sous quelque rapport, avec le génie gascon qu'avec le languedocien. Il arrive souvent que les peuples d'une même zone sont alternés ainsi ; par exemple, l'Autriche, plus éloignée de la Souabe que de la Bavière, en est plus rapprochée par l'esprit. Riveraines du Rhône, coupées symétriquement par des fleuves ou torrents qui se répondent (le Gard à la Durance, et le Var à l'Hérault), les provinces de Languedoc et de

---

[1]. Un proverbe gascon dit : Tout bon Gascon peut se dédire trois fois. (*Tout boun Gascoun qués pot répronqué très coqs.*)

Provence forment à elles deux notre littoral sur la Méditerranée. Ce littoral a des deux côtés ses étangs, ses marais, ses vieux volcans. Mais le Languedoc est un système complet, un dos de montagnes ou collines avec les deux pentes : c'est lui qui verse les fleuves à la Guyenne et à l'Auvergne. La Provence est adossée aux Alpes ; elle n'a point les Alpes, ni les sources de ses grandes rivières ; elle n'est qu'un prolongement, une pente des monts vers le Rhône et la mer ; au bas de cette pente, et le pied dans l'eau, sont ses belles villes, Marseille, Arles, Avignon. En Provence toute la vie est au bord. Le Languedoc, au contraire, dont la côte est moins favorable, tient ses villes en arrière de la mer et du Rhône. Narbonne, Aigues-Mortes et Cette ne veulent point être des ports [1]. Aussi l'histoire du Languedoc est plus continentale que maritime ; ses grands événements sont les luttes de la liberté religieuse. Tandis que le Languedoc recule devant la mer, la Provence y entre, elle lui jette Marseille et Toulon ; elle semble élancée aux courses maritimes, aux croisades, aux conquêtes d'Italie et d'Afrique.

La Provence a visité, a hébergé tous les peuples. Tous ont chanté les chants, dansé les danses d'Avignon, de Beaucaire ; tous se sont arrêtés aux passages du Rhône, à ces grands carrefours des routes du Midi [2]. Les saints de Provence (de vrais saints que

---

1. Trois essais impuissants des Romains, de saint Louis, et de Louis XIV.
2. Ce pont d'Avignon, tant chanté, succédait au pont de bois d'Arles qui, dans son temps, avait reçu ces grandes réunions d'hommes, comme depuis Avignon et Beaucaire.

j'honore) leur ont bâti des ponts[1] et commencé la fraternité de l'Occident. Les vives et belles filles d'Arles et d'Avignon, continuant cette œuvre, ont pris par la main le Grec, l'Espagnol, l'Italien, leur ont, bon gré mal gré, mené la farandole[2]. Et ils n'ont plus voulu se rembarquer. Ils ont fait en Provence des villes grecques, mauresques, italiennes. Ils ont préféré les figues fiévreuses de Fréjus[3] à celles d'Ionie ou de Tusculum, combattu les torrents, cultivé en terrasses les pentes rapides, exigé le raisin des coteaux pierreux qui ne donnent que thym et lavande.

Cette poétique Provence n'en est pas moins un rude pays. Sans parler de ses marais pontins, et du val d'Olioulles, et de la vivacité de tigre du paysan de Toulon, ce vent éternel qui enterre dans le sable les arbres du rivage, qui pousse les vaisseaux à la côte, n'est guère moins funeste sur terre que sur mer. Les coups de vent, brusques et subits, saisissent mortellement. Le Provençal est trop vif pour s'emmailloter du manteau espagnol. Et ce puissant soleil aussi, la fête ordinaire de ce pays de fêtes, il donne rudement sur la tête, quand d'un rayon il transfigure l'hiver en été. Il vivifie l'arbre, il le brûle. Et les gelées brûlent aussi.

---

1. Le berger saint Benezet reçut, dans une vision, l'ordre de construire le pont d'Avignon; l'évêque n'y crut qu'après que Benezet eut porté sur son dos, pour première pierre, un roc énorme. Il fonda l'ordre des *frères pontifes*, qui contribuèrent à la construction du pont du Saint-Esprit, et qui en avaient commencé un sur la Durance.

2. L'une des quatre espèces de farandoles que distingue Fischer s'appelle la *Turque*; une autre, la *Moresque*. Ces noms et les rapports de plusieurs de ces danses avec le *bolero*, doivent faire présumer que ce sont les Sarrasins qui en ont laissé l'usage en France. — 3. *App.* 22.

Plus souvent des orages, des ruisseaux qui deviennent des fleuves. Le laboureur ramasse son champ au bas de la colline, ou le suit voguant à grande eau, et s'ajoutant à la terre du voisin. Nature capricieuse, passionnée, colère et charmante.

Le Rhône est le symbole de la contrée, son fétiche, comme le Nil est celui de l'Égypte. Le peuple n'a pu se persuader que ce fleuve ne fût qu'un fleuve; il a bien vu que la violence du Rhône était de la colère[1], et reconnu les convulsions d'un monstre dans ses gouffres tourbillonnants. Le monstre, c'est le *drac*, la *tarasque*, espèce de tortue-dragon, dont on promène la figure à grand bruit dans certaines fêtes[2]. Elle va jusqu'à l'église, heurtant tout sur son passage. La fête n'est pas belle s'il n'y a pas au moins un bras cassé.

Ce Rhône, emporté comme un taureau qui a vu du rouge, vient donner contre son delta de la Camargue, l'île des taureaux et des beaux pâturages. La fête de l'île, c'est la *Ferrade*. Un cercle de chariots est chargé de spectateurs. On y pousse à coups de fourche les taureaux qu'on veut marquer. Un homme adroit et vigoureux renverse le jeune animal, et, pendant qu'on le tient à terre, on offre le fer rouge à une dame invitée; elle descend et l'applique elle-même sur la bête écumante.

Voilà le génie de la basse Provence, violent, bruyant, barbare, mais non sans grâce. Il faut voir ces danseurs

---

1. *App.* 23.
2. Le jour de Sainte-Marthe, une jeune fille mène le monstre enchaîné à l'église pour qu'il meure sous l'eau bénite qu'on lui jette.

infatigables danser la moresque, les sonnettes aux genoux, ou exécuter à neuf, à onze, à treize, la danse des épées, le *bacchuber*, comme disent leurs voisins de Gap; ou bien, à Riez, jouer tous les ans la *bravade* des Sarrasins[1]. Pays de militaires, des Agricola, des Baux, des Crillon; pays des marins intrépides; c'est une rude école que ce golfe de Lion. Citons le bailli de Suffren, et ce renégat qui mourut capitan-pacha en 1706; nommons le mousse Paul (il ne s'est jamais connu d'autre nom); né sur mer, d'une blanchisseuse, dans une barque battue par la tempête, il devint amiral et donna sur son bord une fête à Louis XIV; mais il ne méconnaissait pas pour cela ses vieux camarades, et voulut être enterré avec les pauvres, auxquels il laissa tout son bien.

Cet esprit d'égalité ne peut surprendre dans ce pays de républiques, au milieu des cités grecques et des municipes romains. Dans les campagnes même, le servage n'a jamais pesé comme dans le reste de la la France. Ces paysans étaient leurs propres libérateurs et les vainqueurs des Maures; eux seuls pouvaient cultiver la colline abrupte, et resserrer le lit du torrent. Il fallait contre une telle nature des mains libres, intelligentes.

Libre et hardi fut encore l'essor de la Provence dans la littérature, dans la philosophie. La grande réclamation du Breton Pélage en faveur de la liberté humaine fut accueillie, soutenue en Provence par

1. Dans les Pyrénées, c'est Renaud, monté sur son bon cheval Bayard, qui délivre une jeune fille des mains des infidèles.

Faustus, par Cassien, par cette noble école de Lérins, la gloire du cinquième siècle. Quand le Breton Descartes affranchit la philosophie de l'influence théologique, le Provençal Gassendi tenta la même révolution au nom du sensualisme. Et au dernier siècle, les athées de Saint-Malo, Maupertuis et La Mettrie, se rencontrèrent chez Frédéric, avec un athée provençal (d'Argens).

Ce n'est pas sans raison que la littérature du Midi, au douzième et au treizième siècle, s'appelle la littérature provençale. On vit alors tout ce qu'il y a de subtil et de gracieux dans le génie de cette contrée. C'est le pays des beaux parleurs, abondants, passionnés (au moins pour la parole), et quand ils veulent, artisans obstinés de langage; ils ont donné Massillon, Mascaron, Fléchier, Maury, les orateurs et les rhétheurs. Mais la Provence entière, municipes, Parlement et noblesse, démagogie et rhétorique, le tout couronné d'une magnifique insolence méridionale s'est rencontré dans Mirabeau, le col du taureau, la force du Rhône.

Comment ce pays-là n'a-t-il pas vaincu et dominé la France? Il a bien vaincu l'Italie au treizième siècle. Comment est-il si terne maintenant, en exceptant Marseille, c'est-à-dire la mer? Sans parler des côtes malsaines, et des villes qui se meurent, comme Fréjus[1], je ne vois partout que ruines. Et il ne s'agit pas ici de ces beaux restes de l'antiquité, de ces ponts romains,

---

1. *App.* 24.

de ces aqueducs, de ces arcs de Saint-Remi et d'Orange, et de tant d'autres monuments. Mais dans l'esprit du peuple, dans sa fidélité aux vieux usages[1], qui lui donnent une physionomie si originale et si antique; là aussi je trouve une ruine. C'est un peuple qui ne prend pas le temps passé au sérieux, et qui pourtant en conserve la trace[2]. Un pays traversé par tous les peuples, aurait dû, ce semble, oublier davantage; mais non, il s'est obstiné dans ses souvenirs. Sous plusieurs rapports, il appartient, comme l'Italie, à l'antiquité.

Franchissez les tristes embouchures du Rhône obstruées et marécageuses, comme celles du Nil et du Pô. Remontez à la ville d'Arles. La vieille métropole du christianisme dans nos contrées méridionales, avait cent mille âmes au temps des Romains; elle en a vingt mille aujourd'hui; elle n'est riche que de morts et de sépulcres[3]. Elle a été longtemps le tombeau commun, la nécropole des Gaules. C'était un bonheur souhaité de pouvoir reposer dans ses champs Élysiens (les Aliscamps). Jusqu'au douzième siècle, dit-on, les habitants des deux rives mettaient, avec une pièce d'argent, leurs morts dans un tonneau enduit de poix, qu'on abandonnait au fleuve ; ils étaient fidèlement

---

1. Dans ses jolies danses moresques, dans les *romérages* de ses bourgs, dans les usages de la bûche *calendaire*, des pois chiches à certaines fêtes, dans tant d'autres coutumes. *App.* 25.

2. La procession du bon roi René, à Aix, est une parade dérisoire de la fable, de l'histoire et de la Bible. *App.* 26.

3.   Si come ad Arli, ove'l Rodano stagna,
      Fanno i sepolcri tutto'l loco varo.
              DANTE, Inferno, c. IX.

recueillis. Cependant cette ville a toujours décliné. Lyon l'a bientôt remplacée dans la primatie des Gaules ; le royaume de Bourgogne, dont elle fut la capitale, a passé rapide et obscur ; ses grandes familles se sont éteintes.

Quand de la côte et des pâturages d'Arles on monte aux collines d'Avignon, puis aux montagnes qui approchent des Alpes, on s'explique la ruine de la Provence. Ce pays tout excentrique n'a de grandes villes qu'à ses frontières. Ces villes étaient en grande partie des colonies étrangères ; la partie vraiment provençale était la moins puissante. Les comtes de Toulouse finirent par s'emparer du Rhône, les Catalans de la côte et des ports ; les Baux, les Provençaux indigènes, qui avaient jadis délivré le pays des Maures, eurent Forcalquier, Sisteron, c'est-à-dire l'intérieur. Ainsi allaient en pièces les États du Midi, jusqu'à ce que vinrent les Français qui renversèrent Toulouse, rejetèrent les Catalans en Espagne, unirent les Provençaux, et les menèrent à la conquête de Naples. Ce fut la fin des destinées de la Provence. Elle s'endormit avec Naples sous un même maître. Rome prêta son pape à Avignon ; les richesses et les scandales abondèrent. La religion était bien malade dans ces contrées, surtout depuis les Albigeois ; elle fut tuée par la présence des papes. En même temps s'affaiblissaient et venaient à rien les vieilles libertés des municipes du Midi. La liberté romaine et la religion romaine, la république et le christianisme, l'antiquité et le moyen âge, s'y éteignaient en même temps. Avignon fut le théâtre de cette décrépitude. Aussi ne croyez pas que ce soit seulement pour Laure que Pétrarque ait tant pleuré à la source de Vaucluse ; l'Italie aussi fut sa Laure, et la Provence, et tout l'antique Midi qui se mourait chaque jour [1].

La Provence, dans son imparfaite destinée, dans sa forme incomplète, me semble un chant des troubadours, un canzone de Pétrarque ; plus d'élan que de portée. La végétation africaine des côtes est bientôt bornée par le vent glacial des Alpes. Le Rhône court à la mer, et n'y arrive pas. Les pâturages font place aux sèches collines, parées tristement de myrte et de lavande, parfumées et stériles.

La poésie de ce destin du Midi semble reposer dans la mélancolie de Vaucluse, dans la tristesse ineffable et sublime de la Sainte-Baume, d'où l'on voit les Alpes et les Cévennes, le Languedoc et la Provence, au delà, la Méditerranée. Et moi aussi, j'y pleurerais comme Pétrarque au moment de quitter ces belles contrées.

---

1. Je ne sais lequel est le plus touchant des plaintes du poète sur les destinées de l'Italie, ou de ses regrets lorsqu'il a perdu Laure. Je ne résiste pas au plaisir de citer ce sonnet admirable où le pauvre vieux poète s'avoue enfin qu'il n'a poursuivi qu'une ombre :

« Je le sens et le respire encore, c'est mon air d'autrefois. Les voilà, les douces collines où naquit la belle lumière, qui, tant que le ciel le permit, remplit mes yeux de joie et de désir, et maintenant les gonfle de pleurs.

« O fragile espoir ! ô folles pensées !... l'herbe est veuve, et troubles sont les ondes. Il est vide et froid, le nid qu'elle occupait, ce nid où j'aurais voulu vivre et mourir !

« J'espérais, sur ses douces traces, j'espérais de ses beaux yeux qui ont consumé mon cœur, quelque repos après tant de fatigues.

« Cruelle, ingrate servitude ! j'ai brûlé tant qu'a duré l'objet de mes feux, et aujourd'hui je vais pleurant sa cendre. »

Sonnet CCLXXIX.

Mais il faut que je fraye ma route vers le nord, aux sapins du Jura, aux chênes des Vosges et des Ardennes, vers les plaines décolorées du Berry et de la Champagne. Les provinces que nous venons de parcourir, isolées par leur originalité même, ne me pourraient servir à composer l'unité de la France. Il y faut des éléments plus liants, plus dociles ; il faut des hommes plus disciplinables, plus capables de former un noyau compact, pour fermer la France du Nord aux grandes invasions de terre et de mer, aux Allemands et aux Anglais. Ce n'est pas trop pour cela des populations serrées du centre, des bataillons normands, picards, des massives et profondes légions de la Lorraine et de l'Alsace.

Les Provençaux appellent les Dauphinois les *Franciaux*. Le Dauphiné appartient déjà à la vraie France, la France du Nord. Malgré la latitude, cette province est septentrionale. Là commence cette zone de pays rudes et d'hommes énergiques qui couvrent la France à l'est. D'abord le Dauphiné, comme une forteresse sous le vent des Alpes ; puis le marais de la Bresse ; puis dos à dos la Franche-Comté et la Lorraine, attachées ensemble par les Vosges, qui versent à celle-ci la Moselle, à l'autre la Saône et le Doubs. Un vigoureux génie de résistance et d'opposition signale ces provinces. Cela peut être incommode au dedans, mais c'est notre salut contre l'étranger. Elles donnent aussi à la science des esprits sévères et analytiques : Mably et Condillac son frère, sont de Grenoble ; d'Alembert est Dauphinois par sa mère ; de Bourg-en-Bresse, l'astronome Lalande, et Bichat, le grand anatomiste[1].

Leur vie morale et leur poésie, à ces hommes de la frontière, du reste raisonneurs et intéressés[2], c'est la guerre. Qu'on parle de passer les Alpes ou le Rhin, vous verrez que les Bayard ne manqueront pas au Dauphiné, ni les Ney, les Fabert, à la Lorraine. Il y a là, sur la frontière, des villes héroïques où c'est de père en fils un invariable usage de se faire tuer pour le pays[3]. Et les femmes s'en mêlent souvent comme les hommes[4]. Elles ont dans toute cette zone du Dauphiné aux Ardennes un courage, une grâce d'amazones, que vous chercheriez en vain partout ailleurs. Froides, sérieuses et soignées dans leur mise, respectables aux étrangers et à leurs familles, elles vivent au milieu des soldats, et leur imposent. Elles-mêmes, veuves, filles de soldats, elles savent ce que c'est que la guerre, ce que c'est que souffrir et mourir; mais elles n'y envoient pas moins les leurs, fortes et résignées; au besoin elles iraient elles-mêmes. Ce n'est pas seulement la Lorraine qui sauva la France par la main d'une femme : en Dauphiné, Margot de Lay défendit Montélimart, et Philis La Tour-du-Pin. — La Charce ferma la

---

1. Même esprit critique en Franche-Comté; ainsi Guillaume de Saint-Amour, l'adversaire du mysticisme des ordres mendiants, le grammairien d'Olivet, etc. Si nous voulions citer quelques-uns des plus distingués de nos contemporains, nous pourrions nommer Charles Nodier, Jouffroy et Droz. Cuvier était de Montbéliard; mais le caractère de son génie fut modifié par une éducation allemande. — 2. *App.* 27.

3. La petite ville de Sarrelouis, qui compte à peine cinq mille habitants, a fourni en vingt années cinq ou six cents officiers et militaires décorés, presque tous morts au champ de bataille.

4. On conserve, au Musée d'artillerie, la riche et galante armure des princesses de la maison de Bouillon.

frontière au duc de Savoie (1692). Le génie viril des Dauphinoises a souvent exercé sur les hommes une irrésistible puissance : témoin la fameuse madame Tencin, mère de d'Alembert ; et cette blanchisseuse de Grenoble qui, de mari en mari, finit par épouser le roi de Pologne ; on la chante encore dans le pays avec Melusine et la fée de Sassenage.

Il y a dans les mœurs communes du Dauphiné une vive et franche simplicité à la montagnarde, qui charme tout d'abord. En montant vers les Alpes surtout, vous trouverez l'honnêteté savoyarde[1], la même bonté, avec moins de douceur. Là, il faut bien que les hommes s'aiment les uns les autres ; la nature, ce semble, ne les aime guère[2]. Sur ces pentes exposées au nord, au fond de ces sombres entonnoirs où siffle le vent maudit des Alpes, la vie n'est adoucie que par le bon cœur et le bon sens du peuple. Des greniers d'abondance fournis par les communes suppléent aux mauvaises récoltes. On bâtit gratis pour les veuves, et pour elles d'abord[3]. De là partent des émigrations

---

1. Cette simplicité, ces mœurs presque patriarcales, tiennent en grande partie à la conservation de traditions antiques. Le vieillard est l'objet du respect et le centre de la famille, et deux ou trois générations exploitent souvent ensemble la même ferme. — Les domestiques mangent à la table des maîtres. — Au 1er novembre (c'est le *misdu* de Bretagne), on sert pour les morts un repas d'œufs et de farines bouillies ; chaque mort a son couvert. Dans un village, on célèbre encore la fête du soleil, selon M. Champollion. — On retrouve en Dauphiné, comme en Bretagne, les *brayes* celtiques.

2. Malgré la pauvreté du pays, leur bon sens les préserve de toute entreprise hasardeuse. Dans certaines vallées on croit qu'il existe de riches mines ; mais une vierge vêtue de blanc en garde l'entrée avec une faulx.

3. Quand une veuve ou un orphelin fait quelque perte de bétail, etc., on se cotise pour la réparer.

annuelles. Mais ce ne sont pas seulement des maçons, des porteurs d'eau, des rouliers, des ramoneurs, comme dans le Limousin, l'Auvergne, le Jura, la Savoie ; ce sont surtout des instituteurs ambulants[1] qui descendent tous les hivers des montagnes de Gap et d'Embrun. Ces maîtres d'école s'en vont par Grenoble dans le Lyonnais, et de l'autre côté du Rhône. Les familles les reçoivent volontiers ; ils enseignent les enfants et aident au ménage. Dans les plaines du Dauphiné, le paysan, moins bon et moins modeste, est souvent bel esprit : il fait des vers, et des vers satiriques.

Jamais dans le Dauphiné la féodalité ne pesa comme dans le reste de la France. Les seigneurs, en guerre éternelle avec la Savoie[2], eurent intérêt de ménager leurs hommes ; les *vavasseurs* y furent moins des arrière-vassaux que des petits nobles à peu près indépendants[3]. La propriété s'y est trouvée de bonne heure divisée à l'infini. Aussi la Révolution française n'a point été sanglante à Grenoble ; elle y était faite d'avance[4]. La propriété est divisée au point que telle

---

1. Sur quatre mille quatre cents émigrants, sept cents instituteurs. (Peuchet.)
2. Ces guerres jetèrent un grand éclat sur la noblesse dauphinoise. On l'appelait *l'écarlate des gentilshommes.* C'est le pays de Bayard, et de ce Lesdiguières qui fut roi du Dauphiné, sous Henri IV. Le premier y laissa un long souvenir; on disait *prouesse de Terrail,* comme *loyauté de Salvaing, noblesse de Sassenage.* — Près de la vallée du Graisivaudan est le territoire de Royans, *la vallée Chevallereuse.*
3. Le noble faisait hommage debout ; le bourgeois à genoux et baisant le dos de la main du seigneur, l'homme du peuple, aussi à genoux, mais baisant seulement le pouce de la main du seigneur. — De même à Metz, le maître échevin parlait au roi debout, et non à genoux.
4. Dans la Terreur, les ouvriers y maintinrent l'ordre avec un courage et une humanité admirables, à peu près comme à Florence le cardeur de laine Michel Lando, dans l'insurrection des Ciompi.

maison a dix propriétaires, chacun d'eux possédant et habitant une chambre[1]. Bonaparte connaissait bien Grenoble, quand il la choisit pour sa première station en revenant de l'île d'Elbe[2]; il voulait alors relever l'empire par la république.

A Grenoble, comme à Lyon, comme à Besançon, comme à Metz et dans tout le Nord, l'industrialisme républicain est moins sorti, quoi qu'on ait dit, de la municipalité romaine que de la protection ecclésiastique ; ou plutôt l'une et l'autre se sont accordées, confondues, l'évêque s'étant trouvé, au moins jusqu'au neuvième siècle, de nom ou de fait, le véritable *defensor civitatis*. L'évêque Izarn chassa les Sarrasins du Dauphiné en 965 ; et jusqu'en 1044, où l'on place l'avènement des comtes d'Albon comme dauphins, Grenoble, disent les chroniques, « avait toujours été un franc-aleu de l'évêque ». C'est aussi par des conquêtes sur les évêques que commencèrent les comtes poitevins de Die et de Valence. Ces barons s'appuyèrent tantôt sur les Allemands, tantôt sur les mécréants du Languedoc[3].

Besançon[4], comme Grenoble, est encore une répu-

---

1. Perrin Dulac. (Grenoble.)
2. Il descendit dans une auberge tenue par un vieux soldat, qui lui avait donné une orange dans la campagne d'Égypte.
3. D'abord les Vaudois, plus tard les protestants. Dans le seul département de la Drôme, il y a environ trente-quatre mille calvinistes (Peuchet). On se rappelle la lutte atroce du baron des Adrets et de Montbrun. — Le plus célèbre des protestants dauphinois fut Isaac Casaubon, fils du ministre de Bourdeaux sur le Roubion, né en 1559 ; il est enterré à Westminster.
4. L'ancienne devise de Besançon était : *Plût à Dieu !* — A Salins, on lisait sur la porte d'un des forts où étaient les salines, la devise de Philippe-

blique ecclésiastique, sous son archevêque, prince d'empire, et son noble chapitre[1]. Mais l'éternelle guerre de la Franche-Comté contre l'Allemagne, y a rendu la féodalité plus pesante. La longue muraille du Jura avec ses deux portes de Joux et de la Pierre-Pertuis, puis les replis du Doubs, c'étaient de fortes barrières[2]. Cependant Frédéric-Barberousse n'y établit pas moins ses enfants pour un siècle. Ce fut sous les serfs de l'Église, à Saint-Claude, comme dans la pauvre Nantua de l'autre côté de la montagne, que commença l'industrie de ces contrées. Attachés à la glèbe, ils taillèrent d'abord des chapelets pour l'Espagne et pour l'Italie; aujourd'hui qu'ils sont libres, ils couvrent les routes de la France de rouliers et de colporteurs.

Sous son évêque même, Metz était libre, comme Liège, comme Lyon; elle avait son échevin, ses Treize, ainsi que Strasbourg. Entre la grande Meuse et la petite (la Moselle, *Mosula*), les trois villes ecclésiastiques, Metz, Toul et Verdun[3], placées en triangle, formaient un terrain neutre, une île, un asile aux

---

le-Bon : *Autre n'auray.* Plusieurs monuments de Dijon portaient celle de Philippe-le-Hardi : *Moult me tarde.* — A Besançon naquit l'illustre diplomate Granvelle, chancelier de Charles-Quint, mort en 1564.

1. De même à l'abbaye de Saint-Claude, transformée en évêché en 1741, les religieux devaient faire preuve de noblesse jusqu'à leur trisaïeul, paternel et maternel. Les chanoines devaient prouver seize quartiers, huit de chaque côté.

2. La Franche-Comté est le pays le mieux boisé de la France. On compte trente forêts sur la Saône, le Doubs et le Lougnon. — Beaucoup de fabriques de boulets, d'armes, etc. Beaucoup de chevaux et de bœufs, peu de moutons; mauvaises laines.

3. *App.* 28.

serfs fugitifs. Les juifs même, proscrits partout, étaient reçus dans Metz. C'était le *border* français entre nous et l'Empire. Là, il n'y avait point de barrière naturelle contre l'Allemagne, comme en Dauphiné et en Franche-Comté. Les beaux ballons des Vosges, la chaîne même de l'Alsace, ces montagnes à formes douces et paisibles, favorisaient d'autant mieux la guerre. Cette terre ostrasienne, partout marquée des monuments carlovingiens [1], avec ses douze grandes maisons, ses cent vingt pairs, avec son abbaye souveraine de Remiremont, où Charlemagne et son fils faisaient leurs grandes chasses d'automne, où l'on portait l'épée devant l'abbesse [2], la Lorraine offrait une miniature de l'empire germanique. L'Allemagne y était partout pêle-mêle avec la France, partout se trouvait la frontière. Là aussi se forma, et dans les vallées de la Meuse et de la Moselle, et dans les forêts des Vosges, une population vague et flottante, qui ne savait pas trop son origine, vivait sur le commun, sur le noble et le prêtre, qui les prenaient tour à tour à leur service. Metz était leur ville, à tous ceux qui n'en avaient pas, ville mixte s'il en fut jamais. On a essayé en vain de rédiger en une coutume les coutumes contradictoires de cette Babel.

La langue française s'arrête en Lorraine, et je n'irai

---

1. On voyait à Metz le tombeau de Louis-le-Débonnaire et l'original des Annales de Metz, mss. de 894. — Les abeilles, dont il est si souvent question dans les Capitulaires, donnaient à Metz son hydromel si vanté.
2. Pour être *dame de Remiremont*, il fallait prouver deux cents ans de noblesse des deux côtés. — Pour être chanoinesse, ou *demoiselle* à Épinal, il fallait prouver quatre générations de pères et mères nobles. *App.* 29.

pas au delà. Je m'abstiens de franchir la montagne, de regarder l'Alsace. Le monde germanique est dangereux pour moi. Il y a là un tout-puissant lotos qui fait oublier la patrie. Si je vous découvrais, divine flèche de Strasbourg, si j'apercevais mon héroïque Rhin, je pourrais bien m'en aller au courant du fleuve, bercé par leurs légendes [1], vers la rouge cathédrale de Mayence, vers celle de Cologne, et jusqu'à l'Océan; ou peut-être resterais-je enchanté aux limites solennelles des deux empires, aux ruines de quelque camp romain, de quelque fameuse église de pèlerinage, au monastère de cette noble religieuse qui passa trois cents ans à écouter l'oiseau de la forêt [2].

Non, je m'arrête sur la limite des deux langues, en Lorraine, au combat des deux races, au *Chêne des Partisans*, qu'on montre encore dans les Vosges. La lutte de la France et de l'Empire, de la ruse héroïque et de la force brutale, s'est personnifiée de bonne heure dans celle de l'Allemand Zwentebold et du Français Rainier (Renier, Renard?), d'où viennent les comtes de Hainaut. La guerre du Loup et du Renard est la grande légende du nord de la France, le sujet des fabliaux et des poèmes populaires : un épicier de Troyes a donné au quinzième siècle le dernier de ces poèmes. Pendant deux cent cinquante ans la Lorraine eut des ducs alsaciens d'origine, créatures des empereurs, et qui, au

---

1. *App.* 30.
2. A côté de cette belle légende, où l'extase produite par l'harmonie prolonge la vie pendant des siècles, plaçons l'histoire de cette femme qui, sous Louis-le-Débonnaire, entendit l'orgue pour la première fois, et mourut de ravissement. Ainsi, dans les légendes allemandes, la musique donne la vie et la mort.

dernier siècle, ont fini par être empereurs. Ces ducs furent presque toujours en guerre avec l'évêque et la république de Metz[1], avec la Champagne, avec la France; mais l'un d'eux ayant épousé, en 1255, une fille du comte de Champagne, devenus Français par leur mère, ils secondèrent vivement la France contre les Anglais, contre le parti anglais de Flandre et de Bretagne. Ils se firent tous tuer ou prendre en combattant pour la France, à Courtray, à Cassel, à Crécy, à Auray. Une fille des frontières de Lorraine et Champagne, une pauvre paysanne, Jeanne d'Arc, fit davantage : elle releva la moralité nationale; en elle apparut, pour la première fois, la grande image du peuple, sous une forme virginale et pure. Par elle, la Lorraine se trouvait attachée à la France. Le duc même, qui avait un instant méconnu le roi et lié les pennons royaux à la queue de son cheval, maria pourtant sa fille à un prince du sang, au comte de Bar, René d'Anjou. Une branche cadette de cette famille a donné dans les Guise des chefs au parti catholique contre les calvinistes alliés de l'Angleterre et de la Hollande.

En descendant de Lorraine aux Pays-Bas par les Ardennes, la Meuse, d'agricole et industrielle, devient de plus en plus militaire. Verdun et Stenay, Sedan, Mézières et Givet, Maëstricht, une foule de places fortes, maîtrisent son cours. Elle leur prête ses eaux,

---

[1]. A Metz, naquirent le maréchal Fabert, Custines, et cet audacieux et infortuné Pilâtre des Rosiers, qui le premier osa s'embarquer dans un ballon. L'édit de Nantes en chassa les Ancillon.

elle les couvre ou leur sert de ceinture. Tout ce pays est boisé, comme pour masquer la défense et l'attaque aux approches de la Belgique. La grande forêt d'Ardenne, la *profonde* (ar duinn), s'étend de tous côtés, plus vaste qu'imposante. Vous rencontrez des villes, des bourgs, des pâturages; vous vous croyez sorti des bois, mais ce ne sont là que des clairières. Les bois recommencent toujours; toujours les petits chênes, humble et monotone océan végétal, dont vous apercevez de temps à autre, du sommet de quelque colline, les uniformes ondulations. La forêt était bien plus continue autrefois. Les chasseurs pouvaient courir, toujours à l'ombre, de l'Allemagne, du Luxembourg en Picardie, de Saint-Hubert à Notre-Dame-de-Liesse. Bien des histoires se sont passées sous ces ombrages; ces chênes tout chargés de gui, ils en savent long, s'ils voulaient raconter. Depuis les mystères des druides jusqu'aux guerres du Sanglier des Ardennes, au quinzième siècle; depuis le cerf miraculeux dont l'apparition convertit saint Hubert, jusqu'à la blonde Iseult et son amant. Ils dormaient sur la mousse, quand l'époux d'Iseult les surprit; mais il les vit si beaux, si sages, avec la large épée qui les séparait, qu'il se retira discrètement.

Il faut voir, au delà de Givet, le Trou du Han, où naguère on n'osait encore pénétrer; il faut voir les solitudes de Layfour et les noirs rochers de la Dame de Meuse, la table de l'enchanteur Maugis, l'ineffaçable empreinte que laissa dans le roc le pied du cheval de Renaud. Les quatre fils Aymon sont à

Château-Renaud comme à Uzès, aux Ardennes comme en Languedoc. Je vois encore la fileuse qui, pendant son travail, tient sur les genoux le précieux volume de la Bibliothèque bleue, le livre héréditaire, usé, noirci dans la veillée [1].

Ce sombre pays des Ardennes ne se rattache pas naturellement à la Champagne. Il appartient à l'évêché de Metz, au bassin de la Meuse, au vieux royaume d'Ostrasie. Quand vous avez passé les blanches et blafardes campagnes qui s'étendent de Reims à Rethel, la Champagne est finie. Les bois commencent; avec les bois, les pâturages et les petits moutons des Ardennes. La craie a disparu; le rouge mat de la tuile fait place au sombre éclat de l'ardoise; les maisons s'enduisent de limaille de fer. Manufactures d'armes, tanneries, ardoisières, tout cela n'égaye pas le pays. Mais la race est distinguée : quelque chose d'intelligent, de sobre, d'économe; la figure un peu sèche, et taillée à vives arêtes. Ce caractère de sécheresse et de sévérité n'est point particulier à la petite Genève de Sedan; il est presque partout le même. Le pays n'est pas riche, et l'ennemi à deux pas; cela donne à penser. L'habitant est sérieux. L'esprit critique domine. C'est l'ordinaire chez les gens qui sentent qu'ils valent mieux que leur fortune.

Derrière cette rude et héroïque zone de Dauphiné,

---

[1]. Là se lit comment le bon Renaud joua maint tour à Charlemagne, comment il eut pourtant bonne fin, s'étant fait humblement chevalier maçon, et portant sur son dos des blocs énormes pour bâtir la sainte église de Cologne.

Franche-Comté, Lorraine, Ardennes, s'en développe une autre tout autrement douce, et plus féconde des fruits de la pensée. Je parle des provinces du Lyonnais, de la Bourgogne et de la Champagne. Zone vineuse, de poésie inspirée, d'éloquence, d'élégante et ingénieuse littérature. Ceux-ci n'avaient pas, comme les autres, à recevoir et renvoyer sans cesse le choc de l'invasion étrangère. Ils ont pu, mieux abrités, cultiver à loisir la fleur délicate de la civilisation.

D'abord, tout près du Dauphiné, la grande et aimable ville de Lyon, avec son génie éminemment sociable, unissant les peuples comme les fleuves[1]. Cette pointe du Rhône et de la Saône semble avoir été toujours un lieu sacré. Les Segusii de Lyon dépendaient du peuple druidique des Édues. Là, soixante tribus de la Gaule dressèrent l'autel d'Auguste, et Caligula y établit ces combats d'éloquence où le vaincu était jeté dans le Rhône, s'il n'aimait mieux effacer son discours avec sa langue. A sa place, on jetait des victimes dans le fleuve, selon le vieil usage celtique et germanique. On montre au pont de Saint-Nizier l'*arc merveilleux* d'où l'on précipitait les taureaux.

La fameuse table de bronze, où on lit encore le discours de Claude pour l'admission des Gaulois dans le sénat, est la première de nos antiquités nationales, le signe de notre initiation dans le monde civilisé. Une autre initiation, bien plus sainte, a son monument

---

1. La Saône jusqu'au Rhône, et le Rhône jusqu'à la mer, séparaient la France de l'Empire. Lyon, bâtie surtout sur la rive gauche de la Saône, était une cité impériale; mais les comtes de Lyon relevaient de la France pour les faubourgs de Saint-Just et de Saint-Irénée.

dans les catacombes de Saint-Irénée, dans la crypte de Saint-Pothin, dans Fourvières, la montagne des pèlerins. Lyon fut le siège de l'administration romaine, puis de l'autorité ecclésiastique pour les quatre Lyonnaises (Lyon, Tours, Sens et Rouen), c'est-à-dire pour toute la Celtique. Dans les terribles bouleversements des premiers siècles du moyen âge, cette grande ville ecclésiastique ouvrit son sein à une foule de fugitifs, et se peupla de la dépopulation générale, à peu près comme Constantinople concentra peu à peu en elle tout l'empire grec, qui reculait devant les Arabes ou les Turcs. Cette population n'avait ni champs ni terre, rien que ses bras et son Rhône ; elle fut industrielle et commerçante. L'industrie y avait commencé dès les Romains. Nous avons des inscriptions tumulaires : *A la mémoire d'un vitrier africain*, habitant de Lyon. *A la mémoire d'un vétéran des légions, marchand de papier*[1]. Cette fourmilière laborieuse, enfermée entre les rochers et la rivière, entassée dans les rues sombres qui y descendent, sous la pluie et l'éternel brouillard, elle eut sa vie morale pourtant et sa poésie. Ainsi notre maître Adam, le menuisier de Nevers, ainsi les meistersaengers de Nuremberg et de Francfort, tonneliers, serruriers, forgerons, aujourd'hui encore le ferblantier de Nuremberg. Ils rêvèrent dans leurs cités obscures la nature qu'ils ne voyaient pas, et ce beau soleil qui leur était envié. Ils martelèrent dans leurs noirs ateliers des idylles sur

---

1. Millin.

les champs, les oiseaux et les fleurs. A Lyon, l'inspiration poétique ne fut point la nature, mais l'amour : plus d'une jeune marchande, pensive dans le demi-jour de l'arrière-boutique, écrivit, comme Louise Labbé, comme Pernette Guillet, des vers pleins de tristesse et de passion, qui n'étaient pas pour leurs époux. L'amour de Dieu, il faut le dire, et le plus doux mysticisme, fut encore un caractère lyonnais. L'Église de Lyon fut fondée par l'*homme du désir* (Ποθεινός, saint Pothin). Et c'est à Lyon que, dans les derniers temps, saint Martin, l'*homme du désir*, établit son école [1]. Ballanche y est né [2]. L'auteur de l'*Imitation*, Jean Gerson, voulut y mourir [3].

C'est une chose bizarre et contradictoire en apparence que le mysticisme ait aimé à naître dans ces grandes cités industrielles, comme aujourd'hui Lyon et Strasbourg. Mais c'est que nulle part le cœur de l'homme n'a plus besoin du ciel. Là où toutes les voluptés grossières sont à portée, la nausée vient bientôt. La vie sédentaire aussi de l'artisan, assis à son métier, favorise cette fermentation intérieure de l'âme. L'ouvrier en soie, dans l'humide obscurité des rues de Lyon, le tisserand d'Artois et de Flandre, dans

---

1. Il était né à Amboise en 1743. — Il n'y a pas longtemps encore, on chantait l'office à Lyon sans orgues, livres, ni instruments comme au premier âge du christianisme.

2. Ainsi que Ampère, De Gerando, Camille Jordan, de Senancour. Leurs familles du moins sont lyonnaises.

3. En 1429. — Saint Remi de Lyon soutint contre Jean Scot le parti de Gotteschalk et de la grâce. — Selon Du Boulay, c'est à Lyon que fut enseigné d'abord le dogme de l'Immaculée Conception. — Sous Louis XIII, un seul homme, Denis de Marquemont, fonda à Lyon quinze couvents.

la cave où il vivait, se créèrent un monde, au défaut du monde, un paradis moral de doux songes et de visions; en dédommagement de la nature qui leur manquait, ils se donnèrent Dieu. Aucune classe d'hommes n'alimenta de plus de victimes les bûchers du moyen âge. Les Vaudois d'Arras eurent leurs martyrs, comme ceux de Lyon. Ceux-ci, disciples du marchand Valdo, Vaudois ou pauvres de Lyon, comme on les appelait, tâchaient de revenir aux premiers jours de l'Évangile. Ils donnaient l'exemple d'une touchante fraternité; et cette union des cœurs ne tenait pas uniquement à la communauté des opinions religieuses. Longtemps après les Vaudois, nous trouvons à Lyon des contrats où deux amis s'adoptent l'un l'autre, et mettent en commun leur fortune et leur vie [1].

Le génie de Lyon est plus moral, plus sentimental du moins, que celui de la Provence; cette ville appartient déjà au Nord. C'est un centre du Midi, qui n'est point méridional, et dont le Midi ne veut pas. D'autre part la France a longtemps renié Lyon, comme étrangère, ne voulant point reconnaître la primatie ecclésiastique d'une ville impériale. Malgré sa belle situation sur deux fleuves, entre tant de provinces, elle ne pouvait s'étendre. Elle avait derrière les deux Bourgognes, c'est-à-dire la féodalité française, et celle de l'Empire; devant, les Cévennes, et ses envieuses, Vienne et Grenoble.

En remontant de Lyon au nord, vous avez à choisir

---

1. Après avoir rédigé cet acte, les frères adoptifs s'envoyaient des chapeaux de fleurs et des cœurs d'or.

entre Chalon et Autun. Les Segusii lyonnais étaient une colonie de cette dernière ville [1], Autun, la vieille cité druidique [2], avait jeté Lyon au confluent du Rhône et et de la Saône, à la pointe de ce grand triangle celtique dont la base était l'Océan, de la Seine à la Loire. Autun et Lyon, la mère et la fille, ont eu des destinées toutes diverses. La fille, assise sur la grande route des peuples, belle, aimable et facile, a toujours prospéré et grandi; la mère, chaste et sévère, est restée seule sur son torrentueux Arroux, dans l'épaisseur de ses forêts mystérieuses, entre ses cristaux et ses laves. C'est elle qui amena les Romains dans les Gaules, et leur premier soin fut d'élever Lyon contre elle. En vain, Autun quitta son nom sacré de Bibracte pour s'appeler Augustodunum, et enfin Flavia; en vain elle déposa sa divinité [3], et se fit de plus en plus romaine. Elle déchut toujours; toutes les grandes guerres des Gaules se décidèrent autour d'elle et contre elle. Elle ne garda pas même ses fameuses écoles. Ce qu'elle garda, ce fut son génie austère. Jusqu'aux temps modernes, elle a donné des hommes d'État, des légistes, le chancelier Rolin, les Montholon, les Jeannin, et tant d'autres. Cet esprit sévère s'étend loin à l'ouest et au nord. De Vézelay, Théodore de Bèze, l'orateur du calvinisme, le verbe de Calvin.

La sèche et sombre contrée d'Autun et du Morvan n'a rien de l'aménité bourguignonne. Celui qui veut

---

1. *App.* 31.
2. Autun avait dans ses armes d'abord le serpent druidique, puis le porc, l'animal qui se nourrit du gland celtique. — 3. *App.* 32.

connaître la vraie Bourgogne, l'aimable et vineuse Bourgogne, doit remonter la Saône par Chalon, puis tourner par la Côte-d'Or au plateau de Dijon, et redescendre vers Auxerre ; bon pays, où les villes mettent des pampres dans leurs armes [1], où tout le monde s'appelle frère ou cousin, pays de bons vivants et de joyeux noëls [2]. Aucune province n'eut plus grandes abbayes, plus riches, plus fécondes en colonies lointaines : Saint-Benigne à Dijon ; près de Mâcon, Cluny ; enfin Cîteaux, à deux pas de Chalon. Telle était la splendeur de ces monastères, que Cluny reçut une fois le pape, le roi de France, et je ne sais combien de princes avec leur suite, sans que les moines se dérangeassent. Cîteaux fut plus grande encore, ou du moins plus féconde. Elle est la mère de Clairvaux, la mère de saint Bernard ; son abbé, l'*abbé des abbés*, était reconnu pour chef d'ordre, en 1491, par trois mille deux cent cinquante-deux monastères. Ce sont les moines de Cîteaux qui, au commencement du treizième siècle, fondèrent les ordres militaires d'Espagne, et prêchèrent la croisade des Albigeois, comme saint Bernard avait prêché la seconde croisade de Jérusalem. La Bourgogne est le pays des orateurs, celui de la pompeuse et solennelle éloquence. C'est de la partie élevée de la province, de celle qui verse la Seine, de Dijon et de Montbar, que sont parties les voix les plus retentissantes de la France, celles de saint Bernard, de Bossuet

---

1. Voyez les armes de Dijon et de Beaune. *App.* 33.
2. Voy. le curieux recueil de la Monnoye. — Piron était de Dijon (né en 1640, mort en 1727.)

et de Buffon. Mais l'aimable sentimentalité de la Bourgogne est remarquable sur d'autres points, avec plus de grâce au nord, plus d'éclat au midi. Vers Semur, madame de Chantal et sa petite-fille, madame de Sévigné; à Mâcon, Lamartine, le poète de l'âme religieuse et solitaire; à Charolles, Edgar Quinet, celui de l'histoire et de l'humanité [1].

La France n'a pas d'élément plus liant que la Bourgogne, plus capable de réconcilier le Nord et le Midi. Ses comtes ou ducs, sortis de deux branches des Capets, ont donné, au douzième siècle, des souverains aux royaumes d'Espagne; plus tard, à la Franche-Comté, à la Flandre, à tous les Pays-Bas. Mais ils n'ont pu descendre la vallée de la Seine, ni s'établir dans les plaines du centre, malgré le secours des Anglais. Le pauvre *roi de Bourges* [2], d'Orléans et de Reims, l'a emporté sur le grand duc de Bourgogne. Les communes de France, qui avaient d'abord soutenu celui-ci, se rallièrent peu à peu contre l'oppresseur des communes de Flandre.

Ce n'est pas en Bourgogne que devait s'achever le destin de la France. Cette province féodale ne pouvait lui donner la forme monarchique et démocratique à laquelle elle tendait. Le génie de la France devait descendre dans les plaines décolorées du centre, abjurer l'orgueil et l'enflure, la forme oratoire elle-même, pour porter son dernier fruit, le plus exquis, le plus français. La Bourgogne semble avoir encore quelque chose

---

1. Notre cher et grand Quinet, né à Bourg, a été élevé à Charolles. *App.* 34. — 2. Charles VII.

de ses Burgundes; la sève enivrante de Beaune et de Mâcon trouble comme celle du Rhin. L'éloquence bourguignonne tient de la rhétorique. L'exubérante beauté des femmes de Vermanton et d'Auxerre n'exprime pas mal cette littérature et l'ampleur de ses formes. La chair et le sang dominent ici; l'enflure aussi, et la sentimentalité vulgaire. Citons seulement Crébillon, Longepierre et Sedaine. Il nous faut quelque chose de plus sobre et de plus sévère pour former le noyau de la France.

C'est une triste chute que de tomber de la Bourgogne dans la Champagne, de voir, après ces riants coteaux, des plaines basses et crayeuses. Sans parler du désert de la Champagne-Pouilleuse, le pays est généralement plat, pâle, d'un prosaïsme désolant. Les bêtes sont chétives; les minéraux, les plantes peu variés. De maussades rivières traînent leur eau blanchâtre entre deux rangs de jeunes peupliers. La maison, jeune aussi, et caduque en naissant, tâche de défendre un peu sa frêle existence en s'encapuchonnant tant qu'elle peut d'ardoises, au moins de pauvres ardoises de bois; mais sous sa fausse ardoise, sous sa peinture délavée par la pluie, perce la craie, blanche, sale, indigente.

De telles maisons ne peuvent pas faire de belles villes. Châlons n'est guère plus gaie que ses plaines. Troyes est presque aussi laide qu'industrieuse. Reims est triste dans la largeur solennelle de ses rues, qui fait paraître les maisons plus basses encore; ville autrefois de bourgeois et de prêtres, vraie sœur de Tours, ville sucrée et tant soit peu dévote; chapelets et pains d'épice, bons petits draps, petit vin admirable, des foires et des pèlerinages.

Ces villes, essentiellement démocratiques et antiféodales, ont été l'appui principal de la monarchie. La coutume de Troyes, qui consacrait l'égalité des partages, a de bonne heure divisé et anéanti les forces de la noblesse. Telle seigneurie qui allait ainsi toujours se divisant put se trouver morcelée en cinquante, en cent parts, à la quatrième génération. Les nobles appauvris essayèrent de se relever en mariant leurs filles à de riches roturiers. La même coutume déclare que *le ventre anoblit*[1]. Cette précaution illusoire n'empêcha pas les enfants des mariages inégaux de se trouver fort près de la roture. La noblesse ne gagna pas à cette addition de nobles roturiers. Enfin ils jetèrent la vaine honte, et se firent commerçants.

Le malheur, c'est que ce commerce ne se relevait ni par l'objet ni par la forme. Ce n'était point le négoce lointain, aventureux, héroïque, des Catalans ou des Génois. Le commerce de Troyes, de Reims, n'était pas de luxe; on n'y voyait pas ces illustres corporations, ces Grands et Petits Arts de Florence, où des hommes d'État, tels que les Médicis, trafiquaient des nobles produits de l'Orient et du Nord, de soie, de fourrures, de pierres précieuses. L'industrie champenoise était profondément plébéienne. Aux foires de Troyes, fréquentées de toute l'Europe, on vendait du fil, de petites étoffes, des bonnets de coton, des cuirs[2] : nos tanneurs

---

1. *App.* 35. — 2. Urbain IV était fils d'un cordonnier de Troyes. Il y bâtit Saint-Urbain, et fit représenter sur une tapisserie son père faisant des souliers.

du faubourg Saint-Marceau sont originairement une colonie troyenne. Ces vils produits, si nécessaires à tous, firent la richesse du pays. Les nobles s'assirent de bonne grâce au comptoir, et firent politesse au manant. Ils ne pouvaient, dans ce tourbillon d'étrangers qui affluaient aux foires, s'informer de la généalogie des acheteurs, et disputer du cérémonial. Ainsi peu à peu commença l'égalité. Et le grand comte de Champagne aussi, tantôt roi de Jérusalem, et tantôt de Navarre, il se trouvait fort bien de l'amitié de ces marchands. Il est vrai qu'il était mal vu des seigneurs, et qu'ils le traitaient comme un marchand lui-même, témoin l'insulte brutale du fromage mou que Robert d'Artois lui fit jeter au visage.

Cette dégradation précoce de la féodalité, ces grotesques transformations de chevaliers en boutiquiers, tout cela ne dut pas peu contribuer à égayer l'esprit champenois, et lui donner ce tour ironique de niaiserie maligne qu'on appelle, je ne sais pourquoi, naïveté[1] dans nos fabliaux. C'était le pays des bons contes, des facétieux récits sur le noble chevalier, sur l'honnête et

---

1. L'ancien type du paysan du nord de la France est l'honnête Jacques, qui pourtant finit par faire la Jacquerie. Le même, considéré comme simple et débonnaire, s'appelle Jeannot; quand il tombe dans un désespoir enfantin, et qu'il devient *rageur*, il prend le nom de Jocrisse. Enrôlé par la Révolution, il s'est singulièrement déniaisé, quoique sous la Restauration on lui ait rendu le nom de Jean-Jean. — Ces mots divers ne désignent pas des ridicules locaux, comme ceux d'Arlequin, Pantalon, Polichinelle en Italie. — Les noms le plus communément portés par les domestiques, dans la vieille France aristocratique, étaient des noms de provinces : Lorrain, Picard, et surtout la Brie et Champagne. Le Champenois est en effet le plus disciplinable des provinciaux, quoique sous sa simplicité apparente il y ait beaucoup de malice et d'ironie.

débonnaire mari, sur M. le curé et sa servante. Le génie narratif qui domine en Champagne, en Flandre, s'étendit en longs poèmes, en belles histoires. La liste de nos poètes romanciers s'ouvre par Chrétien de Troyes et Guyot de Provins. Les grands seigneurs du pays écrivent eux-mêmes leurs gestes : Villehardouin, Joinville et le cardinal de Retz nous ont conté eux-mêmes les croisades et la Fronde. L'histoire et la satire sont la vocation de la Champagne. Pendant que le comte Thibault faisait peindre ses poésies sur les murailles de son palais de Provins, au milieu des roses orientales, les épiciers de Troyes griffonnaient sur leurs comptoirs les histoires allégoriques et satiriques de Renard et Isengrin. Le plus piquant pamphlet de la langue est dû en grande partie à des procureurs de Troyes [1] : c'est la *Satyre Ménippée*.

Ici, dans cette naïve et maligne Champagne, se termine la longue ligne que nous avons suivie, du Languedoc et de la Provence par Lyon et la Bourgogne. Dans cette zone vineuse et littéraire, l'esprit de l'homme a toujours gagné en netteté, en sobriété. Nous y avons distingué trois degrés : la fougue et l'ivresse spirituelle du Midi, l'éloquence et la rhétorique bourguignonne [2]; la grâce et l'ironie champenoise. C'est le dernier fruit de la France et le plus délicat. Sur ces plaines blanches, sur ces maigres coteaux, mûrit le vin léger du

---

1. Passerat et Pithou *App.* 36.
2. Sur la montagne de Langres, naquit Diderot. C'est la transition entre la Bourgogne et la Champagne. Il réunit les deux caractères.

Nord, plein de caprice[1] et de saillies. A peine doit-il quelque chose à la terre; c'est le fils du travail, de la société[2]. Là crut aussi cette *chose légère*[3], profonde pourtant, ironique à la fois et rêveuse, qui retrouva et ferma pour toujours la veine des fabliaux.

Par les plaines plates de la Champagne s'en vont nonchalamment le fleuve des Pays-Bas, le fleuve de la France, la Meuse et la Seine avec la Marne son acolyte. Ils vont, mais grossissant, pour arrriver avec plus de dignité à la mer. Et la terre elle-même surgit peu à peu en collines dans l'Ile-de-France, dans la Normandie, dans la Picardie. La France devient plus majestueuse. Elle ne veut pas arriver la tête basse en face de l'Angleterre; elle se pare de forêts et de villes superbes, elle enfle ses rivières, elle projette en longues ondes de magnifiques plaines, et présente à sa rivale cette autre Angleterre de Flandre et de Normandie[4].

---

1. Cela doit s'entendre, non seulement du vin, mais de la vigne. Les terres qui donnent le vin de Champagne semblent capricieuses. Les gens du pays assurent que dans une pièce de trois arpents parfaitement semblables il n'y a souvent que celui du milieu qui donne de bon vin.

2. Une terre qui, semée de froment, occuperait cinq ou six ménages, occupe quelquefois six ou sept cents personnes, hommes, femmes et enfants, lorsqu'elle est plantée de vignes. On sait combien le vin de Champagne exige de façons.

3. La Fontaine dit de lui-même :

> Je suis chose légère, et vole à tout sujet,
> Je vais de fleur en fleur, et d'objet en objet.
> A beaucoup de plaisir je mêle un peu de gloire.
> J'irais plus haut peut-être au temple de Mémoire,
> Si dans un genre seul j'avais usé mes jours;
> Mais quoi! je suis volage en vers comme en amours.

« Le poète, dit Platon, est chose légère et sacrée. »

4. Du côté de Coutances particulièrement les figures et le paysage sont singulièrement anglais.

Il y a là une émulation immense. Les deux rivages se haïssent et se ressemblent. Des deux côtés, dureté, avidité, esprit sérieux et laborieux. La vieille Normandie regarde obliquement sa fille triomphante, qui lui sourit avec insolence du haut de son bord. Elles existent pourtant encore les tables où se lisent les noms des Normands qui conquirent l'Angleterre. La conquête n'est-elle pas le point d'où celle-ci a pris l'essor ? Tout ce qu'elle a d'art, à qui le doit-elle ? Existaient-ils avant la conquête, ces monuments dont elle est si fière ? Les merveilleuses cathédrales anglaises que sont-elles, sinon une imitation, une exagération de l'architecture normande ? Les hommes eux-mêmes et la race, combien se sont-ils modifiés par le mélange français ? L'esprit guerrier et chicaneur, étranger aux Anglo-Saxons, qui a fait de l'Angleterre, après la conquête, une nation d'hommes d'armes et de scribes, c'est là le pur esprit normand. Cette sève acerbe est la même des deux côtés du détroit. Caen, la *ville de sapience*, conserve le grand monument de la fiscalité anglo-normande, l'échiquier de Guillaume-le-Conquérant. La Normandie n'a rien à envier, les bonnes traditions s'y sont perpétuées. Le père de famille, au retour des champs, aime à expliquer à ses petits, attentifs, quelques articles du Code civil [1].

---

[1]. « Voyez-vous ce petit champ ? me disait M. D., ex-président d'un des tribunaux de la basse Normandie ; si demain il passait à quatre frères, il serait à l'instant coupé par quatre haies. Tant il est nécessaire, ici, que les propriétés soient nettement séparées. » — Les Normands sont si adonnés aux études de l'éloquence, dit un auteur du onzième siècle, qu'on entend jusqu'aux petits enfants parler comme des orateurs...

Le Lorrain et le Dauphinois ne peuvent rivaliser avec le Normand pour l'esprit processif. L'esprit breton, plus dur, plus négatif, est moins avide et moins absorbant. La Bretagne est la résistance, la Normandie la conquête; aujourd'hui conquête sur la nature, agriculture, industrialisme. Ce génie ambitieux et conquérant se produit d'ordinaire par la ténacité, souvent par l'audace et l'élan; et l'élan va parfois au sublime : témoin tant d'héroïques marins [1], témoin le grand Corneille. Deux fois la littérature française a repris l'essor par la Normandie, quand la philosophie se réveillait par la Bretagne. Le vieux poème de Rou paraît au douzième siècle avec Abailard; au dix-septième siècle, Corneille avec Descartes. Pourtant, je ne sais pourquoi la grande et féconde idéalité est refusée au génie normand. Il se dresse haut, mais tombe vite. Il tombe dans l'indigente correction de Malherbe, dans la sécheresse de Mézeray, dans les ingénieuses recherches de la Bruyère et de Fontenelle. Les héros mêmes du grand Corneille, toutes les fois qu'ils ne sont pas sublimes, deviennent volontiers d'insipides plaideurs, livrés aux subtilités d'une dialectique vaine et stérile.

Ni subtil, ni stérile, à coup sûr, n'est le génie de notre bonne et forte Flandre, mais bien positif et réel, bien solidement fondé; *solidis fundatum ossibus intus.* Sur ces grasses et plantureuses campagnes, uniformément riches d'engrais, de canaux, d'exubérante et

---

[1]. Il paraît que les Dieppois avaient découvert avant les Portugais la route des Indes; mais ils en gardèrent si bien le secret, qu'ils en ont perdu la gloire.

grossière végétation, herbes, hommes et animaux, poussent à l'envi, grossissent à plaisir. Le bœuf et le cheval y gonflent, à jouer l'éléphant. La femme vaut un homme et souvent mieux. Race pourtant un peu molle dans sa grosseur, plus forte que robuste, mais d'une force musculaire immense. Nos hercules de foire sont venus souvent du département du Nord.

La force prolifique des Bolg d'Irlande se retrouve chez nos Belges de Flandre et des Pays-Bas. Dans l'épais limon de ces riches plaines, dans ces vastes et sombres communes industrielles d'Ypres, de Gand, de Bruges, les hommes grouillaient comme les insectes après l'orage. Il ne fallait pas mettre le pied sur ces fourmilières. Ils en sortaient à l'instant, piques baissées, par quinze, vingt, trente mille hommes, tous forts et bien nourris, bien vêtus, bien armés. Contre de telles masses la cavalerie féodale n'avait pas beau jeu.

Avaient-ils si grand tort d'être fiers, ces braves Flamands? Tout gros et grossiers qu'ils étaient[1], ils faisaient merveilleusement leurs affaires. Personne n'entendait comme eux le commerce, l'industrie, l'agriculture. Nulle part le bon sens, le sens du positif, du réel ne fut plus remarquable. Nul peuple peut-être au moyen âge ne comprit mieux la vie courante du monde, ne sut mieux agir et conter. La Champagne et la Flandre sont alors les seuls pays qui puissent lutter

---

1. Cette grossièreté de la Belgique est sensible dans une foule de choses. On peut voir à Bruxelles la petite statue du *Mannekenpiss*, « le plus vieux bourgeois de la ville »; on lui donne un habit neuf aux grandes fêtes.

pour l'histoire avec l'Italie. La Flandre a son Villani dans Froissart, et dans Commines son Machiavel. Ajoutez-y ses empereurs-historiens de Constantinople. Ses auteurs de fabliaux sont encore des historiens, au moins en ce qui concerne les mœurs publiques.

Mœurs peu édifiantes, sensuelles et grossières. Et plus on avance au nord dans cette grasse Flandre, sous cette douce et humide atmosphère, plus la contrée s'amollit, plus la sensualité domine, plus la nature devient puissante[1]. L'histoire, le récit ne suffisent plus à satisfaire le besoin de la réalité, l'exigence des sens. Les arts du dessin viennent au secours. La sculpture commence en France même avec le fameux disciple de Michel-Ange, Jean de Boulogne. L'architecture aussi prend l'essor; non plus la sobre et sévère architecture normande, aiguisée en ogives et se dressant au ciel, comme un vers de Corneille; mais une architecture riche et pleine en ses formes. L'ogive s'assouplit en courbes molles, en arrondissements voluptueux. La courbe tantôt s'affaisse et s'avachit, tantôt se boursoufle et tend au ventre. Ronde et onduleuse dans tous ses ornements, la charmante tour d'Anvers s'élève doucement étagée, comme une gigantesque corbeille tressée des joncs de l'Escaut.

Ces églises, soignées, lavées, parées, comme une maison flamande, éblouissent de propreté et de richesse, dans la splendeur de leurs ornements de cuivre, dans leur abondance de marbres blancs et

---

1. *App.* 37.

noirs. Elles sont plus propres que les églises italiennes, et non pas moins coquettes. La Flandre est une Lombardie prosaïque, à qui manquent la vigne et le soleil. Quelque autre chose manque aussi ; on s'en aperçoit en voyant ces innombrables figures de bois que l'on rencontre de plain-pied dans les cathédrales ; sculpture économique qui ne remplace pas le peuple de marbre des cités d'Italie [1]. Par-dessus ces églises, au sommet de ces tours, sonne l'uniforme et savant carillon, l'honneur et la joie de la commune flamande. Le même air, joué d'heure en heure pendant des siècles, a suffi au besoin musical de je ne sais combien de générations d'artisans, qui naissaient et mouraient fixés sur l'établi [2].

Mais la musique et l'architecture sont trop abstraites encore. Ce n'est pas assez de ces sons, de ces formes ; il faut des couleurs, de vives et vraies couleurs, des représentations vivantes de la chair et des sens. Il faut dans les tableaux de bonnes et rudes fêtes, où des hommes rouges et des femmes blanches boivent, fument et dansent lourdement [3]. Il faut des supplices atroces, des martyrs indécents et horribles, des Vierges énormes, fraîches, grasses, scandaleusement belles. Au delà de l'Escaut, au milieu des tristes marais, des eaux profondes, sous les hautes digues de Hollande,

---

[1]. La seule cathédrale de Milan est couronnée de cinq mille statues et figurines.

[2]. Il est juste de remarquer que cet instinct musical s'est développé d'une manière remarquable, surtout dans la partie wallonne.

[3]. Voy. au Musée du Louvre le tableau intitulé : *Fête Flamande*. C'est la plus effrénée et la plus sensuelle bacchanale.

commence la sombre et sérieuse peinture; Rembrandt et Gérard Dow peignent où écrivent Érasme et Grotius[1]. Mais dans la Flandre, dans la riche et sensuelle Anvers, le rapide pinceau de Rubens fera les bacchanales de la peinture. Tous les mystères seront travestis[2] dans ses tableaux idolâtriques qui frissonnent encore de la fougue et de la brutalité du génie[3]. Cet homme terrible, sorti du sang slave[4], nourri dans l'emportement

---

1. Selon moi, la haute expression du génie belge, c'est pour la partie flamande Rubens, et pour la wallonne ou celtique Grétry. La spontanéité domine en Belgique, la réflexion en Hollande. Les penseurs ont aimé ce dernier pays. Descartes est venu y faire l'apothéose du moi humain, et Spinoza, celle de la nature. Toutefois la philosophie propre à la Hollande, c'est une philosophie pratique qui s'applique aux rapports politiques des peuples : Grotius.

2. Son élève, Van Dyck, peint dans un de ses tableaux un âne à genoux devant une hostie.

3. Nous avons ici la belle suite des tableaux commandés à Rubens par Marie de Médicis, mais cette peinture allégorique et officielle ne donne pas l'idée de son génie. C'est dans les tableaux d'Anvers et de Bruxelles que l'on comprend Rubens. Il faut voir à Anvers la Sainte Famille, où il a mis ses trois femmes sur l'autel, et lui, derrière, en saint Georges, un drapeau au poing et les cheveux au vent. Il fit ce grand tableau en dix-sept jours. — Sa Flagellation est horrible de brutalité; l'un des flagellants, pour frapper plus fort, appuie le pied sur le mollet du Sauveur; un autre regarde par dessous sa main, et rit au nez du spectateur. La copie de Van Dyck semble bien pâle à côté du tableau original. Au Musée de Bruxelles, il y a le Portement de Croix, d'une vigueur et d'un mouvement qui va au vertige. La Madeleine essuie le sang du Sauveur avec le sang-froid d'une mère qui débarbouille son enfant. — On peut voir au même Musée le Martyre de saint Liévin, une scène de boucherie; pendant qu'on déchiquète la chair du martyr, et qu'un des bourreaux en donne aux chiens avec une pince, un autre tient dans les dents son stylet qui dégoutte de sang. Au milieu de ses horreurs, toujours un étalage de belles et immodestes carnations. — Le Combat des Amazones lui a donné une belle occasion de peindre une foule de corps de femmes dans des attitudes passionnées; mais son chef-d'œuvre est peut-être cette terrible colonne de corps humains qu'il a tissus ensemble dans son Jugement dernier.

4. Sa famille était de Styrie. Ce qu'il y a de plus impétueux en Europe est aux deux bouts : à l'orient, les Slaves de Pologne, Illyrie, Styrie, etc.; à l'occident, les Celtes d'Irlande, Écosse, etc.

des Belges, né à Cologne, mais ennemi de l'idéalisme allemand, a jeté dans ses tableaux une apothéose effrénée de la nature.

Cette frontière des races et des langues[1] européennes est un grand théâtre des victoires de la vie et de la mort. Les hommes poussent vite, multiplient à étouffer, puis les batailles y pourvoient. Là se combat à jamais la grande bataille des peuples et des races. Cette bataille du monde, qui eut lieu, dit-on, aux funérailles d'Attila, elle se renouvelle incessamment en Belgique, entre la France, l'Angleterre et l'Allemagne, entre les Celtes et les Germains. C'est là le coin de l'Europe, le rendez-vous des guerres. Voilà pourquoi elles sont si grasses, ces plaines; le sang n'a pas le temps d'y sécher! Lutte terrible et variée! A nous les batailles de Bouvines, Roosebeck, Lens, Steinkerke, Denain, Fontenoy, Fleurus, Jemmapes; à eux, celles des Éperons, de Courtray. Faut-il nommer Waterloo[2]?

Angleterre! Angleterre! vous n'avez pas combattu ce jour-là seul à seul : vous aviez le monde avec vous. Pourquoi prenez-vous pour vous toute la gloire? Que veut dire votre pont de Waterloo? Y a-t-il tant à s'enorgueillir, si le reste mutilé de cent batailles, si la dernière levée de la France, légion imberbe, sortie à peine

---

1. La Flandre hollandaise est composée de places cédées par le traité de 1648 et par le *traité de la Barrière* (1715). Ce nom est significatif. — *App.* 38.

2. La grande bataille des temps modernes s'est livrée précisément sur la limite des deux langues, à Waterloo. A quelques pas en deçà de ce nom flamand, on trouve le *Mont-Saint-Jean*. — Le monticule qu'on a élevé dans cette plaine semble un *tumulus* barbare, celtique ou germanique.

des lycées et du baiser des mères, s'est brisée contre votre armée mercenaire, ménagée dans tous les combats, et gardée contre nous comme le poignard *de miséricorde* dont le soldat aux abois assassinait son vainqueur?

Je ne tairai rien pourtant. Elle me semble bien grande, cette odieuse Angleterre, en face de l'Europe, en face de Dunkerque[1] et d'Anvers en ruines[2]. Tous les autres pays, Russie, Autriche, Italie, Espagne, France, ont leurs capitales à l'ouest et regardent au couchant; le grand vaisseau européen semble flotter, la voile enflée du vent qui jadis souffla de l'Asie. L'Angleterre seule a la proue à l'est, comme pour braver le monde, *unum omnia contra*. Cette dernière terre du vieux continent est la terre héroïque, l'asile éternel des bannis, des hommes énergiques. Tous ceux qui ont jamais fui la servitude, druides poursuivis par Rome, Gaulois-Romains chassés par les barbares, Saxons proscrits par Charlemagne, Danois affamés, Normands avides, et l'industrialisme flamand persécuté, et le calvinisme vaincu, tous ont passé la mer, et pris pour patrie la grande île : *Arva, beata petamus arva, divites et insulas...* Ainsi l'Angleterre a engraissé

---

1. Les magistrats de Dunkerque supplièrent vainement la reine Anne; ils essayèrent de prouver que les Hollandais gagneraient plus que les Anglais à la démolition de leur ville. Il n'est point de lecture plus douloureuse et plus humiliante pour un Français. Cherbourg n'existait pas encore; il ne resta plus un port militaire, d'Ostende à Brest.

2. « J'ai là, disait Bonaparte, un pistolet chargé au cœur de l'Angleterre. » « La place d'Anvers, disait-il à Saint-Hélène, est une des grandes causes pour lesquelles je suis ici; la cession d'Anvers est un des motifs qui m'avaient déterminé à ne pas signer la paix de Chatillon. »

de malheurs et grandi de ruines. Mais à mesure que tous ces proscrits, entassés dans cet étroit asile, se sont mis à se regarder, à mesure qu'ils ont remarqué les différences de races et de croyances qui les séparaient, qu'ils se sont vus Kymry, Gaëls, Saxons, Danois, Normands, la haine et le combat sont venus. Ç'a été comme ces combats bizarres dont on régalait Rome, ces combats d'animaux étonnés d'être ensemble : hippopotames et lions, tigres et crocodiles. Et quand les amphibies, dans leur cirque fermé de l'Océan, se sont assez longtemps mordus et déchirés, ils se sont jetés à la mer, ils ont mordu la France. Mais la guerre intérieure, croyez-le bien, n'est pas finie encore. La Bête triomphante a beau narguer le monde sur son trône des mers. Dans son amer sourire se mêle un furieux grincement de dents, soit qu'elle n'en puisse plus à tourner l'aigre et criante roue de Manchester, soit que le taureau de l'Irlande, qu'elle tient à terre, se retourne et mugisse.

La guerre des guerres, le combat des combats, c'est celui de l'Angleterre et de la France; le reste est épisode. Les noms français sont ceux des hommes qui tentèrent de grandes choses contre l'Anglais. La France n'a qu'un saint, la Pucelle; et le nom de Guise qui leur arracha Calais des dents, le nom des fondateurs de Brest, de Dunkerque et d'Anvers[1], voilà, quoi que ces hommes aient fait du reste, des noms chers et sacrés. Pour moi, je me sens personnellement obligé

---

1. Il faut entendre ici Richelieu, Louis XIV et Bonaparte.

envers ces glorieux champions de la France et du monde, envers ceux qu'ils armèrent, les Duguay-Trouin, les Jean-Bart, les Surcouf, ceux qui rendaient pensifs les gens de Plymouth, qui leur faisaient secouer tristement la tête à ces Anglais, qui les tiraient de leur taciturnité, qui les obligeaient d'allonger leurs monosyllabes.

La lutte contre l'Angleterre a rendu à la France un immense service. Elle a confirmé, précisé sa nationalité. A force de se serrer contre l'ennemi, les provinces se sont trouvées un peuple. C'est en voyant de près l'Anglais qu'elles ont senti qu'elles étaient France. Il en est des nations comme de l'individu, il connaît et distingue sa personnalité par la résistance de ce qui n'est pas elle, il remarque le moi par le non-moi. La France s'est formée ainsi sous l'influence des grandes guerres anglaises, par opposition à la fois, et par composition. L'opposition est plus sensible dans les provinces de l'Ouest et du Nord, que nous venons de parcourir. La composition est l'ouvrage des provinces centrales, dont il nous reste à parler.

Pour trouver le centre de la France, le noyau autour duquel tout devait s'agréger, il ne faut pas prendre le point central dans l'espace; ce serait vers Bourges, vers le Bourbonnais, berceau de la dynastie; il ne faut pas chercher la principale séparation des eaux, ce seraient les plateaux de Dijon ou de Langres, entre les sources de la Saône, de la Seine et de la Meuse; pas même le point de séparation des races, ce serait sur la

Loire, entre la Bretagne, l'Auvergne et la Touraine. Non, le centre s'est trouvé marqué par des circonstances plus politiques que naturelles, plus humaines que matérielles. C'est un centre excentrique, qui dérive et appuie au Nord, principal théâtre de l'activité nationale, dans le voisinage de l'Angleterre, de la Flandre et de l'Allemagne. Protégé, et non pas isolé, par les fleuves qui l'entourent, il se caractérise selon la vérité par le nom d'Ile-de-France.

On dirait, à voir les grands fleuves de notre pays, les grandes lignes de terrains qui les encadrent, que la France coule avec eux à l'Océan. Au Nord, les pentes sont peu rapides, les fleuves sont dociles. Ils n'ont point empêché la libre action de la politique de grouper les provinces autour du centre qui les attirait. La Seine est en tout sens le premier de nos fleuves, le plus civilisable, le plus perfectible. Elle n'a ni la capricieuse et perfide mollesse de la Loire, ni la brusquerie de la Garonne, ni la terrible impétuosité du Rhône, qui tombe comme un taureau échappé des Alpes, perce un lac de dix-huit lieues, et vole à la mer, en mordant ses rivages. La Seine reçoit de bonne heure l'empreinte de la civilisation. Dès Troyes, elle se laisse couper, diviser à plaisir, allant chercher les manufactures et leur prêtant ses eaux. Lors même que la Champagne lui a versé la Marne, et la Picardie l'Oise, elle n'a pas besoin de fortes digues ; elle se laisse serrer dans nos quais, sans s'en irriter davantage. Entre les manufactures de Troyes et celles de Rouen, elle abreuve Paris. De Paris au Havre, ce n'est plus qu'une ville. Il faut la voir entre Pont-de-l'Arche et Rouen, la belle rivière, comme elle s'égare dans ses îles innombrables, encadrées au soleil couchant dans des flots d'or, tandis que, tout du long, les pommiers mirent leurs fruits jaunes et rouges sous des masses blanchâtres. Je ne puis comparer à ce spectacle que celui du lac de Genève. Le lac a de plus, il est vrai, les vignes de Vaud, Meillerie et les Alpes. Mais le lac ne marche point; c'est l'immobilité, ou du moins l'agitation sans progrès visible. La Seine marche et porte la pensée de la France, de Paris vers la Normandie, vers l'Océan, l'Angleterre, la lointaine Amérique.

Paris a pour première ceinture Rouen, Amiens, Orléans, Châlons, Reims, qu'il emporte dans son mouvement. A quoi se rattache une ceinture extérieure, Nantes, Bordeaux, Clermont et Toulouse; Lyon, Besançon, Metz et Strasbourg. Paris se reproduit en Lyon pour atteindre par le Rhône l'excentrique Marseille. Le tourbillon de la vie nationale a toute sa densité au Nord; au Midi, les cercles qu'il décrit se relâchent et s'élargissent.

Le vrai centre s'est marqué de bonne heure; nous le trouvons désigné au siècle de saint Louis, dans les deux ouvrages qui ont commencé notre jurisprudence : ÉTABLISSEMENTS DE FRANCE ET D'ORLÉANS ; — COUTUMES DE FRANCE ET DE VERMANDOIS[1]. C'est entre l'Orléanais et le Vermandois, entre le coude de la Loire et les

---

[1]. A Orléans, la science et l'enseignement du droit romain; en Picardie, l'originalité du droit féodal et coutumier; deux Picards, Beaumanoir et Desfontaines, ouvrent notre jurisprudence.

sources de l'Oise, entre Orléans et Saint-Quentin, que la France a trouvé enfin son centre, son assiette et son point de repos. Elle l'avait cherché en vain, et dans les pays druidiques de Chartres et d'Autun, et dans les chefs-lieux des clans galliques, Bourges, Clermont (*Agendicum, urbs Arvernorum*). Elle l'avait cherché dans les capitales de l'église Mérovingienne et Carlovingienne, Tours et Reims[1].

La France capétienne du *roi de Saint-Denys*, entre la féodale Normandie et la démocratique Champagne, s'étend de Saint-Quentin à Orléans, à Tours. Le roi est abbé de Saint-Martin de Tours, et premier chanoine de Saint-Quentin. Orléans se trouvant placée au lieu où se rapprochent les deux grands fleuves, le sort de cette ville a été souvent celui de la France; les noms de César, d'Attila, de Jeanne d'Arc, des Guises, rappellent tout ce qu'elle a vu de sièges et de guerres. La sérieuse Orléans[2] est près de la Touraine, près de la molle et rieuse patrie de Rabelais, comme la colérique Picardie à côté de l'ironique Champagne. L'histoire de l'antique France semble entassée en Picardie. La royauté, sous Frédégonde et Charles-le-Chauve, résidait à Soissons[3], à Crépy, Verberie, Attigny; vaincue par la féodalité, elle se réfugia sur la montagne de Laon. Laon, Péronne, Saint-Médard de Soissons, asiles et prisons tour

---

1. *App.* 39.
2. La raillerie orléanaise était amère et dure. Les Orléanais avaient reçu le sobriquet de *guépins*. On dit aussi : « La glose d'Orléans est pire que le texte. » — La Sologne a un caractère analogue : « Niais de Sologne, qui ne se trompe qu'à son profit. »
3. Pepin y fut élu, en 750. Louis-d'Outre-mer y mourut.

à tour, reçurent Louis-le-Débonnaire, Louis-d'Outre-mer, Louis XI. La royale tour de Laon a été détruite en 1832; celle de Péronne dure encore. Elle dure, la monstrueuse tour féodale des Coucy[1].

> Je ne suis roi, ne duc, prince, ne comte aussi,
> Je suis le sire de Coucy.

Mais en Picardie la noblesse entra de bonne heure dans la grande pensée de la France. La maison de Guise, branche picarde des princes de Lorraine, défendit Metz contre les Allemands, prit Calais aux Anglais, et faillit prendre aussi la France au roi. La monarchie de Louis XIV fut dite et jugée par le Picard Saint-Simon[2].

Fortement féodale, fortement communale et démocratique fut cette ardente Picardie. Les premières communes de France sont les grandes villes ecclésiastiques de Noyon, de Saint-Quentin, d'Amiens, de Laon. Le même pays donna Calvin, et commença la Ligue contre Calvin. Un ermite d'Amiens[3] avait enlevé toute l'Europe, princes et peuples, à Jérusalem, par l'élan de la religion. Un légiste de Noyon[4] la changea, cette religion, dans la moitié des pays occidentaux; il fonda sa Rome à Genève, et mit la république dans la foi. La république, elle fut poussée par les mains picardes dans sa course effrénée, de Condorcet en Camille Des-

---

1. *App.* 40.
2. Cette famille récente, qui prétendait remonter à Charlemagne, a bien assez d'avoir produit l'un des plus grands écrivains du dix-septième siècle, et l'un des plus hardis penseurs du nôtre.
3. Pierre-l'Ermite. — 4. Calvin, né en 1509, mort en 1564.

moulins, de Desmoulins en Gracchus Babœuf[1]. Elle fut chantée par Béranger, qui dit si bien le mot de la nouvelle France : « Je suis vilain et très vilain. » Entre ces vilains, plaçons au premier rang notre illustre général Foy, l'homme pur, la noble pensée de l'armée[2].

Le Midi et les pays vineux n'ont pas, comme l'on voit, le privilège de l'Éloquence. La Picardie vaut la Bourgogne : ici il y a du vin dans le cœur. On peut dire qu'en avançant du centre à la frontière belge le sang s'anime, et que la chaleur augmente vers le Nord[3]. La plupart de nos grands artistes, Claude Lorrain, le Poussin, Lesueur[4], Goujon, Cousin, Mansart, Lenôtre, David, appartiennent aux provinces septentrionales ; et si nous passons la Belgique, si nous regardons cette petite France de Liège, isolée au milieu

---

1. Condorcet, né à Ribemont en 1743, mort en 1794. — Camille Desmoulins, né à Guise en 1762, mort en 1794. — Babœuf, né à Saint-Quentin, mort en 1797. — Béranger est né à Paris, mais d'une famille picarde.

2. Né à Pithon ou à Ham. Plusieurs généraux de la Révolution sont sortis de la Picardie : Dumas, Dupont, Serrurier, etc. — Ajoutons à la liste de ceux qui ont illustré ce pays fécond en tout genre de gloire : Anselme, de Laon ; Ramus, tué à la Saint-Barthélemy ; Boutillier, l'auteur de la Somme rurale ; l'historien Guibert de Nogent ; Charlevoix ; les d'Estrées et les Genlis.

3. J'en dis autant de l'Artois qui a produit tant de mystiques. *App.* 41.

4. Claude-le-Lorrain, né à Chamagne en Lorraine, en 1600, mort en 1682. — Poussin, originaire de Soissons, né aux Andelys en 1594, mort en 1665. — Lesueur, né à Paris en 1617, mort en 1665. — Jean Cousin, fondateur de l'École française, né à Soucy près Sens, vers 1501. — Jean Goujon, né à Paris, mort en 1572. — Germain Pilon, né à Loué, à six lieues du Mans, mort à la fin du seizième siècle. — Pierre Lescot, l'architecte à qui l'on doit la fontaine des Innocents, né à Paris en 1510, mort en 1571. — Callot, ce rapide et spirituel artiste qui grava quatorze cents planches, né à Nancy en 1593, mort en 1635. — Mansart, l'architecte de Versailles et des Invalides, né à Paris en 1645, mort en 1708. — Lenôtre, né à Paris en 1613, mort en 1700, etc.

de la langue étrangère, nous y trouvons notre Grétry[1].

Pour le centre du centre, Paris, l'Ile-de-France, il n'est qu'une manière de les faire connaître, c'est de raconter l'histoire de la monarchie. On les caractériserait mal en citant quelques noms propres; ils ont reçu, ils ont donné l'esprit national; ils ne sont pas un pays, mais le résumé du pays. La féodalité même de l'Ile-de-France exprime des rapports généraux. Dire les Montfort, c'est dire Jérusalem, la croisade du Languedoc, les communes de France et d'Angleterre et les guerres de Bretagne; dire les Montmorency, c'est dire la féodalité rattachée au pouvoir royal, d'un génie médiocre, loyal et dévoué. Quant aux écrivains si nombreux qui sont nés à Paris, ils doivent beaucoup aux provinces dont leurs parents sont sortis, ils appartiennent surtout à l'esprit universel de la France qui rayonna en eux. En Villon, en Boileau, en Molière et Regnard, en Voltaire, on sent ce qu'il y a de plus général dans le génie français; ou si l'on veut y chercher quelque chose de local, on y distinguera tout au plus un reste de cette vieille sève d'esprit bourgeois, esprit moyen, moins étendu que judicieux, critique et moqueur, qui se forma d'abord de bonne humeur gauloise et d'amertume parlementaire entre le parvis Notre-Dame et les degrés de la Sainte-Chapelle.

Mais ce caractère indigène et particulier est encore secondaire : le général domine. Qui dit Paris, dit la monarchie tout entière. Comment s'est formé en une

---

1. Né en 1741, mort en 1813.

ville ce grand et complet symbole du pays? Il faudrait toute l'histoire du pays pour l'expliquer : la description de Paris en serait le dernier chapitre. Le génie parisien est la forme la plus complexe à la fois et la plus haute de la France. Il semblerait qu'une chose qui résultait de l'annihilation de tout esprit local, de toute provincialité, dût être purement négative. Il n'en est pas ainsi. De toutes ces négations d'idées matérielles, locales, particulières, résulte une généralité vivante, une chose positive, une force vive. Nous l'avons vu en Juillet [1].

C'est un grand et merveilleux spectacle de promener ses regards du centre aux extrémités, et d'embrasser de l'œil ce vaste et puissant organisme, où les parties diverses sont si habilement rapprochées, opposées, associées, le faible au fort, le négatif au positif, de voir l'éloquente et vineuse Bourgogne entre l'ironique naïveté de la Champagne, et l'âpreté critique, polémique, guerrière, de la Franche-Comté et de la Lorraine; de voir le fanatisme languedocien entre la légèreté provençale et l'indifférence gasconne; de voir la convoitise, l'esprit conquérant de la Normandie contenus entre la résistante Bretagne et l'épaisse et massive Flandre.

Considérée en longitude, la France ondule en deux longs systèmes organiques, comme le corps humain est double d'appareil, gastrique et cérébro-spinal. D'une part, les provinces de Normandie, Bretagne et Poitou,

---

1. Écrit en 1833.

Auvergne et Guyenne ; de l'autre, celles de Languedoc et Provence, Bourgogne et Champagne, enfin celles de Picardie et de Flandre, où les deux systèmes se rattachent. Paris est le sensorium.

La force et la beauté de l'ensemble consistent dans la réciprocité des secours, dans la solidarité des parties, dans la distribution des fonctions, dans la division du travail social. La force résistante et guerrière, la vertu d'action est aux extrémités, l'intelligence au centre ; le centre se sait lui-même et sait tout le reste. Les provinces frontières, coopérant plus directement à la défense, gardent les traditions militaires, continuent l'héroïsme barbare, et renouvellent sans cesse d'une population énergique le centre énervé par le froissement rapide de la rotation sociale. Le centre, abrité de la guerre, pense, innove dans l'industrie, dans la science, dans la politique ; il tranforme tout ce qu'il reçoit. Il boit la vie brute, et elle se transfigure. Les provinces se regardent en lui ; en lui elles s'aiment et s'admirent sous une forme supérieure ; elles se reconnaissent à peine :

« Miranturque novas frondes et non sua poma. »

Cette belle centralisation, par quoi la France est la France, elle attriste au premier coup d'œil. La vie est au centre, aux extrémités ; l'intermédiaire est faible et pâle. Entre la riche banlieue de Paris et la riche Flandre, vous traversez la vieille et triste Picardie ; c'est le sort des provinces centralisées qui ne sont pas le centre même. Il semble que cette attraction puissante les ait affaiblies, atténuées. Elles le regardent uniquement, ce centre, elles ne sont grandes que par lui. Mais plus grandes sont-elles par cette préoccupation de l'intérêt central, que les provinces excentriques ne peuvent l'être par l'originalité qu'elles conservent. La Picardie centralisée a donné Condorcet, Foy, Béranger, et bien d'autres, dans les temps modernes. La riche Flandre, la riche Alsace, ont-elles eu de nos jours des noms comparables à leur opposer? Dans la France, la première gloire est d'être Français. Les extrémités sont opulentes, fortes, héroïques, mais souvent elles ont des intérêts différents de l'intérêt national; elles sont moins françaises. La Convention eut à vaincre le fédéralisme provincial avant de vaincre l'Europe.

C'est néanmoins une des grandeurs de la France que sur toutes ses frontières elle ait des provinces qui mêlent au génie national quelque chose du génie étranger. A l'Allemagne, elle oppose une France allemande, à l'Espagne une France espagnole, à l'Italie une France italienne. Entre ces provinces et les pays voisins, il y a analogie et néanmoins opposition. On sait que les nuances diverses s'accordent souvent moins que les couleurs opposées; les grandes hostilités sont entre parents. Ainsi la Gascogne ibérienne n'aime pas l'ibérienne Espagne. Ces provinces analogues et différentes en même temps, que la France présente à l'étranger, offrent tour à tour à ses attaques une force résistante ou neutralisante. Ce sont des puissances diverses par quoi la France touche le monde, par où elle a prise sur lui. Pousse donc, ma belle et forte France, pousse les longs flots de ton onduleux territoire au Rhin, à la Méditerranée, à l'Océan. Jette à la dure Angleterre la dure Bretagne, la tenace Normandie; à la grave et solennelle Espagne oppose la dérision gasconne; à l'Italie la fougue provençale; au massif Empire germanique, les solides et profonds bataillons de l'Alsace et de la Lorraine; à l'enflure, à la colère belge, la sèche et sanguine colère de la Picardie, la sobriété, la réflexion, l'esprit disciplinable et civilisable des Ardennes et de la Champagne.

Pour celui qui passe la frontière et compare la France aux pays qui l'entourent, la première impression n'est pas favorable. Il est peu de côtés où l'étranger ne semble supérieur. De Mons à Valenciennes, de Douvres à Calais, la différence est pénible. La Normandie est une Angleterre, une pâle Angleterre. Que sont pour le commerce et l'industrie, Rouen, le Havre, à côté de Manchester et de Liverpool? L'Alsace est une Allemagne, moins ce qui fait la gloire de l'Allemagne : l'omniscience, la profondeur philosophique, la naïveté poétique[1]. Mais il ne faut pas prendre ainsi la France pièce à pièce, il faut l'embrasser dans son ensemble. C'est justement parce que la centralisation est puissante, la vie commune, forte et énergique, que la vie

---

1. Je ne veux pas dire que l'Alsace n'ait rien de tout cela, mais seulement qu'elle l'a généralement dans un degré inférieur à l'Allemagne. Elle a produit, elle possède encore plusieurs illustres philologues. Toutefois la vocation de l'Alsace est plutôt pratique et politique. La seconde maison de Flandre et celle de Lorraine-Autriche sont alsaciennes d'origine.

locale est faible. Je dirai même que c'est là la beauté de notre pays. Il n'a pas cette tête de l'Angleterre monstrueusement forte d'industrie, de richesse ; mais il n'a pas non plus le désert de la Haute-Écosse, le cancer de l'Irlande. Vous n'y trouvez pas, comme en Allemagne et en Italie, vingt centres de science et d'art ; il n'en a qu'un, un de vie sociale. L'Angleterre est un empire, l'Allemagne un pays, une race ; la France est une personne.

La personnalité, l'unité, c'est par là que l'être se place haut dans l'échelle des êtres. Je ne puis mieux me faire comprendre qu'en reproduisant le langage d'une ingénieuse physiologie.

Chez les animaux d'ordre inférieur, poissons, insectes, mollusques et autres, la vie locale est forte. « Dans chaque segment de sangsues se trouve un système complet d'organes, un centre nerveux, des anses et des renflements vasculaires, une paire de lobes gastriques, des organes respiratoires, des vésicules séminales. Aussi a-t-on remarqué qu'un de ces segments peut vivre quelque temps, quoique séparé des autres. A mesure qu'on s'élève dans l'échelle animale, on voit les segments s'unir plus intimement les uns aux autres, et l'individualité du grand tout se prononcer davantage... L'individualité dans les animaux composés ne consiste pas seulement dans la soudure de tous les organismes, mais encore dans la jouissance commune d'un nombre de parties, nombre qui devient plus grand à mesure qu'on approche des degrés supérieurs. La centralisation est plus complète, à mesure que l'animal monte dans l'échelle[1]. » Les nations peuvent se classer comme les animaux. La jouissance commune d'un grand nombre de parties, la solidarité de ces parties entre elles, la réciprocité de fonctions qu'elles exercent l'une à l'égard de l'autre, c'est là la supériorité sociale. C'est celle de la France, le pays du monde où la nationalité, où la personnalité nationale, se rapproche le plus de la personnalité individuelle.

Diminuer, sans la détruire, la vie locale, particulière, au profit de la vie générale et commune, c'est le problème de la sociabilité humaine. Le genre humain approche chaque jour plus près de la solution de ce problème. La formation des monarchies, des empires, sont les degrés par où il y arrive. L'Empire romain a été un premier pas, le christianisme un second. Charlemagne et les Croisades, Louis XIV et la Révolution, l'Empire français qui en est sorti, voilà de nouveaux progrès dans cette route. Le peuple le mieux centralisé est aussi celui qui, par son exemple et par l'énergie de son action, a le plus avancé la centralisation du monde.

Cette unification de la France, cet anéantissement de l'esprit provincial est considéré fréquemment comme le simple résultat de la conquête des provinces. La conquête peut attacher ensemble, enchaîner des partis hostiles, mais jamais les unir. La conquête et la guerre n'ont fait qu'ouvrir les provinces aux provinces, elles ont donné aux populations isolées l'occasion de se connaître; la vive et

1. Dugès.

rapide sympathie du génie gallique, son instinct social ont fait le reste. Chose bizarre! ces provinces, diverses de climats, de mœurs et de langage, se sont comprises, se sont aimées; toutes se sont senties solidaires. Le Gascon s'est inquiété de la Flandre, le Bourguignon a joui ou souffert de ce qui se faisait aux Pyrénées; le Breton, assis au rivage de l'Océan, a senti les coups qui se donnaient sur le Rhin.

Ainsi s'est formé l'esprit général, universel, de la contrée. L'esprit local a disparu chaque jour; l'influence du sol, du climat, de la race, a cédé à l'action sociale et politique. La fatalité des lieux a été vaincue, l'homme a échappé à la tyrannie des circonstances matérielles. Le Français du Nord a goûté le Midi, s'est animé à son soleil; le Méridional a pris quelque chose de la ténacité, du sérieux, de la réflexion du Nord. La société, la liberté, ont dompté la nature, l'histoire a effacé la géographie. Dans cette transformation merveilleuse, l'esprit a triomphé de la matière, le général du particulier, et l'idée du réel. L'homme individuel est matérialiste, il s'attache volontiers à l'intérêt local et privé; la société humaine est spiritualiste, elle tend à s'affranchir sans cesse des misères de l'existence locale, à atteindre la haute et abstraite unité de la patrie.

Plus on s'enfonce dans les temps anciens, plus on s'éloigne de cette pure et noble généralisation de l'esprit moderne. Les époques barbares ne présentent presque rien que de local, de particulier, de matériel.

L'homme tient encore au sol, il y est engagé, il semble en faire partie. L'histoire alors regarde la terre, et la race elle-même, si puissamment influencée par la terre. Peu à peu la force propre qui est en l'homme le dégagera, le déracinera de cette terre. Il en sortira, la repoussera, la foulera; il lui faudra, au lieu de son village natal, de sa ville, de sa province, une grande patrie, par laquelle il compte lui-même dans les destinées du monde. L'idée de cette patrie, idée abstraite qui doit peu aux sens, l'amènera par un nouvel effort à l'idée de la patrie universelle, de la cité de la Providence.

A l'époque où cette histoire est parvenue, au dixième siècle, nous sommes bien loin de cette lumière des temps modernes. Il faut que l'humanité souffre et patiente, qu'elle mérite d'arriver... Hélas! à quelle longue et pénible initiation elle doit se soumettre encore! quelles rudes épreuves elle doit subir! Dans quelles douleurs elle va s'enfanter elle-même! Il faut qu'elle sue la sueur et le sang pour amener au monde le moyen âge, et qu'elle le voie mourir, quand elle l'a si longtemps élevé, nourri, caressé. Triste enfant, arraché des entrailles même du christianisme, qui naquit dans les larmes, qui grandit dans la prière et la rêverie, dans les angoisses du cœur, qui mourut sans achever rien; mais il nous a laissé de lui un si poignant souvenir, que toutes les joies, toutes les grandeurs des âges modernes ne suffiront pas à nous consoler.

LIVRE IV

CHAPITRE PREMIER

L'an 1000. Le roi de France et le pape français. Robert et Gerbert. — France féodale.

Cette vaste révélation de la France, que nous venons d'indiquer dans l'espace, et que nous allons suivre dans le temps, elle commence au dixième siècle, à l'avènement des Capets. Chaque province a dès lors son histoire; chacune prend une voix, et se raconte elle-même. Cet immense concert de voix naïves et barbares, comme un chant d'église dans une sombre cathédrale pendant la nuit de Noël, est d'abord âpre et discordant. On y trouve des accents étranges, des voix grotesques, terribles, à peine humaines; et vous douteriez quelquefois si c'est la naissance du Sauveur, ou la Fête des fous, la Fête de l'âne. Fantastique et bizarre harmonie, à quoi rien ne ressemble, où l'on croit entendre à la fois tout cantique, et des *Dies iræ*, et des *Alleluia*.

C'était une croyance universelle au moyen âge, que le monde devait finir avec l'an 1000 de l'Incarnation[1]. Avant le christianisme, les Étrusques aussi avaient fixé leur terme à dix siècles, et la prédiction s'était accomplie. Le christianisme, passager sur cette terre, hôte exilé du ciel, devait adopter aisément ces croyances. Le monde du moyen âge n'avait pas la régularité extérieure de la cité antique, et il était bien difficile d'en discerner l'ordre intime et profond. Ce monde ne voyait que chaos en soi; il aspirait à l'ordre, et l'espérait dans la mort. D'ailleurs, en ces temps de miracles et de légendes, où tout apparaissait bizarrement coloré comme à travers de sombres vitraux, on pouvait douter que cette réalité visible fût autre chose qu'un songe. Les merveilles composaient la vie commune. L'armée d'Othon avait bien vu le soleil en défaillance et jaune comme du safran[2]. Le roi Robert, excommunié pour avoir épousé sa parente, avait, à l'accouchement de la reine, reçu dans ses bras un monstre. Le diable ne prenait plus la peine de se cacher : on l'avait vu à Rome se présenter solennellement devant un pape magicien. Au milieu de tant d'apparitions, de visions, de voix étranges, parmi les miracles de Dieu et les prestiges du démon, qui pouvait dire si la terre n'allait pas un matin se résoudre en fumée, au son de la fatale trompette? Il eût bien pu se faire alors que ce que nous appelons la vie fût en effet la mort, et qu'en finissant, le monde, comme ce saint

---

1. *App.* 42. — 2. Raoul Glaber.

du Légendaire, *commençât de vivre et cessât de mourir.*
« Et tunc vivere incepit, morique desiit. »

Cette fin d'un monde si triste était tout ensemble l'espoir et l'effroi du moyen âge. Voyez ces vieilles statues dans les cathédrales du dixième et du onzième siècle, maigres, muettes et grimaçantes dans leur roideur contractée, l'air souffrant comme la vie, et laides comme la mort. Voyez comme elles implorent, les mains jointes, ce moment souhaité et terrible, cette seconde mort de la résurrection, qui doit les faire sortir de leurs ineffables tristesses et les faire passer du néant à l'être, du tombeau en Dieu. C'est l'image de ce pauvre monde sans espoir après tant de ruines. L'empire romain avait croulé, celui de Charlemagne s'en était allé aussi ; le christianisme avait cru d'abord pouvoir remédier aux maux d'ici-bas, et ils continuaient. Malheur sur malheur, ruine sur ruine. Il fallait bien qu'il vînt autre chose, et l'on attendait. Le captif attendait dans le noir donjon, dans le sépulcral *in-pace ;* le serf attendait sur son sillon, à l'ombre de l'odieuse tour ; le moine attendait, dans les abstinences du cloître, dans les tumultes solitaires du cœur, au milieu des tentations et des chutes, des remords et des visions étranges, misérable jouet du diable qui folâtrait cruellement autour de lui, et qui le soir, tirant sa couverture, lui disait gaiement à l'oreille : « Tu es damné[1] ! »

Tous souhaitaient sortir de peine, et n'importe à

---

1. *App.* 43.

quel prix! Il leur valait mieux tomber une fois entre les mains de Dieu et reposer à jamais, fût-ce dans une couche ardente. Il devait d'ailleurs avoir aussi son charme, ce moment où l'aiguë et déchirante trompette de l'archange percerait l'oreille des tyrans. Alors, du donjon, du cloître, du sillon, un rire terrible eût éclaté au milieu des pleurs.

Cet effroyable espoir du jugement dernier s'accrut dans les calamités qui précédèrent l'an 1000, ou suivirent de près. Il semblait que l'ordre des saisons se fût interverti, que les éléments suivissent des lois nouvelles. Une peste terrible désola l'Aquitaine; la chair des malades semblait frappée par le feu, se détachait de leurs os, et tombait en pourriture. Ces misérables couvraient les routes des lieux de pèlerinage, assiégeaient les églises, particulièrement Saint-Martial, à Limoges; ils s'étouffaient aux portes, et s'y entassaient. La puanteur qui entourait l'église ne pouvait les rebuter. La plupart des évêques du Midi s'y rendirent, et y firent porter les reliques de leurs églises. La foule augmentait, l'infection aussi; ils mouraient sur les reliques des saints[1].

Ce fut encore pis quelques années après. La famine ravagea tout le monde depuis l'Orient, la Grèce, l'Italie, la France, l'Angleterre. « Le muid de blé, dit un contemporain[2], s'éleva à soixante sols d'or. Les riches

---

1. *App.* 44. — 2. Glaber. — Sur soixante-treize ans, il y en eut quarante-huit de famines et d'épidémies. — An 987, grande famine et épidémie. — 989, grande famine. — 990-994, famine et mal des *ardents*. — 1001, grande famine. —

maigrirent et pâlirent; les pauvres rongèrent les racines des forêts; plusieurs, chose horrible à dire, se laissèrent aller à dévorer des chairs humaines. Sur les chemins, les forts saisissaient les faibles, les déchiraient, les rôtissaient, les mangeaient. Quelques-uns présentaient à des enfants un œuf, un fruit, et les attiraient à l'écart pour les dévorer. Ce délire, cette rage alla au point que la bête était plus en sûreté que l'homme. Comme si ç'eût été désormais une coutume établie de manger de la chair humaine, il y en eut un qui osa en étaler à vendre dans le marché de Tournus. Il ne nia point, et fut brûlé. Un autre alla pendant la nuit déterrer cette même chair, la mangea, et fut brûlé de même. »

« ... Dans la forêt de Mâcon, près l'église de Saint-Jean de Castanedo, un misérable avait bâti une chaumière, où il égorgeait la nuit ceux qui lui demandaient l'hospitalité. Un homme y aperçut des ossements, et parvint à s'enfuir. On y trouva quarante-huit têtes d'hommes, de femmes et d'enfants. Le tourment de la faim était si affreux que plusieurs, tirant de la craie du fond de la terre, la mêlaient à la farine. Une autre calamité survint: c'est que les loups, alléchés par la multitude des cadavres sans sépulture, commencèrent à s'attaquer aux hommes. Alors les gens craignant Dieu ouvrirent des fosses, où le

---

1003-1008, famine et mortalité. — 1010, famine, mal des *ardents*, mortalité. — 1027-1029, famine (anthropophages). — 1031-1033, famine atroce. — 1035, famine, épidémie. — 1045-1046, famine en France et en Allemagne. — 1053-1058, famine et mortalité pendant cinq ans. — 1059, famine de sept ans, mortalité.

fils traînait le père, le frère son frère, la mère son fils, quand ils les voyaient défaillir ; et le survivant lui-même, désespérant de la vie, s'y jetait souvent après eux. Cependant les prélats des cités de la Gaule, s'étant assemblés en concile pour chercher remède à de tels maux, avisèrent que, puisqu'on ne pouvait alimenter tous ces affamés, on sustentât comme on pourrait ceux qui semblaient les plus robustes, de peur que la terre ne demeurât sans culture. »

Ces excessives misères brisèrent les cœurs et leur rendirent un peu de douceur et de pitié. Ils mirent le glaive dans le fourreau, tremblants eux-mêmes sous le glaive de Dieu. Ce n'était plus la peine de se battre, ni de faire la guerre pour cette terre maudite qu'on allait quitter. De vengeance, on n'en avait plus besoin ; chacun voyait bien que son ennemi, comme lui-même, avait peu à vivre. A l'occasion de la peste de Limoges, ils coururent de bon cœur aux pieds des évêques, et s'engagèrent à rester désormais paisibles, à respecter les églises, à ne plus infester les grands chemins, à ménager du moins ceux qui voyageraient sous la sauvegarde des prêtres ou des religieux. Pendant les jours saints de chaque semaine (du mercredi soir au lundi matin), toute guerre était interdite : c'est ce qu'on appela *la paix*, plus tard *la trêve de Dieu*[1].

Dans cet effroi général, la plupart ne trouvaient un peu de repos qu'à l'ombre des églises. Ils apportaient en foule, ils mettaient sur l'autel des donations de

---

1. *App.* 45.

terres, de maisons, de serfs. Tous ces actes portent l'empreinte d'une même croyance : « Le soir du monde approche, disent-ils ; chaque jour entasse de nouvelles ruines ; moi, comte ou baron, j'ai donné à telle église pour le remède de mon âme... » Ou encore : « Considérant que le servage est contraire à la liberté chrétienne, j'affranchis un tel, mon serf de corps, lui, ses enfants et ses hoirs. »

Mais le plus souvent tout cela ne les rassurait point. ils aspiraient à quitter l'épée, le baudrier, tous les signes de la milice du siècle ; ils se réfugiaient parmi les moines et sous leur habit ; ils leur demandaient dans leurs couvents une toute petite place où se cacher. Ceux-ci n'avaient d'autre peine que d'empêcher les grands du monde, les ducs et les rois de devenir moines, ou frères convers. Guillaume Ier, duc de Normandie, aurait tout laissé pour se retirer à Jumièges, si l'abbé le lui eût permis. Au moins, il trouva moyen d'enlever un capuchon et une étamine, les emporta avec lui, les déposa dans un petit coffre, et en garda toujours la clef à sa ceinture[1]. Hugues Ier, duc de Bourgogne, et avant lui l'empereur Henri II, auraient bien voulu aussi se faire moines. Hugues en fut empêché par le pape. Henri, entrant dans l'église de l'abbaye de Saint-Vanne, à Verdun, s'était écrié avec le Psalmiste : « Voici le repos que j'ai choisi, et mon habitation aux siècles des siècles ! » Un religieux l'entendit, et avertit l'abbé. Celui-ci appela l'empereur dans le

---

1. Guillaume de Jumièges.

chapitre des moines, et lui demanda quelle était son intention. « Je veux, avec la grâce de Dieu, répondit-il en pleurant, renoncer à l'habit du siècle, revêtir le vôtre, et ne plus servir que Dieu avec vos frères. — Voulez-vous donc, reprit l'abbé, promettre, selon notre règle et à l'exemple de Jésus-Christ, l'obéissance jusqu'à la mort? — Je le veux, reprit l'empereur. — Eh bien! je vous reçois comme moine, dès ce jour j'accepte la charge de votre âme; et ce que j'ordonnerai, je veux que vous le fassiez avec la crainte du Seigneur. Or, je vous ordonne de retourner au gouvernement de l'empire que Dieu vous a confié, et de veiller de tout votre pouvoir, avec crainte et tremblement, au salut de tout le royaume [1]. » L'empereur, lié par son vœu, obéit à regret. Au reste, il était moine depuis longtemps; il avait toujours vécu en frère avec sa femme. L'Église l'honore sous le nom de saint Henri.

Un autre saint, qu'elle n'a pas canonisé, est notre Robert, roi de France. « Robert, dit l'auteur de la Chronique de Saint-Bertin, était très pieux, sage et lettré, passablement philosophe et excellent musicien. Il composa la prose du Saint-Esprit : *Adsit nobis gratia;* les rythmes *Judea et Hierusalem, Concede nobis quæsumus,* et *Cornelius centurio,* qu'il offrit, mis en musique et notés, sur l'autel de Saint-Pierre à Rome, de même que l'antiphone *Eripe,* et plusieurs autres belles choses. Il avait pour femme Constance, qui lui demanda un jour de faire quelque chose en mémoire

---

1. *Vie de saint Richard.*

d'elle ; il écrivit alors le rythme *O constantia martyrum!* que la reine, à cause du nom de Constantia, crut avoir été fait pour elle. Le roi venait à l'église de Saint-Denis dans ses habits royaux, et couronné de sa couronne, pour diriger le chœur à matines, à vêpres et à la messe, chanter avec les moines et les défier au combat du chant. Aussi, comme il assiégeait certain château le jour de Saint-Hippolyte, pour qui il avait une dévotion particulière, il quitta le siège pour venir à Saint-Denis diriger le chœur pendant la messe ; et tandis qu'il chantait dévotement avec les moines *Agnus Dei, dona nobis pacem,* les murs du château tombèrent subitement, et l'armée du roi en prit possession ; ce que Robert attribua toujours aux mérites de saint Hippolyte[1]. »

« Un jour qu'il revenait de faire sa prière, où il avait, comme d'habitude, répandu une pluie de larmes, il trouva sa lance garnie par sa vaniteuse épouse d'ornements d'argent. Tout en considérant cette lance, il regardait s'il ne verrait pas dehors quelqu'un à qui cet argent fût nécessaire ; et trouvant un pauvre en haillons, il lui demande prudemment quelque outil pour ôter l'argent. Le pauvre ne savait ce qu'il en voulait faire ; mais le serviteur de Dieu lui dit d'en chercher au plus vite. Cependant il se livrait à la prière. L'autre revient avec un outil ; le roi et le pauvre s'enferment ensemble, et enlèvent l'argent de la lance, et le roi le met lui-même de ses saintes mains dans le sac du

---

1. Chronique de Sithiu.

pauvre en lui recommandant, selon sa coutume, de bien prendre garde que sa femme ne le vît. Lorsque la reine vint, elle s'étonna fort de voir sa lance ainsi dépouillée; et Robert jura par plaisanterie le nom du Seigneur qu'il ne savait comment cela s'était fait[1]. »

« Il avait une grande horreur pour le mensonge. Aussi, pour justifier ceux dont il recevait le serment, aussi bien que lui-même, il avait fait faire une châsse de cristal toute entourée d'or, où il eut soin de ne mettre aucune relique : c'est sur cette châsse qu'il faisait jurer ses grands, qui n'étaient point instruits de sa fraude pieuse. De même, il faisait jurer les gens du peuple sur une châsse où il avait mis un œuf. Oh! avec quelle exactitude se rapportent à ce saint homme les paroles du Prophète : « Il habitera dans le tabernacle du Très-Haut, celui qui dit la vérité selon son cœur, celui dont la langue ne trompe pas, et qui n'a jamais fait de mal à son prochain[2]! »

La charité de Robert s'étendait à tous les pécheurs. « Comme il soupait à Étampes, dans un château que Constance venait de lui bâtir, il ordonna d'ouvrir la porte à tous les pauvres. L'un d'eux vint se mettre aux pieds du roi, qui le nourrissait sous la table. Mais le pauvre, ne s'oubliant pas, lui coupa avec un couteau un ornement d'or de six onces qui pendait de ses genoux, et s'enfuit au plus vite. Lorsqu'on se leva de table, la reine vit son seigneur dépouillé, et, indignée, se laissa emporter contre le saint à des paroles vio-

---

1. Helgaud. — 2. Id.

lentes : « Quel ennemi de Dieu, bon seigneur, a déshonoré votre robe d'or? — Personne, répondit-il, ne m'a déshonoré ; cela était sans doute plus nécessaire à celui qui l'a pris qu'à moi, et, Dieu aidant, lui profitera. » — Un autre voleur lui coupant la moitié de la frange de son manteau, Robert se retourna, et lui dit : « Va-t'en, va-t'en ; contente-toi de ce que tu as pris ; un autre aura besoin du reste. » Le voleur s'en alla tout confus. — Même indulgence pour ceux qui volaient les choses saintes. Un jour qu'il priait dans sa chapelle, il vit un clerc nommé Ogger qui montait furtivement à l'autel, posait un cierge par terre, et emportait le chandelier dans sa robe. Les clercs se troublent, qui auraient dû empêcher ce vol. Ils interrogent le seigneur roi, et il proteste qu'il n'a rien vu. Cela vint aux oreilles de la reine Constance ; enflammée de fureur, elle jure par l'âme de son père qu'elle fera arracher les yeux aux gardiens, s'ils ne rendent ce qu'on a volé au trésor du saint et du juste. Dès qu'il le sut, ce sanctuaire de piété, il appela le larron, et lui dit : « Ami Ogger, va-t'en d'ici, que mon inconstante Constance ne te mange pas. Ce que tu as te suffit pour arriver au pays de ta naissance. Que le Seigneur soit avec toi ! » Il lui donna même de l'argent pour faire sa route ; et quand il crut le voleur en sûreté, il dit gaiement aux siens : « Pourquoi tant vous tourmenter à la recherche de ce chandelier ? Le Seigneur l'a donné à son pauvre. » — Une autre fois enfin, comme il se relevait la nuit pour aller à l'église, il vit deux amants couchés dans un coin ; aussitôt il détacha une fourrure précieuse qu'il portait au cou, et la jeta sur ces pêcheurs. Puis il alla prier pour eux[1]. »

Telle fut la douceur et l'innocence du premier roi capétien. Je dis le premier roi ; car son père, Hugues-Capet[2], se défia de son droit, et ne voulut jamais porter la couronne ; il lui suffit de porter la chape, comme abbé de Saint-Martin de Tours. C'est sous ce bon Robert que se passa cette terrible époque de l'an 1000 ; et il sembla que la colère divine fût désarmée par cet homme simple, en qui s'était comme incarnée la paix de Dieu. L'humanité se rassura et espéra durer encore un peu ; elle vit, comme Ézéchias, que le Seigneur voulait bien ajouter à ses jours. Elle se leva de son agonie, se remit à vivre, à travailler, à bâtir : à bâtir d'abord les églises de Dieu. « Près de trois ans après l'an 1000, dit Glaber, dans presque tout l'univers, surtout dans l'Italie et dans les Gaules, les basiliques des églises furent renouvelées, quoique la plupart fussent encore assez belles pour n'en avoir nul besoin. Et cependant les peuples chrétiens semblaient rivaliser à qui élèverait les plus magnifiques. On eût dit que le monde se secouait et dépouillait sa vieillesse, pour revêtir la robe blanche des églises[3]. »

Et en récompense il y eut d'innombrables miracles. Des révélations, des visions merveilleuses firent partout découvrir de saintes reliques, depuis longtemps enfouies, et cachées à tous les yeux : « Les saints vinrent réclamer les honneurs d'une résurrection sur

---

1. Helgaud. — 2. *App.* 46. — 3. Glaber.

la terre, et apparurent aux regards des fidèles, qu'ils remplirent de consolations[1]. » Le Seigneur lui-même descendit sur l'autel ; le dogme de la présence réelle, jusque-là obscur et caché à demi dans l'ombre, éclata dans la croyance des peuples : ce fut comme un flambeau d'immense poésie qui illumina, transfigura l'Occident et le Nord. « Tout cela se trouvait annoncé comme par un présage certain dans la position même de la croix du Seigneur quand le Sauveur y était suspendu sur le Calvaire. En effet, pendant que l'Orient avec ses peuples féroces était caché derrière la face du Sauveur, l'Occident, placé devant ses regards, recevait de ses yeux la lumière de la foi dont il devait être bientôt rempli. Sa droite toute-puissante, étendue pour le grand œuvre de miséricorde, montrait le Nord qui allait être adouci par l'effet de la parole divine, pendant que sa gauche tombait en partage aux nations barbares et tumultueuses du Midi[2]. »

La lutte de l'Occident et de l'Orient, cette grande idée qui vient de tomber en paroles enfantines de la bouche ignorante du moine, c'est la pensée de l'avenir et le mouvement de l'humanité. De grands signes éclatent, des multitudes d'hommes s'acheminent déjà un à un, et comme pèlerins, à Rome, au mont Cassin, à Jérusalem. Le premier pape français, Gerbert, proclame déjà la croisade ; sa belle lettre, où il appelle tous les princes au nom de la cité sainte[3], précède d'un siècle les prédications de Pierre-l'Ermite. Prêchée

---

1. Glaber. — 2. Id. — 3. *App.* 47.

alors par un Français et sous un pape français, Urbain II, exécutée surtout par des Français, la grande entreprise commune du moyen âge, celle qui fit de tous les Francs une nation, elle nous appartiendra, elle révélera la profonde sociabilité de la France. Mais il faut encore un siècle, il faut que le monde s'assoie avant d'agir. En l'an 1000, un politique fonde la papauté, un saint fonde la royauté : je parle de deux Français, de Gerbert et de Robert.

Ce Gerbert, disent-ils, n'était pas moins qu'un magicien. Moine à Aurillac, chassé, réfugié à Barcelone, il se défroque pour aller étudier les lettres et l'algèbre à Cordoue. De là, à Rome ; le grand Othon le fait précepteur de son fils, de son petit-fils. Puis il professe aux fameuses écoles de Reims ; il a pour disciple notre bon roi Robert. Secrétaire et confident de l'archevêque, il le fait déposer, et obtient sa place par l'influence d'Hugues-Capet. Ce fut une grande chose pour les Capets d'avoir pour eux un tel homme ; s'ils aident à le faire archevêque, il aide à les faire rois.

Obligé de se retirer près d'Othon III, il devient archevêque de Ravenne, enfin pape. Il juge les grands, il nomme des rois (Hongrie, Pologne), donne des lois aux républiques ; il règne par le pontificat et par la science. Il prêche la croisade ; un astrologue a prédit qu'il ne mourra qu'à Jérusalem. Tout va bien ; mais un jour qu'il siégeait à Rome dans une chapelle qu'on appelait Jérusalem, le diable se présente et réclame le pape. C'est un marché qu'ils ont passé en Espagne chez les musulmans. Gerbert étudiait alors ; trouvant l'étude longue, il se donna au diable pour abréger. C'est de lui qu'il apprit la merveille des chiffres arabes, et l'algèbre, et l'art de construire une horloge, et l'art de se faire pape. Eût-il pu sans cela? Il s'est donné; donc il est à son maître. Le diable prouve, et puis l'emporte. *Tu ne savais pas que j'étais logicien !*[1] »

Sauf leur amitié pour cet homme diabolique, il n'y eut dans les premiers Capets aucune méchanceté. Le bon Robert, indulgent et pieux, fut un roi homme, un roi peuple et moine. Les Capets passaient généralement pour une race plébéienne, Saxonne d'origine. Leur aïeul Robert-le-Fort avait défendu le pays contre les Normands; Eudes combattit sans cesse les empereurs qui soutenaient les derniers Carlovingiens ; mais les rois qui suivent jusqu'à Louis-le-Gros n'ont rien de militaire. Les chroniques ne manquent pas de nous dire, à l'avènement de chacun de ces princes, qu'il était fort *chevalereux;* nous voyons cependant qu'ils ne se soutiennent guère que par le secours des Normands et des évêques, surtout celui de Reims. Vraisemblablement les évêques payaient, les Normands combattaient pour eux. Ces princes, amis des prêtres, auxquels ils devaient leur grandeur, cherchaient sans doute par leur conseil à se rattacher au passé, et, par

---

1. Dante, *Inferno*, c. XXVIII :

Tu non pensavi qu'io loico fossi!

Les deux grands mythes du savant identifié avec le magicien, ce sont, dans les légendes du moyen âge, Gerbert et Albert-le-Grand. Ce qui est remarquable, c'est qu'ici la France ait sur l'Allemagne l'initiative de deux siècles. En récompense, le sorcier allemand laisse une plus forte trace, et ressuscite au quinzième siècle dans Faust, l'inventeur de l'imprimerie.

de lointaines alliances avec le monde grec, à primer les Carlovingiens en antiquité. Hugues-Capet demanda pour son fils la main d'une princesse de Constantinople [1]. Son petit-fils Henri Ier épousa la fille du czar de Russie, princesse byzantine par une de ses aïeules, qui appartenait à la maison macédonienne. La prétention de cette maison était de remonter à Alexandre-le-Grand, à Philippe, et par eux à Hercule. Le roi de France appela son fils Philippe, et ce nom est resté jusqu'à nous commun parmi les Capets. Ces généalogies flattaient les traditions romanesques du moyen âge, qui expliquait à sa manière la parenté réelle des races indo-germaniques, en tirant les Francs des Troyens et les Saxons des Macédoniens, soldats d'Alexandre [2].

L'élévation de cette dynastie fut, comme nous l'avons dit, l'ouvrage des prêtres, auxquels Hugues-Capet rendit ses nombreuses abbayes; l'ouvrage aussi du duc de Normandie, Richard-sans-Peur. Celui-ci, traité si mal dans son enfance par Louis-d'Outre-mer [3], plus d'une fois trahi par Lothaire, avait de bonnes raisons de haïr les Carlovingiens. Hugues-Capet était son pupille et son beau-frère. Il convenait d'ailleurs au Normand de se rattacher au parti ecclésiastique et à la dynastie que ce parti élevait; il espérait sans doute y primer par l'épée. C'était de même l'espérance de la maison normande de Blois, Tours et Chartres; ceux-ci,

---

1. Lettre de Gerbert. — 2. *App.* 48.
3. Louis le tenait prisonnier, mais un de ses serviteurs le sauva en l'emportant dans une botte de fourrage. (Guillaume de Jumièges.)

qui possédaient en outre les établissements éloignés de Provins, Meaux et Beauvais, descendaient d'un Thiébolt, selon quelques-uns parent de Rollon, mais lié avec le roi Eudes, comme Rollon avec Charles-le-Simple. Thiébolt avait épousé une sœur d'Eudes, s'était fait donner Tours, et avait acquis Chartres du vieux pirate Hastings [1]. Son fils, Thibault-le-Tricheur, épousa une fille d'Herbert de Vermandois, l'ennemi des Carlovingiens, et soutint les Capets contre les empereurs d'Allemagne. Rivaux jaloux des Normands de Normandie, les Normands de Blois refusèrent quelque temps de reconnaître Hugues-Capet, en haine de ceux qui l'avaient fait roi. Mais il les apaisa en faisant épouser à son fils, le roi Robert, la fameuse Berthe, veuve d'Eudes Ier de Blois (fils de Thibault-le-Tricheur). Cette veuve, héritière du royaume de Bourgogne par le roi Rodolphe, son frère, pouvait donner aux Capets quelques prétentions sur ce royaume, légué par Rodolphe à l'Empire. Aussi, le pape allemand, Grégoire V, créature des empereurs, saisit-il le prétexte d'une parenté éloignée pour forcer Robert de quitter sa femme et l'excommunier sur son refus. On connaît l'histoire ou la fable de l'abandon de Robert, délaissé de ses serviteurs, qui jetaient au feu tout ce qu'il avait touché, et la légende de Berthe qui accoucha d'un monstre. On voit au portail de plusieurs cathédrales la statue d'une reine qui a un pied d'oie, et qui semble désigner l'épouse de Robert [2].

---

1. Alberic, ad ann. 904. — 2. *App.* 49.

Berthe avait eu du comte de Blois, son premier époux, un fils nommé Eudes, comme son père, et surnommé *le Champenois*, parce qu'il ajouta à ses vastes domaines une partie de la Brie et de la Champagne. Eudes osa entreprendre une guerre contre l'Empire. Il se mit en possession du royaume de Bourgogne, auquel il avait droit par sa mère; il soumit tout jusqu'au Jura, et fut reçu dans Vienne. Appelé à la fois par la Lorraine et par l'Italie, qui le voulait pour roi[1], il prétendit relever l'ancien royaume d'Ostrasie. Il prit Bar, et marcha vers Aix-la-Chapelle, où il comptait se faire couronner aux fêtes de Noël. Mais le duc de Lorraine, le comte de Namur, les évêques de Liège et de Metz, tous les grands du pays vinrent à sa rencontre et le défirent. Tué en fuyant, il ne put être reconnu que par sa femme, qui retrouva sur son corps un signe caché[2] (1037).

Ses États, divisés dès lors en comtés de Blois et de Champagne, cessèrent de composer une puissance redoutable. Famille plus aimable que guerrière, poètes, pèlerins, croisés, les comtes de Blois et Champagne n'eurent ni l'esprit de suite ni la ténacité de leurs rivaux de Normandie et d'Anjou.

La maison d'Anjou n'était ni normande comme celles de Blois et de Normandie, ni saxonne comme les Capets, mais indigène. Elle désignait comme son premier auteur un Breton de Rennes, Tortulf, le fort

---

1. Glaber.
2. Id. C'est l'Histoire d'Harold reconnu par sa maîtresse Édith. Elle se reproduit à la mort de Charles-le-Téméraire.

chasseur[1]. Son fils se mit au service de Charles-le-Chauve, et combattit vaillamment les Normands; il eut en récompense quelques terres dans le Gâtinais, et la fille du duc de Bourgogne. Ingelger, petit-fils de Tortulf, et les deux Foulques, qui vinrent ensuite, furent d'implacables ennemis des Normands de Blois et de Normandie, aussi bien que des Bretons, disputant aux premiers et aux seconds la Touraine et le Maine; aux troisièmes ce qui s'étend d'Angers à Nantes..Plus unis et plus disciplinables que les Bretons; plus vaillants que les Poitevins et Aquitains, les Angevins remportèrent au midi de grands avantages, s'étendirent de l'autre côté de la Loire, et poussèrent jusqu'à Saintes. Ils succédèrent à la prépondérance qu'avaient eue un instant les comtes de Blois et de Champagne. Quand le roi Robert fut obligé de quitter Berthe, veuve et mère de ces comtes, l'Angevin Foulques Nerra lui fit épouser sa nièce Constance, fille du comte de Toulouse[2]. Le frère de Foulques, Bouchard, était déjà comte de Paris, et possédait les châteaux importants de Melun et de Corbeil; le fils de Bouchard devint évêque de Paris. Ainsi le bon Robert, dans la main des Angevins, docile à sa femme Constance et à son oncle Bouchard, put à son aise composer des hymnes et vaquer au lutrin. Hugues de Beauvais, un de ses serviteurs, qui essaya de rappeler Berthe,

---

1. Voy. tome I, p. 323, et *App*. 186.
2. Raoul Glaber se plaint de ce que la nouvelle reine attire à la cour une foule d'Aquitains et d'Auvergnats, « pleins de frivolité, bizarres d'habits comme de mœurs, rasés comme des histrions, sans foi ni loi ». *App*. 50.

fut tué impunément sous ses yeux. Beauvais appartenait aux comtes de Blois, dont Berthe était la veuve et la mère. L'évêque de Chartres, Fulbert, écrivit à Foulques une lettre où il le désignait comme auteur de ce crime. Foulques, déjà fort mal avec l'Église pour les biens qu'il lui enlevait chaque jour, partit pour Rome avec une forte somme d'argent, acheta l'absolution du pape, fit un pèlerinage à Jérusalem, et bâtit au retour l'abbaye de Beaulieu près Loches : un légat la consacra, au refus des évêques. Toute la vie de ce méchant homme fut une alternative de victoires signalées, de crimes et de pèlerinages ; il alla trois fois à la terre sainte. La dernière fois, il revint à pied et mourut de fatigue à Metz. De ses deux femmes, il avait relégué l'une à Jérusalem et brûlé l'autre comme adultère. Mais il fonda une foule de monastères (Beaulieu, Saint-Nicolas d'Angers, etc.), bâtit force châteaux (Montrichard, Montbazon, Mirebeau, Château-Gonthier). On montre encore à Angers sa noire TOUR DU DIABLE. C'est le vrai fondateur de la puissance des comtes d'Anjou. Son fils, Geoffroy Martel, défit et tua le comte de Poitiers, prit celui de Blois et exigea la Touraine pour rançon. Il gouvernait aussi le Maine comme tuteur du jeune comte. Malgré ses discordes intérieures, la maison d'Anjou finit par prévaloir sur celles de Blois et Champagne. Toutes deux se lièrent par mariage aux Normands conquérants de l'Angleterre. Mais les comtes de Blois n'occupèrent le trône d'Angleterre qu'un instant, tandis que les Angevins le gardèrent du douzième au treizième siècle, sous le nom de *Plantagenets*[1], y joignirent quelque temps tout notre littoral de la Flandre aux Pyrénées, et faillirent y joindre la France.

L'Ile-de-France et le roi, que les Angevins avaient eus quelque temps dans leurs mains, leur échappèrent de bonne heure. Dès l'an 1012, nous voyons l'Angevin Bouchard se retirer à l'abbaye de Saint-Maur-des-Fossés, et laisser Corbeil aux Normands. Ceux-ci dominent alors sous le nom du roi Robert, et essayent de lui donner la Bourgogne. Ce qui les eût rendus maîtres de tout le cours de la Seine. Le pauvre Robert qu'ils tenaient avec eux, voyant contre lui les évêques et les abbés de Bourgogne, leur demandait pardon de leur faire la guerre[2]. La liaison était ancienne entre les Capets et les ducs de Bourgogne. Le premier duc, Richard-le-Justicier, père de Boson, roi de Bourgogne cisjurane, eut pour fils Raoul, qui fit roi de France le duc Robert en l'an 922, et le fut ensuite lui-même; puis un gendre de Richard fit passer le duché de Bourgogne à deux frères de Hugues-Capet. Le dernier de ces deux frères adopta le fils de sa femme, Otto-Guillaume, Lombard par son père, mais Bourguignon par sa mère. Cet Otto-Guillaume, fondateur de la maison de Franche-Comté, attaqué par les Normands et Robert, menacé d'un autre côté

---

1. Ce nom est expressif pour qui a vu la Loire.
2. Il allait entreprendre le siège du couvent de Saint-Germain-d'Auxerre, lorsqu'un brouillard épais s'éleva de la rivière; le roi crut que saint Germain venait le combattre en personne, et toute l'armée prit la fuite. (Glaber.)

par l'empereur, qui réclamait le royaume de Bourgogne, fut obligé de renoncer au titre de duché. Je dis au titre, car les seigneurs étaient si puissants dans ce pays que la dignité ducale n'était guère alors qu'un vain nom. Le fils cadet de Robert, nommé comme lui, fut le premier duc capétien de Bourgogne (1032). On sait que cette maison donna des rois au Portugal, comme celle de Franche-Comté à la Castille.

A l'époque où les Angevins gouvernaient les Capétiens, sous Hugues-Capet et Robert, ils semblent avoir essayé de se servir d'eux contre le Poitou, comme les Normands s'en servirent ensuite conntre la Bourgogne. Mais, malgré ce que l'on nous conte d'une prétendue victoire d'Hugues-Capet sur le comte de Poitou, le Midi resta fort indépendant du Nord. C'est même plutôt le Midi qui exerça quelque influence sur les mœurs et le gouvernement de la France septentrionale. Constance, fille du comte de Toulouse, nièce de celui d'Anjou, régna, comme on a vu, sous Robert. Pour prolonger cette domination après la mort de son mari (1031), elle voulait élever au trône son second fils Robert, au préjudice de l'aîné, Henri ; mais l'Église se déclara pour l'aîné. Les évêques de Reims, Laon, Soissons, Amiens, Noyon, Beauvais, Châlons, Troyes et Langres assistèrent à son sacre, ainsi que les comtes de Champagne et de Poitou. Le duc des Normands le prit sous sa protection, et força Robert de se contenter du duché de Bourgogne. C'est la tige de cette première maison de Bourgogne qui fonda le royaume de Portugal. Toutefois le Normand ne donna la royauté à Henri qu'affaiblie et désarmée pour ainsi dire. Il se fit céder le Vexin, et se trouva ainsi établi à six lieues de Paris. Henri essaya en vain d'échapper à cette servituee et de reprendre le Vexin, à la faveur des révoltes qui eurent lieu contre le nouveau duc de Normandie, Guillaume-le-Bâtard. Ce Guillaume, dont nous parlerons tout au long dans le chapitre suivant, battit ses barons et battit le roi. Ce fut peut-être le salut de celui-ci, que le duc ait tourné contre l'Angleterre ses armes et sa politique.

Henri et son fils, Philippe Ier (1031-1108), restèrent spectateurs inertes et impuissants des grands événements qui bouleversèrent l'Europe sous leur règne. Ils ne prirent part ni aux croisades normandes de Naples et d'Angleterre, ni à la croisade européenne de Jérusalem, ni à la lutte des papes et des empereurs; ils laissèrent tranquillement l'empereur Henri III établir sa suprématie en Europe, et refusèrent de seconder les comtes de Flandre, Hollande, Brabant et Lorraine, dans la grande guerre des Pays-Bas contre l'Empire. La royauté française n'est guère encore qu'une espérance, un titre, un droit. La France féodale, qui doit s'absorber en elle, a jusqu'ici un mouvement tout excentrique. Qui veut suivre ce mouvement, il faut qu'il détourne les yeux du centre encore impuissant, qu'il assiste à la grande lutte de l'Empire et du Sacerdoce, qu'il suive les Normands en Sicile, en Angleterre, sous le drapeau de l'Église, qu'enfin il s'achemine à la terre sainte avec toute la France. Alors il sera temps de revenir aux Capets, et de voir comment l'Église les prit pour instruments à la place des Normands, trop indociles ; comment elle fit leur fortune, et les éleva si haut qu'ils furent en état de l'abaisser elle-même.

CHAPITRE II

Onzième siècle. — Grégoire VII. — Alliance des Normands et de l'Église. — Conquête des Deux-Siciles et de l'Angleterre.

Ce n'est pas sans raison que les papes ont appelé la France la fille aînée de l'Église. C'est par elle qu'ils ont partout combattu l'opposition politique et religieuse au moyen âge. Dès le onzième siècle, à l'époque où la royauté capétienne, faible et inerte, ne peut les seconder encore, l'épée des Français de Normandie repousse l'empereur des murs de Rome, chasse les Grecs et les Sarrasins d'Italie et de Sicile, assujettit les Saxons dissidents de l'Angleterre. Et lorsque les papes parviennent à entraîner l'Europe à la croisade, la France a la part principale dans cet événement, qui contribue si puissamment à leur grandeur, et les arme d'une si grande force dans la lutte du Sacerdoce et de l'Empire.

Au onzième siècle, la querelle est entre le Saint-Pontificat romain, et le Saint-Empire romain. L'Allemagne, qui a renversé Rome par l'invasion des barbares, prend son nom pour lui succéder; non seulement elle veut lui succéder dans la domination temporelle (déjà tous les rois reconnaissent la suprématie de l'empereur), mais elle affecte encore une suprématie morale ; elle s'intitule le *Saint-Empire;* hors de l'Empire, point d'ordre ni de sainteté. De même que là-haut les puissances célestes, trônes, dominations, archanges, relèvent les unes des autres; de même l'empereur a droit sur les rois, les rois sur les ducs, ceux-ci sur les margraves et les barons. Voilà une prétention superbe, mais en même temps une idée bien féconde dans l'avenir. Une société séculière prend le titre de société sainte, et prétend réfléchir dans la vie civile l'ordre céleste et la hiérarchie divine, mettre le ciel sur la terre. L'empereur tient le globe dans sa main aux jours de cérémonie; son chancelier appelle les autres souverains les *rois provinciaux*[1], ses jurisconsultes le déclarent la *loi vivante*[2]; il prétend établir sur la terre une sorte de paix perpétuelle, et substituer un état légal à l'état de nature qui existe encore entre les nations.

Maintenant, en a-t-il le droit, de faire cette grande chose? En est-il digne, ce prince féodal, ce barbare de Franconie ou de Souabe? Lui appartient-il d'être, sur la terre, l'instrument d'une si grande révolution? Cet idéal de calme et d'ordre, que le genre humain poursuit depuis si longtemps, est-ce bien l'empereur

---

1. C'est ainsi que le chancelier de l'Empire qualifia tous les rois dans une diète solennelle, sous Frédéric-Barberousse : *Reges provinciales.*
2. Imperator est *animata lex* in terris.

d'Allemagne qui va le donner, ou bien serait-il ajourné à la fin du monde, à la consommation des temps ?

Ils disent que leur grand empereur Frédéric-Barberousse n'est pas mort; il dort seulement. C'est dans un vieux château désert, sur une montagne. Un berger l'y a vu, ayant pénétré à travers les ronces et les broussailles ; il était dans son armure de fer, accoudé sur une table de pierre, et sans doute il y avait longtemps, car sa barbe avait crû autour de la table et l'avait embrassée neuf fois. L'empereur, soulevant à peine sa tête appesantie, dit seulement au berger : Les corbeaux volent-ils encore autour de la montagne ? — Oui, encore. — Ah ! bon, je puis me rendormir.

Qu'il dorme, ce n'est ni à lui, ni aux rois, ni aux empereurs, ni au Saint-Empire du moyen âge, ni à la Sainte-Alliance des temps modernes qu'il appartient de réaliser l'idéal du genre humain : la paix sous la loi, la réconciliation définitive des nations.

Sans doute, c'était un noble monde que ce monde féodal qui s'endort avec la maison de Souabe; on ne peut le traverser, même après la Grèce et Rome, sans lui jeter un regard et un regret. Il y avait là des compagnons bien fidèles, bien loyalement dévoués à leur seigneur et à la dame de leur seigneur; joyeux à sa table et à son foyer, tout aussi joyeux quand il fallait passer avec lui les défilés des Alpes, ou le suivre à Jérusalem et jusqu'au désert de la mer Morte ; de pieuses et candides âmes d'hommes sous la cuirasse d'acier. Et ces magnanimes empereurs de la maison de Souabe, cette race de poètes et de parfaits chevaliers, avaient-ils si grand tort de prétendre à l'empire du monde? Leurs ennemis les admiraient en les combattant. On les reconnaissait partout à leur beauté. Ceux qui cherchaient Enzio, le fils fugitif de Frédéric II, le découvrirent sur la vue d'une boucle de ses cheveux. Ah! disaient-ils, il n'y a dans le monde que le roi Enzio qui ait de si beaux cheveux blonds[1]. Ces beaux cheveux blonds, et ces poésies, et ce grand courage, tout cela ne servit de rien. Le frère de saint Louis n'en fit pas moins couper la tête au pauvre jeune Conradin, et la maison de France succéda à la prépondérance des empereurs.

L'empereur doit périr, l'Empire doit périr, et le monde féodal, dont il est le centre et la haute expression. Il y a en ce monde-là quelque chose qui le condamne et le voue à la ruine; c'est son matérialisme profond. L'homme s'est attaché à la terre, il a pris racine dans le rocher où s'élève sa tour. *Nulle terre sans seigneur,* nul seigneur sans terre. L'homme appartient à un lieu; il est jugé selon qu'on peut dire qu'il est de *haut* ou de *bas lieu*. Le voilà localisé, immobile, fixé sous la masse de son pesant château, de sa pesante armure.

La terre, c'est l'homme; à elle appartient la véritable personnalité. Comme personne, elle est indivisible; elle doit rester une et passer à l'aîné. Personne immor-

---

1. Une jeune fille vint le consoler dans sa prison; ils eurent un fils qui s'appela *Bentivoglio* (*je te veux du bien*). C'est, selon la tradition, la tige de l'illustre famille de ce nom.

telle, indifférente, impitoyable, elle ne connaît point la nature ni l'humanité. L'aîné possédera seul; que dis-je? c'est lui qui est possédé : les usages de sa terre le dominent, ce fier baron; sa terre le gouverne, lui impose ses devoirs; selon la forte expression du moyen âge, il faut *qu'il serve son fief*.

Le fils aura tout, le fils aîné. La fille n'a rien à demander; n'est-elle pas dotée du petit chapeau de roses et du baiser de sa mère[1]? Les puînés, oh! leur héritage est vaste! Ils n'ont pas moins que toutes les grandes routes, et par-dessus, toute la voûte du ciel. Leur lit, c'est le seuil de la maison paternelle; ils pourront de là, les soirs d'hiver, grelottants et affamés, voir leur aîné seul au foyer où ils s'assirent eux aussi dans le bon temps de leur enfance, et peut-être leur fera-t-il jeter quelques morceaux, nonobstant le grognement de ses chiens. Doucement, mes dogues, ce sont mes frères; il faut bien qu'ils aient quelque chose aussi.

Je conseille aux puînés de se tenir contents, et de ne pas risquer de s'établir sous un autre seigneur : de pauvres, ils pourraient bien devenir serfs. Au bout d'un an de séjour, ils lui appartiendraient corps et biens. *Bonne aubaine* pour lui; ils deviendraient ses *aubains;* autant presque vaudrait dire ses *serfs*, ses *juifs*. Tout malheureux qui cherche asile, tout vaisseau qui brise au rivage, appartient au seigneur; il a l'*aubaine* et le *bris*.

---

1. Par exemple dans les anciennes Coutumes de Normandie.

Il n'est qu'un asile sûr, l'Église. C'est là que se réfugient les cadets des grandes maisons. L'Église, impuissante pour repousser les barbares, a été obligée de laisser la force à la féodalité ; elle devient elle-même peu à peu toute féodale. Les chevaliers restent chevaliers sous l'habit de prêtres. Dès Charlemagne, les évêques s'indignent qu'on leur présente la pacifique mule, et qu'on veuille les aider à monter. C'est un destrier qu'il leur faut, et ils s'élancent d'eux-mêmes[1]. Ils chevauchent, ils chassent, ils combattent, ils bénissent à coups de sabre, et *imposent avec la masse d'armes de lourdes pénitences.* C'est une oraison funèbre d'évêque : *bon clerc et brave soldat.* A la bataille d'Hastings, un abbé saxon amène douze moines, et tous les treize se font tuer. Les évêques d'Allemagne déposent un des leurs, comme pacifique et *peu vaillant*[2]. Les évêques deviennent barons, et les barons évêques. Tout père prévoyant ménage à ses cadets un évêché, une abbaye ; ils font élire par leurs serfs leurs petits enfants aux plus grands sièges ecclésiastiques. Un archevêque de six ans monte sur une table, balbutie deux mots de

---

1. Moine de Saint-Gall. « Un jeune clerc venait d'être nommé par Charlemagne à un évêché. Comme il s'en allait tout joyeux, ses serviteurs considérant la gravité épiscopale, lui amenèrent sa monture près d'un perron ; mais lui, indigné, et croyant qu'on le prenait pour infirme, s'élança à cheval si lestement, qu'il faillit passer de l'autre côté. Le roi le vit par le treillage du palais, et le fit appeler aussitôt : « Ami, lui dit-il, tu es vif et léger, fort leste et fort agile. Or, tu sais combien de guerres troublent la sérénité de notre Empire ; j'ai besoin d'un tel clerc dans mon cortège ordinaire, sois donc le compagnon de tous nos travaux. » *App.* 51.

2. C'était Christian, archevêque de Mayence ; il eut beau citer ces mots de l'Évangile : *Mets ton épée au fourreau ;* on obtint du pape sa déposition.

catéchisme¹, il est élu ; il prend charge d'âmes, il gouverne une province ecclésiastique. Le père vend en son nom les bénéfices, reçoit les dîmes, le prix des messes, sauf à n'en pas faire dire. Il fait confesser ses vassaux, les fait tester, léguer, bon gré, mal gré, et recueille. Il frappe le peuple des deux glaives ; tour à tour il combat, il excommunie, il tue, damne à son choix.

Il ne manquait qu'une chose à ce système. C'est que ces nobles et vaillants prêtres n'achetassent plus la jouissance des biens de l'Église par les abstinences du célibat² ; qu'ils eussent la splendeur sacerdotale, la dignité des saints, et, de plus, les consolations du mariage ; qu'ils élevassent autour d'eux des fourmilières de petits prêtres ; qu'ils égayassent du vin de l'autel leurs repas de famille, et que du pain sacré ils gorgeassent leurs petits. Douce et sainte espérance ! ils grandiront ces petits, s'il plaît à Dieu ! ils succéderont tout naturellement aux abbayes, aux évêchés de leur père. Il serait dur de les ôter de ces palais, de ces églises ; l'église elle leur appartient ; c'est leur fief, à eux. Ainsi l'hérédité succède à l'élection, la naissance au mérite. L'Église imite la féodalité et la dépasse ; plus d'une fois elle fit part aux filles, une fille eut en dot un évêché³. La femme du prêtre marche près de

---

1. Atto de Verceil.
2. *App.* 52.
3. Il y avait en Bretagne quatre évêques mariés : ceux de Quimper, Vannes, Rennes et Nantes ; leurs enfants devenaient prêtres et évêques ; celui de Dol pillait son église pour doter ses filles. (Lettres du clergé de Noyon, 1079, et de Cambrai, 1076, conservées par Mabillon.) — Les clercs se plaignaient

lui à l'autel ; celle de l'évêque dispute le pas à l'épouse du comte.

C'était fait du christianisme[1], si l'Église se matérialisait dans l'hérédité féodale. Le sel de la terre s'évanouissait, et tout était dit. Dès lors plus de force intérieure, ni d'élan au ciel. Jamais une telle Église n'aurait soulevé la voûte du chœur de Cologne, ni la flèche de Strasbourg ; elle n'aurait enfanté ni l'âme de saint Bernard, ni le pénétrant génie de saint Thomas : à de tels hommes, il faut le recueillement solitaire. Dès lors, point de croisade. Pour avoir droit d'attaquer l'Asie, il faut que l'Europe dompte la sensualité asiatique, qu'elle devienne plus Europe, plus pure, plus chrétienne.

L'Église en péril se contracta pour vivre encore. La vie se concentra au cœur. Le monde, depuis la tempête de l'invasion barbare, s'était réfugié dans l'Église et l'avait souillée ; l'Église se réfugia dans les moines, c'est-à-dire dans sa partie la plus sévère et la plus mystique ; disons encore, la plus démocratique alors ; cette vie d'abstinences était moins recherchée des nobles. Les cloîtres se peuplaient de fils de serfs[2]. En face de cette Église splendide et orgueilleuse, qui se parait d'un faste aristocratique, se dressa l'autre, pauvre, sombre, solitaire, l'Église des souffrances contre celle des jouis-

---

comme d'une injustice de ce qu'on refusait l'ordination à leurs enfants. Ils donnaient même leurs bénéfices en dot à leurs filles (au neuvième siècle). Leurs femmes prenaient publiquement la qualité de prêtresses.

1. Quand je parle du christianisme, j'entends toujours l'humanité pendant les âges chrétiens. Elle les a traversés et dépassés. (1860.)

2. *App.* 53.

sances. Elle la jugea, la condamna, la purifia, lui donna l'unité. A l'aristocratie épiscopale succéda la monarchie pontificale : l'Église s'incarna dans un moine.

Le réformateur, comme le fondateur, était fils d'un charpentier. C'était un moine de Cluny, un Italien, né à Saona; il appartenait à cette poétique et positive Toscane qui a produit Dante et Machiavel. Cet ennemi de l'Allemagne portait le nom germanique d'Hildebrand.

Lorsqu'il était encore à Cluny, le pape Léon IX, parent de l'empereur, et nommé par lui, passa par ce monastère; et telle était l'autorité religieuse du moine, qu'il décida le pape à se rendre à Rome pieds nus, et comme pèlerin, à renoncer à la nomination impériale pour se soumettre à l'élection du peuple. C'était le troisième pape que l'empereur nommait, et il semblait à peine que l'on pût s'en plaindre; ces papes allemands étaient exemplaires. Leur nomination avait fait cesser les épouvantables scandales de Rome, quand deux femmes donnaient tour à tour la papauté à leurs amants; quand le fils d'un juif, quand un enfant de douze ans fut mis à la tête de la chrétienté. Toutefois, c'était peut-être encore pis que le pape fût nommé par l'empereur, et que les deux pouvoirs se trouvassent ainsi réunis. Il devait arriver, comme à Bagdad, comme au Japon, que la puissance spirituelle fût anéantie : la vie, c'est la lutte et l'équilibre des forces; l'unité, l'identité, c'est la mort.

Pour que l'Église échappât à la domination des

laïques, il fallait qu'elle cessât d'être laïque elle-même, qu'elle recouvrât sa force par la vertu de l'abstinence et des sacrifices, qu'elle se plongeât dans les froides eaux du Styx, qu'elle se trempât dans la chasteté. C'est par là que commença le moine. Déjà sous les deux papes qui le précédèrent au pontificat, il fit déclarer qu'un prêtre marié n'était plus prêtre. Là-dessus grande rumeur ; ils s'écrivent, ils se liguent, enhardis par leur nombre, ils déclarent hautement qu'ils veulent garder leurs femmes. Nous quitterons plutôt, dirent-ils, nos évêchés, nos abbayes, nos cures ; qu'il garde ses bénéfices. Le réformateur ne recula pas ; le fils du charpentier n'hésita pas à lâcher le peuple contre les prêtres. Partout la multitude se déclara contre les pasteurs mariés, et les arracha de l'autel. Le peuple une fois débridé, un brutal instinct de nivellement lui fit prendre plaisir à outrager ce qu'il avait adoré, à fouler aux pieds ceux dont il baisait les pieds, à déchirer l'aube et briser la mitre. Ils furent battus, souffletés, mutilés dans leurs cathédrales ; on but leur vin consacré, on dispersa leurs hosties. Les moines poussaient, prêchaient ; un hardi mysticisme s'infiltrait dans le peuple ; il s'habituait à mépriser la forme, à la briser comme pour en dégager l'esprit. Cette épuration révolutionnaire de l'Église lui communiqua un immense ébranlement. Les moyens furent atroces. Le moine Dunstan avait fait mutiler la femme ou concubine du roi d'Angleterre. Pietro Damiani, l'anachorète farouche, courut l'Italie au milieu des menaces et des malédictions, sans souci de sa vie, dévoilant avec un pieux cynisme la turpitude de l'Église[1]. C'était désigner les prêtres mariés à la mort. Le théologien Manegold enseigna que les adversaires de la réforme étaient tuables sans difficulté. Grégoire VII lui-même approuva la mutilation d'un moine révolté[2]. L'Église, armée d'une pureté farouche, ressembla aux vierges sanguinaires de la Gaule druidique et de la Tauride.

Il y eut alors dans le monde une chose étrange. De même que le moyen âge repoussait les Juifs et les souffletait comme meurtriers de Jésus-Christ, la femme fut honnie comme meurtrière du genre humain : la pauvre Ève paya encore pour la pomme. On vit en elle la Pandore qui avait lâché les maux sur la terre. Les docteurs enseignèrent que le monde était assez peuplé, et déclarèrent que le mariage était un péché, tout au moins un péché véniel[3].

Ainsi s'accomplit cette violente réforme de l'Église ; elle se rédima de la chair en la maudissant. C'est alors qu'elle attaqua l'Empire. Alors, dans la fierté sauvage de sa virginité, ayant repris sa vertu et sa force, elle inter-

---

1. Damiani : « Lorsqu'à Lodi les bœufs gras de l'Église m'entourèrent, lorsque beaucoup de veaux rebelles grincèrent des dents, comme s'ils eussent voulu me cracher tout leur fiel au visage, ils se fondèrent sur le canon d'un concile tenu à Tribur, qui permettait le mariage aux prêtres ; mais je leur répondis : Peu m'importe votre concile ; je regarde comme nuls et non avenus tous les conciles qui ne s'accordent pas avec les décisions des évêques de Rome. » Ailleurs, s'adressant aux femmes des clercs, il leur dit : « C'est à vous que je m'adresse, séductrices des clercs, amorce de Satan, écume du Paradis, poison des âmes, glaive des cœurs, huppes, chouettes, louves, sangsues insatiables, etc. »

2. Il déclara qu'il était satisfait de la conduite de l'abbé, et peu de temps après le fit évêque.

3. Ce fut toutefois, je pense, Pierre Lombard, qui vivait un peu plus tard.

rogea le siècle, et le somma de lui rendre la primatie qui lui était due. L'adultère et la simonie du roi de France[1], l'isolement schismatique de l'Église d'Angleterre, la monarchie féodale elle-même personnifiée dans l'empereur, furent appelés à rendre compte. Cette terre, que l'empereur ose inféoder aux évêques, de qui la tient-il, si ce n'est de Dieu? De quel droit la matière entend-elle dominer l'esprit? La vertu a dompté la la nature; il faut que l'idéal commande au réel, l'intelligence à la force, l'élection à l'hérédité. « Dieu a mis au ciel deux grands luminaires, le soleil, et la lune qui emprunte sa lumière au soleil; sur la terre, il y a le pape, et l'empereur qui est le reflet du pape[2]; simple reflet, ombre pâle, qu'il reconnaisse ce qu'il est. Alors, le monde revenant à l'ordre véritable, Dieu régnera, et le vicaire de Dieu : il y aura hiérarchie selon l'esprit et la sainteté. L'élection élèvera le plus digne. Le pape mènera le monde chrétien à Jérusalem, et sur le tombeau délivré du Christ son vicaire recevra le serment de l'empereur, et l'hommage des rois. »

Ainsi se détermina dans l'Église, sous la forme du pontificat et de l'empire, la lutte de la loi et de la nature. L'empereur, c'était le fougueux Henri IV, aussi emporté dans la nature que Grégoire VII fut dur dans la loi. Les forces semblaient d'abord bien inégales. Henri III avait légué à son fils de vastes États patrimoniaux; la toute-puissance féodale en Allemagne, une

---

1. *App.* 54. — 2. *App.* 55.

immense influence en Italie, et la prétention de faire les papes. Hildebrand n'avait pas même Rome; il n'avait rien, et il avait tout. C'est la vraie nature de l'esprit de n'occuper aucun lieu. Chassé partout et triomphant, il n'eut pas une pierre à mettre sous sa tête, et dit en mourant ces paroles : « J'ai suivi la justice et fui l'iniquité ; voilà pourquoi je meurs dans l'exil [1]. » (1073-86.)

On a accusé l'obstination des deux partis ; et l'on n'a pas vu que ce n'était pas là une lutte d'hommes. Les hommes essayèrent de se rapprocher, et ne purent jamais. Lorsque Henri IV resta trois jours en chemise sur la neige dans les cours du château de Canossa [2], il fallut bien que le pape l'admît. Des deux côtés on

---

1. Il écrivait à l'abbé de Cluny : « Ma douleur et ma désolation sont au comble lorsque je vois l'Église d'Orient séparée par la fourbe du diable de la foi catholique ; et si je tourne mes regards vers l'Occident, vers le Midi ou vers le Nord, je n'y trouve presque plus d'évêques qui le soient légitimement, soit par leur conduite dans l'épiscopat, soit par la manière dont ils y sont parvenus. Ils gouvernent leurs troupeaux, non pour l'amour de Jésus, mais par une ambition toute profane, et parmi les princes séculiers je n'en trouve aucun qui préférât l'honneur de Dieu au sien propre, et la justice à son intérêt. Les Romains, les Lombards et les Normands, parmi lesquels je vis, seront bientôt (et je le leur dis souvent) plus exécrables que les juifs et les païens. Et lorsque mes regards se reportent sur moi-même, je vois que ma vaste entreprise est au-dessus de mes forces ; de sorte que je dois perdre toute espérance d'assurer jamais le salut de l'Église, si la miséricorde de Jésus-Christ ne vient à mon secours ; car si je n'espérais une meilleure vie, et si ce n'était pour le salut de la sainte Église, j'en prends Dieu à témoin, je ne resterais plus à Rome, où je vis déjà depuis vingt ans malgré moi. Je suis donc comme frappé de mille foudres, comme un homme qui souffre d'une douleur qui se renouvelle sans cesse, et dont toutes les espérances ne sont malheureusement que trop éloignées. »

2. Gregor. ep. — Il se jeta aux pieds du pape, les bras étendus en croix, et demanda pardon. — « C'était la première fois, dit Otton de Freysingen, qu'un pape avait osé excommunier un empereur. J'ai beau lire et relire nos histoires, je n'en trouve pas un exemple. »

voulait la paix. Grégoire communia avec son ennemi, demandant la mort s'il était coupable, et appelant le jugement de Dieu. Dieu ne décida pas. Le jugement, comme la réconciliation était impossible. Rien ne réconciliera l'esprit et la matière, la chair et l'esprit, la loi et la nature.

La nature fut vaincue, mais d'une façon dénaturée. Ce fut le fils d'Henri IV qui exécuta l'arrêt de l'Église. Quand le pauvre vieil empereur fut saisi à l'entrevue de Mayence, et que les évêques qui étaient restés purs de simonie lui arrachèrent la couronne et les vêtements royaux[1], il supplia avec larmes ce fils qu'il aimait encore, de s'abstenir de ces violences parricides dans l'intérêt de son salut éternel. Dépouillé, abandonné, en proie au froid et à la faim, il vint à Spire, à l'église même de la Vierge qu'il avait bâtie, demander à être nourri comme clerc; il alléguait qu'il savait lire et qu'il pourrait chanter au lutrin. Il n'obtint pas cette faveur. La terre même fut refusée à son corps; il resta cinq ans sans sépulture dans une cave de Liège.

Dans cette lutte terrible que le saint-siège poursuivit dans toute l'Europe, il eut deux auxiliaires, deux instruments temporels : d'abord la fameuse comtesse

---

1. Il écrivit au roi de France, en 1106 : « Sitôt que je le vis, touché jusqu'au fond du cœur, de douleur autant que d'affection paternelle, je me jetai à ses pieds, le suppliant, le conjurant au nom de son Dieu, de sa foi, du salut de son âme, lors même que mes péchés auraient mérité que je fusse puni par la main de Dieu, de s'abstenir, lui du moins, de souiller, à mon occasion, son âme, son honneur et son nom; car jamais aucune sanction, aucune loi divine, n'établit les fils vengeurs des fautes de leurs pères. » (Sigebert de Gembloux.)

Mathilde, si puissante en Italie, la fidèle amie de Grégoire VII. Cette princesse, Française d'origine, avait grandi dans l'exil et sous la persécution des Allemands. Elle était alliée à la famille de Godefroi de Bouillon. Mais Godefroi était pour Henri IV. Il portait le drapeau de l'Empire à la bataille où fut tué Rodolphe, le rival d'Henri, et c'est Godefroi qui le tua. Mathilde au contraire ne connut pas d'autre drapeau que celui de l'Église. Elle réhabilitait la femme aux yeux du monde. Pure et courageuse comme Grégoire lui-même, cette femme héroïque faisait la grâce et la force de son parti. Elle soutenait le pape, combattait l'empereur et intercédait pour lui [1].

Après cette princesse française, les meilleurs soutiens du pape étaient nos Normands de Naples et d'Angleterre. Longtemps avant la croisade de Jérusalem, ce peuple aventureux faisait la croisade par toute l'Europe. Il est curieux d'examiner comment ces pieux brigands devinrent les soldats du saint-siége.

J'ai parlé ailleurs de l'origine des Normands. C'était un peuple mixte, où l'élément neustrien dominait de beaucoup l'élément scandinave. Sans doute à les voir sur la tapisserie de Bayeux avec leurs armures en forme d'écailles, avec leurs casques pointus et leurs nazaires [2], on serait tenté de croire que ces poissons de fer sont les descendants légitimes et purs des vieux pirates du Nord. Cependant ils parlaient français dès la troisième génération, et n'avaient plus alors parmi

---

[1]. A l'entrevue de Canossa. — [2]. Voy. la tapisserie de Bayeux.

eux personne qui entendît le danois ; ils étaient obligés d'envoyer leurs enfants l'apprendre chez les Saxons de Bayeux[1]. Les noms de ceux qui suivent Guillaume-le-Bâtard, sont purement français[2]. Les conquérants de l'Angleterre abhorraient, dit Ingulf, la langue anglo-saxonne. Leur préférence était pour la civilisation romaine et ecclésiastique. Ce génie de scribes et de légistes qui a rendu leur nom proverbial en Europe, nous le trouvons chez eux dès le dixième et le onzième siècle. C'est ce qui explique en partie cette multitude prodigieuse de fondations ecclésiastiques chez un peuple qui n'était pas autrement dévot. Le moine Guillaume de Poitiers nous dit que la Normandie était une Égypte, une Thébaïde pour la multitude des monastères. Ces monastères étaient des écoles d'écriture, de philosophie, d'art et de droit. Le fameux Lanfranc, qui donna tant d'éclat à l'école du Bec, avant de passer le détroit avec Guillaume et de devenir en quelque sorte pape d'Angleterre, c'était un légiste italien.

Les historiens de la conquête d'Angleterre et de Sicile se sont plu à présenter leurs Normands sous les formes et la taille colossale des héros de chevalerie. En Italie, un d'eux tue d'un coup de poing le cheval de

---

1. *App.* 56.
2. Aumerle, Archer, Avenans, Basset, Barhason, Blundel, Breton, Beauchamp, Bigot, Camos, Colet, Clarvaile, Champaine, Dispencer, Devaus, Durand, Estrange, Gascogne, Jay, Longspes, Lonschampe, Malebranche, Musard, Mautravers, Perot, Picard, Rose, Rous, Rond, Saint-Amand, Saint-Léger, Sainte-Barbe, Truflot, Trusbut, Taverner, Valence, Verdon, Vilan, etc., etc. On remarque dans cette liste plusieurs noms de provinces et de villes de France. Il reste encore plusieurs autres listes.

l'envoyé grec[1]. En Sicile, Roger, combattant cinquante mille Sarrasins, avec cent trente chevaliers, est renversé sous son cheval, mais se dégage seul, et rapporte encore la selle. Les ennemis des Normands, sans nier leur valeur, ne leur attribuent point ces forces surnaturelles. Les Allemands qui les combattirent en Italie, se moquaient de leur petite taille. Dans leur guerre contre les Grecs et les Vénitiens, ces descendants de Rollon et d'Hastings, se montrent peu marins, et fort effrayés des tempêtes de l'Adriatique.

Mélange d'audace et de ruse, conquérants et chicaneurs comme les anciens Romains, scribes et chevaliers, rasés comme les prêtres et bons amis des prêtres (au moins pour commencer), ils firent leur fortune par l'Église, et malgré l'Église. La lance y fit, mais aussi la *lance de Judas*, comme parle Dante[2]. Le héros de cette race, c'est Robert-l'Avisé (Guiscard, *Wise*).

La Normandie était petite, et la police y était trop bonne pour qu'ils pussent butiner grand'chose les uns sur les autres[3]. Il leur fallait donc aller, comme ils disaient, *gaaignant*[4] par l'Europe. Mais l'Europe féodale, hérissée de châteaux, n'était pas au onzième siècle facile à parcourir. Ce n'était plus le temps où les petits chevaux des Hongrois galopaient jusqu'au

---

1. Un autre prend par la queue un lion qui tenait une chèvre, et les jette par-dessus une muraille.

2. « Ubi vires non successissent, non minus dolo et pecunia corrumpere. » (Guillaume de Malmesbury.)

3. Guillaume de Jumièges raconte que le bracelet d'une jeune fille resta suspendu pendant trois ans à un arbre au bord d'une rivière, sans que personne y touchât.

4. Wace, *Roman de Rou*.

Tibre, jusqu'à la Provence. Chaque passe des fleuves, chaque poste dominant avait sa tour ; à chaque défilé, on voyait descendre de la montagne quelque homme d'armes avec ses varlets et ses dogues, qui demandait péage ou bataille ; il visitait le petit bagage du voyageur, prenait part, quelquefois prenait tout, et l'homme par-dessus. Il n'y avait pas beaucoup à *gaaigner* en voyageant ainsi. Nos Normands s'y prenaient mieux. Ils se mettaient plusieurs ensemble, bien montés, bien armés, mais de plus affublés en pèlerins de bourdons et coquilles ; ils prenaient même volontiers quelque moine avec eux. Alors, qui eût voulu les arrêter, ils auraient répondu doucement, avec leur accent traînant et nasillard, qu'ils étaient de pauvres pèlerins, qu'ils s'en allaient au mont Cassin, au Saint-Sépulcre, à Saint-Jacques-de-Compostelle ; on respectait d'ordinaire une dévotion si bien armée. Le fait est qu'ils aimaient ces lointains pèlerinages : il n'y avait pas d'autre moyen d'échapper à l'ennui du manoir. Et puis, c'étaient des routes fréquentées ; il y avait de bons coups à faire sur le chemin, et l'absolution au bout du voyage. Tout au moins, comme ces pèlerinages étaient aussi des foires, on pouvait faire un peu de commerce, et gagner plus de cent pour cent en faisant son salut [1]. Le meilleur négoce était celui des reliques : on rapportait une dent de saint George, un cheveu de la Vierge. On trouvait à s'en défaire à grand profit ; il y avait toujours quelque évêque qui voulait achalander

1. Baronius.

son église, quelque prince prudent qui n'était pas fâché à tout événement d'avoir en bataille quelque relique sous sa cuirasse.

C'est un pèlerinage qui conduisit d'abord les Normands dans l'Italie du sud, où ils devaient fonder un royaume. Il y avait là, si je puis dire, trois débris, trois ruines de peuples : des Lombards dans les montagnes, des Grecs dans les ports, des Sarrasins de Sicile et d'Afrique qui voltigeaient sur toutes les côtes. Vers l'an 1000, des pèlerins normands aident les habitants de Salerne à chasser les Arabes qui les rançonnaient. Bien payés, ces Normands en attirent d'autres. Un Grec de Bari, nommé Melo ou Melès, en loue pour combattre les Grecs byzantins, et affranchir sa ville. Puis la république grecque de Naples les établit au fort d'Aversa, entre elle et ses ennemis, les Lombards de Capoue (1026). Enfin arrivent les fils d'un pauvre gentilhomme du Cotentin [1], Tancrède de Hauteville. Tancrède avait douze enfants ; sept des douze étaient de la même mère.

Pendant la minorité de Guillaume, lorsque tant de barons essayèrent de se soustraire au joug du Bâtard, les fils de Tancrède s'acheminèrent vers l'Italie, où l'on disait qu'un simple chevalier normand était devenu comte d'Aversa. Ils s'en allèrent sans argent, se défrayant sur les routes avec leur épée (1037?). Le gouverneur (ou *kata pan*) byzantin les embaucha, les mena contre les Arabes. Mais à mesure qu'il leur vint

---

1. *App.* 57.

des compatriotes, et qu'ils se virent assez forts, ils tournèrent contre ceux qui les payaient, s'emparèrent de la Pouille et la partagèrent en douze comtés. Cette république de condottieri avait ses assemblées à Melphi. Les Grecs essayèrent en vain de se défendre. Ils réunirent contre les Normands jusqu'à soixante mille Italiens. Les Normands, qui étaient, dit-on, quelques centaines d'hommes bien armés, dissipèrent cette multitude. Alors les Byzantins appelèrent à leur secours les Allemands leurs ennemis. Les deux empires d'Orient et d'Occident se confédérèrent contre les fils du gentilhomme de Coutances. Le tout-puissant empereur, Henri-le-Noir (Henri III), chargea son pape Léon IX, qui était un Allemand de la famille impériale, d'exterminer ces brigands. Le pape mena contre eux quelques Allemands et une nuée d'Italiens. Au moment du combat les Italiens s'évanouirent, et laissèrent le belliqueux pontife entre les mains des Normands. Ceux-ci n'eurent garde de le maltraiter ; ils s'agenouillèrent dévotement aux pieds de leur prisonnier, et le contraignirent de leur donner comme fief de l'Église tout ce qu'ils avaient pris et pourraient prendre dans la Pouille, la Calabre, et de l'autre côté du détroit. Le pape devint, malgré lui, suzerain du royaume des Deux-Siciles (1052-1053). Cette scène bizarre fut renouvelée un siècle après. Un descendant de ces premiers Normands fit encore un pape prisonnier; il le força de recevoir son hommage, et se fit de plus déclarer lui et ses successeurs légats du saint-siège en Sicile. Cette dépendance nominale les rendait effectivement indépendants, et leur assurait ce droit d'investiture qui fit par toute l'Europe l'objet de la guerre du Sacerdoce et de l'Empire.

La conquête de l'Italie méridionale fut achevée par Robert-l'*Avisé* (Guiscard). Il se fit duc de Pouille et de Calabre, malgré ses neveux[1], qui réclamaient comme fils d'un frère aîné. Robert ne traita pas mieux le plus jeune de ses frères, Roger, qui était venu un peu tard réclamer part dans la conquête. Roger vécut quelque temps en volant des chevaux[2], puis il passa en Sicile et en fit la conquête sur les Arabes, après la lutte la plus inégale et la plus romanesque. Malheureusement nous ne connaissons ces événements que par les panégyristes de cette famille. Un descendant de Roger réunit l'Italie méridionale à ses États insulaires, et fonda le royaume des Deux-Siciles.

Ce royaume féodal au bout de la péninsule, parmi des cités grecques, au milieu du monde de l'Odyssée, fut de grande utilité à l'Italie. Les mahométans n'osèrent plus guère en approcher avant la création des États barbaresques au seizième siècle. Les Byzantins en sortirent, et leur empire fut même envahi par Robert Guiscard et ses successeurs. Les Allemands enfin, dans

---

1. Gauttier d'Arc. « Guiscard fit dire à son neveu Abailard qu'il venait de s'emparer de son jeune frère, mais que si sa place de San-Severino était remise à ses troupes, il rendrait le captif à la liberté, aussitôt que lui, Guiscard, serait arrivé au mont Gargano. » Abailard n'hésita pas : les portes de San-Severino furent ouvertes par ses ordres; et il alla trouver en toute hâte son oncle, pour le prier d'exécuter sa promesse, en se rendant à Gargano : « Mon neveu, lui dit Guiscard, je n'y compte pas arriver avant sept ans. »

2. Gaufridus Malaterra.

leur éternelle expédition d'Italie, vinrent plus d'une fois heurter lourdement contre nos Français de Naples. Les papes vraiment italiens, comme Grégoire VII, fermèrent les yeux sur les brigandages des Normands et s'unirent étroitement avec eux contre les empereurs grecs et allemands. Robert Guiscard chassa de Rome Henri IV victorieux, et recueillit Grégoire VII, qui mourut chez lui à Salerne.

Cette prodigieuse fortune d'une famille de simples gentilshommes inspira de l'émulation au duc de Normandie (1035-87). Guillaume-*le-Bâtard* (il s'intitule ainsi lui-même dans ses chartes) était de basse naissance du côté de sa mère. Le duc Robert l'avait eu par hasard de la fille d'un tanneur de Falaise. Il n'en rougit point, et s'entoura volontiers des autres fils de sa mère[1]. Il eut d'abord bien de la peine à mettre à la raison ses barons qui le méprisaient, mais il en vint à bout. C'était un gros homme chauve, très brave, très avide, et très *saige*, à la manière du temps, c'est-à-dire, horriblement perfide. On prétendait qu'il avait empoisonné le duc de Bretagne, son tuteur. Un comte qui lui disputait le Maine était mort en sortant d'un dîner de réconciliation, et il avait mis la main sur cette province. L'Anjou et la Bretagne, déchirées par des guerres civiles, le laissaient en repos. Il avait eu l'adresse de suspendre la lutte habituelle de la

---

[1]. On sait d'ailleurs que Guillaume ne supportait guère les outrages que lui attirait la bassesse de son origine maternelle. Des assiégés, pour la lui reprocher, criaient en battant sur des cuirs : « La peau ! la peau ! » Il fit couper les pieds et les mains à trente-deux d'entre eux. » (Guill. de Jumièges.) *App.* 58.

Flandre et de la Normandie, en épousant sa cousine Mathilde, fille du comte de Flandre. Cette alliance faisait sa force; aussi il entra dans une grande colère quand il apprit que le fameux théologien et légiste lombard, Lanfranc qui enseignait à l'école monastique du Bec, parlait contre ce mariage entre parents. Il ordonna de brûler la ferme dont subsistaient les moines, et de chasser Lanfranc. L'Italien ne s'effraya pas; en homme d'esprit, au lieu de s'enfuir, il vint trouver le duc. Il était monté sur un mauvais cheval boiteux : « Si vous voulez que je m'en aille de Normandie, lui dit-il, fournissez-m'en un autre. » Guillaume comprit le parti qu'il pouvait tirer de cet homme; il l'envoya lui-même à Rome, et le chargea de faire trouver bon au pape le mariage contre lequel il avait prêché. Lanfranc réussit · Guillaume et Mathilde en furent quittes pour fonder à Caen les deux magnifiques abbayes que nous voyons encore.

C'est que l'amitié de Guillaume était précieuse pour l'Église romaine, déjà gouvernée par Hildebrand, qui fut bientôt Grégoire VII. Leurs projets s'accordaient. Les Normands avaient en face d'eux, de l'autre côté de la Manche, une autre Sicile à conquérir[1]. Celle-ci, pour n'être pas occupée par les Arabes, n'en était guère moins odieuse au saint-siège. Les Anglo-Saxons, d'abord dociles aux papes, et opposés par eux à l'Église indépendante d'Écosse et d'Irlande, avaient pris bientôt cet esprit d'opposition, qui était, ce semble, néces-

---

1. Il y avait longtemps que la Normandie faisait peur à l'Angleterre. En 1003, Ethelred avait envoyé une expédition contre les Normands. *App*. 39.

saire et fatal en Angleterre. Mais cette opposition n'était point philosophique, comme celle de la vieille Église irlandaise, au temps de saint Colomban et de Jean-l'Érigène. L'Église saxonne, comme le peuple, semble avoir été grossière et barbare[1]. Cette île était, depuis des siècles, un théâtre d'invasions continuelles. Toutes les races du Nord, Celtes, Saxons, Danois, semblaient s'y être donné rendez-vous, comme celles du Midi en Sicile. Les Danois y avaient dominé cinquante ans, vivant à discrétion chez les Saxons; les plus vaillants de ceux-ci s'étaient enfuis dans les forêts, étaient devenus *têtes de loup,* comme on appelait ces proscrits. Les discordes des vainqueurs avaient permis le retour et le rétablissement d'Édouard-le-Confesseur, fils d'un roi saxon et d'une Normande, et élevé en Normandie. Ce bon homme, qui est devenu un saint, pour être resté vierge dans le mariage, ne put faire ni bien ni mal. Mais le peuple lui a su gré de son bon vouloir, et a regretté en lui son dernier souverain national, comme la Bretagne s'est souvenue d'Anne de Bretagne, et la Provence du roi René. Son règne ne fut qu'un court entr'acte qui sépara l'invasion danoise de l'invasion normande. Ami des Normands plus civilisés et chez qui il avait passé ses belles années, il fit de vains efforts pour échapper à la tutelle d'un puissant chef saxon, nommé Godwin, qui l'avait rétabli en chassant les Danois, mais qui dans la réalité régnait lui-même; possédant par lui ou par ses fils le duché de Wessex,

---

1. *App.* 60.

et les comtés de Kent, Sussex, Surrey, Hereford et Oxford, c'est-à-dire tout le midi de l'Angleterre. On accusait Godwin, d'avoir autrefois appelé Alfred, frère d'Édouard, et de l'avoir livré aux Danois. Cette puissante famille ne se souciait ni du roi ni de la loi ; Sweyn, l'un des fils de Godwin, avait tué son cousin Beorn, et le pauvre roi Édouard n'avait pu venger ce meurtre. Les Normands qu'il opposait à Godwin furent chassés à main armée ; les fils de Godwin devinrent maîtres[1], et l'un d'eux, nommé Harold, qui avait en effet de grandes qualités, prit assez d'empire sur le faible roi pour se faire désigner par lui pour son successeur.

Les Normands, qui comptaient bien régner après Édouard, persévérèrent avec la ténacité qu'on leur connaît. Ils assurèrent qu'il avait désigné Guillaume. Harold prétendait que son droit était meilleur, qu'Édouard l'avait nommé sur son lit de mort, et qu'en Angleterre on regardait comme valables les donations faites au dernier moment. Guillaume déclara cependant qu'il était prêt à plaider selon les lois de Normandie ou celles d'Angleterre[2]. Un hasard singulier avait donné à leur duc une apparence de droit sur l'Angleterre et sur Harold, son nouveau roi.

Harold, poussé par une tempête sur les terres du comte de Ponthieu, vassal de Guillaume, fut livré par lui à son suzerain. Il prétendit qu'il était parti d'Angleterre pour redemander au duc de Normandie son frère

---

1. Guillaume de Poitiers. — 2. Id.

et son neveu, qu'il retenait comme otages. Guillaume le traita bien, mais il ne le laissa pas aller si aisément. D'abord, il le fit chevalier, et Harold devint ainsi son fils d'armes ; puis il lui fit jurer sur des reliques qu'il l'aiderait à conquérir l'Angleterre[1] après la mort d'Édouard. Harold devait en outre épouser la fille de Guillaume, et marier sa sœur à un comte normand. Pour mieux confirmer cette promesse de dépendance et de vasselage, Guillaume le mena avec lui contre les Bretons. C'est ainsi que, dans les *Niebelungen*, Siegfried devient vassal du roi Gunther en combattant pour lui[2]. Dans les idées du moyen âge, Harold s'était donc fait l'*homme* de Guillaume.

A la mort d'Édouard, comme Harold s'établissait tranquillement dans sa nouvelle royauté, il vit arriver un messager de Normandie, qui lui parla en ces termes : « Guillaume, duc des Normands, te rappelle le serment que tu lui as juré de ta bouche et de ta main, sur de bons et saints reliquaires[3]. » Harold répondit que le serment n'avait pas été libre, qu'il avait promis ce qui n'était pas à lui ; que la royauté était au peuple. « Quant à ma sœur, dit-il, elle est morte dans l'année. Veut-il que je lui envoie son corps ? » Guillaume répliqua sur un ton de douceur et

---

1. *App.* 61.
2. C'est ce que la femme de Gunther rappelle à celle de Siegfried, pour l'humilier.
3. Chronique de Normandie : « Sire, je suis message de Guillaume le duc de Northmandie, qui m'envoie devers vous, et vous fait savoir que vous ayez mémoire du serment que vous lui feistes en Northmandie publiquement, et sur tant de bons saintuaires. »

d'amitié, priant le roi de remplir au moins une des conditions de son serment, et de prendre en mariage la jeune fille qu'il avait promis d'épouser. Mais Harold prit une autre femme. Alors Guillaume jura que dans l'année il viendrait exiger toute sa dette et poursuivre son parjure jusqu'aux lieux où il croirait avoir le pied le plus sûr et le plus ferme.

Cependant, avant de prendre les armes, le Normand déclara qu'il s'en rapportait au jugement du pape [1], et le procès de l'Angleterre fut plaidé dans les règles au conclave de Latran. Quatre motifs d'agression furent allégués : le meurtre d'Alfred trahi par Godwin, l'expulsion d'un Normand porté par Édouard à l'archevêché de Kenterbury, et remplacé par un Saxon, enfin le serment d'Harold et une promesse qu'Édouard aurait faite à Guillaume de lui laisser la royauté. Les envoyés normands comparurent devant le pape : Harold fit défaut. L'Angleterre fut adjugée aux Normands. Cette décision hardie fut prise à l'instigation d'Hildebrand, et contre l'avis de plusieurs cardinaux. Le diplôme en fut envoyé à Guillaume avec un étendard bénit et un cheveu de saint Pierre.

L'invasion prenant ainsi le caractère d'une croisade, une foule d'hommes d'armes affluèrent de toute l'Europe près de Guillaume. Il en vint de la Frandre et du Rhin, de la Bourgogne, du Piémont, de l'Aquitaine. Les Normands, au contraire, hésitaient à aider leur seigneur dans une entreprise hasardeuse dont le suc-

---

1. « Quant à Harold, il ne se souciait guère du jugement du pape. » (Ingulf.)

cès pouvait faire de leur pays une province de l'Angleterre. La Normandie était d'ailleurs menacée par Conan, duc de Bretagne. Ce jeune homme avait adressé à Guillaume le plus outrageant défi. Toute la Bretagne s'était mise en mouvement comme pour conquérir la Normandie, pendant que celle-ci allait conquérir l'Angleterre. Conan, amenant une grande armée, entra solennellement en Normandie, jeune, plein de confiance et sonnant du cor, comme pour appeler l'ennemi. Mais pendant qu'il sonnait, les forces lui manquèrent peu à peu, il laissa aller les rênes, le cor était empoisonné. Cette mort vint à point pour Guillaume, elle le tira d'un grand embarras; une foule de Bretons prirent parti dans ses troupes, au lieu de l'attaquer, et le suivirent en Angleterre.

Le succès de Guillaume devenait alors presque certain. Les Saxons étaient divisés. Le frère même de Harold appela les Normands, puis les Danois, qui en effet attaquèrent l'Angleterre par le nord, tandis que Guillaume l'envahissait par le midi. La brusque attaque des Danois fut aisément repoussée par Harold, qui les tailla en pièces. Celle de Guillaume fut lente ; le vent lui manqua longtemps. Mais l'Angleterre ne pouvait lui échapper. D'abord les Normands avaient sur leurs ennemis une grande supériorité d'armes et de discipline ; les Saxons combattaient à pied avec de courtes haches, les Normands à cheval avec de longues lances [1]. Depuis longtemps Guillaume faisait acheter

---

[1]. Voy. la tapisserie de Bayeux.

les plus beaux chevaux en Espagne, en Gascogne et en Auvergne [1] ; c'est peut-être lui qui a créé ainsi la belle et forte race de nos chevaux normands. Les Saxons ne bâtissaient point de châteaux [2] ; ainsi une bataille perdue, tout était perdu, ils ne pouvaient plus guère se défendre ; et cette bataille, il était probable qu'ils la perdraient, combattant dans un pays de plaine contre une excellente cavalerie. Une flotte seule pouvait défendre l'Angleterre ; mais celle d'Harold était si mal approvisionnée, qu'après avoir croisé quelque temps dans la Manche, elle fut obligée de rentrer pour prendre des vivres.

Guillaume, débarqué à Hastings, ne rencontra pas plus d'armée que de flotte. Harold était alors à l'autre bout de l'Angleterre, occupé de repousser les Danois. Il revint enfin avec des troupes victorieuses, mais fatiguées, diminuées, et, dit-on, mécontentes de la parcimonie avec laquelle il avait partagé le butin. Lui-même était blessé. Cependant le Normand ne se hâta point encore. Il chargea un moine d'aller dire au Saxon qu'il se contenterait de partager le royaume avec lui : « S'il s'obstine, ajouta Guillaume, à ne point prendre ce que je lui offre, vous lui direz, devant tous ses gens, qu'il est parjure et menteur, que lui et tous ceux qui le soutiendront sont excommuniés de la bouche du pape, et que j'en ai la bulle [3]. » Ce message produisit son effet. Les Saxons doutèrent de leur cause. Les frères même d'Harold l'engagèrent à ne pas com-

---

1. Guillaume de Poitiers. — 2. Orderic Vital.
3. Chronique de Normandie.

battre de sa personne, puisqu'après tout, disaient-ils, il avait juré[1].

Les Normands employèrent la nuit à se confesser dévotement, tandis que les Saxons buvaient, faisaient grand bruit, et chantaient leurs chants nationaux. Le matin, l'évêque de Bayeux, frère de Guillaume, célébra la messe et bénit les troupes, armé d'un haubert sous son rochet. Guillaume lui-même tenait suspendues à son col les plus révérées des reliques sur lesquelles Harold avait juré, et faisait porter près de lui l'étendard bénit par le pape.

D'abord les Anglo-Saxons, retranchés derrière des palissades, restèrent sous les flèches des archers de Guillaume, immobiles et impassibles. Quoique Harold eût l'œil crevé d'une flèche, les Normands eurent d'abord le dessous. La terreur gagnait parmi eux, le bruit courait que le duc était tué ; il est vrai qu'il eut dans cette bataille trois chevaux tués sous lui. Mais il se montra, se jeta devant les fuyards et les arrêta. L'avantage des Saxons fut justement ce qui les perdit. Ils descendirent en plaine, et la cavalerie normande reprit le dessus. Les lances prévalurent sur les haches. Les redoutes furent enfoncées. Tout fut tué, ou se dispersa (1066).

Sur la colline où la vieille Angleterre avait péri avec le dernier roi saxon, Guillaume bâtit une belle et riche abbaye, l'*abbaye de la Bataille*, selon le vœu qu'il avait fait à saint Martin, patron des soldats de la Gaule.

---

[1]. Guillaume, au contraire, proposa le combat singulier.

On y lisait naguère encore les noms des conquérants, gravés sur des tables; c'est le Livre d'or de la noblesse d'Angleterre. Harold fut enterré par les moines sur cette colline, en face de la mer. « Il gardait la côte, dit Guillaume, qu'il la garde encore. »

Le Normand s'y prit d'abord avec quelque douceur et quelques égards pour les vaincus. Il dégrada un des siens qui avait frappé de son épée le cadavre d'Harold; il prit le titre de roi des Anglais; il promit de garder les bonnes lois d'Édouard-le-Confesseur; il s'attacha Londres, et confirma les privilèges des hommes de Kent. C'était le plus belliqueux des comtés, celui qui avait l'avant-garde dans l'armée anglaise, celui où les vieilles libertés celtiques s'étaient le mieux conservées. Lorsque Lanfranc, le nouvel archevêque de Kenterbury, réclama contre la tyrannie du frère de Guillaume, les privilèges des hommes de Kent, il fut écouté favorablement du roi. Le conquérant essaya même d'apprendre l'anglais[1], afin de pouvoir rendre bonne justice aux hommes de cette langue. Il se piquait d'être justicier, jusqu'à déposer son oncle d'un archevêché pour une conduite peu édifiante. Cependant il fondait une garde de châteaux, et s'assurait de tous les lieux forts.

Peut-être Guillaume n'eût-il pas mieux demandé que de traiter les vaincus avec douceur. C'était son intérêt. Il n'eût été que plus absolu en Normandie. Mais ce n'était pas le compte de tant de gens auxquels il avait

---

1. *App.* 62.

promis des dépouilles, et qui attendaient. Ils n'avaient pas combattu à Hastings pour que Guillaume s'arrangeât avec les Saxons. Il repassa en Normandie et y resta plusieurs années, sans doute pour éluder, pour ajourner, pour donner aux étrangers qui l'avaient suivi le temps de se rebuter et de se disperser. Mais, pendant son absence, éclata une grande révolte. Les Saxons ne pouvaient se persuader qu'en une bataille ils eussent été vaincus sans retour. Guillaume eut alors grand besoin de ses hommes d'armes, et, cette fois, il fallut un partage. L'Angleterre tout entière fut mesurée, décrite; soixante mille fiefs de chevaliers y furent créés aux dépens des Saxons, et le résultat consigné dans le livre noir de la conquête, le *Doomsday book*, le livre du jour du Jugement. Alors commencèrent ces effroyables scènes de spoliation dont nous avons une si vive et si dramatique histoire[1]. Toutefois il ne faudrait pas croire que tout fut ôté aux vaincus. Beaucoup d'entre eux conservèrent des biens, et cela dans tous les comtés. Un seul est porté pour quarante et un manoirs dans le comté d'York[2].

On ne verra pas sans intérêt comment les Saxons eux-mêmes jugèrent le conquérant :

« Si quelqu'un désire connaître quelle espèce d'homme c'était, et quels furent ses honneurs et possessions, nous allons le décrire comme nous l'avons connu ; car nous l'avons vu et nous nous sommes trouvés quelquefois à sa cour. Le roi Guillaume était un

---

1. Voy. l'ouvrage de M. Augustin Thierry. — 2. Hallam.

homme très sage et très puissant, plus puissant et plus honoré qu'aucun de ses prédécesseurs. Il était doux avec les bonnes gens qui aimaient Dieu, et sévère à l'excès pour ceux qui résistaient à sa volonté. Au lieu même où Dieu lui permit de vaincre l'Angleterre, il éleva un noble monastère, y plaça des moines et les dota richement... Certes, il fut très honoré ; trois fois chaque année, il portait sa couronne, lorsqu'il était en Angleterre : à Pâques, il la portait à Winchester ; à la Pentecôte, à Westminster, et à Noël, à Glocester. Et alors il était accompagné de tous les riches hommes de l'Angleterre, archevêques et évêques diocésains, abbés et comtes, thanes et chevaliers. Il était au surplus très rude et très sévère ; aussi personne n'osait rien entreprendre contre sa volonté. Il lui arriva de charger de chaînes des comtes qui lui résistaient. Il renvoya des évêques de leurs évêchés, des abbés de leurs abbayes, et mit des comtes en captivité ; enfin, il n'épargna pas même son propre frère Odon : il le mit en prison. Toutefois, entre autres choses, nous ne devons pas oublier le bon ordre qu'il établit dans cette contrée ; toute personne recommandable pouvait voyager à travers le royaume avec sa ceinture pleine d'or sans aucune vexation ; et aucun homme n'en aurait osé tuer un autre, en eût-il reçu la plus forte injure. Il donna des lois à l'Angleterre, et par son habileté il était parvenu à la connaître si bien, qu'il n'y a pas un hide de terre dont il ne sût à qui il était et de quelle valeur, et qu'il n'ait inscrit sur ses registres. Le pays de Galles était sous sa domination, et il y bâtit des châteaux. Il gouverna aussi l'île de Man ; de plus, sa puissance lui soumit l'Écosse ; la Normandie était à lui de droit. Il gouverna le comté appelé Mans ; et s'il eût vécu deux ans de plus, il eût conquis l'Irlande par la seule renommée de son courage et sans recourir aux armes. Certainement les hommes de son temps ont souffert bien des douleurs et mille injustices. Il laissa construire des châteaux et opprimer les pauvres. Ce fut un roi rude et cruel. Il prit à ses sujets bien des marcs d'or, des livres d'argent par centaines ; quelquefois avec justice, mais presque toujours injustement et sans nécessité. Il était fort avare et d'une ardente rapacité. Il donnait ses terres à rentes aussi cher qu'il pouvait. S'il se présentait quelqu'un qui en offrît plus que le premier n'avait donné, le roi lui adjugeait à l'instant ; un troisième venait-il encore enchérir, le roi cédait encore au plus offrant. Il se souciait peu de la manière criminelle dont ses baillis prenaient l'argent des pauvres, et combien de choses ils faisaient illégalement. Car plus ils parlaient de loi, plus ils la violaient. Il établit plusieurs deer-friths [1], et il fit à cet égard des lois portant que quiconque tuerait un cerf ou une biche perdrait la vue. Ce qu'il avait établi pour les biches, il le fit pour les sangliers ; car il aimait autant les bêtes fauves que s'il eût été leur père. Il en fit autant pour les lièvres, qu'il ordonna de laisser courir en paix. Les riches se plaignirent, et les pauvres murmuraient ; mais il était si dur qu'il n'avait aucun souci de la

---

1. Les *deer-friths* étaient des forêts dans lesquelles les bêtes fauves étaient sous la protection ou *frith* du roi.

haine d'eux tous. Il fallait suivre en tout la volonté du roi si l'on voulait vivre, si l'on voulait avoir des terres, ou des biens, ou sa faveur. Hélas! un homme peut-il être aussi capricieux, aussi bouffi d'orgueil, et se croire lui-même autant au-dessus de tous les autres hommes! Puisse Dieu tout-puissant avoir merci de son âme, et lui accorder le pardon de ses fautes[1]! »

Quels qu'aient été les maux de la conquête, le résultat en fut, selon moi, immensément utile à l'Angleterre et au genre humain. Pour la première fois, il y eut un gouvernement. Le lien social, lâche et flottant en France et en Allemagne, fut tendu à l'excès en Angleterre. Peu nombreux au milieu d'un peuple entier qu'ils opprimaient, les barons furent obligés de se serrer autour du roi. Guillaume reçut le serment des arrière-vassaux comme celui des vassaux. Le roi de France obtenait aisément l'hommage des vassaux, mais il n'eût pas été bien venu à demander au duc de Guienne, au comte de Flandre, celui des barons, des chevaliers qui dépendaient d'eux. Tout était là cependant; une royauté qui ne portait que sur l'hommage des grands vassaux était purement nominale. Éloignée, par son élévation dans la hiérarchie, des rangs inférieurs qui faisaient la force réelle, elle restait solitaire et faible à la pointe de cette pyramide, tandis que les grands vassaux, placés au milieu, en tenaient sous eux la base puissante.

Ce danger continuel où se trouvait l'aristocratie

---

1. Chronic. Saxon.

normande dans le premier siècle lui faisait supporter d'étranges choses de la part du roi. Dépositaire de l'intérêt commun de la conquête, défenseur de cette immense et périlleuse injustice, on lui laissa tout moyen de s'assurer que la terre serait bien défendue. Il fut le tuteur universel de tous les mineurs nobles ; il maria les nobles héritières à qui il voulut. Tutelles et mariages, il fit argent de tout, mangeant le bien des enfants dont il avait la garde-noble, tirant finance de ceux qui voulaient épouser des femmes riches, et des femmes qui refusaient ses protégés [1]. Ces droits féodaux existaient sur le continent, mais sous forme bien différente. Le roi de France pouvait réclamer contre un mariage qui eût nui à ses intérêts, mais non pas imposer un mari à la fille de son vassal ; la garde-noble des mineurs était exercée, mais conformément à la hiérarchie féodale ; celle des arrière-vassaux l'était au profit des vassaux et non du roi.

Indépendamment du *danegeld*, levé sur tous, sous prétexte de pourvoir à la défense contre les Danois, indépendamment des tailles exigées des vaincus, des non-nobles, le roi d'Angleterre tira de la noblesse même un impôt, sous l'honorable nom d'*escuage*. C'était une dispense d'aller à la guerre. Les barons, fatigués d'appels continuels, aimaient mieux donner quelque argent que de suivre leur aventureux souve-

---

[1] L'évêque de Winchester payait une pièce de bon vin pour n'avoir pas fait ressouvenir le roi Jean de donner une ceinture à la comtesse d'Albemarle ; et Robert de Vaux, cinq chevaux de la meilleure espèce pour que le même roi tînt sa paix avec la femme de Henri Pinel ; un autre payait quatre marcs pour avoir la permission de manger (*pro licentia comedendi*). (Hallam.)

rain dans les entreprises où il s'embarquait; et lui, il s'arrangeait fort de cet échange. Au lieu du service capricieux et incertain des barons, il achetait celui des soldats mercenaires, Gascons, Brabançons, Gallois et autres. Ces gens-là ne tenaient qu'au roi, et faisaient sa force contre l'aristocratie. Elle se trouvait payer la bride et le mors que le roi lui mettait à la bouche.

Ainsi la royauté se constitua, et l'Église à côté : une Église forte et politique, comme celle que Charlemagne avait fondée en Saxe pour discipliner les anciens Saxons. Nulle part le clergé n'eut si forte part; aujourd'hui encore le revenu de l'Église anglicane surpasse à lui seul ceux de toutes les Églises du monde mis ensemble. Cette Église eut son unité dans l'archevêque de Kenterbury. Ce fut comme une espèce de patriarche ou de pape, qui ne tint pas toujours compte des ordres de celui de Rome, et qui d'autre part s'interposa souvent entre le roi et le peuple, quelquefois même au profit des Saxons, des vaincus[1]. « L'archevêque Lanfranc, conseiller et confesseur de Guillaume, animé et armé de la faveur du pape et de celle du roi, attaqua, écrasa les prélats et les grands qui se montraient rebelles à l'autorité royale[2]. » C'est lui qui gouvernait l'Angleterre, lorsque Guillaume passait sur le continent.

Cette forte organisation de la royauté et de l'Église anglo-normande fut un exemple pour le monde. Les rois envièrent la toute-puissance de ceux de l'Angle-

---

1. Voy. plus bas Lanfranc, saint Anselme, Th. Becket, Et. Langton, etc.
2. Mathieu Paris.

terre, les peuples la police tyrannique mais régulière qui régnait dans la Grande-Bretagne.

Les vaincus avaient, il est vrai, chèrement payé cet ordre et cette organisation. Mais à la longue les villes se peuplèrent de la désolation des campagnes [1]. Leur forte et compacte population prépara à l'Angleterre une destinée nouvelle. Le roi avait maintenu les tribunaux saxons des comtés et des *hundred*, pour resserrer d'autant les juridictions féodales, qui d'autre part rencontraient par en haut un obstacle dans l'autorité souveraine de la cour du roi. Ainsi l'Angleterre, enfermée par la conquête dans un cadre de fer, commença à connaître l'ordre public. Cet ordre développa une prodigieuse force sociale. Dans les deux siècles qui suivirent la conquête, malgré tant de calamités, s'élevèrent ces merveilleux monuments que toute la puissance du temps présent pourrait à peine égaler. Les basses et sombres églises saxonnes s'élancèrent en flèches hardies, en majestueuses tours. Si la diversité des races et des langues retarda l'essor de la littérature, l'art du moins commença. C'est sur ces monuments, sur la force sociale qu'ils révèlent qu'il faut juger la conquête, et non sur les calamités passagères qui l'ont accompagnée.

Quoique les Normands fussent loin de tenir tout ce que l'Église de Rome s'était promis de leurs victoires, elle y gagna néanmoins infiniment. Ceux de Naples dès

---

1. Hallam.

leur origine, ceux de l'Angleterre au temps d'Henri II et de Jean, se reconnurent pour feudataires du saint-siège. Les Normands d'Italie tinrent souvent en respect les empereurs d'Orient et d'Occident. Les Normands d'Angleterre, vassaux formidables du roi de France, l'obligèrent longtemps de se livrer sans réserve aux papes. En même temps, les Capétiens de Bourgogne concouraient aux victoires du Cid, occupaient par mariage le royaume de Castille et fondaient celui de Portugal (1094 ou 1095). De toutes parts l'Église triomphait dans l'Europe par l'épée des Français. En Sicile et en Espagne, en Angleterre et dans l'empire grec, ils avaient commencé ou accompli la croisade contre les ennemis du pape et de la foi.

Toutefois, ces entreprises avaient été trop indépendantes les unes des autres, et aussi trop égoïstes, trop intéressées, pour accomplir le grand but de Grégoire VII et de ses successeurs : l'unité de l'Europe sous le pape, et l'abaissement des deux empires. Pour approcher de ce grand but de l'unité, il fallait que l'Église s'en mêlât, que le christianisme vînt au secours. Le monde du onzième siècle avait dans sa diversité un principe commun de vie, la religion; une forme commune, féodale et guerrière. Une guerre religieuse pouvait seule l'unir; il ne devait oublier les diversités de races et d'intérêts politiques qui le déchiraient qu'en présence d'une diversité générale et plus grande si grande qu'en comparaison toute autre s'effaçât. L'Europe ne pouvait se croire une et le devenir qu'en se voyant en face de l'Asie.

C'est à quoi travaillèrent les papes, dès l'an 1000. Un pape français, Gerbert, Sylvestre II, avait écrit aux princes chrétiens au nom de Jérusalem. Grégoire VII eût voulu se mettre à la tête de cinquante mille chevaliers pour délivrer le Saint-Sépulcre. Ce fut Urbain II, Français comme Gerbert, qui en eut la gloire. L'Allemagne avait sa croisade en Italie; l'Espagne chez elle-même. La guerre sainte de Jérusalem, résolue en France au concile de Clermont, prêchée par le Français Pierre-l'Ermite, fut accomplie surtout par des Français. Les croisades ont leur idéal en deux Français : Godefroi de Bouillon les ouvre; elles sont fermées par saint Louis. Il appartenait à la France de contribuer plus que tous les autres au grand événement qui fit de l'Europe une nation.

CHAPITRE III

La Croisade. 1095-1099.

Il y avait bien longtemps que ces deux sœurs, ces deux moitiés de l'humanité, l'Europe et l'Asie, la religion chrétienne et la musulmane, s'étaient perdues de vue, lorsqu'elles furent replacées en face par la croisade, et qu'elles se regardèrent. Le premier coup d'œil fut d'horreur. Il fallut quelque temps pour qu'elles se reconnussent et que le genre humain s'avouât son identité. Essayons d'apprécier ce qu'elles étaient alors, de fixer quel âge elles avaient atteint dans leur vie de religion.

L'islamisme était la plus jeune des deux, et déjà pourtant la plus vieille, la plus caduque. Ses destinées furent courtes ; née six cents ans plus tard que le christianisme, elle finissait au temps des croisades. Ce que nous en voyons depuis, c'est une ombre, une forme vide, d'où la vie s'est retirée, et que les barbares héritiers des Arabes conservent silencieusement sans l'interroger.

L'islamisme, la plus récente des religions asiatiques, est aussi le dernier et impuissant effort de l'Orient pour échapper au matérialisme qui pèse sur lui. La Perse n'a pas suffi, avec son opposition héroïque du royaume de la lumière contre celui des ténèbres, d'Iran contre Turan. La Judée n'a pas suffi, tout enfermée qu'elle était dans l'unité de son Dieu abstrait, et toute concentrée et durcie en soi. Ni l'une ni l'autre n'a pu opérer la rédemption de l'Asie. Que sera-ce de Mahomet qui ne fait qu'adopter ce dieu judaïque, le tirer du peuple élu pour l'imposer à tous? Ismaël en saura-t-il plus que son frère Israël? Le désert arabique sera-t-il plus fécond que la Perse et la Judée?

Dieu est Dieu, voilà l'islamisme, c'est la religion de l'unité. Disparaisse l'homme, et que la chair se cache : point d'images, point d'art. Ce Dieu terrible serait jaloux de ses propres symboles. Il veut être seul à seul avec l'homme. Il faut qu'il le remplisse et lui suffise. La famille est à peu près détruite, la parenté, la tribu encore, tous ces vieux liens de l'Asie. La femme est cachée au harem ; quatre épouses, mais des concubines sans nombre. Peu de rapports entre les frères, les parents ; le nom de musulman remplace ces noms. Les familles sans nom commun, sans signes propres[1], sans perpétuité, semblent se renouveler à chaque génération. Chacun se bâtit une maison, et la maison meurt avec l'homme. L'homme ne tient

---

1. Les Orientaux n'ont que des armoiries personnelles et non héréditaires.

ni à l'homme ni à la terre. Isolés et sans trace, ils passent comme la poussière vole au désert; égaux comme les grains de sable, sous l'œil d'un Dieu niveleur, qui ne veut nulle hiérarchie.

Point de Christ, point de médiateur, de Dieu-homme. Cette échelle que le christianisme nous avait jetée d'en haut, et qui montait vers Dieu par les Saints, la Vierge, les Anges et Jésus, Mahomet la supprime; toute hiérarchie périt, la divine et l'humaine. Dieu recule dans le ciel à une profondeur infinie, ou bien pèse sur la terre, s'y applique et l'écrase. Misérables atomes, égaux dans le néant, nous gisons sur la plaine aride. Cette religion, c'est vraiment l'Arabie elle-même. Le ciel, la terre, rien entre; point de montagne qui nous rapproche du ciel, point de douce vapeur qui nous trompe sur la distance; un dôme impitoyablement tendu d'un sombre azur, comme un brûlant casque d'acier.

L'islamisme, né pour s'étendre, ne demeurera pas dans ce sublime et stérile isolement. Il faut qu'il coure le monde, au risque de changer. Ce Dieu que Mahomet a volé à Moïse, il pouvait rester abstrait, pur et terrible sur la montagne juive ou dans le désert arabique; mais voilà que les cavaliers du Prophète le promènent victorieusement de Bagdad à Cordoue, de Damas à Surate. Dès que la rotation du sabre, la ventilation du cimeterre, n'allumera plus son ardeur farouche, il va s'humaniser. Je crains pour son austérité les paradis du harem, et ses roses solitaires et les fontaines jaillissantes de l'Alhambra. La chair maudite par cette religion superbe[1] s'obstine à réclamer; la matière proscrite revient sous autre forme, et se venge avec la violence d'un exilé qui rentre en maître. Ils ont enfermé la femme au sérail, mais elle les y enferme avec elle; ils n'ont pas voulu de la Vierge, et ils se battent depuis mille ans pour Fatema. Ils ont rejeté le Dieu-homme et repoussé l'incarnation en haine du Christ; ils proclament celle d'Ali. Ils ont condamné le magisme, le règne de la lumière, et ils enseignent que Mahomet est la lumière incarnée; selon d'autres, Ali est cette lumière; les imans, descendants et successeurs d'Ali, sont des rayons incarnés. Le dernier de ces imans, Ismaïl, a disparu de la terre; mais sa race subsiste, inconnue; c'est un devoir de la chercher. Les califes fatemites d'Égypte étaient les représentants visibles de cette famille d'Ali et de Fatema. Avant eux, ces doctrines avaient prévalu dans les montagnes orientales de l'ancien empire persan, où l'islamisme n'avait pu étouffer le magisme[2]. Elles éclatèrent au huitième et au neuvième siècle, lorsque les fanatiques Karmathiens, qui s'appelaient eux-mêmes ISMAÏLITES, se mirent à courir l'Asie, cherchant leur iman invisible, le sabre à la main. Les Abassides les exterminèrent par centaines de mille; mais l'un d'eux, réfugié en Égypte, fonda la dynastie fatemite, pour la ruine des Abassides et du Coran.

La mystérieuse Égypte ressuscita ses vieilles initiations. Les Fatemites fondèrent au Caire la loge où

---

1. *App.* 63. — 2. Hammer.

maison de la sagesse; immense et ténébreux atelier de fanatisme et de science, de religion et d'athéisme[1]. La seule doctrine certaine de ces protées de l'islamisme, c'était l'obéissance pure. Il n'y avait qu'à se laisser conduire; ils vous menaient par neuf degrés de la religion au mysticisme, du mysticisme à la philosophie, au doute, à l'absolue indifférence. Leurs missionnaires pénétraient dans toute l'Asie, et jusque dans le palais de Bagdad, inondant le califat des Abassides de ce dissolvant destructif. La Perse était préparée de longue date à le recevoir. Avant Karmath, avant Mahomet, sous les derniers Sassanides, des sectaires avaient prêché la communauté des biens et des femmes, et l'indifférence du juste et de l'injuste.

Cette doctrine ne porta tout son fruit que quand elle fut replacée dans les montagnes de la vieille Perse, vers Casbin, au lieu même d'où sortirent les anciens libérateurs, le forgeron Kawe, avec son fameux tablier de cuir, et le héros Feridun, avec sa massue à tête de buffle. Ce protestantisme mahométan, porté au milieu de ces populations intrépides, s'y associa avec le génie de la résistance nationale, et leur enseigna un exécrable héroïsme d'assassinat. Ce fut d'abord un certain Hassan-ben-Sabah-Homairi, rejeté des Abassides et des Fatemites, qui s'empara, en 1090, de la forteresse d'Alamut (c'est-à-dire *Repaire des vautours*); il l'appela dans son audace la *Demeure de la fortune*. Il y fonda une association dont le fatemisme était le masque, mais

---

1. *App.* 64.

dont la secrète pensée semble avoir été la ruine de toute religion. Cette corporation avait, comme la loge du Caire, ses savants, ses missionnaires; Alamut était plein de livres et d'instruments de mathématiques. Les arts y étaient cultivés; les sectaires pénétraient partout sous mille déguisements, comme médecins, astrologues, orfèvres, etc. Mais l'art qu'ils exerçaient le plus, c'était l'assassinat. Ces hommes terribles se présentaient un à un pour poignarder un sultan, un calife, et se succédaient sans peur, sans découragement, à mesure qu'on les taillait en pièces[1]. On assure que, pour leur inspirer ce courage furieux, le chef les fascinait par des breuvages enivrants, les portait endormis dans des lieux de délices, et leur persuadait ensuite qu'ils avaient goûté les prémices du paradis promis aux hommes dévoués[2]. Sans doute à ces moyens se joignit le vieil héroïsme montagnard, qui a fait de cette contrée le berceau des vieux libérateurs de la Perse, et celui des modernes Wahabites. Comme à Sparte, les mères se vantaient de leurs fils morts, et ne pleuraient que les vivants. Le chef des Assassins prenait pour titre celui de *scheick de la Montagne;* c'était de même celui des chefs indigènes qui avaient leurs forts sur l'autre versant de la même chaîne.

Cet Hassan, qui pendant trente-cinq ans ne sortit

---

1. Pour assassiner un sultan, il en vint, un à un, jusqu'à cent vingt-quatre.
2. Henri, comte de Champagne, étant venu rendre visite au grand prieur des Assassins, celui-ci le fit monter avec lui sur une tour élevée, garnie à chaque créneau de deux *fedavis* (dévoués); il fit un signe, et deux de ces sentinelles se précipitèrent du haut de la tour. « Si vous le désirez, dit-il au comte, tous ces hommes vont en faire autant. »

pas une fois d'Alamut ni deux fois de sa chambre, n'en étendit pas moins sa domination sur la plupart des châteaux et lieux forts des montagnes entre la Caspienne et la Méditerranée. Ses assassins inspiraient un inexprimable effroi. Les princes, sommés de livrer leurs forteresses, n'osaient ni les céder ni les garder; ils les démolissaient. Il n'y avait plus de sûreté pour les rois. Chacun d'eux pouvait voir à chaque instant du milieu de ses plus fidèles serviteurs s'élancer un meurtrier. Un sultan qui persécutait les Assassins voit le matin, à son réveil, un poignard planté en terre, à deux doigts de sa tête : il leur paya tribut, et les exempta de tout impôt, de tout péage.

Telle était la situation de l'islamisme : le califat de Bagdad, esclave sous une garde turque ; celui du Caire, se mourant de corruption ; celui de Cordoue, démembré et tombé en pièces. Une seule chose était forte et vivante dans le monde mahométan ; c'était cet horrible héroïsme des Assassins, puissance hideuse, plantée fermement sur la vieille montagne persane, en face du califat, comme le poignard près de la tête du sultan.

Combien le christianisme était plus vivant et plus jeune au moment des croisades! Le pouvoir spirituel, esclave du temporel en Asie, le balançait, le primait en Europe; il venait de se retremper par la chasteté monastique, par le célibat des prêtres. Le califat tombait, et la papauté s'élevait. Le mahométisme se divisait, le christianisme s'unissait. Le premier ne pouvait attendre qu'invasion et ruine ; et en effet il ne résista qu'en recevant les Mongols et les Turcs, c'est-à-dire en devenant barbare.

Ce pèlerinage de la croisade n'est point un fait nouveau ni étrange. L'homme est pèlerin de sa nature ; il y a longtemps qu'il est parti, et je ne sais quand il arrivera. Pour le mettre en mouvement, il ne faut pas grand'chose. Et d'abord, la nature le mène comme un enfant en lui montrant une belle place au soleil, en lui offrant un fruit, la vigne d'Italie aux Gaulois, aux Normands l'orange de Sicile[1] ; ou bien c'est sous la forme de la femme qu'elle le tente et l'attire. Le rapt est la première conquête. C'est la belle Hélène, puis, la moralité s'élevant, la chaste Pénélope, l'héroïque Brynhild ou les Sabines. L'empereur Alexis, en appelant nos Français à la guerre sainte, ne négligeait pas de leur vanter la beauté des femmes grecques. Les belles Milanaises étaient, dit-on, pour quelque chose dans la persévérance de François Ier pour la conquête d'Italie.

La patrie est une autre amante après laquelle nous courons aussi. Ulysse ne se lassa point qu'il n'eût vu fumer les toits de son Ithaque. Dans l'Empire, les hommes du Nord cherchèrent en vain leur Asgard, leur ville des Ases, des héros et des dieux. Ils trouvèrent mieux. En courant à l'aveugle, ils heurtèrent contre le christianisme. Nos croisés, qui marchèrent d'un si ardent amour à Jérusalem, s'aperçurent que la

---

1. L'Islandais dit encore aujourd'hui, *désir des figues*, pour un ardent désir.

patrie divine n'était point au torrent de Cédron, ni dans l'aride vallée de Josaphat. Ils regardèrent plus haut alors, et attendirent dans un espoir mélancolique une autre Jérusalem. Les Arabes s'étonnaient en voyant Godefroi de Bouillon assis par terre. Le vainqueur leur dit tristement : « La terre n'est-elle pas bonne pour nous servir de siège, quand nous allons rentrer pour si longtemps dans son sein[1]? » Ils se retirèrent pleins d'admiration. L'Occident et l'Orient s'étaient entendus.

Il fallait pourtant que la croisade s'accomplît. Ce vaste et multiple monde du moyen âge, qui contenait en soi tous les éléments des mondes antérieurs, grec, romain et barbare, devait aussi reproduire toutes les luttes du genre humain. Il fallait qu'il représentât sous la forme chrétienne, et dans des proportions colossales, l'invasion de l'Asie par les Grecs et la conquête de la Grèce par les Romains, en même temps que la colonne grecque et l'arc romain seraient reliés et soulevés au ciel dans les gigantesques piliers, dans les arceaux aériens de nos cathédrales.

Il y avait déjà longtemps que l'ébranlement avait commencé. Depuis l'an 1000 surtout, depuis que l'humanité croyait avoir chance de vivre et espérait un peu, une foule de pèlerins prenaient leur bâton et s'acheminaient, les uns à Saint-Jacques, les autres au mont Cassin, aux Saints-Apôtres de Rome, et de là à Jérusalem. Les pieds y portaient d'eux-mêmes. C'était

---

1. Guillaume de Tyr.

pourtant un dangereux et pénible voyage. Heureux qui revenait! plus heureux qui mourait près du tombeau du Christ, et qui pouvait lui dire selon l'audacieuse expression d'un contemporain : Seigneur, vous êtes mort pour moi, je suis mort pour vous [1]!

Les Arabes, peuple commerçant, accueillaient bien d'abord les pèlerins. Les Fatemites d'Égypte, ennemis secrets du Coran, les traitèrent bien encore. Tout changea lorsque le calife Hakem, fils d'une chrétienne, se donna lui-même pour une incarnation. Il maltraita cruellement les chrétiens qui prétendaient que le Messie était déjà venu, et les Juifs qui s'obstinaient à l'attendre encore. Dès lors, on n'aborda guère le saint tombeau qu'à condition de l'outrager, comme aux derniers temps les Hollandais n'entraient au Japon qu'en marchant sur la croix. On sait la ridicule histoire de ce comte d'Anjou, Foulques Nerra, qui avait tant à expier, et qui alla tant de fois à Jérusalem. Condamné par les infidèles à salir le saint tombeau, il trouva moyen de verser au lieu d'urine un vin précieux[2]. Il revint à pied de Jérusalem, et mourut de fatigue à Metz.

Mais les fatigues et les outrages ne les rebutaient pas. Ces hommes si fiers, qui pour un mot auraient fait couler dans leur pays des torrents de sang, se soumettaient pieusement à toutes les bassesses qu'il plaisait aux Sarrasins d'exiger. Le duc de Normandie, les comtes de Barcelone, de Flandre, de Verdun

---

1. Pierre d'Auvergne.
2. Gesta Consulum Andegav.

accomplirent, dans le onzième siècle, ce rude pèlerinage. L'empressement augmentait avec le péril; seulement les pèlerins se mettaient en plus grandes troupes. En 1054, l'évêque de Cambrai tenta le voyage avec trois mille Flamands et ne put arriver. Treize ans après les évêques de Mayence, de Ratisbonne, de Bamberg et d'Utrecht s'associèrent à quelques chevaliers Normands, et formèrent une petite armée de sept mille hommes. Ils parvinrent à grand'peine, et deux mille tout au plus revirent l'Europe. Cependant les Turcs, maîtres de Bagdad et partisans de son calife, s'étant emparés de Jérusalem, y massacrèrent indistinctement tous les partisans de l'incarnation, Alides et chrétiens. L'empire grec, resserré chaque jour, vit leur cavalerie pousser jusqu'au Bosphore, en face de Constantinople. D'autre part les Fatemites tremblaient derrière les remparts de Damiette et du Caire. Ils s'adressèrent, comme les Grecs, aux princes de l'Occident. Alexis Comnène était déjà lié avec le comte de Flandre, qu'il avait accueilli magnifiquement à son passage; ses ambassadeurs célébraient avec le génie hâbleur des Grecs les richesses de l'Orient, les empires, les royaumes qu'on pouvait y conquérir; les lâches allaient jusqu'à vanter la beauté de leurs filles et de leurs femmes [1], et semblaient les promettre aux Occidentaux.

Tous ces motifs n'auraient pas suffi pour émouvoir le peuple et lui communiquer cet ébranlement profond

---

1. Guibert de Nogent.

qui le porta vers l'Orient. Il y avait déjà longtemps qu'on lui parlait de guerres saintes. La vie de l'Espagne n'était qu'une croisade; chaque jour on apprenait quelque victoire du Cid, la prise de Tolède ou de Valence, bien autrement importantes que Jérusalem. Les Génois, les Pisans, conquérants de la Sardaigne et de la Corse, ne poursuivaient-ils pas la croisade depuis un siècle? Lorsque Sylvestre II écrivit sa fameuse lettre au nom de Jérusalem, les Pisans armèrent une flotte, débarquèrent en Afrique et y massacrèrent, dit-on, cent mille Maures. Toutefois, l'on sentait bien que la religion était pour peu de chose dans tout cela. Le danger animait les Espagnols, l'intérêt les Italiens. Ces derniers imaginèrent plus tard de couper court à toute croisade de Jérusalem, de détourner et d'attirer chez eux tout l'or que les pèlerins portaient dans l'Orient; ils chargèrent leurs galères de terre prise en Judée, rapprochèrent ce qu'on allait chercher si loin, et se firent une Terre-Sainte dans le Campo-Santo de Pise.

Mais on ne pouvait donner ainsi le change à la conscience religieuse du peuple, ni le détourner du saint tombeau. Dans les extrêmes misères du moyen âge, les hommes conservaient des larmes pour les misères de Jérusalem. Cette grande voix qui en l'an 1000 les avait menacés de la fin du monde se fit entendre encore, et leur dit d'aller en Palestine pour s'acquitter du répit que Dieu leur donnait. Le bruit courait que la puissance des Sarrasins avait atteint son terme. Il ne s'agissait que d'aller devant soi par la grande route que Charlemagne avait, disait-on, frayée autrefois[1], de marcher sans se lasser vers le soleil levant, de recueillir la dépouille toute prête, de ramasser la bonne manne de Dieu. Plus de misère ni de servage ; la délivrance était arrivée. Il y en avait assez dans l'Orient pour les faire tous riches. D'armes, de vivres, de vaisseaux, il n'en était besoin ; c'eût été tenter Dieu. Ils déclarèrent qu'ils auraient pour guides les plus simples des créatures, une oie et une chèvre[2]. Pieuse et touchante confiance de l'humanité enfant !

Un Picard, qu'on nommait trivialement *Coucou Piètre* (Pierre Capuchon, ou Pierre-l'Ermite, *à Cucullo*), contribua, dit-on, puissamment par son éloquence à ce grand mouvement du peuple[3]. Au retour d'un pèlerinage à Jérusalem, il décida le pape français Urbain II à prêcher la croisade à Plaisance, puis à Clermont (1095). La prédication fut à peu près inutile en Italie ; en France tout le monde s'arma. Il y eut au concile de Clermont quatre cents évêques ou abbés mitrés. Ce fut le triomphe de l'Église et du peuple. Les deux plus grands noms de la terre, l'empereur et le roi de France, y furent condamnés, aussi bien que les Turcs, et la querelle des investitures mêlée à celle de Jérusalem. Chacun mit la croix rouge à son épaule ; les

---

[1]. Des prophètes annonçaient que Charlemagne viendrait lui-même commander la croisade.

[2]. C'est ainsi que les Sabins descendirent de leurs montagnes sous la conduite d'un loup, d'un pic et d'un bœuf ; qu'une vache mena Cadmus en Béotie, etc.

[3]. *App.* 65.

étoffes, les vêtements rouges furent mis en pièces, et n'y suffirent pas[1].

Ce fut alors un spectacle extraordinaire, et comme un renversement du monde. On vit les hommes prendre subitement en dégoût tout ce qu'ils avaient aimé. Leurs riches châteaux, leurs épouses, leurs enfants : ils avaient hâte de tout laisser là. Il n'était besoin de prédications ; ils se prêchaient les uns les autres, dit le contemporain, et de parole et d'exemple. « C'était, continue-t-il, l'acccomplissement du mot de Salomon : *Les sauterelles n'ont point de rois, et elles s'en vont ensemble par bandes.* Elles n'avaient pas pris l'essor des bonnes œuvres, ces sauterelles tant qu'elles restaient engourdies et glacées dans leur iniquité. Mais dès qu'elles se furent échauffées aux rayons du soleil de justice, elles s'élancèrent et prirent leur vol. Elles n'eurent point de roi ; toute âme fidèle prit Dieu seul pour guide, pour chef, pour camarade de guerre... Bien que la prédication ne se fût fait entendre qu'aux Français, quel peuple chrétien ne fournit aussi des soldats?... Vous auriez vu les Écossais, couverts d'un manteau hérissé, accourir du fond de leurs marais... Je prends Dieu à témoin qu'il débarqua dans nos ports des barbares de je ne sais quelle nation ; personne ne comprenait leur langue : eux, plaçant leurs doigts en forme de croix, ils faisaient signe qu'ils voulaient aller à la défense de la foi chrétienne.

« Il y avait des gens qui n'avaient d'abord nulle

---

1. Il y en eut qui s'imprimèrent la croix avec un fer rouge (Albéric des Trois-Fontaines).

envie de partir, qui se moquaient de ceux qui se défaisaient de leurs biens, leur prédisant un triste voyage et un plus triste retour. Et le lendemain, les moqueurs eux-mêmes, par un mouvement soudain, donnaient tout leur avoir pour quelque argent et partaient avec ceux dont ils s'étaient d'abord raillés. Qui pourrait dire les enfants, les vieilles femmes qui se préparaient à la guerre? Qui pourrait compter les vierges, les vieillards tremblants sous le poids de l'âge?... Vous auriez ri de voir les pauvres ferrer leurs bœufs comme des chevaux, traînant dans des chariots leurs minces provisions et leurs petits enfants ; et ces petits, à chaque ville ou château qu'ils apercevaient, demandaient dans leur simplicité : N'est-ce pas là cette Jérusalem où nous allons[1]? »

Le peuple partit sans rien attendre, laissant les princes délibérer, s'armer, se compter; hommes de peu de foi! Les petits ne s'inquiétaient de rien de tout cela : ils étaient sûrs d'un miracle. Dieu en refuserait-il un à la délivrance du Saint-Sépulcre? Pierre-l'Ermite marchait à la tête, pieds nus, ceint d'une corde. D'autres suivirent un brave et pauvre chevalier, qu'ils appelaient *Gautier-sans-avoir*. Dans tant de milliers d'hommes, ils n'avaient pas huit chevaux. Quelques Allemands imitèrent les Français et partirent sous la conduite d'un des leurs, nommé Gotteschalk. Tous ensemble descendirent la vallée du Danube, la route d'Attila, la grande route du genre humain[2].

---

1. Guibert de Nogent. — 2. *App.* 66.

Chemin faisant, ils prenaient, pillaient, se payant d'avance de leur sainte guerre. Tout ce qu'ils pouvaient trouver de Juifs, ils les faisaient périr dans les tortures. Ils croyaient devoir punir les meurtriers du Christ avant de délivrer son tombeau. Ils arrivèrent ainsi, farouches, couverts de sang, en Hongrie et dans l'empire grec. Ces bandes féroces y firent horreur; on les suivit à la piste, on les chassa comme des bêtes fauves. Ceux qui restaient, l'empereur leur fournit des vaisseaux et les fit passer en Asie, comptant sur les flèches des Turcs. L'excellente Anne Comnène est heureuse de croire qu'ils laissèrent dans la plaine de Nicée des montagnes d'ossements, et qu'on en bâtit les murs d'une ville.

Cependant s'ébranlaient lentement les lourdes armées des princes, des grands, des chevaliers. Aucun roi ne prit part à la croisade, mais bien des seigneurs plus puissants que les rois. Le frère du roi de France, Hugues de Vermandois, le gendre du roi d'Angleterre, le riche Étienne de Blois, Robert Courte-Heuse, fils de Guillaume-le-Conquérant, enfin le comte de Flandre, partirent en même temps. Tous égaux, point de chef. Ceux-ci firent peu d'honneur à la croisade. Le gros Robert[1], l'homme du monde qui perdit le plus gaiement un royaume, n'allait à Jérusalem que par désœuvrement. Hugues et Étienne revinrent sans aller jusqu'au bout.

Le comte de Toulouse, Raymond de Saint-Gilles,

---

1. Voy. *App.* 66.

était, sans comparaison, le plus riche de ceux qui prirent la croix. Il venait de réunir les comtés de Rouergue, de Nîmes et le duché de Narbonne. Cette grandeur lui donnait bien d'autres espérances. Il avait juré qu'il ne reviendrait pas ; il emportait avec lui des sommes immenses[1] ; tout le Midi le suivait : les seigneurs d'Orange, de Forez, de Roussillon, de Montpellier, de Turenne et d'Albret, sans parler du chef ecclésiastique de la croisade, l'évêque du Puy, légat du pape, qui était sujet de Raymond. Ces gens du Midi, commerçants, industrieux et civilisés comme les Grecs, n'avaient guère meilleure réputation de piété ni de bravoure. On leur trouvait trop de savoir et de savoir-faire, trop de loquacité. Les hérétiques abondaient dans leurs cités demi-moresques ; leurs mœurs étaient un peu mahométanes. Les princes avaient force concubines. Raymond, en partant, laissa ses États à un de ses bâtards.

Les Normands d'Italie ne furent pas les derniers à la croisade. Moins riches que les Languedociens, ils comptaient bien aussi y faire leurs affaires. Les successeurs de Guiscard et Roger n'auraient pourtant pas quitté leur conquête pour cette hasardeuse expédition; mais un certain Bohémond, bâtard de Robert-l'Avisé, et non moins avisé que son père, n'avait rien eu en héritage que Tarente et son épée. Un Tancrède, Normand par sa mère, mais, à ce qu'on croit, Piémontais du côté paternel, prit aussi les armes. Bohémond assiégeait Amalfi, quand on lui apprit le passage des

---

1. *App.* 67.

croisés. Il s'informa curieusement de leurs noms, de leur nombre, de leurs armes et de leurs ressources[1]; puis, sans mot dire, il prit la croix et laissa Amalfi. Il est curieux de voir le portrait qu'en fait Anne Comnène, la fille d'Alexis, qui le vit à Constantinople, et qui en eut si grand'peur. Elle l'a observé avec l'intérêt et la curiosité d'une femme. « Il passait les plus grands d'une coudée ; il était mince du ventre, large des épaules et de la poitrine ; il n'était ni maigre ni gras. Il avait les bras vigoureux, les mains charnues et un peu grandes. A y faire attention, on s'apercevait qu'il était tant soit peu courbé. Il avait la peau très blanche, et ses cheveux tiraient sur le blond ; ils ne passaient pas les oreilles, au lieu de flotter, comme ceux des autres barbares. Je ne puis dire de quelle couleur était sa barbe ; ses joues et son menton étaient rasés ; je crois pourtant qu'elle était rousse. Son œil, d'un bleu tirant sur le vert de mer (γλαυκὸν), laissait entrevoir sa bravoure et sa violence. Ses larges narines aspiraient l'air librement, au gré du cœur ardent qui battait dans cette vaste poitrine. Il y avait de l'agrément dans cette figure, mais l'agrément était détruit par la terreur. Cette taille, ce regard, il y avait en tout cela quelque chose qui n'était point aimable, et qui même ne semblait pas de l'homme. Son sourire me semblait plutôt comme un frémissement de menace... Il n'était qu'artifice et ruse ; son langage était précis, ses réponses ne donnaient aucune prise[2]. »

Quelque grandes choses que Bohémond ait faites,

---

1. *App.* 68. — 2. Anne Comnène.

la voix du peuple, qui est celle de Dieu, a donné la gloire de la croisade à Godefroi[1], fils du comte de Boulogne, margrave d'Anvers, duc de Bouillon et de Lothier, roi de Jérusalem. La famille de Godefroi, issue, dit-on, de Charlemagne, était déjà signalée par de grandes aventures et de grands malheurs. Son père, Eustache de Boulogne, beau-frère d'Édouard-le-Confesseur, avait manqué l'Angleterre, où les Saxons l'appelaient contre Guillaume-le-Conquérant. Son grand-père maternel, Godefroi-le-Barbu, ou le Hardi, duc de Lothier et de Brabant, qui échoua de même en Lorraine, combattit trente ans les empereurs à la tête de toute la Belgique, et brûla, dans Aix-la-Chapelle, le palais des Carlovingiens. Il fut plusieurs fois chassé, banni, captif; sa femme, Béatrix d'Este, mère de la fameuse comtesse Mathilde, fut indignement retenue prisonnière par Henri III, qui finit par lui ravir son patrimoine, et donner la Lorraine à la maison d'Alsace. Toutefois, quand l'empereur Henri IV fut persécuté par les papes, et que tant de gens l'abandonnaient, le petit-fils du proscrit, le Godefroi de la croisade, ne manqua pas à son suzerain. L'empereur lui confia l'étendard de l'Empire, cet étendard que la famille de Godefroi avait fait chanceler, et contre lequel Mathilde soutenait celui de l'Église. Mais Godefroi le raffermit : du fer de ce drapeau il tua l'anti-César, Rodolphe, le roi des prêtres (1080), et le porta ensuite, son victorieux drapeau, sur les murs de Rome, où il monta le

---

1. Né à Bezi près Nivelle, dans un château qu'on montrait encore à la fin du dernier siècle.

premier[1]. Toutefois, d'avoir violé la ville de saint Pierre et chassé le pape, ce fut une grande tristesse pour cette âme pieuse. Dès que la croisade fut publiée, il vendit ses terres à l'évêque de Liège, et partit pour la terre sainte. Il avait dit souvent, étant encore tout petit, qu'il voulait aller avec une armée à Jérusalem[2]. Dix mille chevaliers le suivirent avec soixante-dix mille hommes de pied, Français, Lorrains, Allemands.

Godefroi appartenait aux deux nations; il parlait les deux langues. Il n'était pas grand de taille, et son frère Beaudoin le passait de la tête; mais sa force était prodigieuse. On dit que d'un coup d'épée il fendait un cavalier de la tête à la selle; il faisait voler d'un revers la tête d'un bœuf ou d'un chameau[3]. En Asie, s'étant écarté, il trouva dans une caverne un des siens aux prises avec un ours : il attira la bête sur lui, et la tua, mais resta longtemps alité de ses cruelles morsures. Cet homme héroïque était d'une pureté singulière. Il ne se maria point, et mourut vierge à trente-huit ans[4].

Le concile de Clermont s'était tenu au mois de novembre 1095. Le 15 août 1096, Godefroi partit avec les Lorrains et les Belges, et prit sa route par l'Allemagne et la Hongrie. En septembre, partirent le fils de

---

1. La fatigue lui causa une fièvre violente, il fit vœu de se croiser et fut guéri. (Albéric.)
2. Guibert de Nogent. — Sa mère, sainte Ida, rêva un jour que le soleil descendait dans son sein. Cela signifiait, dit le biographe contemporain, que des rois sortiraient d'elle.
3. Robert-le-Moine. — Une autre fois il coupa un Turc par le milieu du corps... « Turcus duo factus est Turci : ut inferior alter in urbem equitaret, alter arcitenens in flumine nataret. » (Raoul de Caen.)
4. Il avait amené une colonie de moines qu'il établit à Jérusalem.

Guillaume-le-Conquérant, le comte de Blois, son gendre, le frère du roi de France et le comte de Flandre ; ils allèrent par l'Italie jusqu'à la Pouille ; puis les uns passèrent à Durazzo, les autres tournèrent la Grèce. En octobre, nos Méridionaux, sous Raymond de Saint-Gilles, s'acheminèrent par la Lombardie, le Frioul et la Dalmatie. Bohémond, avec ses Normands et Italiens, perça sa route par les déserts de la Bulgarie. C'était le plus court et le moins dangereux ; il valait mieux éviter les villes, et ne rencontrer les Grecs qu'en rase campagne. La sauvage apparition des premiers croisés, sous Pierre-l'Ermite, avait épouvanté les Byzantins ; ils se repentaient amèrement d'avoir appelé les Francs, mais il était trop tard ; ils entraient en nombre innombrable par toutes les vallées, par toutes les avenues de l'Empire. Le rendez-vous était à Constantinople. L'empereur eut beau leur dresser des pièges, les barbares s'en jouèrent dans leur force et leur masse : le seul Hugues de Vermandois se laissa prendre. Alexis vit tous ces corps d'armée, qu'il avait cru détruire, arriver un à un devant Constantinople, et saluer leur bon ami l'empereur. Les pauvres Grecs, condamnés à voir défiler devant eux cette effrayante revue du genre humain, ne pouvaient croire que le torrent passât sans les emporter. Tant de langues, tant de costumes bizarres, il y avait bien de quoi s'effrayer. La familiarité même de ces barbares, leurs plaisanteries grossières, déconcertaient les Byzantins. En attendant que toute l'armée fût réunie, ils s'établissaient amicalement dans l'Empire, faisaient comme chez eux, prenant dans leur simplicité tout ce qui leur plaisait : par exemple les plombs des églises pour les revendre aux Grecs[1]. Le sacré palais n'était pas plus respecté. Tout ce peuple de scribes et d'eunuques ne leur imposait guère. Ils n'avaient pas assez d'esprit et d'imagination pour se laisser saisir aux pompes terribles, au cérémonial tragique de la majesté byzantine. Un beau lion d'Alexis, qui faisait l'ornement et l'effroi du palais, ils s'amusèrent à le tuer.

C'était une grande tentation que cette merveilleuse Constantinople pour des gens qui n'avaient vu que les villes de boue de notre Occident. Ces dômes d'or, ces palais de marbre, tous les chefs-d'œuvre de l'art antique entassés dans la capitale depuis que l'empire s'était tant resserré ; tout cela composait un ensemble étonnant et mystérieux qui les confondait ; ils n'y entendaient rien : la seule variété de tant d'industries et de marchandises était pour eux un inexplicable problème. Ce qu'ils y comprenaient, c'est qu'ils avaient grande envie de tout cela ; ils doutaient même que la ville sainte valût mieux. Nos Normands et nos Gascons auraient bien voulu terminer là la croisade ; ils auraient dit volontiers comme les petits enfants dont parle Guibert : « N'est-ce pas là Jérusalem ? »

Ils se souvinrent alors de tous les pièges que les Grecs leur avaient dressés sur la route : ils prétendirent qu'ils leur fournissaient des aliments nuisibles, qu'ils empoisonnaient les fontaines, et leur imputè-

1. Ceci ne se rapporte, il est vrai, qu'à la troupe conduite par Pierre-l'Ermite.

rent les maladies épidémiques que les alternatives de la famine et de l'intempérance avaient pu faire naître dans l'armée. Bohémond et le comte de Toulouse soutenaient qu'on ne devait point de ménagements à ces empoisonneurs, et qu'en punition il fallait prendre Constantinople. On pourrait ensuite à loisir conquérir la terre sainte. La chose était facile s'ils se fussent accordés; mais le Normand comprit qu'en renversant Alexis, il pourrait fort bien donner seulement l'Empire au Toulousain. D'ailleurs, Godefroi déclara qu'il n'était pas venu pour faire la guerre à des chrétiens. Bohémond parla comme lui, et tira bon parti de sa vertu. Il se fit donner tout ce qu'il voulut par l'empereur [1].

Telle fut l'habileté d'Alexis, qu'il trouva moyen de décider ces conquérants, qui pouvaient l'écraser [2], à lui faire hommage et lui soumettre d'avance leur conquête. Hugues jura d'abord, puis Bohémond, puis Godefroi. Godefroi s'agenouilla devant le Grec, mit ses mains dans les siennes et se fit son vassal. Il en coûta peu à son humilité. Dans la réalité, les croisés ne pouvaient se passer de Constantinople; ne la possédant pas, il fallait qu'ils l'eussent au moins pour alliée et pour amie. Prêts à s'engager dans les déserts de l'Asie, les

---

[1]. On le mena dans une galerie du palais où une porte, ouverte comme par hasard, lui laissait voir une chambre remplie du haut en bas d'or et d'argent, de bijoux et de meubles précieux. Quelles conquêtes, s'écria-t-il, ne ferait-on pas avec un tel trésor! — Il est à vous, lui dit-on aussitôt. Il se fit peu prier pour accepter. (Anne Comnène.)

[2]. Ils parlaient des Grecs avec un souverain mépris... « Græculos istos omnium inertissimos, etc. » (Guibert de Nogent.)

Grecs seuls pouvaient les préserver de leur ruine. Ceux-ci promirent tout ce qu'on voulut pour se débarrasser, vivres, troupes auxiliaires, des vaisseaux surtout pour faire passer au plus tôt le Bosphore.

« Godefroi ayant donné l'exemple, tous se réunirent pour prêter serment. Alors un d'entre eux, c'était un comte de haute noblesse, eut l'audace de s'asseoir dans le trône impérial. L'empereur ne dit rien, connaissant de longue date l'outrecuidance des Latins. Mais le comte Beaudoin prit cet insolent par la main et l'ôta de sa place, lui faisant entendre que ce n'était pas l'usage des empereurs de laisser assis à côté d'eux ceux qui leur avaient fait hommage et qui étaient devenus leurs hommes ; il fallait, disait-il, se conformer aux usages du pays où l'on vivait. L'autre ne répondait rien, mais il regardait l'empereur d'un air irrité, murmurant en sa langue quelques mots qu'on pourrait traduire ainsi : Voyez ce rustre qui est assis tout seul, lorsque tant de capitaines sont debout! L'empereur remarqua le mouvement de ses lèvres, et se fit expliquer ses paroles par un interprète, mais pour le moment il ne dit rien encore. Seulement, lorsque les comtes, ayant accompli la cérémonie, se retiraient et saluaient l'empereur, il prit à part cet orgueilleux et lui demanda qui il était, son pays et son origine : « Je suis pur Franc, dit-il, et des plus nobles. Je ne sais qu'une chose, c'est que dans mon pays il y a, à la rencontre de trois routes, une vieille église où quiconque a envie de se battre en duel vient prier Dieu et attendre son adversaire. Moi, j'ai eu beau attendre à ce carrefour, personne n'a osé venir. » — « Eh bien! dit l'empereur, si vous n'avez pas encore trouvé d'ennemi, voici le temps où vous n'en manquerez pas[1]. »

Les voilà dans l'Asie, en face des cavaliers turcs. La lourde masse avance, harcelée sur les flancs. Elle se pose d'abord devant Nicée. Les Grecs voulaient recouvrer cette ville ; ils y menèrent les croisés. Ceux-ci, inhabiles dans l'art des sièges, auraient pu, avec toute leur valeur, y languir à jamais. Ils servirent du moins à effrayer les assiégés, qui traitèrent avec Alexis. Un matin, les Francs virent flotter sur la ville le drapeau de l'empereur, et il leur fut signifié du haut des murs de respecter une ville impériale[2].

Ils continuèrent donc leur route vers le midi, fidèlement escortés par les Turcs, qui enlevaient tous les traîneurs. Mais ils souffraient encore plus de leur grand nombre. Malgré les secours des Grecs, aucune provision ne suffisait, l'eau manquait à chaque instant sur ces arides collines. En une seule halte, cinq cents personnes moururent de soif. « Les chiens de chasse des grands seigneurs, que l'on conduisait en laisse, expirèrent sur la route, dit le chroniqueur, et les faucons moururent sur le poing de ceux qui les portaient. Des femmes accouchèrent de douleur; elles restaient toutes nues sur la plaine, sans souci de leurs enfants nouveau-nés[3]. »

Ils auraient eu plus de ressources s'ils eussent eu de la cavalerie légère contre celle des Turcs. Mais que

1. Anne Comnène.
2. *App.* 69. — 3. Albert d'Aix.

pouvaient des hommes pesamment armés contre ces nuées de vautours? L'armée des croisés voyageait, si je puis dire, captive dans un cercle de turbans et de cimeterres. Une seule fois les Turcs essayèrent de les arrêter et leur offrirent la bataille. Ils n'y gagnèrent pas; ils sentirent ce que pesaient les bras de ceux contre lesquels ils combattaient de loin avec tant d'avantage; toutefois la perte des croisés fut immense.

Ils parvinrent ainsi par la Cilicie jusqu'à Antioche. Le peuple aurait voulu passer outre, vers Jérusalem, mais les chefs insistèrent pour qu'on s'arrêtât. Ils étaient impatients de réaliser enfin leurs rêves ambitieux. Déjà ils s'étaient disputé, l'épée à la main, la ville de Tarse; Beaudoin et Tancrède soutenaient tous deux y être entrés les premiers. Une autre ville, qui allait exciter une semblable querelle, fut démolie par le peuple, qui se souciait peu des intérêts des chefs et ne voulait pas être retardé [1].

La grande ville d'Antioche avait trois cent soixante églises, quatre cent cinquante tours. Elle avait été la métropole de cent cinquante-trois évêchés [2]. C'était là une belle proie pour le comte de Saint-Gilles et pour Bohémond. Antioche pouvait seule les consoler d'avoir manqué Constantinople. Bohémond fut le plus habile. Il pratiqua les gens de la ville. Les croisés, trompés comme à Nicée, virent flotter sur les murs le drapeau rouge des Normands [3]. Mais il ne put les empêcher d'y

---

1. Raymond d'Agiles.
2. Trois cent soixante églises. (Guibert de Nogent.) — Albéric ne compte que trois cent quarante églises.
3. Foulcher de Chartres.

entrer, ni le comte Raymond de s'y fortifier dans quelques tours. Ils trouvèrent dans cette grande ville une abondance funeste après tant de jeûnes. L'épidémie les emporta en foule. Bientôt les vivres prodigués s'épuisèrent, et ils se trouvaient réduits de nouveau à la famine, quand une armée innombrable de Turcs vint les assiéger dans leur conquête. Un grand nombre d'entre eux, Hugues de France, Étienne de Blois, crurent l'armée perdue sans ressources et s'échappèrent pour annoncer le désastre de la croisade.

Tel était en effet l'excès d'abattement de ceux qui restaient, que Bohémond ne trouva d'autre moyen pour les faire sortir des maisons, où ils se tenaient blottis, que d'y mettre le feu. La religion fournit un secours plus efficace. Un homme du peuple, averti par une vision, annonça aux chefs qu'en creusant la terre à telle place, on trouverait la sainte lance qui avait percé le côté de Jésus-Christ [1]. Il prouva la vérité de sa révélation en passant dans les flammes, s'y brûla, mais on n'en cria pas moins au miracle [2]. On donna aux chevaux tout ce qui restait de fourrage, et tandis que les Turcs jouaient et buvaient, croyant tenir ces affamés, ils sortent par toutes les portes, et en tête la sainte lance. Leur nombre leur sembla doublé par les

---

1. *App.* 70.
2. Raymond d'Agiles : « Il se brûla, parce que lui-même il avait douté un instant; il le dit au peuple en sortant des flammes, et le peuple glorifia Dieu. » Selon Guibert de Nogent, il sortit du bûcher sain et sauf, mais la foule se précipita sur lui pour déchirer ses habits et en garder les morceaux comme des reliques, et le pauvre homme, ballotté et meurtri, mourut de fatigue et d'épuisement.

escadrons des anges. L'innombrable armée des Turcs fut dispersée, et les croisés se retrouvèrent maîtres de la campagne d'Antioche et du chemin de Jérusalem.

Antioche resta à Bohémond, malgré les efforts de Raymond pour en garder les tours [1]. Le Normand recueillit ainsi la meilleure part de la croisade. Toutefois il ne put se dispenser de suivre l'armée et de l'aider à prendre Jérusalem. Cette prodigieuse armée était, dit-on, réduite alors à vingt-cinq mille hommes. Mais c'étaient les chevaliers et leurs hommes. Le peuple avait trouvé son tombeau dans l'Asie Mineure et dans Antioche.

Les Fatemites d'Égypte qui, comme les Grecs, avaient appelé les Francs contre les Turcs, se repentirent de même. Ils étaient parvenus à enlever aux Turcs Jérusalem, et c'étaient eux qui la défendaient. On prétend qu'ils y avaient réuni jusqu'à quarante mille hommes. Les croisés qui, dans le premier enthousiasme où les jeta la vue de la cité sainte, avaient cru pouvoir l'emporter d'assaut, furent repoussés par les assiégés. Il leur fallut se résigner aux lenteurs d'un siège, s'établir dans cette campagne désolée, sans arbres et sans eau. Il semblait que le démon eût tout brûlé de son souffle, à l'approche de l'armée du Christ. Sur les murailles paraissaient des sorcières qui lançaient des paroles funestes sur les assiégeants. Ce ne fut point par des paroles qu'on leur répondit. Des pierres lancées par les machines des chrétiens frappèrent une des magiciennes pendant qu'elle faisait ses conjurations [2]. Le

---

1. *App.* 71. — 2. Guillaume de Tyr.

seul bois qui se trouvât dans le voisinage avait été coupé par les Génois et les Gascons, qui en firent des machines, sous la direction du vicomte de Béarn. Deux tours roulantes furent construites pour le comte de Saint-Gilles et pour le duc de Lorraine. Enfin les croisés ayant fait, pieds nus, pendant huit jours, le tour de Jérusalem, toute l'armée attaqua; la tour de Godefroi fut approchée des murs, et le vendredi 15 juillet 1099, à trois heures, à l'heure et au jour même de la Passion, Godefroi de Bouillon descendit de sa tour sur les murailles de Jérusalem. La ville prise, le massacre fut effroyable[1]. Les croisés, dans leur aveugle ferveur, ne tenant aucun compte des temps, croyaient en chaque infidèle qu'ils rencontraient à Jérusalem frapper un des bourreaux de Jésus-Christ.

Quand il leur sembla que le Sauveur était assez vengé, c'est-à-dire quand il ne resta presque personne dans la ville, ils allèrent, avec larmes et gémissements, en se battant la poitrine, adorer le saint tombeau. Il s'agit ensuite de savoir quel serait le roi de la conquête, qui aurait le triste honneur de défendre Jérusalem. On institua une enquête sur chacun des princes, afin d'élire le plus digne; on interrogea leurs serviteurs, pour découvrir leurs vices cachés. Le comte de Saint-Gilles, le plus riche des croisés, eût été élu probablement; mais ses serviteurs craignant de rester avec lui à Jérusalem, ils n'hésitèrent pas à noircir leur maître, et lui épargnèrent la royauté. Ceux du duc de

---

1. Les chrétiens indigènes avaient éprouvé, pendant le siège, les plus cruels traitements de la part des infidèles. (Guillaume de Tyr.)

Lorraine, interrogés à leur tour, après avoir bien cherché, ne trouvèrent rien à dire contre lui, sinon qu'il restait trop longtemps dans les églises, au delà même des offices, qu'il allait toujours s'enquérant aux prêtres des histoires représentées dans les images et les peintures sacrées, au grand mécontentement de ses amis, qui l'attendaient pour le repas [1]. Godefroi se résigna, mais il ne voulut jamais prendre la couronne royale dans un lieu où le Sauveur en avait porté une d'épines. Il n'accepta d'autre titre que celui d'avoué et baron du Saint-Sépulcre. Le patriarche réclamant Jérusalem et tout le royaume, le conquérant ne fit point d'objection, il céda tout devant le peuple, se réservant la jouissance seulement, c'est-à-dire la défense. Dès la première année, il lui fallut battre une armée innombrable d'Égyptiens, qui vinrent attaquer les croisés à Ascalon. C'était une guerre éternelle, une misère irrémédiable, un long martyre que Godefroi se trouvait avoir conquis. Dès le commencement, le royaume se trouvait infesté par les Arabes jusqu'aux portes de la capitale; l'on osait à peine cultiver les campagnes. Tancrède fut le seul des chefs qui voulut bien rester avec Godefroi. Celui-ci put à peine garder en tout trois cents chevaliers [2].

C'était cependant une grande chose pour la chrétienté d'occuper ainsi, au milieu des infidèles, le berceau de sa religion. Une petite Europe asiatique y fut faite à l'image de la grande. La féodalité s'y organisa

---

1. Guillaume de Tyr. — 2. A Antioche, Tancrède avait juré qu'il n'abandonnerait pas la place tant qu'il lui resterait quarante chevaliers. (Guibert.)

dans une forme plus sévère même que dans aucun pays de l'Occident. L'ordre hiérarchique et tout le détail de la justice féodale y fut réglé dans les fameuses *Assises de Jérusalem* par Godefroi et ses barons. Il y eut un prince de Galilée, un marquis de Jaffa, un baron de Sidon. Ces titres du moyen âge attachés aux noms les plus vénérables de l'antiquité biblique semblent un travestissement. Que la forteresse de David fût crénelée par un duc de Lorraine, qu'un géant barbare de l'Occident, un Gaulois, une tête blonde masquée de fer, s'appelât le marquis de Tyr, voilà ce que n'avait pas vu Daniel.

La Judée était devenue une France. Notre langue, portée par les Normands en Angleterre et en Sicile, le fut en Asie par la croisade. La langue française succéda, comme langue politique, à l'universalité de la langue latine, depuis l'Arabie jusqu'à l'Irlande. Le nom de Francs devint le nom commun des Occidentaux[1]. Et quelque faible encore que fût la royauté française, le frère du triste Philippe Ier, cet Hugues de Vermandois qui se sauva d'Antioche, n'en était pas moins appelé par les Grecs le frère du chef des princes chrétiens, et du roi des rois.

1. *App.* 72.

CHAPITRE IV

Suites de la Croisade. Les Communes. Abailard. Première moitié du douzième siècle.

Il appartient à Dieu de se réjouir sur son œuvre et de dire : Ceci est bon. Il n'en est pas ainsi de l'homme. Quand il a fait la sienne, quand il a bien travaillé, qu'il a bien couru et sué, quand il a vaincu, et qu'il le tient enfin, l'objet adoré, il ne le reconnaît plus, le laisse tomber des mains, le prend en dégoût, et soi-même. Alors ce n'est plus pour lui la peine de vivre ; il n'a réussi, avec tant d'efforts, qu'à s'ôter son Dieu. Ainsi Alexandre mourut de tristesse quand il eut conquis l'Asie, et Alaric, quand il eut pris Rome. Godefroi de Bouillon n'eut pas plutôt la terre sainte qu'il s'assit découragé sur cette terre, et languit de reposer dans son sein. Petits et grands, nous sommes tous en ceci Alexandre et Godefroi. L'historien comme le héros. Le sec et froid Gibbon lui-même exprime une émotion mélancolique, quand il a fini son grand ouvrage [1]. Et

---

1. « Je songeai que je venais de prendre congé de l'ancien et agréable compagnon de ma vie. » (Mém. de Gibbon.)

moi, si j'ose aussi parler, j'entrevois, avec autant de crainte que de désir, l'époque où j'aurai terminé la longue croisade à travers les siècles, que j'entreprends pour ma patrie.

La tristesse fut grande pour les hommes du moyen âge, quand ils furent au but de cette aventureuse expédition, et jouirent de cette Jérusalem tant désirée. Six cent mille hommes s'étaient croisés. Ils n'étaient plus que vingt-cinq mille en sortant d'Antioche ; et quand ils eurent pris la cité sainte, Godefroi resta pour la défendre avec trois cents chevaliers ; quelques autres à Tripoli, avec Raymond ; à Édesse, avec Beaudoin ; à Antioche, avec Bohémond. Dix mille hommes revirent l'Europe. Qu'était devenu tout le reste ? Il était facile d'en trouver la trace ; elle était marquée par la Hongrie, l'empire grec et l'Asie, sur une route blanche d'ossements. Tant d'efforts et un tel résultat ! Il ne faut pas s'étonner si le vainqueur lui-même prit la vie en dégoût. Godefroi n'accusa pas Dieu, mais il languit et mourut[1].

C'est qu'il ne se doutait pas du résultat véritable de la croisade. Ce résultat qu'on ne pouvait ni voir, ni toucher, n'en était pas moins réel. L'Europe et l'Asie s'étaient approchées, reconnues ; les haines d'ignorance avaient déjà diminué. Comparons le langage des contemporains avant et après la croisade.

« C'était chose amusante, dit le farouche Raymond d'Agiles, de voir les Turcs, pressés de tous côtés par

---

1. *App.* 73.

les nôtres, se jeter en fuyant les uns sur les autres et se pousser mutuellement dans les précipices; c'était un spectacle assez amusant et délectable[1]. »

Tout est changé après la croisade[2]. Le frère et successeur de Godefroi, le roi Beaudoin, épouse une femme issue d'une famille illustre « parmi les gentils du pays ». Lui-même adopte leurs usages, prend une robe longue, laisse croître sa barbe, et se fait adorer à l'orientale. Il commence à compter les Sarrasins pour des hommes. Blessé, il refuse à ses médecins la permission de blesser un prisonnier pour étudier son mal[3]. Il a pitié d'une prisonnière musulmane qui accouche dans son armée; il arrête sa marche, plutôt que de l'abandonner dans le désert[4].

Que sera-ce des chrétiens eux-mêmes? Quels sentiments d'humanité, de charité, d'égalité, n'ont-ils pas eu l'occasion d'acquérir dans cette communauté de périls et d'extrêmes misères! La chrétienté, réunie un instant sous un même drapeau, a connu une sorte de patriotisme européen[5]. Quelques vues temporelles qui se soient mêlées à leur entreprise, la plupart ont goûté

---

1. *App.* 74.
2. Guibert reconnaît que les Sarrasins peuvent atteindre un certain degré de vertu. « Hospitabatur (Rothbertus Senior) apud aliquem... vitæ, quantum ad eos, sanctioris. »
3. Guibert. — Albert d'Aix dit, en parlant des premiers croisés : « Dieu les punit pour avoir exercé d'affreuses violences contre les juifs; car Dieu est juste, et ne veut pas qu'on emploie la force pour contraindre personne à venir à lui. »
4. Il lui donna pour la couvrir son propre manteau. (Guillaume de Tyr.)
5. On a vu plus haut que les barons avaient tous renoncé à leurs cris d'armes pour adopter le cri de la croisade : Dieu le veut! — Foulcher de Chartres : « Qui jamais a entendu dire qu'autant de nations, de langues dif-

de la vertu et rêvé la sainteté. Ils ont essayé de valoir mieux qu'eux-mêmes, et sont devenus chrétiens, au moins en haine des infidèles [1].

Le jour où, sans distinction de libres et de serfs, les puissants désignèrent ainsi ceux qui les suivaient, NOS PAUVRES, fut l'ère de l'affranchissement [2]. Le grand mouvement de la croisade ayant un instant tiré les hommes de la servitude locale, les ayant menés au grand air par l'Europe et l'Asie, ils cherchèrent Jérusalem, et rencontrèrent la liberté. Cette trompette libératrice de l'archange, qu'on avait cru entendre en l'an 1000, elle sonna un siècle plus tard dans la prédication de la croisade. Au pied de la tour féodale, qui l'opprimait de son ombre, le village s'éveilla. Cet homme impitoyable qui ne descendait de son nid de vautour que pour dépouiller ses vassaux, les arma lui-même, les emmena, vécut avec eux, souffrit avec eux, la communauté de misère amollit son cœur. Plus d'un serf put dire au baron : « Monseigneur, je vous ai trouvé un verre d'eau dans le désert ; je vous ai cou-

---

férentes, aient été réunies en une seule armée, Francs, Flamands, Frisons, Gaulois, Bretons, Allobroges, Lorrains, Allemands, Bavarois, Normands, Écossais, Anglais, Aquitains, Italiens, Apuliens, Ibères, Daces, Grecs, Arméniens? Si quelque Breton ou Teuton venait à me parler, il m'était impossible de lui répondre. Mais, quoique divisés en tant de langues, nous semblions tous autant de frères et de proches parents unis dans un même esprit par l'amour du Seigneur. Si l'un de nous perdait quelque chose de ce qui lui appartenait, celui qui l'avait trouvé le portait avec lui bien soigneusement, et pendant plusieurs jours, jusqu'à ce qu'à force de recherches il eût découvert celui qui l'avait perdu, et le lui rendait de son plein gré, comme il convient à des hommes qui ont entrepris un saint pèlerinage. »

1. *App.* 75.
2. Raym. d'Agiles. « Pauperes nostri... »

vert de mon corps au siège d'Antioche ou de Jérusalem. »

Il dut y avoir aussi des aventures bizarres, des fortunes étranges. Dans cette mortalité terrible, lorsque tant de nobles avaient péri, ce fut souvent un titre de noblesse d'avoir survécu. L'on sut alors ce que valait un homme. Les serfs eurent aussi leur histoire héroïque. Les parents de tant de morts se trouvèrent parents des martyrs. Ils appliquèrent à leurs pères, à leurs frères, les vieilles légendes de l'Église. Ils surent que c'était un pauvre homme qui avait sauvé Antioche en trouvant la sainte lance, et que les fils et les frères des rois s'étaient sauvés d'Antioche. Ils surent que le pape n'était point allé à la croisade, et que la sainteté des moines et des prêtres avait été effacée par la sainteté d'un laïque, de Godefroi de Bouillon.

L'humanité recommença alors à s'honorer elle-même dans les plus misérables conditions. Les premières révolutions communales précèdent ou suivent de près l'an 1100. Ils s'avisèrent que chacun devait disposer du fruit de son travail, et marier lui-même ses enfants; ils s'enhardirent à croire qu'ils avaient droit d'aller et de venir, de vendre et d'acheter, et soupçonnèrent, dans leur outrecuidance, qu'il pouvait bien se faire que les hommes fussent égaux.

Jusque-là cette formidable pensée de l'égalité ne s'était pas nettement produite. On nous dit bien que dès avant l'an 1000 les paysans de la Normandie s'étaient ameutés; mais cette tentative fut réprimée sans peine. Quelques cavaliers coururent les campagnes, dispersèrent les vilains, leur coupèrent les pieds et les mains; il n'en fut plus parlé[1]. Les paysans, en général, étaient trop isolés. Leurs *jacqueries* devaient échouer dans tout le moyen âge. Ils étaient aussi, malheureusement, il faut le dire, trop dégradés par l'esclavage, trop brutes, trop effarouchés par l'excès de leurs maux : leur victoire eût été celle de la barbarie.

Mais c'était surtout dans les bourgs populeux, qui s'étaient formés au pied des châteaux, que fermentaient les idées d'affranchissement. Les seigneurs laïques ou ecclésiastiques avaient encouragé la population de ces bourgades par des concessions de terre, désireux d'augmenter leur force et le nombre de leurs vassaux. Ce n'était pas de grandes et commerçantes cités, comme dans le midi de la France et dans l'Italie; mais il y avait un peu d'industrie grossière, quelques forgerons, beaucoup de tisserands, des bouchers, des cabaretiers dans les villes de passage. Quelquefois les seigneurs attiraient des artisans habiles, au moins pour broder l'étoffe ou forger l'armure. Il fallait bien laisser un peu de liberté à ces hommes : ils portaient tout dans leurs bras, ils auraient quitté le pays.

C'était donc par les villes que devait commencer la liberté, par les villes du centre de la France, qu'elles s'appelassent villes privilégiées ou communes, qu'elles eussent obtenu ou arraché leurs franchises. L'occa-

---

1. *App.* 76.

sion, en général, fut la défense des populations contre l'oppression et les brigandages des seigneurs féodaux; en particulier, la défense de l'Ile-de-France contre le pays féodal par excellence, contre la Normandie. « A cette époque, dit Orderic Vital, la communauté populaire fut établie par les évêques, de sorte que les prêtres accompagnassent le roi aux sièges ou aux combats, avec les bannières de leurs paroisses et tous les paroissiens. » Ce fut, selon le même historien, un Montfort (famille illustre qui devait, au siècle suivant, détruire les libertés du midi de la France et fonder celle d'Angleterre), ce fut Amaury de Montfort qui conseilla à Louis-le-Gros, après sa défaite de Brenneville, d'opposer aux Normands les hommes des communes marchant sous la bannière de leurs paroisses (1119). Mais ces communes, rentrées dans leurs murailles, devinrent plus exigeantes. Ce fut pour leur humilité un coup mortel d'avoir vu une fois fuir devant leur bannière paroissiale les grands chevaux et les nobles chevaliers, d'avoir, avec Louis-le-Gros, mis fin aux brigandages des Rochefort, d'avoir forcé le repaire des Coucy. Ils se dirent avec le poète du douzième siècle : « Nous sommes hommes comme ils sont; tout aussi grand cœur nous avons; tout autant souffrir nous pouvons [1]. » Ils voulurent tous quelques franchises, quelques privilèges; ils offrirent de l'argent; ils surent en trouver, indigents et misérables qu'ils étaient; pauvres artisans, forgerons ou tisserands, accueillis par grâce

1. *App.* 77.

au pied d'un château, serfs réfugiés autour d'une église : tels ont été les fondateurs de nos libertés. Ils s'ôtèrent les morceaux de la bouche, aimant mieux se passer de pain. Les seigneurs, le roi, vendirent à l'envi ces diplômes si bien payés.

Cette révolution s'accomplit partout sous mille formes et à petit bruit. Elle n'a été remarquée que dans quelques villes de l'Oise et de la Somme, qui, placées dans des circonstances moins favorables, partagées entre deux seigneurs laïque et ecclésiastique, s'adressèrent au roi pour faire garantir solennellement des concessions souvent violées, et maintinrent une liberté précaire au prix de plusieurs siècles de guerres civiles. C'est à ces villes qu'on a plus particulièrement donné le nom de *communes*. Ces guerres sont un petit, mais dramatique incident de la grande révolution qui s'accomplissait silencieusement et sous des formes diverses dans toutes les villes du nord de la France.

C'est dans la vaillante et colérique Picardie, dont les communes avaient si bien battu les Normands, c'est dans le pays de Calvin et de tant d'autres esprits révolutionnaires, qu'eurent lieu ces explosions. Les premières communes furent Noyon, Beauvais, Laon, les trois pairies ecclésiastiques [1]. Joignez-y Saint-Quentin. L'Église avait jeté là les fondements d'une forte démocratie. Que l'exemple ait été donné par Cambrai, par les villes de la Belgique, c'est ce que nous examinerons plus tard, quand nous rencontrerons les révolu-

---

1. Voy. Thierry, *Lettres sur l'Histoire de France*.

tions tout autrement importantes des communes de Flandre. Nous ne pourrions ici que montrer en petit ce que nous trouverons plus loin sous des proportions colossales. Qu'est-ce que la commune de Laon à côté de cette terrible et orageuse cité de Bruges, qui faisait sortir trente mille soldats de ses portes, battait le roi de France et emprisonnait l'empereur[1]? Toutefois, grandes ou petites, elles furent héroïques, nos communes picardes, et combattirent bravement. Elles eurent aussi leur beffroi, leur tour, non pas inclinée et vêtue de marbre, comme les *miranda* d'Italie[2], mais parée d'une cloche sonore qui n'appelait pas en vain les bourgeois à la bataille contre l'évêque ou le seigneur. Les femmes y allaient comme les hommes. Quatre-vingts femmes voulurent prendre part à l'attaque du château d'Amiens, et s'y firent toutes blesser[3]; ainsi plus tard Jeanne Hachette au siège de Beauvais. Gaillarde et rieuse population d'impétueux soldats et de joyeux conteurs, pays des mœurs légères, des fabliaux salés, des bonnes chansons et de Béranger. C'était leur joie, au douzième siècle, de voir le comte d'Amiens sur son gros cheval se risquer hors du pont-levis et caracoler lourdement; alors les cabaretiers et les bouchers se mettaient hardiment sur leurs portes et effarouchaient de leurs risées la bête féodale[4].

On a dit que le roi avait fondé les communes. Le contraire est plutôt vrai[5]. Ce sont les communes qui

---

1. Maximilien, en 1492. — 2. *Miranda*, c'est-à-dire *les merveilles*.
3. Guibert de Nogent. — 4. Id.
5. Louis VI s'était opposé à ce que les villes de la couronne se consti-

ont fondé le roi. Sans elles, il n'aurait pas repoussé les Normands. Ces conquérants de l'Angleterre et des Deux-Siciles auraient probablement conquis la France. Ce sont les communes, ou pour employer un mot plus général et plus exact, ce sont les *bourgeoisies*, qui, sous la bannière du saint de la paroisse, conquirent la paix publique entre l'Oise et la Loire ; et le roi à cheval portait en tête la bannière de l'abbaye de Saint-Denis[1]. Vassal comme comte de Vexin, abbé de Saint-Martin de Tours, chanoine de Saint-Quentin, défenseur des églises, il guerroyait saintement le brigandage des seigneurs de Montmorency et du Puiset, et l'exécrable férocité des Coucy.

Il avait pour lui la bourgeoisie naissante et l'Église. La féodalité avait tout le reste, la force et la gloire. Il était perdu, ce pauvre petit roi, entre les vastes dominations de ses vassaux. Et plusieurs de ceux-ci étaient des grands hommes, au moins des hommes puissants par la vaillance, l'énergie, la richesse. Qu'était-ce qu'un Philippe Ier, ou même le brave Louis VI, le gros homme pâle[2], entre *les rouges* Guillaume d'Angleterre

---

tuassent en communes. Louis VII suivit la même politique; à son passage à Orléans, il réprima des efforts qu'il regardait comme séditieux : « Là, apaisa l'orgueil et la forfennerrie d'aucuns musards de la cité, qui, pour raison de la commune, faisoient semblant de soi rebeller, et dresser contre la couronne, mais moult y en eut de ceux qui cher. le comparèrent (payèrent); car il en fit plusieurs mourir et détruire de male mort, selon le fait qu'ils avoient desservi. » (Gr. Chron. de Saint-Denis.) — Il abolit la commune de Vézelay.

1. C'est le fameux oriflamme. Il devint l'étendard des rois de France, lorsque Philippe Ier eut acquis le Vexin qui relevait de l'abbaye de Saint-Denis.

2. Il fut empoisonné dans sa jeunesse, et en resta pâle toute sa vie. (Orderic Vital.)

et de Normandie, les Robert de Flandre, conquérants et pirates, les opulents Raymond de Toulouse, les Guillaume de Poitiers et les Foulques d'Anjou, troubadours ou historiens, enfin les Godefroi de Lorraine, intrépides antagonistes des empereurs, sanctifiés devant toute la chrétienté par la vie et la mort de Godefroi de Bouillon?

Le roi, qu'opposait-il à tant de gloire et de puissance? Pas grand'chose, à ce qu'il semble; ce qu'on ne peut voir ni toucher... le droit. Un vieux droit, rafraîchi de Charlemagne, mais prêché par les prêtres, et renouvelé par les poèmes qui commencent alors. En face de ce droit royal, les droits féodaux semblaient usurpés. Tout fief sans héritier devait revenir au roi, comme à sa source. Cela lui donnait une grande position et beaucoup d'amis. Il y avait avantage à être bien avec celui qui conférait les fiefs vacants. Cette qualité d'héritier universel était éminemment populaire. En attendant, l'Église le soutenait, l'alimentait; elle avait trop besoin d'un chef militaire contre les barons pour abandonner jamais le roi. On le vit à l'époque où Philippe Ier épousa scandaleusement Bertrade de Montfort, qu'il avait enlevée à son mari, Foulques d'Anjou. L'évêque de Chartres, le fameux Yves, fulmina contre lui, le pape lança l'interdit, le concile de Lyon condamna le roi; mais toute l'Église du Nord lui resta favorable; il eut pour lui les évêques de Reims, Sens, Paris, Meaux, Soissons, Noyon, Senlis, Arras, etc.

Louis VI qui, dans sa vieillesse, fut appelé le Gros,

avait été d'abord surnommé l'*Éveillé*. Son règne est en effet le réveil de la royauté. Plus vaillant que son père, plus docile à l'Église, c'est pour elle qu'il fit ses premières armes, pour l'abbaye de Saint-Denis, pour les évêchés d'Orléans et de Reims. Si l'on songe que les terres d'Église étaient alors les seuls asiles de l'ordre et de la paix, on sentira combien leur défenseur faisait œuvre charitable et humaine. Il est vrai qu'il y trouvait son compte; les évêques, à leur tour, armaient leurs hommes pour lui. C'est lui qui protégeait leurs pèlerins, leurs marchands, qui affluaient à leurs foires, à leurs fêtes; il assurait la grande route de Tours et d'Orléans à Paris, et de Paris à Reims. Le roi et le comte de Blois et de Champagne s'efforçaient de mettre un peu de sécurité entre la Loire, la Seine et la Marne, petit cercle resserré entre les grandes masses féodales de l'Anjou, de la Normandie, de la Flandre; celle-ci avançait jusqu'à la Somme. Le cercle compris entre ces grands fiefs fut la première arène de la royauté, le théâtre de son histoire héroïque. C'est là que le roi soutint d'immenses guerres, des luttes terribles contre ces lieux de plaisance qui sont aujourd'hui nos faubourgs. Nos champs prosaïques de Brie et de Hurepoix ont eu leurs Iliades. Les Montfort et les Garlande soutenaient souvent le roi; les Coucy, les seigneurs de Rochefort, du Puiset surtout, étaient contre lui; tous les environs étaient infestés de leurs brigandages. On pouvait aller encore avec quelque sûreté de Paris à Saint-Denis; mais au delà on ne chevauchait plus que la lance sur la cuisse; c'était la sombre et malencontreuse forêt de Montmorency. De l'autre côté, la tour de Montlhéry exigeait un péage. Le roi ne pouvait voyager qu'avec une armée de sa ville d'Orléans à sa ville de Paris.

La croisade fit la fortune du roi. Ce terrible seigneur de Montlhéry prit la croix, mais il n'alla pas plus loin qu'Antioche. Quand les chrétiens y furent assiégés, il laissa là ses compagnons d'armes, ses frères de pèlerinage, se fit descendre des murs avec une corde, à l'exemple de quelques autres, et revint d'Asie en Hurepoix avec le surnom de *Danseur de corde*. Cela humanisa le fier baron ; il donna à l'un des fils du roi sa fille et son château [1]. C'était lui donner la route entre Paris et Orléans.

L'absence des grands barons ne fut pas moins utile au roi. Étienne de Blois, qui avait fait comme le seigneur de Montlhéry, voulut retourner en Asie. Le brillant comte de Poitiers, le roué et le troubadour, sentit qu'on n'était point un chevalier accompli sans avoir été à la terre sainte. Il comptait bien trouver romanesques aventures et matière à quelques bons contes [2]. De son duché d'Aquitaine, ne lui souciait guère. Il offrit au roi d'Angleterre de le lui céder pour quelque argent comptant. Il partit avec une grande armée, tous ses hommes, toutes ses maîtresses [3]. Pour les Languedociens, c'était une croisade non interrompue entre

---

1. Philippe Ier disait à son fils, Louis-le-Gros : « Age, fili, serva excubans turrim, cujus devexatione pene consenui, cujus dolo et fraudulenta nequitia nunquam pacem bonam et quietem habere potui. » (Suger.)
2. Il voyageait quelquefois dans ce seul but.
3. Guibert de Nogent. « Examina contraxerat puellarum. »

Tripoli et Toulouse. Alphonse *Jourdain* était comte de Tripoli. Son père avait manqué la royauté de Jérusalem : elle fut offerte au comte d'Anjou, qui l'accepta et s'y ruina. Les Angevins n'avaient que faire de la terre sainte. Pour les populations commerçantes et industrielles du Languedoc, à la bonne heure, c'était un excellent marché ; ils en tiraient les denrées du Levant, à l'envi des Pisans et des Vénitiens.

Ainsi la lourde féodalité s'était mobilisée, déracinée de la terre. Elle allait et venait, elle vivait sur les grandes routes de la croisade, entre la France et Jérusalem. Pour les Normands, ils n'avaient pas besoin d'autre croisade que l'Angleterre ; elle suffisait bien à les occuper. Le roi seul restait fidèle au sol de la France, plus grand chaque jour par l'absence et la préoccupation des barons. Il commença à devenir quelque chose dans l'Europe. Il reçut, lui, cet adversaire des petits seigneurs de la banlieue de Paris, une lettre de l'empereur Henri IV, qui se plaignait au *roi des Celtes* de la violence du pape[1]. Son titre faisait une telle illusion sur ses forces que, des Pyrénées, le comte de Barcelone lui demanda du secours contre la terrible invasion des Almoravides qui menaçaient l'Espagne et l'Europe. De même, quand le héros de la croisade, ce glorieux Bohémond, prince d'Antioche, vint implorer la compassion du peuple pour les chrétiens d'Asie, il crut faire une chose populaire en épousant la sœur de Louis-le-Gros[2]. Bohémond n'avait

---

1. Sigebert de Gemblours. — 2. Suger.

garde de solliciter les secours des Normands, ses compatriotes; le comte de Barcelone se défiait de ses voisins de Toulouse. Personne ne se défiait du roi de France.

Ce qui faisait le danger de sa position, mais qui le rendait cher aux églises et aux bourgeoisies du centre de la France, c'était le voisinage des Normands. Ils avaient pris Gisors au mépris des conventions, et de là dominaient le Vexin presque jusqu'à Paris. Ces conquérants ne respectaient rien. La toute petite royauté de France ne leur aurait pas tenu tête sans la jalousie de la Flandre et de l'Anjou. Le comte d'Anjou demanda et obtint le titre de sénéchal du roi de France. C'était le droit de mettre les plats sur la table; mais la féodalité ennoblissait tous les offices domestiques, et le comte d'Anjou était trop puissant pour croire qu'on pût tirer jamais parti contre lui de cette domesticité volontaire, qui équivalait à une étroite ligue contre les Normands.

Les Normands n'eurent aucun avantage décisif; ils n'employaient contre le roi de France que la moindre partie de leurs forces. Dans la réalité, la Normandie n'était pas chez elle, mais en Angleterre. Leur victoire à Brenneville, dans un combat de cavalerie où les deux rois se rencontrèrent et firent assez bien de leur personne, n'eut point de résultat. Dans cette célèbre bataille du douzième siècle, il y eut, dit Orderic Vital, trois hommes de tués. Qu'on dise encore que les temps chevaleresques sont les temps héroïques (1119).

Cette défaite fut cruellement vengée par les milices des communes, qui pénétrèrent en Normandie et y commirent d'affreux ravages. Elles étaient conduites par les évêques eux-mêmes, qui ne craignaient rien tant que de tomber sous la féodalité normande. Le roi espérait tirer un parti bien plus avantageux encore de la protection ecclésiastique, lorsque Calixte II excommunia l'empereur Henri V au concile de Reims, où siégeaient quinze archevêques et deux cents évêques. Louis s'y présenta, accusa humblement devant le pape le roi normand d'Angleterre, Henri Beauclerc, comme le violateur du droit des gens et l'allié des seigneurs qui désolaient les campagnes. « Les évêques, dit-il, détestaient avec raison Thomas de Marle, brigand séditieux qui ravageait toute la province; aussi m'ordonnèrent-ils d'attaquer cet ennemi des voyageurs et de tous les faibles : les loyaux barons de France se réunirent à moi pour réprimer les violateurs des lois, et ils combattirent pour l'amour de Dieu avec toute l'assemblée de l'armée chrétienne. Le comte de Nevers, revenant paisiblement, avec mon congé, de cette expédition, a été pris et retenu jusqu'à ce jour par le comte Thibault, quoiqu'une foule de seigneurs aient supplié Thibault de ma part de le remettre en liberté, et que les évêques aient mis toute sa terre sous l'anathème. » Lorsque le roi eut parlé, les prélats français attestèrent qu'il avait dit la vérité. Mais le pape avait bien assez de sa lutte contre l'empereur, sans se faire encore un ennemi du roi d'Angleterre.

Quoi qu'il en soit, le roi de France était tellement

l'homme de l'Église, qu'elle lui laissait exercer paisiblement ce droit d'investiture pour lequel le pape excommuniait l'empereur[1]. Ce droit n'avait pas d'inconvénient dans la main du protégé des évêques. Louis d'ailleurs inspirait tant de confiance! C'était un prince selon Dieu et selon le monde.

Henri Beauclerc avait supplanté son frère Robert. Louis-le-Gros prit sous sa protection Guillaume Cliton, fils de Robert. Il essaya en vain de l'établir en Normandie, mais il l'aida à se faire comte de Flandre. Lorsque le comte de Flandre, Charles-le-Bon, eut été massacré par les hommes de Bruges, Louis entreprit cette expédition lointaine, vengea le comte d'une manière éclatante, et décida les Flamands à prendre pour comte le Normand Guillaume Cliton. On s'habituait ainsi à regarder le roi de France comme le ministre de la Providence.

Plus lointaines encore, et non moins éclatantes, furent ses expéditions dans le Midi. A l'époque de la croisade, le comte de Bourges avait vendu au roi son comté[2]. Cette possession, dont le roi était séparé par tant de terres plus ou moins ennemies, acquit de l'importance lorsqu'en 1115 le seigneur du Bourbonnais, voisin du Berry, appela le roi à son secours contre le frère de son prédécesseur, qui lui disputait cette seigneurie. Louis-le-Gros y passa avec une armée et le

---

1. Les moines de Saint-Denis élurent Suger pour abbé sans attendre la présentation royale. Louis s'en montra fort irrité, et mit en prison plusieurs moines. (Suger.) — Ainsi l'exception prouve ici la règle.

2. Il le lui avait acheté 60.000 liv. Foulques-le-Réchin avait aussi cédé le Gâtinais, pour obtenir sa neutralité.

protégea efficacement. Dès lors, il eut pied dans le Midi. Par deux fois, il y fit une espèce de croisade en faveur de l'évêque de Clermont, qui se disait opprimé par le comte d'Auvergne. Les grands vassaux du Nord, comtes de Flandre, d'Anjou, de Bretagne, et plusieurs barons normands le suivirent volontiers. C'était un grand plaisir pour eux de faire une campagne dans le Midi. Les réclamations du comte de Poitiers, duc d'Aquitaine et suzerain du comte d'Auvergne, ne furent point écoutées. Quelques années après, l'évêque du Puy-en-Velay demanda un privilège au roi de France, prétextant l'absence de son seigneur, le comte de Toulouse, qui était alors à la terre sainte (1134).

On vit, dès l'an 1124, combien le roi de France était devenu puissant. L'empereur Henri V, excommunié au concile de Reims, gardait rancune aux évêques et au roi. Son gendre, Henri Beauclerc, l'engageait d'ailleurs à envahir la France. L'empereur en voulait, dit-on, à la ville de Reims. A l'instant toutes les milices s'armèrent[1]. Les grands seigneurs envoyèrent leurs hommes. Le duc de Bourgogne, le comte de Nevers, celui de Vermandois, le comte même de Champagne, qui faisait alors la guerre à Louis-le-Gros en faveur du roi normand, les comtes de Flandre, de Bretagne, d'Aquitaine, d'Anjou, accoururent contre les Allemands, qui n'osèrent pas avancer. Cette unanimité de la France du Nord, sous Louis-le-Gros, contre l'Allemagne semblait annoncer, un siècle d'avance, la vic-

---

1. Suger.

toire de Bouvines, comme son expédition en Auvergne fait déjà penser à la conquête du Midi au treizième siècle.

Telle fut, après la première croisade, la résurrection du roi et du peuple. Peuple et roi se mirent en marche sous la bannière de Saint-Denis. *Montjoye Saint-Denys* fut le cri de la France. Saint-Denis et l'Église, Paris et la royauté, en face l'un de l'autre. Il y eut un centre, et la vie s'y porta; un cœur de peuple y battit. Le premier signe, la première pulsation, c'est l'élan des écoles et la voix d'Abailard. La liberté, qui sonnait si bas dans le beffroi des communes de Picardie, éclata dans l'Europe par la voix du logicien breton. Le disciple d'Abailard, Arnaldo de Brescia, fut l'écho qui réveilla l'Italie. Les petites communes de France eurent, sans s'en douter, des sœurs dans les cités lombardes, et dans Rome, cette grande commune du monde antique.

La chaîne des libres penseurs rompue, ce semble, après Jean-le-Scot[1], s'était renouée par notre grand Gerbert, qui fut pape en l'an 1000. Élève à Cordoue et maître à Reims[2], Gerbert eut pour disciple Fulbert de

---

1. Il y a moins de lacunes dans la suite des historiens. Les plus distingués qui parurent furent d'abord des Allemands, comme Othon de Freysingen, pour célébrer les grands empereurs de la maison de Saxe, puis les Normands d'Italie et de France, Guillaume Malaterra, Guillaume de Jumièges, et le chapelain du conquérant de l'Angleterre, Guillaume de Poitiers. La France proprement dite avait eu le spirituel Raoul Glaber, et un siècle après, entre une foule d'historiens de la croisade, l'éloquent Guibert de Nogent; Raymond d'Agiles appartient au Midi.

2. Depuis longtemps des écoles de théologie s'étaient formées aux grands foyers ecclésiastiques : d'abord à Poitiers, à Reims, puis au Bec, au Mans, à Auxerre, à Laon et à Liège. Orléans et Angers professaient spécialement le

Chartres, dont l'élève, Bérenger de Tours, effraya l'Église par le premier doute sur l'eucharistie. Peu après, le chanoine Roscelin de Compiègne osa toucher à la Trinité. Il enseignait de plus que les idées générales n'étaient que des mots : « L'homme vertueux est une réalité, la vertu n'est qu'un son. » Cette réforme hardie habituait à ne voir que des personnifications dans les idées qu'on avait réalisées. Ce n'était pas moins que le passage de la poésie à la prose. Cette hérésie logique fit horreur aux contemporains de la première croisade ; le nominalisme, comme on l'appelait, fut étouffé pour quelque temps.

Les champions ne manquèrent pas à l'Église contre les novateurs. Les Lombards Lanfranc et saint Anselme, tous deux archevêques de Kenterbury, combattirent Bérenger et Roscelin. Saint Anselme, esprit original, trouva déjà le fameux argument de Descartes pour l'existence de Dieu : « Si Dieu n'existait pas, je ne pourrais le concevoir [1] ». Ce fut pour lui une grande joie d'avoir fait cette découverte après une longue insomnie. Il inscrivit sur son livre : « L'insensé a dit : Il n'y a pas de Dieu. » Un moine osa trouver la preuve faible, et intituler sa réponse : « Petit livre pour l'insensé [2]. » Ces premiers combats n'étaient que des préludes. Grégoire VII défendit qu'on inquiétât Béren-

---

droit. Des écoles juives avaient osé s'ouvrir à Béziers, à Lunel, à Marseille. De savants rabbins enseignaient à Carcassonne ; dans le Nord même, sous le comte de Champagne, à Troyes et Vitry, et dans la ville royale d'Orléans.

1. Proslogium, c. II.
2. Libellus pro insipiente.

ger[1]. C'était alors la querelle des investitures, la lutte matérielle, la guerre contre l'empereur. Une autre lutte allait commencer, bien plus grave, dans la sphère de l'intelligence, lorsque la question descendrait de la politique à la théologie, à la morale, et que la moralité même du christianisme serait mise en question. Ainsi Pélage vint après Arius, Abailard après Bérenger.

L'Église semblait paisible. L'école de Laon et celle de Paris étaient occupées par deux élèves de saint Anselme de Kenterbury, Anselme de Laon et Guillaume de Champeaux. Cependant, de grands signes apparaissaient : les Vaudois avaient traduit la Bible en langue vulgaire, les Institutes furent aussi traduites; le droit fut enseigné en face de la théologie, à Orléans et à Angers. L'existence de l'école de Paris était pour l'Église un danger. Les idées, jusque-là dispersées, surveillées dans les diverses écoles ecclésiastiques, allaient converger vers un centre. Ce grand nom d'*Université* commençait, dans la capitale de la France, au moment où l'universalité de la langue française semblait presque accomplie. Les conquêtes des Normands, la première croisade, l'avaient porté partout, ce puissant idiome philosophique, en Angleterre, en Sicile, à Jérusalem. Cette circonstance seule donnait à la France centrale, à Paris, une force immense d'attraction. Le français de Paris devint peu à peu

---

1. Les partisans de l'empereur accusèrent Grégoire d'avoir ordonné un jeûne aux cardinaux, pour obtenir de Dieu qu'il montrât qui avait raison sur le corps du Christ, Bérenger ou l'Église romaine?

proverbial[1]. La féodalité avait trouvé dans la ville royale son centre politique; cette ville allait devenir la capitale de la pensée humaine.

Celui qui commença cette révolution n'était pas un prêtre; c'était un beau jeune homme[2], brillant, aimable, de noble race[3]. Personne ne faisait comme lui des vers d'amour en langue vulgaire; il les chantait lui-même. Avec cela, une érudition extraordinaire pour le temps : lui seul alors savait le grec et l'hébreu. Peut-être avait-il fréquenté les écoles juives (il y en avait plusieurs dans le Midi) ou les rabbins de Troyes, de Vitry ou d'Orléans. Il y avait alors deux écoles principales à Paris, la vieille école épiscopale du parvis Notre-Dame, et celle de Sainte-Geneviève, sur la montagne, où brillait Guillaume de Champeaux. Abailard vint s'asseoir parmi ses élèves, lui soumit des doutes, l'embarrassa, se joua de lui et le condamna au silence. Il en eût fait autant d'Anselme de Laon, si le professeur, qui était évêque, ne l'eût chassé de son diocèse. Ainsi allait ce chevalier errant de la dialectique, démontant les plus fameux champions. Il dit lui-même qu'il n'avait renoncé à l'autre escrime, à celle des tournois, que par amour pour les combats de la parole[4]. Vainqueur dès lors et sans rival, il enseigna à Paris et à Melun, où résidait Louis-le-Gros, et où les seigneurs

---

1. Chaucer dit d'une abbesse anglaise de haut parage : « Elle parlait français parfaitement et gracieusement, comme on l'enseigne à Stratford-Athbow; car pour le français de Paris, elle n'en savait rien. » — 2. *App.* 78.

3. Né en 1079, près de Nantes, il était fils aîné, et renonça à son droit d'aînesse.

4. On voit par une de ses lettres qu'il avait d'abord étudié les lois.

commençaient à venir en foule. Ces chevaliers encourageaient un homme de leur ordre qui avait battu les prêtres sur leur propre terrain, et qui réduisait au silence les plus suffisants des clercs.

Les prodigieux succès d'Abailard s'expliquent aisément. Il semblait que pour la première fois l'on entendait une voix libre, une voix humaine. Tout ce qui s'était produit dans la forme lourde et dogmatique de l'enseignement clérical, sous la rude enveloppe du latin du moyen âge, apparut dans l'élégance antique, qu'Abailard avait retrouvée. Le hardi jeune homme simplifiait, expliquait, popularisait, humanisait[1]. A peine laissait-il quelque chose d'obscur et de divin dans les plus formidables mystères. Il semblait que jusque-là l'Église eût bégayé, et qu'Abailard parlait. Tout devenait doux et facile; il traitait poliment la religion, la maniait doucement, mais elle lui fondait dans la main. Il ramenait la religion à la philosophie, la morale à l'humanité[2]. *Le crime n'est pas dans l'acte,*

---

1. *App.* 79.
2. C'est, comme on sait, à Sainte-Geneviève, au pied de la tour (très mal nommée) de Clovis, qu'ouvrit cette grande école. De cette montagne sont descendues toutes les écoles modernes. Je vois au pied de cette tour une terrible assemblée, non seulement les auditeurs d'Abailard, cinquante évêques, vingt cardinaux, deux papes, toute la scolastique; non seulement la savante Héloïse, l'enseignement des langues et la Renaissance, mais Arnaldo de Brescia, la Révolution.
Quel était donc ce prodigieux enseignement, qui eut de tels effets? Certes, s'il n'eût été rien que ce qu'on en a conservé, il y aurait lieu de s'étonner. Mais on entrevoit fort bien qu'il y eut tout autre chose. C'était plus qu'une science, c'était un esprit, esprit surtout de grande douceur, effort d'une logique humaine pour interpréter la sombre et dure théologie du moyen âge. C'est par là qu'il enleva le monde, bien plus que par sa logique et sa théorie des universaux.

disait-il, *mais dans l'intention*, dans la conscience. Ainsi plus de péché d'habitude ni d'ignorance. *Ceux-là même n'ont pas péché qui ont crucifié Jésus, sans savoir qu'il fût le Sauveur.* Qu'est-ce que le péché originel? *Moins un péché qu'une peine.* Mais alors pourquoi la Rédemption, la Passion, s'il n'y a pas eu péché? *C'est un acte de pur amour. Dieu a voulu substituer la loi de l'amour à celle de la crainte.*

Cette philosophie circula rapidement : elle passa en un instant la mer et les Alpes[1] ; elle descendit dans tous les rangs. Les laïques se mirent à parler des choses saintes. Partout, non plus seulement dans les écoles, mais sur les places, dans les carrefours, grands et petits, hommes et femmes, discouraient sur les mystères. Le tabernacle était comme forcé ; le Saint des saints traînait dans la rue. Les simples étaient ébranlés, les saints chancelaient, l'Église se taisait.

Il y allait pourtant du christianisme tout entier : il était attaqué par la base. Si le péché originel n'était plus un péché, mais une peine, cette peine était injuste, et la Rédemption inutile. Abailard se défendait d'une telle conclusion ; mais il justifiait le christianisme par de si faibles arguments, qu'il l'ébranlait plutôt davantage en déclarant qu'il ne savait pas de meilleures réponses. Il se laissait pousser à l'absurde, et puis il alléguait l'autorité et la foi.

Ainsi l'homme n'était plus coupable, la chair était justifiée, réhabilitée. Tant de souffrances, par lesquelles

---

[1]. *App.* 80.

les hommes s'étaient immolés, elles étaient superflues. Que devenaient tant de martyrs volontaires, tant de jeûnes et de macérations, et les veilles des moines, et les tribulations des solitaires, tant de larmes versées devant Dieu? Vanité, dérision. Ce Dieu était un Dieu aimable et facile, qui n'avait que faire de tout cela [1].

L'Église était alors sous la domination d'un moine, d'un simple abbé de Clairvaux, de saint Bernard. Il était noble, comme Abailard. Originaire de la haute Bourgogne [2], du pays de Bossuet et de Buffon, il avait été élevé dans cette puissante maison de Cîteaux, sœur et rivale de Cluny, qui donna tant de prédicateurs illustres, et qui fit, un demi-siècle après, la croisade des Albigeois. Mais saint Bernard trouva Cîteaux trop splendide et trop riche; il descendit dans la pauvre Champagne et fonda le monastère de Clairvaux, dans la *vallée d'Absinthe*. Là, il put mener à son gré cette vie de douleurs qu'il lui fallait. Rien ne l'en arracha; jamais il ne voulut entendre à être autre chose qu'un moine. Il eût pu devenir archevêque et pape. Forcé de répondre à tous les rois qui le consultaient, il se trouva tout-puissant malgré lui, et condamné à gouverner l'Europe. Une lettre de saint Bernard fit sortir de la Champagne l'armée du roi de France. Lorsque le schisme éclata par l'élévation simultanée d'Innocent II et d'Anaclet, saint Bernard fut chargé par l'Église de

1. Tel est le point de vue chrétien au moyen âge. Je l'ai exposé dans sa rigueur. Cela seul explique comment Abailard, dans sa lutte avec saint Bernard, fut condamné sans être examiné, sans être entendu.
2. Sa mère était de Montbar, du pays de Buffon. Montbar n'est pas loin de Dijon, la patrie de Bossuet. — Il était né en 1091.

France de choisir, et choisit Innocent[1]. L'Angleterre et l'Italie résistaient : l'abbé de Clairvaux dit un mot au roi d'Angleterre; puis, prenant le pape par la main, il le mena par toutes les villes d'Italie, qui le reçurent à genoux. On s'étouffait pour toucher le saint, on s'arrachait un fil de sa robe; toute sa route était tracée par des miracles.

Mais ce n'étaient pas là ses plus grandes affaires; ses lettres nous l'apprennent. Il se prêtait au monde, et ne s'y donnait pas : son amour et son trésor étaient ailleurs. Il écrivait dix lignes au roi d'Angleterre, et dix pages à un pauvre moine. Homme de vie intérieure, d'oraison et de sacrifice, personne, au milieu du bruit, ne sut mieux s'isoler. Les sens ne lui disaient plus rien du monde. Il marcha, dit son biographe, tout un jour le long du lac de Lausanne, et le soir demanda où était le lac. Il buvait de l'huile pour de l'eau, prenait du sang cru pour du beurre. Il vomissait presque tout aliment. C'est de la Bible qu'il se nourrissait, et il se désaltérait de l'Évangile. A peine pouvait-il se tenir debout, et il trouva des forces pour prêcher la croisade à cent mille hommes. C'était un esprit plutôt qu'un homme qu'on croyait voir, quand il paraissait ainsi devant la foule, avec sa barbe rousse et blanche, ses blonds et blancs cheveux; maigre et faible, à peine un peu de vie aux joues[2]. Ses prédications étaient terri-

---

1. Voy. sur cette affaire les lettres de saint Bernard aux villes d'Italie (à Gênes, à Pise, à Milan, etc.), à l'impératrice, au roi d'Angleterre et à l'empereur.

2. Gaufridus : « Subtilissima cutis in genis modice rubens. »

bles; les mères en éloignaient leurs fils, les femmes leurs maris; ils l'auraient tous suivi aux monastères. Pour lui, quand il avait jeté le souffle de vie sur cette multitude, il retournait vite à Clairvaux, rebâtissait près du couvent sa petite loge de ramée et de feuilles[1], et calmait un peu dans l'explication du Cantique des cantiques, qui l'occupa toute sa vie, son âme malade d'amour.

Qu'on songe avec quelle douleur un tel homme dut apprendre les progrès d'Abailard, les envahissements de la logique sur la religion, la prosaïque victoire du raisonnement sur la foi... C'était lui arracher son Dieu !

Saint Bernard n'était pas un logicien comparable à son rival; mais celui-ci était parvenu à cet excès de prospérité où l'infatuation commune nous jette dans quelque grande faute. Tout lui réussissait. Les hommes s'étaient tus devant lui; les femmes regardaient toutes avec amour un jeune homme aimable et invincible, beau de figure et tout-puissant d'esprit, traînant après soi tout le peuple. « J'en étais venu au point, dit-il, que quelque femme que j'eusse honorée de mon amour, je n'aurais eu à craindre aucun refus. » Rousseau

---

1. Guill. de S. Theod. « Jusqu'ici tout ce qu'il a lu dans les saintes Écritures, et ce qu'il y sent spirituellement, lui est venu en méditant et en priant dans les champs et dans les forêts, et il a coutume de dire en plaisantant à ses amis qu'il n'a jamais eu en cela d'autres maîtres que les chênes et les hêtres. » — Saint Bernard écrit à un certain Murdach qu'il engage à se faire moine : « Experto crede; aliquid amplius in silvis invenies quam in libris. Ligna et lapides docebunt te quod a magistris audire non possis... An non montes stillant dulcedinem, et colles fluunt lac et mel, et valles abundant frumento? »

dit précisément le même mot en racontant dans ses *Confessions* le succès de la *Nouvelle Héloïse*.

L'Héloïse du douzième siècle était une pauvre orpheline, d'origine incertaine, mais de naissance probablement cléricale et monastique[1]. Née vers 1101, elle était de l'âge de la renommée d'Abailard. Le prieuré d'Argenteuil fut l'asile de son enfance délaissée. De ce cloître, où elle apprit le latin, le grec et même l'hébreu, elle vint à l'âge de dix-sept ans dans la maison de son oncle, près de la cathédrale de Paris. Toute jeune, belle, savante, déjà célèbre, elle reçut les leçons d'Abailard. On sait le reste.

Il renonça au monde, et se fit bénédictin à Saint-Denis (vers 1119). Les désordres des religieux le révoltèrent. Une occasion se présenta pour quitter l'abbaye. Ses anciens disciples vinrent réclamer son enseignement. Il lui fallait le bruit, le mouvement, le monde. Il reparut dans sa chaire et retrouva son auditoire, sa popularité, ses triomphes. Le prieuré de Maisoncelle[2], qui lui avait été offert pour rouvrir son école, « ne pouvait plus contenir les clercs accourus dans ses murs. Ils dévoraient le pays, ils desséchaient les ruisseaux. Les écoles épiscopales étaient désertes. » On attaqua son droit d'enseigner. On attaqua sa méthode. L'archevêque de Reims, ami de saint Bernard, assem-

---

[1]. Elle était fille, à ce qu'on croit, d'Hersendis, première abbesse de Sainte-Marie-aux-Bois, près de Sézanne en Champagne; ou, selon d'autres suppositions, d'une autre mère inconnue et d'un vieux prêtre, qui la faisait passer pour sa nièce, de Fulbert, chanoine de Notre-Dame. (N. Peyrat, 1860.)

[2]. Sur les terres de Thibault, comte de Champagne.

bla contre lui un concile à Soissons. Abailard faillit y être lapidé par le peuple. Opprimé par le tumulte de ses ennemis, il ne put se faire entendre, brûla ses livres et lut, à travers ses larmes, tout ce qu'on voulut. Il fut condamné sans être examiné, ses ennemis prétendirent qu'il suffisait qu'il eût enseigné sans l'autorisation de l'Église.

Enfermé à Saint-Médard de Soissons, puis réfugié à Saint-Denis, il fut obligé de fuir cet asile. Il s'était avisé de douter que saint Denys-l'Aréopagite fût jamais venu en France. Toucher à cette légende, c'était s'attaquer à la religion de la monarchie[1]. La cour, qui le soutenait, l'abandonna dès lors. Il se sauva sur les terres du comte de Champagne, se cacha dans un lieu désert, sur l'Arduzon, à deux lieues de Nogent. Devenu pauvre alors, et n'ayant qu'un clerc avec lui, il se bâtit de roseaux une cabane, et un oratoire en l'honneur de la Trinité, qu'on l'accusait de nier. Il nomma cet ermitage le Consolateur, le Paraclet. Mais ses disciples ayant appris où il était affluèrent autour de lui; ils construisirent des cabanes, une ville s'éleva dans le désert, à la science, à la liberté; il fallut bien qu'il remontât en chaire et recommençât d'enseigner. Mais on le força encore de se taire et d'accepter le prieuré de Saint-Gildas, dans la Bretagne bretonnante, dont il n'entendait pas la langue. C'était son sort de ne trouver aucun repos. Ses moines bretons, qu'il voulait réformer, essayèrent de l'empoisonner dans le calice.

---

1. Il voulut aussi réformer les mœurs du couvent. Cela déplut à la cour, dit-il lui même. *App.* 81.

Dès lors, l'infortuné mena une vie errante, et songea même, dit-on, à se réfugier en terre infidèle. Auparavant, il voulut pourtant se mesurer une fois avec le terrible adversaire qui le poursuivait partout de son zèle et de sa sainteté. A l'instigation d'Arnaldo de Brescia, il demanda à saint Bernard un duel logique par-devant le concile de Sens. Le roi, les comtes de Champagne et de Nevers, une foule d'évêques devaient assister et juger des coups. Saint Bernard y vint avec répugnance[1], sentant son infériorité. Mais les menaces du peuple et les cruelles inimitiés scholastiques le tirèrent d'affaire.

Abailard était condamné d'avance. On se borne à lui lire les passages incriminés extraits de ses livres par ses ennemis, au gré de leur haine. On ne lui laisse d'autre alternative que le désaveu ou la soumission. Entre ces seigneurs prévenus, ces docteurs inexorables, et le peuple ameuté dont il entend les clameurs au dehors, Abailard se trouble, s'irrite, s'égare; il dénie la compétence du concile dont il avait sollicité la convocation et se contente d'en appeler au pape. Innocent II devait tout à saint Bernard, et il haïssait Abailard dans son disciple Arnaldo de Brescia, qui courait alors l'Italie et appelait les villes à la liberté. Il ordonna d'enfermer Abailard. Celui-ci l'avait prévenu en se réfugiant de lui-même au monastère de Cluny. L'abbé Pierre-le-Vénérable répondit d'Abailard; il y mourut au bout de deux ans.

---

1. *App.* 82.

Telle fut la fin du restaurateur de la philosophie au moyen âge, fils de Pélage, père de Descartes, et Breton comme eux[1]. Sous un autre point de vue, il peut passer pour le précurseur de l'école *humaine et sentimentale*, qui s'est reproduite dans Fénelon et Rousseau. On sait que Bossuet, dans sa querelle avec Fénelon, lisait assidûment saint Bernard. Quant à Rousseau, pour le rapprocher d'Abailard, il faut considérer en celui-ci ses deux disciples, Arnaldo et Héloïse, le républicanisme et l'éloquence passionnée. Dans Arnaldo est le germe du *Contrat social*, et dans les lettres de l'ancienne *Héloïse*, on entrevoit la *Nouvelle*.

Il n'est pas de souvenir plus populaire en France que celui de l'amante d'Abailard. Ce peuple si oublieux, en qui la trace du moyen âge se trouve si complètement effacée; ce peuple qui se souvient des dieux de la Grèce plus que de nos saints nationaux, il n'a pas oublié Héloïse. Il visite encore le gracieux monument qui réunit les deux époux[2], avec autant d'intérêt que si leur tombe eût été creusée d'hier. C'est la seule qui ait survécu de toutes nos légendes d'amour.

La chute de l'homme fit la grandeur de la femme : sans le malheur d'Abailard, Héloïse eût été ignorée; elle fût restée obscure et dans l'ombre; elle n'eût

---

1. Jean de Salisbury explique parfaitement qu'après la dispersion de l'école d'Abailard et la victoire du mysticisme, plusieurs s'enterrèrent dans les cloîtres. D'autres, Jean lui-même, qui devint le client et l'ami du pape Adrien IV, se tournèrent vers le néant des cours (nugis curialibus). D'autres plus sérieux partirent pour Salerne ou Montpellier, où les croyants de la nature et de la science trouvaient un abri. Voy. *Renaissance*, Introduction.

2. A Paris, au cimetière de l'Est.

voulu d'autre gloire que celle de son époux. A l'époque de leur séparation, elle prit le voile, et lui bâtit le Paraclet, dont elle devint abbesse. Elle y tint une grande école de théologie, de grec et d'hébreu. Plusieurs monastères semblables s'élevèrent autour, et quelques années après la mort d'Abailard Héloïse fut déclarée chef d'ordre par le pape. Mais sa gloire est dans son amour si constant et si désintéressé.

La froideur d'Abailard fait un étrange contraste avec l'exaltation des sentiments exprimés par Héloïse : « Dieu le sait ! en toi je ne cherchai que toi ! rien de toi, mais toi-même, tel fut l'unique objet de mon désir. Je n'ambitionnai nul avantage, pas même le lien de l'hyménée ; je ne songeai, tu ne l'ignores pas, à satisfaire ni mes volontés, ni mes voluptés, mais les tiennes. Si le nom d'épouse est plus saint, je trouvais plus doux celui de ta maîtresse, celui (ne te fâche point) de ta concubine (*concubinæ vel scorti*). Plus je m'humiliais pour toi, plus j'espérais gagner dans ton cœur. Oui ! quand le maître du monde, quand l'empereur eût voulu m'honorer du nom de son épouse, j'aurais mieux aimé être appelée ta maîtresse que sa femme et son impératrice (*tua dici meretrix, quam illius imperatrix*). » Elle explique d'une manière singulière pourquoi elle refusa longtemps d'être la femme d'Abailard : « N'eût-ce pas été chose messéante et déplorable, que celui que la nature avait créé pour tous, une femme se l'appropriât et le prit pour elle seule... Quel esprit tendu aux méditations de la philosophie ou des choses sacrées, endurerait les cris des enfants, les bavardages des nourrices, le trouble et le tumulte des serviteurs et des servantes[1]? »

La forme seule des lettres d'Abailard et d'Héloïse indique combien la passion d'Héloïse obtenait peu de retour. Il divise et subdivise les lettres de son amante; il y répond avec méthode et par chapitres. Il intitule les siennes : « A l'épouse de Christ, l'esclave de Christ. » Ou bien : « A sa chère sœur en Christ, Abailard, son frère en Christ. » Le ton d'Héloïse est tout autre : « A son maître, non, à son père; à son époux, non, à son frère; sa servante, son épouse, non, sa fille, sa sœur; à Abailard, Héloïse[2] ! » La passion lui arrache des mots qui sortent tout à fait de la réserve religieuse du douzième siècle : « Dans toute situation de ma vie, Dieu le sait, je crains de t'offenser plus que Dieu même; je désire te plaire plus qu'à lui. C'est ta volonté, et non l'amour divin, qui m'a conduite à revêtir l'habit religieux[3]. » Elle répéta ces étranges paroles à l'autel même. Au moment de prendre le voile, elle prononça les vers de Cornélie dans Lucain : « O le plus grand des hommes, ô mon époux, si digne d'un si noble hyménée! Faut-il que l'insolente fortune ait pu quelque chose sur cette tête illustre? C'est mon crime, je t'épousai pour ta ruine! je l'expierai

---

1. C'est Abailard qui rapporte ces paroles.
2. « Domino suo, imo patri; conjugi suo, imo fratri; ancilla sua, imo filia; ipsius uxor, imo soror; Abelardo Heloissa. »
3. « In omni (Deus scit!) vitæ meæ statu, te magis adhuc offendere quam Deum vereor; tibi placere amplius quam ipsi appeto. Tua me ad religionis habitum jussio, non divina traxit dilectio. »

du moins, accepte cette immolation volontaire[1] ! »

Cet idéal de l'amour pur et désintéressé, Abailard, avant les mystiques, avant Fénelon, l'avait posé dans ses écrits comme la fin de l'âme religieuse[2]. La femme s'y éleva pour la première fois dans les écrits d'Héloïse, en le rapportant à l'homme, à son époux, à son dieu visible. Héloïse devait revivre sous une forme spiritualiste en sainte Catherine et sainte Thérèse.

La restauration de la femme eut lieu principalement au douzième siècle. Esclave dans l'Orient, enfermée encore dans le gynécée grec, émancipée par la jurisprudence impériale, elle fut dans la nouvelle religion l'égale de l'homme. Toutefois le christianisme, à peine affranchi de la sensualité païenne, craignait toujours la femme et s'en défiait. Il reconnaissait sa faiblesse et sa contradiction. Il repoussait la femme d'autant plus qu'il avait plus nié la nature. De là, ces expressions dures, méprisantes même, par lesquelles il s'efforce de se prémunir. La femme est communément désignée, dans les écrivains ecclésiastiques et dans les Capitulaires, par ce mot dégradant : *Vas infirmius*. Quand Grégoire VII voulut affranchir le clergé de son double lien, la femme et la terre, il y eut un nouveau déchaînement contre cette dangereuse Ève, dont la séduction

---

1. . . . . . O maxime conjux !
O thalamis indigne meis ! hoc juris habebat
In tantum fortuna caput ! Cur impia nupsi,
Si miserum factura fui ? Nunc accipe pœnas,
Sed quas sponte luam.

2. Comment. in epist. ad Romanos.

a perdu Adam, et qui le poursuit toujours dans ses fils.

Un mouvement tout contraire commença au douzième siècle. Le libre mysticisme entreprit de relever ce que la dureté sacerdotale avait traîné dans la boue. Ce fut surtout un Breton, Robert d'Arbrissel, qui remplit cette mission d'amour. Il rouvrit aux femmes le sein du Christ, fonda pour elles des asiles, leur bâtit Fontevrault, et il y eut bientôt des Fontevrault par toute la chrétienté [1]. L'aventureuse charité de Robert s'adressait de préférence aux grandes pécheresses; il enseignait dans les plus odieux séjours la clémence de Dieu, son incommensurable miséricorde. « Un jour qu'il était venu à Rouen, il entra dans un mauvais lieu, et s'assit au foyer pour se chauffer les pieds. Les courtisanes l'entourent, croyant qu'il est venu pour faire folie. Lui, il prêche les paroles de vie, et promet la miséricorde du Christ. Alors, celle qui commandait aux autres lui dit : — Qui es-tu, toi qui dis de telles choses, tiens pour certain que voilà vingt ans que je suis entrée en cette maison pour commettre des crimes, et qu'il n'y est jamais venu personne qui parlât de Dieu et de sa bonté. Si pourtant je savais que ces choses fussent vraies !... — A l'instant, il les fit sortir de la ville, il les conduisit plein de joie au désert, et là, leur ayant fait faire pénitence, il les fit passer du démon au Christ [2]. »

C'était chose bizarre de voir le bienheureux Robert

---

1. *App.* 83. — 2. Manuscrit de l'abbaye de Vaux-Cernay (cité par Bayle).

d'Arbrissel enseigner la nuit et le jour, au milieu d'une foule de disciples des deux sexes qui reposaient ensemble autour de lui. Les railleries amères de ses ennemis, les désordres même auxquels ces réunions donnaient lieu, rien ne rebutait le charitable et courageux Breton. Il couvrait tout du large manteau de la grâce.

La grâce prévalant sur la loi, il se fit insensiblement une grande révolution religieuse. Dieu changea de sexe, pour ainsi dire. La Vierge devint le dieu du monde; elle envahit presque tous les temples et tous les autels. La piété se tourna en enthousiasme de galanterie chevaleresque. L'Église mystique de Lyon célébra la fête de l'immaculée conception (1134).

La femme régna dans le ciel, elle régna sur la terre. Nous la voyons intervenir dans les choses de ce monde et les diriger. Bertrade de Montfort gouverne à la fois son premier époux Foulques d'Anjou, et le second Philippe Ier, roi de France. Le premier, exclu de son lit, se trouve trop heureux de s'asseoir sur l'escabeau de ses pieds[1]. Louis VII date ses actes du couronnement de sa femme Adèle[2]. Les femmes, juges naturels des combats de poésie et des cours d'amour, siègent aussi comme juges, à l'égal de leurs maris, dans les affaires sérieuses. Le roi de France reconnaît expressément ce

---

1. Vit. Lud. Gross., ap. Scr. fr.
2. Chart. ann. 1115. « Si quelque plainte est portée devant lui ou devant son épouse... — La septième année de notre règne, et le premier de celui de la reine Adèle. » — Adèle prit la croix avec son mari. — Philippe-Auguste, à son départ pour la croisade, lui laissa la régence.

droit[1]. Nous verrons Alix de Montmorency conduire une armée à son époux, le fameux Simon de Montfort.

Exclues jusque-là des successions par la barbarie féodale, les femmes y rentrent partout dans la première moitié du douzième siècle : en Angleterre, en Castille, en Aragon, à Jérusalem, en Bourgogne, en Flandre, Hainaut, Vermandois, en Aquitaine, Provence et bas Languedoc. La rapide extinction des mâles, l'adoucissement des mœurs et le progrès de l'équité, rouvrent les héritages aux femmes. Elles portent avec elles les souverainetés dans des maisons étrangères ; elles mêlent le monde, elles accélèrent l'agglomération des États, et préparent la centralisation des grandes monarchies.

Une seule entre les maisons royales, celle des Capets, ne reconnut point le droit des femmes ; elle resta à l'abri des mutations qui transféraient les autres États d'une dynastie à une autre. Elle reçut, et elle ne donna point. Des reines étrangères purent venir ; l'élément féminin, l'élément mobile put s'y renouveler ; l'élément mâle n'y vint point du dehors, il y resta le même, et avec lui l'identité d'esprit, la perpétuité des traditions. Cette fixité de la dynastie est une des choses qui ont le plus contribué à garantir l'unité, la personnalité de notre mobile patrie.

Le caractère commun de la période qui suit la croi-

---

[1]. En 1134, Ermengarde de Narbonne, succédant à son frère, demande et obtient de Louis-le-Jeune l'autorisation de juger, chose interdite aux femmes par Constantin et Justinien. *App.* 84.

sade, et que nous venons de parcourir dans ce chapitre, c'est une tentative d'affranchissement. La croisade, dans son mouvement immense, avait été une occasion, une impulsion. L'occasion venue, la tentative eut lieu : affranchissement du peuple dans les communes, affranchissement de [la femme, affranchissement de la philosophie, de la pensée pure. Ce retentissement de la croisade, comme la croisade elle-même, devait avoir toute sa puissance et son effet en France, chez le plus sociable des peuples.

CHAPITRE V

Le roi de France et le roi d'Angleterre, Louis-le-Jeune, Henri II (Plantagenet). — Seconde croisade; humiliation de Louis. — Thomas Becket, humiliation d'Henri [seconde moitié du douzième siècle].

L'opposition de la France et de l'Angleterre, commencée avec Guillaume-le-Conquérant au milieu du onzième siècle, n'atteignit toute sa violence qu'au douzième, sous les règnes de Louis-le-Jeune et d'Henri II, de Richard Cœur-de-Lion et de Philippe-Auguste. Elle eut sa catastrophe vers 1200, à l'époque de l'humiliation de Jean et de la confiscation de la Normandie. La France garda l'ascendant pour un siècle et demi (1209-1346).

Si le sort des peuples tenait aux souverains, nul doute que les rois anglais n'eussent vaincu. Tous, de Guillaume-le-Bâtard à Richard Cœur-de-Lion, furent des héros, au moins selon le monde. Les héros furent battus; les pacifiques vainquirent. Pour s'expliquer ceci, il faut pénétrer le vrai caractère du roi de France et du roi d'Angleterre, tels qu'ils apparaissent dans l'ensemble du moyen âge.

Le premier, suzerain du second, conserve généralement une certaine majesté immobile [1]. Il est calme et insignifiant en comparaison de son rival. Si vous exceptez les petites guerres de Louis-le-Gros et la triste croisade de Louis VII que nous allons raconter, le roi de France semble enfoncé dans son hermine; il régente le roi d'Angleterre, comme son vassal et son fils; méchant fils qui bat son père. Le descendant de Guillaume-le-Conquérant [2], quel qu'il soit, c'est un homme rouge, cheveux blonds et plats, gros ventre, brave et avide, sensuel et féroce, glouton et ricaneur, entouré de mauvaises gens, volant et violent, fort mal avec l'Église. Il faut dire aussi qu'il n'a pas si bon temps que le roi de France. Il a bien plus d'affaires ; il gouverne à coups de lance trois ou quatre peuples dont il n'entend pas la langue. Il faut qu'il contienne les Saxons par les Normands, les Normands par les Saxons, qu'il repousse aux montagnes Gallois et Écossais. Pendant ce temps-là, le roi de France peut de son fauteuil lui jouer plus d'un tour. Il est son suzerain d'abord; il est fils aîné de l'Église, fils légitime; l'autre est le bâtard, le fils de la violence. C'est Ismaël et Isaac. Le roi de France a la loi pour lui, *cette vieille mère avec son frein rouillé, qu'on appelle la loi* [3]. L'autre

---

1. Cela est très frappant dans leurs sceaux. Le roi d'Angleterre est représenté sur une face assis, sur l'autre à cheval, et brandissant son épée. Le roi de France est toujours assis. *App. 85.* — 2. *App. 86.*

3. « The rusty curb of old father antic the law. » (Shakespeare.)

s'en moque; il est fort, il est chicaneur, en sa qualité de Normand. Dans ce grand mystère du douzième siècle, le roi de France joue le personnage du bon Dieu, l'autre celui du Diable. Sa légende généalogique le fait remonter d'un côté à Robert-le-Diable, de l'autre à la fée Mélusine. « C'est l'usage dans notre famille, disait Richard Cœur-de-Lion, que les fils haïssent le père; du diable nous venons, et nous retournons au diable[1]. » Patience, le roi du bon Dieu aura son tour. Il souffrira beaucoup sans doute; il est né endurant : le roi d'Angleterre peut lui voler sa femme et ses provinces[2]; mais il recouvrera tout un matin. Les griffes lui poussent sous son hermine. Le *saint homme de roi* sera tout à l'heure Philippe-Auguste ou Philippe-le-Bel.

Il y a dans cette pâle et médiocre figure une force immense qui doit se développer. C'est le roi de l'Église et de la bourgeoisie, le roi du peuple et de la loi. En ce sens il a le droit divin. Sa force n'éclate pas par l'héroïsme; il grandit d'une végétation puissante, d'une progression continue, lente et fatale comme la nature. Expression générale d'une diversité immense, symbole d'une nation tout entière, plus il la représente, plus il semble insignifiant. La personnalité est faible en lui; c'est moins un homme qu'une idée; être impersonnel, il vit dans l'universalité, dans le peuple, dans l'Église, fille du peuple; c'est un personnage profondément *catholique* dans le sens étymologique du mot.

---

1. « De Diabolo venientes, et ad Diabolum transeuntes. »
2. Il enleva à Louis VII sa femme Éléonore, le Poitou, la Guyenne, etc.

Le bon roi Dagobert, Louis-le-Débonnaire, Robert-le-Pieux, Louis-le-Jeune, saint Louis, sont les types de cet honnête roi. Tous vrais saints quoique l'Église n'ait canonisé que le dernier [1], celui qui fut puissant. Le scrupuleux Louis-le-Jeune est déjà saint Louis, mais moins heureux, et ridicule par ses infortunes politiques et conjugales. La femme tient grande place dans l'histoire de ces rois. Par ce côté, ils sont hommes; la nature est forte chez eux : c'est presque l'unique intérêt pour lequel ils se mettent quelquefois mal avec l'Église; Louis-le-Débonnaire pour sa Judith, Lothaire II pour Valdrade, Robert pour la reine Berthe, Philippe Ier pour Bertrade ; Philippe-Auguste pour Agnès de Méranie. Dans saint Louis, forme épurée de la royauté du moyen âge, la domination de la femme est celle d'une mère, de Blanche de Castille. On sait qu'il se cachait dans une armoire quand sa mère, l'altière Espagnole, le surprenait chez sa femme, la bonne Marguerite.

Louis-le-Gros, sur son lit de mort, reçut le prix de cette réputation d'honnêteté qu'il avait acquise à sa famille. Le plus riche souverain de la France, le comte de Poitiers et d'Aquitaine, qui se sentait aussi mourir, ne crut pouvoir mieux placer sa fille Éléonore et ses vastes États qu'en les donnant au jeune Louis VII, qui succéda bientôt à son père (1137). Sans doute aussi, il n'était pas fâché de faire de sa fille une reine.

---

1. *App.* 87.

Le jeune roi avait été élevé bien dévotement dans le cloître de Notre-Dame [1] ; c'était un enfant sans aucune méchanceté, et fort livré aux prêtres ; le vrai roi fut son précepteur, Suger, abbé de Saint-Denis [2]. Au commencement pourtant l'agrandissement de ses États, qui se trouvaient presque triplés par son mariage, semble lui avoir enflé le cœur. Il essaya de faire valoir les droits de sa femme sur le comté de Toulouse. Mais ses meilleurs amis parmi les barons, le comte même de Champagne, refusèrent de le suivre à cette conquête du Midi. En même temps le pape Innocent II, croyant pouvoir tout oser sous ce pieux jeune roi, avait risqué

---

1. *App.* 88.
2. Suger était né, probablement aux environs de Saint-Omer, en 1081, d'un homme du peuple nommé Hélinand. Lorsque Philippe Ier confia aux moines de Saint-Denis l'éducation de son fils Louis-le-Gros, ce fut Suger que l'abbé en chargea. — Sa conduite, comme celle de ses moines, excita d'abord les plaintes de saint Bernard (Ep. 78); mais plus tard il mena, de l'aveu de saint Bernard lui-même (Ep. 309), une vie exemplaire. — Il écrivit lui-même un livre sur les constructions qu'il fit faire à Saint-Denis, etc. « L'abbé de Cluny ayant admiré quelque temps les ouvrages et les bâtiments que Suger avait fait construire, et s'étant retourné vers la très petite cellule que cet homme, éminemment ami de la sagesse, avait arrangée pour sa demeure, il gémit profondément, dit-on, et s'écria : « Cet homme nous condamne tous, il « bâtit, non comme nous, pour lui-même, mais uniquement pour Dieu. » Tout le temps, en effet, que dura son administration, il ne fit pour son propre usage que cette humble cellule, d'à peine dix pieds en largeur et quinze en longueur, et la fit dix ans avant sa mort, afin d'y recueillir sa vie, qu'il avouait avoir dissipée trop longtemps dans les affaires du monde. C'était là que, dans les heures qu'il avait de libres, il s'adonnait à la lecture, aux larmes et à la contemplation ; là, il évitait le tumulte et fuyait la compagnie des hommes du siècle ; là, comme le dit un sage, il n'était jamais moins seul que quand il était seul ; là, en effet, il appliquait son esprit à la lecture des plus grands écrivains, à quelque siècle qu'ils appartinssent, s'entretenait avec eux, étudiait avec eux ; là, il n'avait pour se coucher, au lieu de plume, que de la paille sur laquelle était étendue, non pas une fine toile, mais une couverture assez grossière de simple laine, que recouvraient, pendant le jour, des tapis décents. » (*Vie de Suger*, par Guillaume, moine de Saint-Denis.)

de nommer son neveu à l'archevêché de Bourges, métropole des Aquitaines. Saint Bernard et Pierre-le-Vénérable réclamèrent en vain contre cette usurpation. Le neveu du pape se réfugia sur les terres du comte de Champagne, dont la sœur venait d'être répudiée par un cousin de Louis VII. Louis et son cousin, frappés d'anathème par le pape, se vengèrent sur le comte de Champagne, ravagèrent ses terres et brûlèrent le bourg de Vitry. Les flammes gagnèrent malheureusement la principale église, où la plupart des habitants s'étaient réfugiés. Ils y étaient au nombre de treize cents, hommes, femmes et enfants. On entendit bientôt leurs cris; le vainqueur lui-même ne pouvait plus les sauver, tous y périrent.

Cet horrible événement brisa le cœur du roi. Il devint tout à coup docile au pape, se réconcilia à tout prix avec lui. Mais sa conscience était partagée entre des scrupules divers. Il avait juré de ne jamais permettre au neveu d'Innocent d'occuper le siège de Bourges. Le pontife avait exigé qu'il renonçat à ce serment, et Louis se repentait et d'avoir fait un serment impie, et de ne l'avoir pas observé. L'absolution pontificale ne suffisait pas pour le tranquilliser. Il se croyait responsable de tous les sacrilèges commis pendant les trois ans qu'avait duré l'interdit. Au milieu de ces agitations d'une âme timorée, il apprit l'effroyable massacre de tout le peuple d'Édesse, égorgé en une nuit. Des plaintes lamentables arrivaient tous les jours des Français d'outre-mer. Ils déclaraient que s'ils n'étaient secourus, ils n'avaient à attendre que la mort. Louis VII fut ému ; il se crut d'autant plus obligé d'aller au secours de la terre sainte, que son frère aîné, mort avant Louis-le-Gros, avait pris la croix, et qu'en lui laissant le trône il semblait lui avoir transmis l'obligation d'accomplir son vœu (1147).

Combien cette croisade différa de la première, c'est chose évidente, quoique les contemporains semblent avoir pris à tâche de se le dissimuler à eux-mêmes. L'idée de la religion, du salut éternel, n'était plus attachée à une ville, à un lieu. On avait vu de près Jérusalem et le Saint-Sépulcre. On s'était douté que la religion et la sainteté n'étaient pas enfermées dans ce petit coin de terre qui s'étend entre le Liban, le désert et la mer Morte. Le point de vue matérialiste qui localisait la religion avait perdu son empire. Suger détourna en vain le roi de la croisade. Saint Bernard lui-même, qui la prêcha à Vézelay et en Allemagne, n'était pas convaincu qu'elle fût nécessaire au salut. Il refusa d'y aller lui-même, et de guider l'armée, comme on l'en priait[1]. Il n'y eut point cette fois l'immense entraînement de la première croisade. Saint Bernard exagère visiblement quand il nous dit que pour sept femmes il restait un homme. Dans la réalité, on peut évaluer à deux cent mille hommes les deux corps d'armée qui descendirent le Danube sous l'empereur Conrad et le roi Louis VII. Les Allemands étaient en grand nombre cette fois. Mais une foule de princes qui relevaient de l'Empire, les évêques de Toul et de Metz,

---

1. *App.* 89.

les comtes de Savoie et de Montferrat, tous les seigneurs du royaume d'Arles, se réunirent de préférence à l'armée de France. Dans celle-ci marchaient sous le roi les comtes de Toulouse, de Flandre, de Blois, de Nevers, de Dreux, les seigneurs de Bourbon, de Coucy, de Lusignan, de Courtenay, et une foule d'autres. On y voyait aussi la reine Éléonore, dont la présence était peut-être nécessaire pour assurer l'obéissance de ses Poitevins et de ses Gascons. C'est la première fois qu'une femme a cette importance dans l'histoire.

Le plus sage eût été de faire route par mer, comme le conseillait le roi de Sicile. Mais le chemin de terre était consacré par le souvenir de la première croisade et la trace de tant de martyrs. C'était le seul que pût prendre la multitude des pauvres, qui, sous la protection de l'armée, voulait visiter les saints lieux. Le roi de France préféra cette route. Il s'était assuré du roi de Sicile, de l'empereur d'Allemagne, Conrad, du roi de Hongrie et de l'empereur de Constantinople, Manuel Comnène. La parenté des deux empereurs, Manuel et Conrad, semblait promettre quelque succès à la croisade. Ainsi l'expédition ne fut point entreprise à l'aveugle. Louis s'efforça de conserver quelque discipline dans l'armée de France. Les Allemands, sous l'empereur Conrad et son neveu, étaient déjà partis ; rien n'égalait leur impatience et leur brutal emportement. L'empereur Manuel Comnène, dont les victoires avaient restauré l'empire grec, les servit à souhait ; il se hâta d'expédier ces barbares au delà du Bosphore, et les lança dans l'Asie par la route la plus courte, mais la plus montagneuse, celle de Phrygie et d'Iconium. Là ils eurent occasion d'user leur bouillante ardeur. Ces lourds soldats furent bientôt épuisés dans ces montagnes, sur ces pentes rapides où la cavalerie turque voltigeait, apparaissant tantôt à leur côté et tantôt sur leurs têtes. Ils périrent, à la grande dérision des Grecs, des Français même. *Pousse, pousse, Allemand*, criaient ceux-ci. C'est un historien grec qui nous a conservé ces deux mots sans les traduire [1].

Les Français eux-mêmes ne furent pas plus heureux. Ils prirent d'abord la longue et facile route des rivages de l'Asie Mineure. Mais à force d'en suivre les sinuosités, ils perdirent patience ; ils s'engagèrent, eux aussi, dans l'intérieur du pays et y éprouvèrent les mêmes désastres. D'abord la tête de l'armée, ayant pris les devants, faillit périr. Chaque jour le roi, bien confessé et administré, se lançait à travers la cavalerie turque [2]. Mais rien n'y faisait. L'armée aurait péri dans ces montagnes sans un chevalier nommé Gilbert, auquel le commandement fut remis comme au plus digne et sur lequel nous ne savons malheureusement aucun détail. Les croisés accusaient de tous leurs maux la perfidie des Grecs, qui leur donnaient de mauvais guides et leur vendaient au poids de l'or les vivres, que Manuel s'était engagé à fournir. L'historien Nicétas

---

1. Πούτζη, Άλαμάνε.
2. Odon de Deuil : « ... Et à son retour, il demandait toujours vêpres et complies, faisant toujours de Dieu l'Alpha et l'Oméga de toutes ses œuvres. »

avoue lui-même que l'empereur trahissait les croisés[1]. La chose fut visible lorsqu'ils arrivèrent à Antiochette. Les Grecs qui occupaient cette ville y reçurent les fuyards des Turcs. Cependant Louis s'était conduit loyalement avec Manuel. A l'exemple de Godefroi de Bouillon, il avait refusé d'écouter ceux qui lui conseillaient à son passage de s'emparer de Constantinople.

Enfin ils arrivèrent à Satalie, dans le golfe de Chypre. Il y avait encore quarante journées de marche pour aller par terre à Antioche en faisant le tour du golfe. Mais la patience et le zèle des barons étaient à bout. Il fut impossible au roi de les retenir. Ils déclarèrent qu'ils iraient par mer à Antioche. Les Grecs fournirent des vaisseaux à tous ceux qui pouvaient payer. Le reste fut abandonné sous la garde du comte de Flandre, du sire de Bourbon et d'un corps de cavalerie grecque que le roi loua pour les protéger. Il donna ensuite tout ce qui lui restait à ces pauvres gens, et s'embarqua avec Éléonore. Mais les Grecs qui devaient les défendre les livrèrent eux-mêmes, ou les réduisirent en esclavage; ceux qui échappèrent le durent au prosélytisme des Turcs, qui leur firent embrasser leur religion.

Telle fut la honteuse issue de cette grande expédition. Ceux qui s'étaient embarqués formaient pourtant la force réelle de l'armée. Ils pouvaient être de grande utilité aux chrétiens d'Antioche ou de la terre sainte. Mais la honte pesait sur eux, et le souvenir

---

[1]. « L'empereur, dit-il, invitait par des lettres pressantes le sultan des Turcs à marcher contre les Allemands. »

des malheureux qu'ils avaient abandonnés en Cilicie. Louis VII ne voulut rien entreprendre pour le prince d'Antioche, Raymond de Poitiers, oncle de sa femme Éléonore. C'était le plus bel homme du temps, et sa nièce semblait trop bien avec lui. Louis craignit qu'il ne voulût l'y retenir, partit brusquement d'Antioche, et se rendit à la terre sainte. Il n'y fit rien de grand. Conrad vint l'y retrouver. Leur rivalité leur fit manquer le siège de Damas, qu'ils avaient entrepris. Ils retournèrent honteusement en Europe, et le bruit courut que Louis, pris un instant par les vaisseaux des Grecs, n'avait été délivré que par la rencontre d'une flotte des Normands de Sicile.

C'était une triste chose qu'un pareil retour et une grande dérision. Qu'étaient devenus ces milliers de chrétiens abandonnés, livrés aux infidèles? Tant de légèreté et de dureté en même temps! Tous les barons étaient coupables, mais la honte fut pour le roi. Il porta le péché à lui seul. Pendant la croisade, la fière et violente Éléonore avait montré le cas qu'elle faisait d'un tel époux. Elle avait déclaré dès Antioche qu'elle ne pouvait demeurer la femme d'un homme dont elle était parente, que d'ailleurs elle ne voulait pas d'un moine pour mari[1]. Elle aimait, dit-on, Raymond d'Antioche; selon d'autres, un bel esclave sarrasin. On disait qu'elle avait reçu des présents du chef des infidèles. Au retour, elle demanda le divorce au concile de Beaugency. Louis se soumit au jugement du concile, et

---

1. « Se monacho, non regi nupsisse. »

perdit d'un coup les vastes provinces qu'Éléonore lui avait apportées. Voilà le midi de la France encore une fois isolé du nord. Une femme va porter à qui elle voudra la prépondérance de l'Occident.

Il paraît que la dame s'était assurée d'avance d'un autre époux. Le divorce fut prononcé le 18 mars ; dès la Pentecôte, Henri Plantagenet, duc d'Anjou, petit-fils de Guillaume-le-Conquérant, duc de Normandie, bientôt roi d'Angleterre, avait épousé Éléonore, et avec elle la France occidentale, de Nantes aux Pyrénées. Avant même qu'il fût roi d'Angleterre, ses États se trouvaient deux fois plus étendus que ceux du roi de France. En Angleterre, il ne tarda pas à prévaloir sur Étienne de Blois, dont le fils avait épousé une sœur de Louis VII. Ainsi tout tournait contre celui-ci, tout réussissait à son rival.

Il faut savoir un peu ce que c'était que cette royauté d'Angleterre, dont la rivalité avec la France va nous occuper.

La spoliation de tout un peuple, voilà la base hideuse de la puissance anglo-normande. Cette vie de brigandage et de violence que chaque baron avait exercée en petit autour de son manoir, elle se reproduisit en grand de l'autre côté du détroit. Là le serf fut tout un peuple, et le servage approcha en horreur de l'esclavage antique, ou de celui de nos colonies. Nul lien entre les vaincus et les vainqueurs ; autre langue, autre race ; l'habitude de tout pouvoir, une exécrable férocité, nul respect humain, nul frein légal ; partout des seigneurs presque égaux du roi, comme compagnons de sa conquête ; le seul comte de Moreton avait plus de six cents fiefs[1]. Ces barons voulaient bien se dire hommes du roi ; mais réellement il n'était que le premier d'entre eux. Dans les grandes occasions, ils devenaient les juges de ce roi. Cependant ils auraient trop risqué à être indépendants. Peu nombreux au milieu d'un peuple immense, qu'ils foulaient si brutalement, ils avaient besoin d'un centre où recourir en cas de révolte, d'un chef qui pût les rallier, qui représentât la partie normande au milieu de la conquête. Voilà ce qui explique pourquoi l'ordre féodal fut si fort dans le pays même où les vassaux plus puissants devaient être plus tentés de le mépriser.

La position de ce roi de la conquête était extraordinairement critique et violente. Cette société nouvelle, bâtie de meurtres et de vols, elle se maintenait par lui ; en lui elle avait son unité. C'est à lui que remontait ce sourd concert de malédictions, d'imprécations à voix basse. C'est pour lui que le banni saxon, dans la *Forêt nouvelle*[2], où le poursuivait le shériff, gardait sa meilleure flèche ; les forêts ne valaient rien pour les rois normands. C'est contre lui, tout autant que contre les Saxons, que le baron se faisait bâtir ces gigantesques châteaux, dont l'insolente beauté atteste encore combien peu on y a plaint la sueur de l'homme. Ce roi si

---

1. Hallam. — Il est vrai que ces possessions étaient dispersées : 248 manoirs dans le Cornwall, 54 en Sussex, 196 en Yorkhsire, 99 dans le comté de Northampton, etc.

2. *Nove forest*. C'était un espace de trente milles que le Conquérant avait fait mettre en bois, en détruisant trente-six paroisses et en chassant les habitants.

détesté ne pouvait manquer d'être un tyran. Aux Saxons il lançait des lois terribles, sans mesure et sans pitié. Contre les Normands, il y fallait plus de précautions ; il appelait sans cesse des soldats du continent, des Flamands, des Bretons ; gens à lui, d'autant plus redoutables à l'aristocratie normande, qu'ils se rapprochaient par la langue, les Flamands des Saxons, les Bretons des Gallois. Plusieurs fois il n'hésita pas à se servir des Saxons eux-mêmes[1]. Mais il y renonçait bientôt. Il n'eut pu devenir le roi des Saxons qu'en renversant tout l'ouvrage de la conquête.

Voilà la situation où se trouva déjà le fils du Conquérant, Guillaume-le-Roux : bouillant d'une tyrannie impatiente, qui rencontrait partout sa limite ; terrible aux Saxons, terrible aux barons ; passant et repassant la mer ; courant, avec la roideur d'un sanglier, d'un bout à l'autre de ses États ; furieux d'avidité, *merveilleux marchand de soldats*[2], dit le chroniqueur ; destructeur rapide de toute richesse ; ennemi de l'humanité, de la loi, de la nature, l'outrageant à plaisir ; sale dans les voluptés, meurtrier, ricaneur et terrible. Quand la colère montait sur son visage rouge et couperosé, sa parole se brouillait, il bredouillait des arrêts de mort. Malheur à qui se trouvait en face !

Les tonnes d'or passaient comme un schelling. Une pauvreté incurable le travaillait ; il était pauvre de

---

[1]. Ainsi Guillaume-le-Roux et son successeur Henri Beauclerc appelèrent tous deux un instant les Anglais contre les partisans de leur frère aîné, Robert Courte-Heuse.

[2]. « Mirabilis militum mercator et solidator. » (Suger.)

toute sa violence, de toute sa passion. Il fallait payer le plaisir, payer le meurtre. L'homme ingénieux et inventif qui savait trouver l'or, c'était un certain prêtre, qui s'était d'abord fait connaître comme délateur. Cet homme devint le bras droit de Guillaume, son pourvoyeur. Mais c'était un rude engagement que de remplir ce gouffre sans fond. Pour cela, il fit deux choses : il refit le *Doomsday book*, revit et corrigea le livre de la conquête, s'assura si rien n'avait échappé. Il reprit la spoliation en sous-œuvre, se mit à ronger les os déjà rongés, et sut encore en tirer quelque chose. Mais après lui rien n'y restait. On l'avait baptisé du nom de *Flambard*[1]. Des vaincus, il passa aux vainqueurs, d'abord aux prêtres; il mit la main sur les biens d'Eglise. L'archevêque de Kenterbury serait mort de faim sans la charité de l'abbé de Saint-Alban. Les scrupules n'arrêtaient point Flambard. Grand justicier, grand trésorier, chapelain du roi encore (c'était le chapelain qu'il fallait à Guillaume), il suçait l'Angleterre par trois bouches. Il en alla ainsi jusqu'à ce que Guillaume eût rencontré sa fin dans cette belle forêt que le Conquérant semblait avoir plantée pour la ruine des siens. « Tire donc, de par le diable ! » dit le roi Roux à son bon ami qui chassait avec lui. Le diable le prit au mot, et emporta cette âme qui lui était si bien due.

Le successeur, ce ne fut pas le frère aîné, Robert. La royauté du bâtard Guillaume devait passer au plus

---

[1]. Orderic Vital.

habile, au plus hardi. Ce royaume volé appartenait à qui le volerait. Quand le Conquérant expirant donna la Normandie à Robert, l'Angleterre à Guillaume : « Et moi, dit Henri, le plus jeune, et moi donc, n'aurai-je rien? — Patience, mon fils, dit le mourant, tout te reviendra tôt ou tard. » Le plus jeune était aussi le plus avisé. On l'appelait Beauclerc, comme on dirait l'habile, le suffisant, le scribe, le vrai Normand. Il commença par tout promettre aux Saxons, aux gens d'Église; il donna par écrit des chartes, des libertés, tout autant qu'on voulut[1]. Il battit Robert avec des soldats mercenaires, l'attira, le garda, bien logé, bien nourri dans un château fort, où il vécut jusqu'à quatre-vingt-quatre ans. Robert, qui n'aimait que la table, s'y serait consolé, n'eût été que son frère lui fit crever les yeux[2]. Au reste, le fratricide et le parricide étaient l'usage héréditaire de cette famille. Déjà les fils du Conquérant avaient combattu et blessé leur père[3]. Sous prétexte de justice féodale, Beauclerc, qui se piquait d'être bon et rude justicier, livra ses propres petites-filles, deux enfants, à un baron qui leur arracha les yeux et le nez. Leur mère, fille de Beauclerc,

---

1. « Je me propose, leur dit-il, de vous maintenir dans vos anciennes libertés; j'en ferai, si vous le demandez, un écrit signé de ma main, et je le confirmerai par serment. » — On dressa la charte, on en fit autant de copies qu'il y avait de comtés. Mais quand le roi se rétracta, il les reprit toutes; il n'en échappa que trois. (Math. Paris.)

2. Math. Paris. — Lingard en doute, parce qu'aucun contemporain n'en fait mention. Mais celui qui laissa crever les yeux à ses petites-filles, et qui fit passer sa fille en hiver, demi-nue, dans un fossé glacé, mérite-t-il ce doute?

3. C'était Robert, révolté contre son père, et qui le combattit sans le connaître. On les réconcilia, ils se brouillèrent encore, et Guillaume maudit son fils.

essaya de les venger en tirant elle-même une flèche contre la poitrine de son père. Les Plantagenets, qui ne descendaient de cette race diabolique que du côté maternel, n'en dégénérèrent pas.

Après Beauclerc (1135), la lutte fut entre son neveu, Étienne de Blois, et sa fille Mathilde, veuve de l'empereur Henri V et femme du comte d'Anjou. Étienne appartenait à cette excellente famille des comtes de Blois et de Champagne qui, à la même époque, encourageait les communes commerçantes, divisait à Troyes la Seine en canaux, et protégeait également saint Bernard et Abailard. Libres penseurs et poètes, c'est d'eux que descendra le fameux Thibault, le trouvère, celui qui fit peindre ses vers à la reine Blanche dans son palais de Provins, au milieu des roses transplantées de Jéricho. Étienne ne pouvait se soutenir en Angleterre qu'avec des étrangers, Flamands, Brabançons, Gallois même. Il n'avait pour lui que le clergé et Londres. Les autres communes d'Angleterre étaient encore à naître. Quant au clergé, Étienne ne resta pas longtemps bien avec lui. Il défendit d'enseigner le droit canon, et osa emprisonner des évêques. Alors Mathilde reparut. Elle débarqua presque seule; vraie fille du Conquérant, insolente, intrépide, elle choqua tout le monde, et brava tout le monde. Trois fois elle s'enfuit la nuit, à pied sur la neige et sans ressources. Étienne, qui la tint une fois assiégée, crut, comme chevalier, devoir ouvrir passage à son ennemie, et la laisser rejoindre les siens. Elle ne l'en traita pas mieux, quand elle le prit à son tour, abandonné de ses barons (1153). Il fut contraint de reconnaître pour son successeur cet heureux Henri Plantagenet, comte d'Anjou et fils de Mathilde, à qui nous avons vu tout à l'heure Éléonore de Guyenne remettre sa main et ses États.

Telle était la grandeur croissante du jeune Henri, lorsque le roi de France, humilié par la croisade, perdit Éléonore et tant de provinces. Cet enfant gâté de la fortune fut en quelques années accablé de ses dons. Roi d'Angleterre, maître de tout le littoral de la France, depuis la Flandre jusqu'aux Pyrénées, il exerça sur la Bretagne cette suzeraineté que les ducs de Normandie avaient toujours réclamée en vain. Il prit l'Anjou, le Maine et la Touraine à son frère, et le laissa en dédommagement se faire duc de Bretagne (1156). Il réduisit la Gascogne, il gouverna la Flandre, comme tuteur et gardien, en l'absence du comte. Il prit le Quercy au comte de Toulouse, et il aurait pris Toulouse elle-même, si le roi de France ne s'était jeté dans la ville pour la défendre (1159). Le Toulousain fut du moins obligé de lui faire hommage. Allié du roi d'Aragon, comte de Barcelone et de Provence, Henri voulait pour un de ses fils une princesse de Savoie, afin d'avoir un pied dans les Alpes, et de tourner la France par le midi. Au centre, il réduisit le Berri, le Limousin, l'Auvergne, il acheta la Marche[1]. Il eut même le secret de détacher les comtes de Champagne de l'alliance du roi. Enfin à sa mort il possédait les pays qui répondent à quarante-

---

1. Il eut la Marche pour quinze mille marcs d'argent. Le comte partait pour Jérusalem et ne savait que faire de sa terre. (Gaufred Vosiens.)

sept de nos départements, et le roi de France n'en avait pas vingt.

Dès sa naissance, Henri II s'était trouvé environné d'une popularité singulière, sans avoir rien fait pour la mériter. Son grand-père, Henri Beauclerc, était Normand, sa grand'mère Saxonne, son père Angevin. Il réunissait en lui toutes les races occidentales. Il était le lien des vainqueurs et des vaincus, du Midi et du Nord. Les vaincus surtout avaient conçu un grand espoir, ils croyaient voir en lui l'accomplissement de la prophétie de Merlin, et la résurrection d'Arthur. Il se trouva, pour mieux appuyer la prophétie, qu'il obtint de gré ou de force l'hommage des princes d'Écosse, d'Irlande, de Galles et de Bretagne, c'est-à-dire de tout le monde celtique. Il fit chercher et trouver le tombeau d'Arthur, ce mystérieux tombeau dont la découverte devait marquer la fin de l'indépendance celtique et la consommation des temps.

Tout annonçait que le nouveau prince remplirait les espérances des vaincus. Il avait été élevé à Angers, l'une des villes d'Europe où la jurisprudence avait été professée de meilleure heure. C'était l'époque de la résurrection du droit romain, qui, sous tant de rapports, devait être celle du pouvoir monarchique et de l'égalité civile. L'égalité sous un maître, c'était le dernier mot que le monde antique nous avait légué. L'an 1111, la fameuse comtesse Mathilde, la cousine de Godefroi de Bouillon, l'amie de Grégoire VII, avait autorisé l'école de Bologne, fondée par le Bolonais Irnerio. L'empereur Henri V avait confirmé cette autorisation, sentant tout le parti que le pouvoir impérial tirerait des traditions de l'ancien Empire. Le jeune duc d'Anjou, Henri Plantagenet, fils de la Normande Mathilde, veuve de ce même empereur Henri V, trouva à Angers, à Rouen, en Angleterre, les traditions de l'école de Bologne. Dès 1124, l'évêque d'Angers était un savant juriste [1]. Le fameux Italien Lanfranc, l'homme de Guillaume-le-Conquérant, le primat de la conquête, avait d'abord enseigné à Bologne, et concouru à la restauration du droit. « Ce fut, dit un des continuateurs de Sigebert de Gemblours, ce fut Lanfranc de Pavie et son compagnon Garnerius, qui, ayant retrouvé à Bologne les lois de Justinien, se mirent à les lire et à les commenter. Garnerius persévéra, mais Lanfranc, enseignant en Gaule, à de nombreux disciples, les arts libéraux et les lettres divines, vint au Bec et s'y fit moine [2].

Les principes de la nouvelle école furent proclamés précisément à l'époque de l'avènement de Henri II (1154). Les jurisconsultes appelés par l'empereur Frédéric-Barberousse, à la diète de Roncaglia (1158), lui dirent, par la bouche de l'archevêque de Milan, ces paroles remarquables : « Sachez que tout le droit législatif du peuple vous a été accordé ; votre volonté est

---

1. Tout le clergé de cette ville était composé de légistes au treizième et au quatorzième siècle. Sous l'épiscopat de Guillaume Le Maire (1290-1314), presque tous les chanoines de son église étaient professeurs en droit (Bodin.) Sur dix-neuf évêques qui formèrent l'assemblée du clergé en 1339, quatre avaient professé le droit à l'Université d'Angers.

2. Robert de Monte. — Orderic Vital : « La renommé de sa science se répandit dans toute l'Europe, et une foule de disciples accoururent pour l'entendre, de France, de Gascogne, de Bretagne et de Flandre. »

le droit, car il est dit : *Ce qui a plu au prince a force de loi ; le peuple a remis tout son empire et son pouvoir à lui et en lui*[1]. »

L'empereur lui-même avait dit en ouvrant la diète : « Nous, qui sommes investi du nom royal, nous désirons plutôt exercer un empire légal pour la conservation du droit et de la liberté de chacun, que de tout faire impunément. Se donner toute licence, et changer l'office du commandement en domination superbe et violente, c'est la royauté, la tyrannie [2]. » Ce républicanisme pédantesque, extrait mot à mot de Tite-Live, expliquait mal l'idéal de la nouvelle jurisprudence. Au fond, ce n'était pas la liberté qu'elle demandait, mais l'égalité sous un monarque, la suppression de la hiérarchie féodale qui pesait sur l'Europe.

Combien ces légistes devaient être chers aux princes, on le conçoit par leur doctrine, on l'apprend par l'histoire, qui partout, désormais, nous les montrera près d'eux et comme pendus à leur oreille, leur dictant tout bas ce qu'ils doivent répéter. Guillaume-le-Bâtard s'attacha Lanfranc, comme nous l'avons vu. Dans ses fréquentes absences, il lui confiait le gouvernement de l'Angleterre ; plus d'une fois il lui donna raison contre son propre frère. L'Angevin Henri, nouveau conquérant de l'Angleterre, prit pour son Lanfranc un élève de Bologne, qui avait aussi étudié le droit à Auxerre [3]. Thomas Becket, c'était son nom, était alors au service de l'archevêque de Kenterbury. Il avait,

---

1. *App.* 90. — 2. Radevicus.
3. Lingard.

par son influence, retenu ce prélat dans le parti de Mathilde et de son fils. Ayant reçu seulement les premiers ordres, n'étant ainsi ni prêtre ni laïque, il se trouvait propre à tout et prêt à tout. Mais sa naissance était un grand obstacle ; il était, dit-on, fils d'une femme sarrasine, qui avait suivi un Saxon revenu de la terre sainte [1]. Sa mère semblait lui fermer les dignités de l'Église, et son père celles de l'État. Il ne pouvait rien attendre que du roi. Celui-ci avait besoin de pareilles gens pour exécuter ses projets contre les barons. Dès son arrivée en Angleterre, Henri rasa, en un an, cent quarante châteaux. Rien ne lui résistait, il mariait les enfants des grandes maisons à ceux des familles médiocres [2], abaissant ceux-là, élevant ceux-ci, nivelant tout. L'aristocratie normande s'était épuisée dans les guerres d'Étienne. Le nouveau roi disposait contre elle des hommes d'Anjou, de Poitou et d'Aquitaine. Riche de ses États patrimoniaux et de ceux de sa femme, il pouvait encore acheter des soldats en Flandre et en Bretagne. C'est le conseil que lui avait donné Becket. Celui-ci était devenu l'homme nécessaire dans les affaires et dans les plaisirs. Souple et hardi, homme de science, homme d'expédients, et avec cela bon compagnon, partageant ou imitant les goûts de son maître. Henri s'était donné sans réserve à cet homme, et non seulement lui, mais son fils, son

---

1. Elle ne savait que deux mots intelligibles pour les habitants de l'Occident, c'étaient *Londres*, et *Gilbert*, le nom de son amant. A l'aide du premier, elle s'embarqua pour l'Angleterre ; arrivée à Londres, elle courait les rues en répétant : « Gilbert ! Gilbert ! » et elle retrouva celui qu'elle appelait.

2. Radulph. Niger.

héritier. Becket était le précepteur du fils, le chancelier du père. Comme tel, il soutenait âprement les droits du roi contre les barons, contre les évêques normands. Il força ceux-ci à payer l'*escuage*, malgré leurs réclamations et leurs cris. Puis, sentant que le roi, pour être maître en Angleterre, avait besoin d'une guerre brillante, il l'emmena dans le midi de la France, à la conquête de Toulouse, sur laquelle Éléonore de Guyenne avait des prétentions. Becket conduisait en son propre nom, et comme à ses dépens, douze cents chevaliers et plus de quatre mille soldats, sans compter les gens de sa maison, assez nombreux pour former plusieurs garnisons dans le Midi [1]. Il est évident qu'un armement si disproportionné avec la fortune du plus riche particulier était mis sous le nom d'un homme sans conséquence, pour moins alarmer les barons.

Une vaste ligue s'était formée contre le comte de Toulouse, objet de la jalousie universelle. Le puissant comte de Barcelone, régent d'Aragon, les comtes de Narbonne, de Montpellier, de Béziers, de Carcassonne, étaient d'accord avec le roi d'Angleterre. Celui-ci semblait près de conquérir ce que Louis VIII et saint Louis recueillirent sans peine après la croisade des Albigeois. Il fallait donner l'assaut sur-le-champ à Toulouse, sans lui laisser le temps de se reconnaître. Le roi de France s'y était jeté, et défendait à Henri comme suzerain de rien entreprendre contre une ville qu'il protégeait. Ce scrupule n'arrêtait pas Becket; il conseillait de brus-

---

[1] *App.* 91.

quer l'attaque. Mais Henri craignit d'être abandonné de ses vassaux, s'il risquait une violation si éclatante de la loi féodale. Le belliqueux chancelier n'eut pour dédommagement que la gloire d'avoir combattu et désarmé un chevalier ennemi.

L'entretien des troupes mercenaires que Becket avait conseillées à Henri, et qui lui étaient si nécessaires contre ses barons, exigeait des dépenses pour lesquelles toutes les ressources de la fiscalité normande eussent été insuffisantes. Le clergé seul pouvait payer; il avait été richement doté par la conquête. Henri voulut avoir l'Église dans sa main. Il fallait d'abord s'assurer de la tête, je veux dire de l'archevêché de Kenterbury. C'était presque un patriarcat, une papauté anglicane, une royauté ecclésiastique, indispensable pour compléter l'autre. Henri résolut de la prendre pour lui, en la donnant à un second lui-même, à son bon ami Becket; réunissant alors les deux puissances, il eût élevé la royauté à ce point qu'elle atteignit au seizième siècle, entre les mains d'Henri VIII, de Marie et d'Élisabeth. Il lui était commode de mettre la primatie sous le nom de Becket, comme naguère il y avait mis une armée. C'était, il est vrai, un Saxon; mais le Saxon *Breakspear*[1] venait bien d'être élu pape précisément à l'époque de l'avènement d'Henri II (Adrien IV). Becket lui-même y répugnait : « Prenez garde, dit-il, je deviendrai votre plus grand ennemi[2]. » Le roi ne

---

1. C'est le seul Anglais qui ait été pape.

2. « Citissime a me auferes animum; et gratia, quæ nunc inter nos tanta est, in atrocissimum odium convertetur. »

l'écouta pas, et le fit primat, au grand scandale du clergé normand.

Depuis les Italiens Lanfranc et Anselme, le siège de Kenterbury avait été occupé par des Normands. Les rois et les barons n'auraient pas osé confier à d'autres cette grande et dangereuse dignité. Les archevêques de Kenterbury n'étaient pas seulement primats d'Angleterre, ils se trouvaient avoir en quelque sorte un caractère politique. Nous les trouvons presque toujours à la tête des résistances nationales, depuis le fameux Dunstan [1], qui abaissa si impitoyablement la royauté anglo-saxonne, jusqu'à Étienne Langton, qui fit signer la Grande Charte au roi Jean. Ces archevêques se trouvaient être particulièrement les gardiens des libertés de Kent, le pays le plus libre de l'Angleterre. Arrêtons-nous un instant sur l'histoire de cette curieuse contrée.

Le pays de Kent, bien plus étendu que le comté qui porte ce nom, embrasse une grande partie de l'Angleterre méridionale. Il est placé en face de la France, à la pointe de la Grande-Bretagne. Il en forme l'avant-garde; et c'était en effet le privilège des hommes de Kent de former l'avant-garde de l'armée anglaise. Leur pays a dans tous les temps livré la première bataille aux envahisseurs; c'est le premier à la descente. Là débarquèrent César, puis Hengist, puis Guillaume-le-Conquérant. Là aussi commença l'invasion chrétienne. Kent est une terre sacrée. L'apôtre de l'Angleterre, saint Augustin, y fonda son premier monastère. L'abbé

---

1. *App.* 92.

de ce monastère et l'archevêque de Kenterbury étaient seigneurs de ce pays et les gardiens de ses privilèges. Ils conduisirent les hommes de Kent contre Guillaume-le-Conquérant. Lorsque celui-ci, vainqueur à Hastings, marchait de Douvres à Londres, il aperçut, selon la légende, une forêt mouvante. Cette forêt, c'étaient les hommes de Kent, portant devant eux un rempart mobile de branchages. Ils tombèrent sur les Normands, et arrachèrent à Guillaume la garantie de leurs libertés. Quoi qu'il en soit de cette douteuse victoire, ils restèrent libres, au milieu de la servitude universelle, et ne connurent guère d'autre domination que celle de l'Église. C'est ainsi que nos Bretons de la Cornouaille, sous les évêques de Quimper, conservaient une liberté relative, et insultaient tous les ans la féodalité dans la statue du vieux roi Grallon.

La principale des coutumes de Kent, celle qui distingue encore aujourd'hui ce comté, c'est la loi de succession, le partage égal entre les enfants. Cette loi, appelée par les Saxons *gavel-kind*, par les Irlandais *gabhaïl cine* (établissement de famille) est commune, avec certaines modifications, à toutes les populations celtiques, à l'Irlande et à l'Écosse, au pays de Galles, en partie même à notre Bretagne.

Les grands légistes italiens, qui occupèrent les premiers le siège de Kenterbury, furent d'autant plus favorables aux coutumes de Kent qu'elles s'accordaient sous plusieurs rapports avec les principes du droit romain. Eudes, comte de Kent, frère de Guillaume-le-Conquérant, voulant traiter les hommes de

Kent comme l'étaient les habitants des autres provinces, « Lanfranc lui résista en face, et prouva devant tout le monde la liberté de sa terre par le témoignage de vieux Anglais qui étaient versés dans les usages de leur patrie; et il délivra ses hommes des mauvaises coutumes qu'Eudes voulait leur imposer[1]. » Dans une autre occasion, « le roi ordonna de convoquer sans délai tout le comté et de réunir tous les hommes du comté, Français et surtout Anglais, versés dans la connaissance des anciennes lois et coutumes. Arrivés à Penendin, ils s'assirent tous, et tout le comté fut retenu là pendant trois jours; et par tous ces hommes sages et honnêtes il fut décidé, accordé et jugé : que, tout aussi bien que le roi, l'archevêque de Kenterbury doit posséder ses terres avec pleine juridiction, en toute indépendance et sécurité[2]. »

Le successeur de Lanfranc, saint Anselme, se montra encore plus favorable aux vaincus. Lanfranc lui parlait un jour du Saxon Elfeg qui s'était dévoué pour défendre contre les Normands les libertés du pays : « Pour moi, dit Anselme, je crois que c'est un vrai martyr, celui qui aima mieux mourir que de faire du tort aux siens. Jean est mort pour la vérité; de même Elfeg pour la justice; tous deux pareillement pour Christ, qui est la justice et la vérité. » C'est Anselme qui contribua le plus au mariage d'Henri Beauclerc avec la nièce d'Edgar, dernier héritier de la royauté saxonne; cette union de deux races dut préparer, quoi

---

1. Vie de saint Lanfranc. — 2. Spence.

qu'on ait dit, la réhabilitation des vaincus. Le même archevêque de Kenterbury reçut, comme représentant de la nation, les serments de Beauclerc, lorsqu'il jura pour la seconde fois sa charte des privilèges féodaux et ecclésiastiques.

Ce fut une grande surprise pour le roi d'Angleterre d'apprendre que Thomas Becket, sa créature, son joyeux compagnon, prenait au sérieux sa nouvelle dignité. Le chancelier, le mondain, le courtisan, se ressouvint qu'il était peuple. Le fils du Saxon redevint Saxon, et fit oublier sa mère sarrasine par sa sainteté. Il s'entoura des Saxons, des pauvres, des mendiants, revêtit leur habit grossier, mangea avec eux et comme eux. Désormais il s'éloigna du roi, et résigna le sceau. Il y eut alors comme deux rois, et le roi des pauvres qui siégeait à Kenterbury, ne fut pas le moins puissant[1].

Henri, profondément blessé, obtint du pape une bulle qui rendait indépendant de l'archevêque l'abbé du monastère de saint Augustin. Il l'était effectivement sous les rois saxons. Thomas par représailles somma plusieurs barons de restituer au siège de Kenterbury une terre que leurs aïeux avaient reçue des rois en fief, déclarant qu'il ne connaissait point de loi pour l'injustice, et que ce qui avait été pris sans bon titre devait être rendu. Il s'agissait dès lors de savoir si l'ouvrage

---

1. Les conseillers du roi attribuèrent à Becket le projet de se rendre indépendant. On rapporta qu'il avait dit à ses confidents que la jeunesse de Henri demandait un maître, et qu'il savait combien il était lui-même nécessaire à un roi incapable de tenir sans son assistance les rênes du gouvernement.

de la conquête serait détruit, si l'archevêque saxon prendrait sur les descendants des vainqueurs la revanche de la bataille d'Hastings. L'épiscopat, que Guillaume-le-Bâtard avait rendu si fort dans l'intérêt de la conquête, tournait contre elle aujourd'hui. Heureusement pour Henri, les évêques étaient plus barons qu'évêques ; l'intérêt temporel touchait ces Normands tout autrement que celui de l'Église. La plupart se déclarèrent pour le roi, et se tinrent prêts à jurer ce qui lui plairait. Ainsi l'alarme donnée par Becket à cette Église toute féodale mettait le roi à même de se faire accorder par elle une toute-puissance qu'autrement il n'eût jamais osé demander.

Voici les principaux points que stipulaient les coutumes de Clarendon (1164) : « La garde de tout archevêché et évêché vacant sera donnée au roi, et les revenus lui en seront payés. L'élection sera faite d'après l'ordre du roi, avec son assentiment, par le haut clergé de l'Église, sur l'avis des prélats que le roi y fera assister. — Lorsque dans un procès l'une des deux, ou les deux parties seront ecclésiastiques, le roi décidera si la cause sera jugée par la cour séculière ou épiscopale. Dans le dernier cas, le rapport sera fait par un officier civil. Et si le défendeur est convaincu d'action criminelle, il perdra son bénéfice de clergie. — Aucun tenancier du roi ne sera excommunié sans que l'on se soit adressé au roi, ou, en son absence, au grand justicier. — Aucun ecclésiastique en dignité ne passera la mer sans la permission du roi. — Les ecclésiastiques tenanciers du roi tiennent leurs terres par baronnie, et sont obligés aux mêmes services que les laïques. »

Ce n'était pas moins que la confiscation de l'Église au profit d'Henri. Le roi percevant les fruits de la vacance, on pouvait être sûr que les sièges vaqueraient longtemps, comme sous Guillaume-le-Roux, qui avait affermé un archevêché, quatre évêchés, onze abbayes. Les évêchés allaient être la récompense, non plus des barons peut-être, mais des agents du fisc, des scribes, des juges complaisants. L'Église, soumise au service militaire, devenait toute féodale. Les institutions d'aumônes et d'écoles, d'offices religieux, devaient nourrir les Brabançons et les Cotereaux, et les fondations pieuses payer le meurtre. L'Église anglicane, perdant avec l'excommunication l'arme unique qui lui restât, enfermée dans l'île sans relation avec Rome, avec la communauté du monde chrétien, allait perdre tout esprit d'universalité, de *catholicité*. Ce qu'il y avait de plus grave, c'était l'anéantissement des tribunaux ecclésiastiques et la suppression du *bénéfice de clergie*. Ces droits donnaient lieu à de grands abus sans doute ; bien des crimes étaient impunément commis par des prêtres ; mais quand on songe à l'épouvantable barbarie, à la fiscalité exécrable des tribunaux laïques au douzième siècle, on est obligé d'avouer que la juridiction ecclésiastique était alors une ancre de salut. L'Église était presque la seule voie par où les races méprisées pussent reprendre quelque ascendant. On le voit par l'exemple des deux Saxons Breakspear (Adrien IV) et Becket.

Aussi toutes les races vaincues soutinrent l'évêque de Kent avec courage et fidélité. Sa lutte pour la liberté fut imitée avec plus de timidité et de modération en Aquitaine par l'évêque de Poitiers[1], et plus tard dans le pays de Galles, par le fameux Giraud-le-Cambrien, auquel nous devons, entre autres ouvrages, une si curieuse description de l'Irlande[2]. Les Bas-Bretons étaient pour Becket. Un Gallois le suivit dans l'exil au péril de ses jours, ainsi que le fameux Jean de Salisbury[3]. Il semblerait que les étudiants gallois aient porté les messages de Becket; car Henri II leur fit fermer les écoles, et défendre d'entrer nulle part en Angleterre sans son consentement.

Ce serait pourtant rétrécir ce grand sujet, que de n'y voir autre chose que l'opposition des races, de ne chercher qu'un Saxon dans Thomas Becket. L'archevêque de Kenterbury ne fut pas seulement le saint de l'Angleterre, le saint des vaincus, Saxons et Gallois, mais tout autant celui de la France et de la chrétienté. Son souvenir ne resta pas moins vivant chez nous que dans sa patrie. On montre encore la maison qui le reçut à Auxerre, et, en Dauphiné, une église qu'il y bâtit dans son exil. Aucun tombeau ne fut plus visité,

---

1. *App.* 93.
2. Élu évêque en 1176 par les moines de Saint-David, dans le comté de Pembroke (pays de Galles), et chassé par Henri II, qui mit à sa place un Normand; réélu en 1198 par les mêmes moines, et chassé de nouveau par Jean-sans-Terre. Trop faiblement soutenu, il échoua dans sa lutte courageuse pour l'indépendance de l'Église galloise; mais sa patrie lui en garda une profonde reconnaissance. « Tant que durera notre pays, dit un poète gallois, ceux qui écrivent et ceux qui chantent se souviendront de ta noble audace. »
3. *App.* 94.

aucun pèlerinage plus en vogue au moyen âge que celui de saint Thomas de Kenterbury. On dit qu'en une seule année il y vint plus de cent mille pèlerins. Selon une tradition, on aurait, en un an, offert jusqu'à 950 livres sterling à la chapelle de saint Thomas, tandis que l'autel de la Vierge ne reçut que quatre livres ; Dieu lui-même n'eut pas une offrande.

Thomas fut cher au peuple entre tous les saints du moyen âge, parce qu'il était peuple lui-même par sa naissance basse et obscure, par sa mère sarrasine et son père saxon. La vie mondaine qu'il avait menée d'abord, son amour des chiens, des chevaux, des faucons[1], ces goûts de jeunesse dont il ne guérit jamais bien, tout cela leur plaisait encore. Il conserva, sous l'habit de prêtre, une âme de chevalier, loyale et courageuse, et il n'en réprimait qu'avec peine les élans. Dans une des plus périlleuses circonstances de sa vie, lorsque les barons et les évêques d'Henri semblaient prêts à le mettre en pièces, l'un d'eux osa l'appeler traître ; il se retourna vivement et répliqua : « Si le caractère de mon ordre ne me le défendait, le lâche se repentirait de son insolence. »

Ce qu'il y eut de grand, de magnifique et de terrible dans la destinée de cet homme, c'est qu'il se trouva chargé, lui faible individu et sans secours, des intérêts de l'Église universelle, qui semblaient ceux du genre humain. Ce rôle, qui appartenait au pape, et

---

1. Lorsque dans la suite il débarqua en France, il aperçut des jeunes gens dont l'un tenait un faucon, et ne put s'empêcher d'aller voir l'oiseau ; cela faillit le trahir.

que Grégoire VII avait soutenu, Alexandre III n'osa le reprendre ; il en avait bien assez de la lutte contre l'antipape, contre Frédéric-Barberousse, le conquérant de l'Italie. Ce pape était le chef de la ligue lombarde, un politique, un patriote italien ; il négociait, combattait, fuyait et revenait ; il animait les partis, provoquait des désertions, faisait des traités, fondait des villes. Il se serait bien gardé d'indisposer le plus grand roi de la chrétienté, je parle d'Henri II, lorsqu'il avait déjà contre lui l'empereur. Toute sa conduite avec Henri fut pleine de timides et honteux ménagements ; il ne cherchait qu'à gagner du temps par de misérables équivoques, par des lettres et des contre-lettres, vivant au jour le jour, ménageant l'Angleterre et la France, agissant en diplomate, en prince séculier, tandis que le roi de France acceptait le patronage de l'Église, tandis que Becket souffrait et mourait pour elle. Étrange politique, qui devait apprendre au peuple à chercher partout ailleurs qu'à Rome le représentant de la religion et l'idéal de la sainteté.

Dans cette grande et dramatique lutte, Becket eut à soutenir toutes les tentations, la terreur, la séduction, ses propres scrupules. De là, une hésitation dans les commencements, qui ressembla à la crainte. Il succomba d'abord dans l'assemblée de Clarendon, soit qu'il eût cru qu'on en voulait à sa vie, soit qu'il fût retenu encore par ses obligations envers le roi. Cette faiblesse est digne de pitié dans un homme qui pouvait être combattu entre deux devoirs. D'une part, il devait beaucoup à Henri, de l'autre, encore plus à son Église de Kent, à celle d'Angleterre, à l'Église universelle, dont il défendait seul les droits. Cette incurable dualité du moyen âge, déchiré entre l'État et la religion, a fait le tourment et la tristesse des plus grandes âmes, de Godefroi de Bouillon, de saint Louis, de Dante.

« Malheureux! disait Thomas en revenant de Clarendon, je vois l'Église anglicane, en punition de mes péchés, devenue servante à jamais! Cela devait arriver; je suis sorti de la cour, et non de l'Église; j'ai été chasseur de bêtes, avant d'être pasteur d'hommes. L'amateur des mimes et des chiens est devenu le conducteur des âmes... Me voilà donc abandonné de Dieu. »

Une autre fois, Henri essaya la séduction, au défaut de la violence. Becket n'avait qu'à dire un mot; il lui offrait tout, il mettait tout à ses pieds; c'était la scène de Satan transportant Jésus sur la montagne, lui montrant le monde et disant : « Je te donnerai tout cela, si tu veux tomber à genoux et m'adorer. » Tous les contemporains reconnaissent ainsi, dans la lutte de Thomas contre Henri, une image des tentations du Christ, et dans sa mort un reflet de la Passion. Les hommes du moyen âge aimaient à saisir de telles analogies. Le dernier livre en ce genre, et le plus hardi, est celui des *Conformités du Christ et de saint François*.

L'extension même du pouvoir royal, qui faisait le fond de la question, devint de bonne heure un objet secondaire pour Henri. L'essentiel fut pour lui la ruine, la mort de Thomas; il eut soif de son sang. Que toute cette puissance qui s'étendait sur tant de peuples, se brisât contre la volonté d'un homme ; qu'après tant de succès faciles, il se présentât un obstacle, c'est aussi trop fort à supporter pour cet enfant gâté de la fortune. Il se désolait, il pleurait.

Les gens zélés ne manquaient pas pourtant pour consoler le roi, et tâcher de satisfaire son envie. On essaya dès 1164. L'archevêque fut contraint, malade et faible encore, de se présenter devant la cour des barons et des évêques. Le matin, il célébra l'office de saint Étienne, premier martyr, qui commence par ces mots : « Les princes se sont assis en conseil pour délibérer contre moi. » Puis il marcha courageusement, et se présenta revêtu de ses habits pontificaux et portant sa grande croix d'argent. Cela embarrassa ses ennemis. Ils essayèrent en vain de lui arracher sa croix. Revenant aux formes juridiques, ils l'accusèrent d'avoir détourné les deniers publics, puis d'avoir célébré la messe sous l'invocation du diable, et ils voulaient le déposer. On l'aurait tué alors en sûreté de conscience. Le roi attendait impatiemment. Les voies de fait commençaient déjà ; quelques-uns rompaient des pailles et les lui jetaient. L'archevêque en appela au pape, se retira lentement, et les laissa interdits. Ce fut là la première tentation, la comparution devant Hérode et Caïphe. Tout le peuple attendait dans les larmes. Lui, il fit dresser des tables, appela tout ce qu'on put trouver de pauvres dans la ville, et fit comme la Cène avec eux[1]. La nuit même il partit, et parvint avec peine sur le continent.

1. Dixit : « Sinite pauperes Christi..... omnes intrare nobiscum, ut epulc-

Ce fut une grande douleur pour Henri que sa proie eût échappé. Il mit au moins la main sur ses biens, il partagea sa dépouille; il bannit tous ses parents en ligne ascendante et descendante, les chassa tous, vieillards, femmes enceintes et petits enfants. Encore exigeait-on d'eux au départ le serment d'aller se montrer dans leur exil à celui qui en était la cause. L'exilé les vit en effet, au nombre de quatre cents, arriver les uns après les autres, pauvres et affamés, le saluer de leur misère et de leurs haillons; il fallut qu'il endurât cette procession d'exilés. Par-dessus tout cela, lui arrivaient les lettres des évêques d'Angleterre, pleines d'amertume et d'ironie. Ils le félicitaient de la pauvreté apostolique où il était réduit; ils espéraient que ses abstinences profiteraient à son salut. Ce sont les consolations des amis de Job.

L'archevêque accepta son malheur, et l'embrassa comme pénitence. Réfugié à Saint-Omer, puis à Pontigny, couvent de l'ordre de Cîteaux, il s'essaya aux austérités de ces moines[1]. De là il écrivit au pape, s'accusant d'avoir été intrus dans son siège épiscopal, et déclarant qu'il déposait sa dignité. Alexandre III, réfugié alors à Sens, avait peur de prendre parti, et de se mettre un nouvel ennemi sur les bras. Il condamna plusieurs articles des constitutions de Claren-

---

mur in Domino ad invicem. » Et impleta sunt domus et atria circumquaque discumbentium.

1. « Il portait le cilice et se flagellait. Il obtint d'un frère qu'outre le repas délicat qu'on lui servait, il lui apportât secrètement la pitance ordinaire des moines, et il s'en contenta à l'avenir. Mais ce régime, si contraire à ses habitudes, le rendit bientôt assez grièvement malade. » (Vita quadrip.)

don, mais refusa de voir Thomas, et se contenta de lui écrire qu'il le rétablissait dans sa dignité épiscopale. « Allez, écrivait-il froidement à l'exilé, allez apprendre dans la pauvreté à être le consolateur des pauvres. »

Le seul soutien de Thomas, c'était le roi de France. Louis VII était trop heureux de l'embarras où cette affaire mettait son rival. C'était d'ailleurs, comme on a vu, un prince singulièrement doux et pieux. L'évêque, persécuté pour la défense de l'Église, était pour lui un martyr. Aussi l'accueillit-il avec faveur, ajoutant que la protection des exilés était un des anciens fleurons de la couronne de France. Il accorda à Thomas et à ses compagnons d'infortune un secours journalier en pain et autres vivres, et quand le roi d'Angleterre lui envoya demander vengeance contre l'*ancien archevêque* : « Et qui donc l'a déposé ? dit Louis. Moi, je suis roi aussi, et je ne puis déposer dans ma terre le moindre des clercs. »

Abandonné du pape et nourri par la charité du roi de France, Thomas ne recula point. Henri ayant passé en Normandie, l'archevêque se rendit à Vézelay, au lieu même où vingt ans auparavant saint Bernard avait prêché la seconde croisade, et le jour de l'Ascension, au milieu du plus solennel appareil, au son des cloches, à la lueur des cierges, il excommunia les défenseurs des constitutions de Clarendon, les détenteurs des biens de l'Église de Kenterbury, et ceux qui avaient communiqué avec l'antipape que soutenait l'empereur. Il désignait nominativement six des favoris du roi ; il ne le nommait pas lui-même, et tenait encore le glaive suspendu sur lui.

Cette démarche audacieuse jeta Henri dans le plus violent accès de fureur. Il se roulait par terre, il jetait son chaperon, ses habits, arrachait la soie qui couvrait son lit, et rongeait comme une bête enragée la laine et la paille. Revenu un peu à lui, il écrivit et fit écrire au pape par le clergé de Kent, se montrant prêt à recourir aux dernières extrémités, priant et menaçant tour à tour. D'une part il envoyait à l'empereur des ambassadeurs pour jurer de reconnaître l'antipape, et menaçait même de se faire musulman[1] ; puis il s'excusait auprès d'Alexandre III, assurait que ses envoyés avaient parlé sans mission, puis il affirmait qu'il n'avait rien dit. En même temps il achetait les cardinaux, il envoyait de l'argent aux Lombards, alliés d'Alexandre. Il sollicitait les jurisconsultes de Bologne de lui donner une réponse contre l'archevêque. Il allait jusqu'à offrir au pape de tout abandonner, de lui sacrifier les constitutions de Clarendon. Tant il languissait de perdre son ennemi !

Tout cela finit par agir. Il obtint des lettres pontificales d'après lesquelles Thomas serait suspendu de toute autorité épiscopale jusqu'à ce qu'il fût rentré en grâce avec le roi. Henri montra publiquement ces lettres, se vanta d'avoir désarmé Becket, et de tenir désormais le pape dans sa bourse[2]. Les moines de Cîteaux, menacés par lui pour les possessions qu'ils

---

[1]. Jean de Salisbury. — [2]. Id.

avaient dans ses États, firent entendre doucement à Becket qu'ils n'osaient plus le garder chez eux. Le roi de France, scandalisé de la lâcheté de ces moines, ne put s'empêcher de s'écrier : « O religion, religion, où es-tu donc ? Voilà que ceux que nous avons crus morts au siècle, bannissent en vue des choses du siècle l'exilé pour la cause de Dieu[1] ? »

Le roi de France lui-même finit par céder. Henri, dans la rage de sa passion contre Becket, s'était humilié devant le faible Louis, s'était reconnu son vassal, avait demandé sa fille pour son fils, et promis de partager ses États entre ses enfants[2]. Louis se porta donc pour médiateur ; il amena Becket à Montmirail en Perche, où se rendit le roi d'Angleterre. Des paroles vagues furent échangées, Henri réservant l'honneur du royaume, et l'archevêque l'honneur de Dieu. « Qu'attendez-vous donc ? dit le roi de France ; voilà la paix entre vos mains. » L'archevêque persistant dans ses réserves, tous les assistants des deux nations l'accusaient d'obstination. Un des barons français s'écria que celui qui résistait au conseil et à la volonté unanime des seigneurs des deux royaumes ne méritait plus d'asile. Les deux rois remontèrent à cheval sans saluer Becket, qui se retira fort abattu[3].

Ainsi furent complétés l'abandon et la misère de l'archevêque. Il n'eut plus ni pain ni gîte, et fut réduit

---

1. Louis envoya au-devant de l'archevêque une escorte de trois cents hommes.
2. A Montmirail, Henri se remit, lui, ses enfants, ses terres, ses hommes, ses trésors, à la discrétion de Louis. — 3. *App.* 95.

à vivre des aumônes du peuple. C'est peut-être alors qu'il bâtit l'église dont on lui attribue la construction. L'architecture était un des arts dont la tradition se perpétuait parmi les chefs de l'ordre ecclésiastique. Nous voyons un peu après, dans la croisade des Albigeois, maître Théodise, archidiacre de Notre-Dame de Paris, réunir, comme Becket, les titres de légiste et d'architecte [1].

Cependant le roi d'Angleterre, pour porter le dernier coup au primat, essaya de transporter à l'archevêque d'York les droits de Kenterbury, et lui fit sacrer son fils. Au banquet du couronnement, il voulut, dans l'ivresse de sa joie, servir lui-même à table le jeune roi, et ne sachant plus ce qu'il faisait, il lui échappa de s'écrier que « depuis ce jour il n'était plus roi », parole fatale, qui ne tomba pas en vain dans l'oreille du jeune roi et des assistants.

Thomas, frappé par Henri de ce nouveau coup, abandonné et vendu par la cour de Rome, écrivait au pape, aux cardinaux, des lettres terribles, des paroles de condamnation : « Pourquoi mettez-vous dans ma route la pierre du scandale ? pourquoi fermez-vous ma voie d'épines ?... Comment dissimulez-vous l'injure que le Christ endure en moi, en vous-même, qui devez tenir ici-bas la place du Christ ? Le roi d'Angleterre a envahi les biens ecclésiastiques, renversé les libertés de l'Église, porté la main sur les oints du Seigneur, les

---

1. Ce fut Lanfranc qui bâtit, sur l'ordre de Guillaume-le-Conquérant, l'église de Saint-Étienne de Caen, dernier et magnifique produit de l'architecture romane.

emprisonnant, les mutilant, leur arrachant les yeux ; d'autres, il les a forcés de se justifier par le duel, ou par les épreuves de l'eau et du feu. Et l'on veut, au milieu de tels outrages, que nous nous taisions ?... Ils se taisent, ils se tairont les mercenaires ; mais quiconque est un vrai pasteur de l'Église, se joindra à nous...

« Je pouvais fleurir en puissance, abonder en richesses et en délices, être craint et honoré de tous. Mais puisqu'enfin le Seigneur m'a appelé, moi indigne et pauvre pécheur, au gouvernement des âmes, j'ai choisi, par l'inspiration de la grâce, d'être abaissé dans sa maison, d'endurer jusqu'à la mort la proscription, l'exil, les plus extrêmes misères, plutôt que de faire bon marché de la liberté de l'Église. Qu'ils agissent ainsi ceux qui se promettent de longs jours, et qui trouvent dans leurs mérites l'espérance d'un temps meilleur. Moi, je sais que le mien sera court, et que si je tais à l'impie son iniquité, je rendrai compte de son sang. Alors, l'or et l'argent ne serviront de rien, ni les présents, qui aveuglent même les sages... Nous serons bientôt vous et moi, très saint père, devant le tribunal du Christ. C'est au nom de sa majesté, et de son jugement formidable, que je vous demande justice contre ceux qui veulent le tuer une seconde fois. »

Il écrivait encore : « Nous sommes à peine soutenus de l'aumône étrangère. Ceux qui nous secouraient sont épuisés ; ceux qui avaient pitié de notre exil, désespèrent, en voyant comment agit le seigneur pape... Écrasés par l'Église romaine, nous qui, seuls dans le monde occidental, combattons pour elle, nous serions forcés de délaisser la cause du Christ, si la grâce ne nous soutenait... Le Seigneur verra cela du haut de la montagne ; elle jugera les extrémités de la terre, cette Majesté terrible, qui éteint le souffle des rois. Pour nous, morts ou vivants, nous sommes, nous serons à lui, prêts à tout souffrir pour l'Église. Plaise à Dieu qu'il nous trouve dignes d'endurer la persécution pour sa justice !

« ... Je ne sais comment il se fait que devant cette cour ce soit toujours le parti de Dieu qu'on immole, de sorte que Barabas se sauve, et que Christ soit mis à mort. Voilà tout à l'heure six ans révolus que, par l'autorité de la cour pontificale, se prolongent ma proscription et la calamité de l'Église. Chez vous, les malheureux exilés, les innocents sont condamnés pour cela seul qu'ils sont les faibles, les pauvres de Christ, et qu'ils n'ont pas voulu dévier de la justice de Dieu. Au contraire, sont absous les sacrilèges, les homicides, les ravisseurs impénitents, des hommes dont j'ose dire librement que, s'ils comparaissaient devant saint Pierre même, le monde aurait beau les défendre, Dieu ne pourrait les absoudre... Les envoyés du roi promettent nos dépouilles aux cardinaux, aux courtisans. Eh bien ! que Dieu voie et juge. Je suis prêt à mourir. Qu'ils arment pour ma perte le roi d'Angleterre, et s'ils veulent, tous les rois du monde : moi, Dieu aidant, je ne m'écarterai de ma fidélité à l'Église, ni en la vie, ni en la mort. Pour le reste, je remets à Dieu sa propre cause ; c'est pour lui que je suis proscrit ; qu'il remédie et pourvoie. J'ai désormais le ferme propos de ne plus importuner la cour de Rome. Qu'ils s'adressent à elle, ceux qui se prévalent de leur iniquité, et qui, dans leur triomphe sur la justice et l'innocence, reviennent glorieux, à la contrition de l'Église. Plût à Dieu que la voie de Rome n'eût déjà perdu tant de malheureux et d'innocents !... »

Ces paroles terribles retentirent si haut, que la cour de Rome trouva plus de danger à abandonner Thomas qu'à le soutenir. Le roi de France avait écrit au pape : « Il faut que vous renonciez enfin à vos démarches trompeuses et dilatoires », et il n'était, en cela, que l'organe de toute la chrétienté. Le pape se décida à suspendre l'archevêque d'York pour usurpation des droits de Kenterbury, et il menaça le roi, s'il ne restituait les biens usurpés. Henri s'effraya; une entrevue eut lieu à Chinon entre l'archevêque et les deux rois. Henri promit satisfaction, montra beaucoup de courtoisie envers Thomas, jusqu'à vouloir lui tenir l'étrier au départ. Cependant l'archevêque et le roi, avant de se quitter, se chargèrent de propos amers, se reprochant ce qu'ils avaient fait l'un pour l'autre. Au moment de la séparation, Thomas fixa les yeux sur Henri d'une manière expressive, et lui dit avec une sorte de solennité : « Je crois bien que je ne vous reverrai plus. — Me prenez-vous donc pour un traître? » répliqua vivement le roi. L'archevêque s'inclina et partit.

Ce dernier mot d'Henri ne rassura personne. Il refusa à Thomas le baiser de paix, et pour messe de réconciliation il fit dire une messe des morts[1]. Cette messe fut dite dans une chapelle dédiée aux martyrs. Un clerc de l'archevêque en fit la remarque, et dit : « Je crois bien, en effet, que l'Église ne recouvrera la paix que par un martyre »; à quoi Thomas répondit : « Plaise à Dieu qu'elle soit délivrée, même au prix de mon sang ! » — Le roi de France avait dit aussi : « Pour moi, je ne voudrais pas, pour mon pesant d'or, vous conseiller de retourner en Angleterre, s'il vous refuse le baiser de paix. » Et le comte Thibault de Champagne ajouta : « Ce n'est pas même assez du baiser. »

Depuis longtemps Thomas prévoyait son sort, et s'y résignait. A son départ du couvent de Pontigny, dit l'historien contemporain, l'abbé lui vit pendant le souper verser des larmes. Il s'étonna, lui demanda s'il lui manquait quelque chose, et lui offrit tout ce qui était en son pouvoir. « Je n'ai besoin de rien, dit l'archevêque, tout est fini pour moi. Le Seigneur a daigné la nuit dernière apprendre à son serviteur la fin qui l'attend. — Quoi de commun, dit l'abbé en badinant, entre un bon vivant et un martyr, entre le calice du martyre et celui que vous venez de boire ? » L'archevêque répondit : « Il est vrai, j'accorde quelque chose aux plaisirs du corps[2], mais le Seigneur est bon, il justifie l'indigne et l'impie. »

---

1. On avait choisi cette messe, parce qu'on ne s'y donnait pas de baiser de paix à l'évangile, comme aux autres offices.

2. Voyez cependant dans Hoveden la vie austère et mortifiée que menait le saint. Sa table était splendide, et cependant il ne prenait que du pain et de l'eau. Il priait la nuit, et le matin réveillait tous les siens. Il se faisait donner la nuit trois ou cinq coups de discipline, autant le jour, etc.

Après avoir remercié le roi de France, Thomas et les siens s'acheminèrent vers Rouen. Ils n'y trouvèrent rien de ce qu'Henri avait promis, ni argent ni escorte. Loin de là, il apprenait que les détenteurs des biens de Kenterbury le menaçaient de le tuer, s'il passait en Angleterre. Renouf de Broc, qui occupait pour le roi tous les biens de l'archevêché, avait dit : « Qu'il débarque, il n'aura pas le temps de manger ici un pain entier. » L'archevêque inébranlable écrivit à Henri qu'il connaissait son danger, mais qu'il ne pouvait voir plus longtemps l'Église de Kenterbury, la mère de la Bretagne chrétienne, périr pour la haine qu'on portait à son évêque. « La nécessité me ramène, infortuné pasteur, à mon Église infortunée. J'y retourne, par votre permission ; j'y périrai pour la sauver, si votre piété ne se hâte d'y pourvoir. Mais que je vive ou que je meure, je suis et serai toujours à vous dans le Seigneur. Quoi qu'il m'arrive à moi ou aux miens, Dieu vous bénisse, vous et vos enfants ! »

Cependant il s'était rendu sur la côte voisine de Boulogne. On était au mois de novembre dans la saison des mauvais temps de mer ; le primat et ses compagnons furent contraints d'attendre quelques jours au port de Wissant, près de Calais. Une fois qu'ils se promenaient sur le rivage, ils virent un homme accourir vers eux, et le prirent d'abord pour le patron de leur vaisseau venant les avertir de se préparer au passage ; mais cet homme leur répondit qu'il était clerc et doyen de l'église de Boulogne, et que le comte, son seigneur, l'envoyait les prévenir de ne point s'embarquer, parce que des troupes de gens armés se tenaient en observation sur la côte d'Angleterre, pour saisir ou tuer l'archevêque. « Mon fils, répondit Thomas, quand j'aurais la certitude d'être démembré et coupé en morceaux sur l'autre bord, je ne m'arrêterais point dans ma route. C'est assez de sept ans d'absence pour le pasteur et pour le troupeau. — Je vois l'Angleterre, dit-il encore, et j'irai, Dieu aidant. Je sais pourtant certainement que j'y trouverai ma Passion. » La fête de Noël approchait, et il voulait, à tout prix, célébrer dans son église la naissance du Sauveur.

Quand il approcha du rivage, et qu'on vit sur sa barque la croix de Kenterbury qu'on portait toujours devant le primat, la foule du peuple se précipita, pour se disputer sa bénédiction. Quelques-uns se prosternaient, et poussaient des cris. D'autres jetaient leurs vêtements sous ses pas, et criaient : Béni celui qui vient au nom du Seigneur! Les prêtres se présentaient à lui à la tête de leurs paroisses. Tous disaient que le Christ arrivait pour être crucifié encore une fois, qu'il allait souffrir pour Kent, comme à Jérusalem il avait souffert pour le monde [1]. Cette foule intimida les Normands qui étaient venus avec de grandes menaces, et qui avaient tiré leurs épées. Pour lui, il parvint à Kenterbury au son des hymnes et des cloches, et montant en chaire, il prêcha sur ce texte : « Je suis venu pour mourir au milieu de vous. » Déjà il avait écrit au pape pour lui demander de dire à son intention les prières des agonisants [2].

1. Vita quadrip.; Jean de Salisbury. — 2. Roger de Hoveden.

Le roi était alors en Normandie. Il fut bien étonné, bien effrayé quand on lui dit que le primat avait osé passer en Angleterre. On racontait qu'il marchait environné d'une foule de pauvres, de serfs, d'hommes armés; ce roi des pauvres s'était rétabli dans son trône de Kenterbury, et avait poussé jusqu'à Londres. Il apportait des bulles du pape pour mettre de nouveau le royaume en interdit. Telle était en effet la duplicité d'Alexandre III. Il avait envoyé l'absolution à Henri, et à l'archevêque la permission d'excommunier. Le roi, ne se connaissant plus, s'écria : « Quoi! un homme qui a mangé mon pain, un misérable qui est venu à ma cour sur un cheval boiteux, foulera aux pieds la royauté ! le voilà qui triomphe, et qui s'assied sur mon trône! et pas un des lâches que je nourris n'aura le cœur de me débarrasser de ce prêtre ! » C'était la seconde fois que ces paroles homicides sortaient de sa bouche, mais alors elles n'en tombèrent pas en vain. Quatre des chevaliers de Henri se crurent déshonorés s'ils laissaient impuni l'outrage fait à leur seigneur. Telle était la force du lien féodal, telle la vertu du serment réciproque que se prêtaient l'un à l'autre le seigneur et le vassal. Les quatre n'attendirent pas la décision des juges que le roi avait commis pour faire le procès à Becket. Leur honneur était compromis, s'il mourait autrement que de leur main.

Partis à différentes heures et de ports différents, ils arrivèrent tous en même temps à Saltwerde. Renouf de Broc leur amena un grand nombre de soldats. « Voilà donc que le cinquième jour après Noël, comme l'archevêque était vers onze heures dans sa chambre et que quelques clercs et moines y traitaient d'affaires avec lui, entrèrent les quatre satellites. Salués par ceux qui étaient assis près de la porte, ils leur rendent le salut, mais à voix basse, et parviennent jusqu'à l'archevêque ; ils s'assoient à terre devant ses pieds, sans le saluer ni en leur nom ni au nom du roi. Ils se tenaient en silence ; le Christ du Seigneur se taisait aussi. »

Enfin Renaud-fils-d'Ours prit la parole : « Nous t'apportons d'outre-mer des ordres du roi. Nous voulons savoir si tu aimes mieux les entendre en public ou en particulier. » Le saint fit sortir les siens ; mais celui qui gardait la porte, la laissa ouverte, pour que du dehors on pût tout voir. Quand Renaud lui eut communiqué les ordres, et qu'il vit bien qu'il n'avait rien de pacifique à attendre, il fit rentrer tout le monde, et leur dit : « Seigneurs, vous pouvez parler devant ceux-ci. »

Les Normands prétendirent alors que le roi Henri lui envoyait l'ordre de faire serment au jeune roi, et lui reprochèrent d'être coupable de lèse-majesté. Ils auraient voulu le prendre subtilement par ses paroles, et à chaque instant ils s'embarrassaient dans les leurs. Ils l'accusaient encore de vouloir se faire roi d'Angleterre ; puis, saisissant à tout hasard un mot de l'archevêque, ils s'écrièrent : « Comment, vous accusez le roi de perfidie ? Vous nous menacez, vous voulez encore nous excommunier tous ? » Et l'un d'eux ajouta : « Dieu me garde ! il ne le fera jamais, voilà déjà trop de gens qu'il a jetés dans les liens de l'anathème. » Ils se levèrent alors en furieux, agitant leurs bras et tordant leurs gants. Puis s'adressant aux assistants, ils leur dirent : « Au nom du roi, vous nous répondez de cet homme, pour le représenter en temps et lieu. — Eh quoi, dit l'archevêque, croiriez-vous que je veux m'échapper? je ne fuirais ni pour le roi, ni pour aucun homme vivant. — Tu as raison, dit l'un des Normands, Dieu aidant, tu n'échapperas pas. » L'archevêque rappela en vain Hugues de Morville, le plus noble d'entre eux, et celui qui semblait devoir être le plus raisonnable. Mais ils ne l'écoutèrent pas, et partirent en tumulte, avec de grandes menaces.

La porte fut fermée aussitôt derrière les conjurés; Renaud s'arma devant l'avant-cour, et prenant une hache des mains d'un charpentier qui travaillait, il frappa contre la porte pour l'ouvrir ou la briser. Les gens de la maison, entendant les coups de hache, supplièrent le primat de se réfugier dans l'église, qui communiquait à son appartement par un cloître ou une galerie; il ne voulut point, et on allait l'y entraîner de force, quand un des assistants fit remarquer que l'heure des vêpres avait sonné. « Puisque c'est l'heure de mon devoir, j'irai à l'église », dit l'archevêque; et faisant porter sa croix devant lui, il traversa le cloître à pas lents, puis marcha vers le grand autel, séparé de la nef par une grille entr'ouverte.

Quand il entra dans l'église, il vit les clercs en rumeur qui fermaient les verrous des portes : « Au nom de votre vœu d'obéissance, s'écria-t-il, nous vous défendons de fermer la porte. Il ne convient pas de faire de l'église une bastille. » Puis il fit entrer ceux des siens qui étaient restés dehors.

A peine il avait le pied sur les marches de l'autel, que Renaud-fils-d'Ours parut à l'autre bout de l'église revêtu de sa cotte de mailles, tenant à la main sa large épée à deux tranchants, et criant : « A moi, à moi, loyaux servants du roi ! » Les autres conjurés le suivirent de près, armés comme lui de la tête aux pieds et brandissant leurs épées. Les gens qui étaient avec le primat voulurent alors fermer la grille du chœur ; lui-même le leur défendit et quitta l'autel pour les en empêcher ; ils le conjurèrent avec de grandes instances de se mettre en sûreté dans l'église souterraine ou de monter l'escalier par lequel, à travers beaucoup de détours, on arrivait au faîte de l'édifice. Ces deux conseils furent repoussés aussi positivement que les premiers. Pendant ce temps, les hommes armés s'avançaient. Une voix cria : « Où est le traître ? » Becket ne répondit rien. « Où est l'archevêque ? — Le voici, répondit Becket, mais il n'y a pas de traître ici ; que venez-vous faire dans la maison de Dieu avec un pareil vêtement ? Quel est votre dessein ? — Que tu meures. — Je m'y résigne ; vous ne me verrez point fuir devant vos épées ; mais au nom de Dieu tout-puissant je vous défends de toucher à aucun de mes compagnons, clerc ou laïque, grand ou petit. » Dans ce moment il reçut par derrière un coup de plat d'épée entre les épaules, et celui qui le lui porta lui dit : « Fuis, ou tu es mort. » Il ne fit pas un mouvement; les hommes d'armes entreprirent de le tirer hors de l'église, se faisant scrupule de l'y tuer. Il se débattit contre eux, et déclara fermement qu'il ne sortirait point, et les contraindrait à exécuter sur la place même leurs intentions ou leurs ordres[1]. — Et se tournant vers un autre qu'il voyait arriver l'épée nue, il lui dit : « Qu'est-ce donc, Renaud? je t'ai comblé de bienfaits, et tu approches de moi tout armé, dans l'église? » Le meurtrier répondit : « Tu es mort. » — Puis il leva son épée, et d'un même coup de revers trancha la main d'un moine saxon appelé Edward Cryn, et blessa Becket à la tête. Un second coup, porté par un autre Normand, le renversa la face contre terre, et fut asséné avec une telle violence que l'épée se brisa sur le pavé. Un homme d'armes, appelé Guillaume Mautrait, poussa du pied le cadavre immobile, en disant : « Qu'ainsi meure le traître qui a troublé le royaume et fait insurger les Anglais. »

Ils disaient en s'en allant : « Il a voulu être roi, et plus que roi; eh bien! qu'il soit roi maintenant[2]! » Et au milieu de ces bravades, ils n'étaient pas rassurés. L'un d'eux rentra dans l'église, pour voir s'il était bien mort; il lui plongea encore son épée dans la tête, et fit jaillir la cervelle[3]. Il ne pouvait le tuer à son gré.

C'est en effet une chose vivace que l'homme; il n'est pas facile de le détruire. Le délivrer du corps, le guérir de cette vie terrestre, c'est le purifier, l'orner et

---

1. Thierry.
2. « Modo sit rex, modo sit rex. » Et in hoc similes illis qui Domino in cruce pendenti insultabant. » (Vit. quadrip.) — 3. *Ibid.*

l'achever. Aucune parure ne lui va mieux que la mort. Un moment avant que les meurtriers n'eussent frappé, les partisans de Thomas étaient las et refroidis, le peuple doutait, Rome hésitait. Dès qu'il eut été touché du fer, inauguré de son sang, couronné de son martyre, il se trouva d'un coup grandi de Kenterbury jusqu'au ciel. « Il fut roi », comme avaient dit les meurtriers, répétant, sans le savoir, le mot de la Passion. Tout le monde fut d'accord sur lui, le peuple, les rois, le pape. Rome qui l'avait délaissé, le proclama saint et martyr. Les Normands qui l'avaient tué, reçurent à Westminster les bulles de canonisation, pleins d'une componction hypocrite et pleurant à chaudes larmes.

Au moment même du meurtre, lorsque les assassins pillèrent la maison épiscopale, et qu'ils trouvèrent dans les habits de l'archevêque les rudes cilices dont il mortifiait sa chair, ils furent consternés ; ils se disaient tout bas, comme le centurion de l'Évangile : « Véritablement, cet homme était un juste. » Dans les récits de sa mort, tout le peuple s'accordait à dire que jamais martyr n'avait reproduit plus complètement la Passion du Sauveur. S'il y avait des différences, on les mettait à l'avantage de Thomas. « Le Christ, dit un contemporain, a été mis à mort hors de la ville, dans un lieu profane et dans un jour que les Juifs ne tenaient pas pour sacré ; Thomas a péri dans l'église même, et dans la semaine de Noël, le jour des Saints-Innocents. »

Le roi Henri se trouvait dans un grand danger ; tout le monde lui attribuait le meurtre. Le roi de France, le comte de Champagne, l'avaient solennellement accusé par-devant le pape. L'archevêque de Sens, primat des Gaules, avait lancé l'excommunication. Ceux mêmes qui lui devaient le plus, s'éloignaient de lui avec horreur. Il apaisa la clameur publique à force d'hypocrisie. Ses évêques normands écrivirent à Rome que pendant trois jours il n'avait voulu ni manger ni boire : « Nous qui pleurions le primat, disaient-ils, nous avons cru que nous aurions encore le roi à pleurer. » La cour de Rome, qui d'abord avait affecté une grande colère, finit pourtant par s'attendrir. Le roi jura qu'il n'avait nulle part à la mort de Thomas; il offrit aux légats de se soumettre à la flagellation; il mit aux pieds du pape la conquête de l'Irlande, qu'il venait de faire; il imposa, dans cette île, le denier de saint Pierre sur chaque maison, il sacrifia les constitutions de Clarendon, s'engagea à payer pour la croisade, à y aller lui-même quand le pape l'exigerait, et déclara l'Angleterre fief du saint-siège[1].

Ce n'était pas assez d'avoir apaisé Rome; il eût été quitte à trop bon marché. Voilà bientôt après que son fils aîné, le jeune roi Henri, réclame sa part du royaume, et déclare qu'il veut venger la mort de celui qui l'a élevé, du saint martyr, Thomas de Kenterbury. Les motifs qu'alléguait le jeune prince pour revendiquer la couronne, paraissaient alors fort graves, quelque faibles qu'ils puissent sembler aujourd'hui. D'abord, le roi lui-même, en le servant à table au jour de son couronne-

1. *App.* 96.

ment, avait dit imprudemment qu'il abdiquait. Le moyen âge prenait toute parole au sérieux. Celle d'Henri II suffisait pour rendre la plupart des sujets incertains entre les deux rois. La lettre est toute-puissante aux temps barbares. Tel est alors le principe de toute jurisprudence : *Qui virgula cadit, causa cadit.*

D'autre part, Henri n'avait fait pour la mort de saint Thomas qu'une satisfaction incomplète. Aux uns il paraissait encore souillé du sang d'un martyr. Les autres, se souvenant qu'il avait offert de se soumettre à la flagellation, le voyant payer annuellement pour la croisade un tribut expiatoire, le croyaient encore en état de pénitence. Un tel état semblait inconciliable avec la royauté. Louis-le-Débonnaire en avait paru dégradé, avili pour toujours.

Les fils d'Henri avaient encore une excuse spécieuse. Ils étaient encouragés, soutenus par le roi de France, seigneur suzerain de leur père. Le lien féodal passait alors pour supérieur à tous ceux de la nature. Nous avons vu qu'Henri Ier crut devoir sacrifier ses propres enfants à son vassal. Les fils d'Henri II prétendaient devoir sacrifier leur père même à leur seigneur. Dans la réalité, Henri lui-même regardait apparemment le serment féodal comme le lien le plus puissant, puisqu'il ne se crut sûr de ses fils que quand il les eut forcés de lui faire hommage.

Dans un voyage qu'il faisait dans le Midi, il vit tous les siens, ses fils, sa femme Éléonore, s'échapper un à un, et disparaître. Le jeune Henri se rendit auprès de son beau-père, le roi de France, et quand les envoyés d'Henri II vinrent le réclamer au nom du roi d'Angleterre, ils le trouvèrent siégeant près de Louis VII, dans la pompe des habillements royaux. « De quel roi d'Angleterre me parlez-vous? dit Louis : le voici, le roi d'Angleterre; mais si c'est le père de celui-ci, le ci-devant roi d'Angleterre, à qui vous donnez ce titre, sachez qu'il est mort depuis le jour où son fils porte la couronne, et s'il se prétend encore roi, après avoir, à la face du monde, résigné le royaume entre les mains de son fils, c'est à quoi l'on portera remède avant qu'il soit peu. »

Deux autres des fils d'Henri, Richard de Poitiers et Geoffroi, comte de Bretagne, vinrent joindre leur aîné et firent hommage au roi de France. Le danger devenait grand. Henri avait, il est vrai, pourvu, avec une activité remarquable, à la défense de ses États continentaux. Mais il entendait dire que son fils aîné allait passer le détroit avec une flotte et une armée du comte de Flandre, auquel il avait promis le comté de Kent. D'autre part, le roi d'Écosse devait envahir l'Angleterre. Il se hâta d'engager des mercenaires, des routiers brabançons et gallois. Il acheta à tout prix la faveur de Rome. Il se déclara vassal du saint-siège pour l'Angleterre comme pour l'Irlande, ajoutant cette clause remarquable : « Nous et nos successeurs, nous ne nous croirons véritables rois d'Angleterre qu'autant que les seigneurs papes nous tiendront pour rois catholiques. » Dans une autre lettre, il prie Alexandre III de défendre son royaume, comme fief de l'Église romaine.

Il ne crut pas encore en avoir fait assez : il se rendit à Kenterbury. Du plus loin qu'il vit l'église, il descendit de cheval, et s'achemina en habit de laine, nu-pieds par la boue et les cailloux. Parvenu au tombeau, il s'y jeta à genoux, pleurant et sanglotant : « C'était un spectacle à tirer les larmes des yeux de tous les assistants. » Puis il se dépouilla de ses vêtements, et tout le monde, évêques, abbés, simples moines, fut invité à donner successivement au roi quelques coups de discipline. « Ce fut comme la flagellation du Christ, dit le chroniqueur; la différence, toutefois, c'est que l'un fut fouetté pour nos péchés, l'autre pour les siens[1]. » « Tout le jour et toute la nuit il resta en oraison auprès du saint martyr, sans prendre d'aliment, sans sortir pour aucun besoin. Il resta tel qu'il était venu ; il ne permit pas même qu'on mît sous lui un tapis. Après matines, il fit le tour des autels et des corps saints; puis, de l'église supérieure, il redescendit encore dans la crypte, au tombeau de saint Thomas. Quand le jour vint, il demanda à entendre la messe; il but de l'eau bénite du martyr, en remplit un flacon, et s'éloigna joyeux de Kenterbury. »

Il avait raison, ce semble, d'être joyeux : pour le moment, la partie était gagnée. On lui apprit ce jour même que le roi d'Écosse était devenu son prisonnier. Le comte de Flandre n'osa tenter l'invasion. Tous les partisans du jeune roi en Angleterre furent forcés dans leurs châteaux. En Aquitaine, la guerre eut des chances plus variées. Les jeunes princes y étaient soutenus

---

[1]. Robert du Mont.

par le roi de France, et surtout par la haine du joug étranger. Au douzième siècle, comme au neuvième, les guerres des fils contre le père ne firent que couvrir celles des races diverses qui voulaient s'affranchir d'une union contraire à leurs intérêts et à leur génie. La Guyenne, le Poitou, faisaient effort pour se détacher de l'empire anglais, comme la France de Louis-le-Débonnaire et de Charles-le-Chauve avait brisé l'unité de l'empire carlovingien.

La mobilité des Méridionaux, leurs révolutions capricieuses, leurs découragements faciles, donnaient beau jeu au roi Henri. Ils n'étaient point d'ailleurs soutenus par Toulouse, qui seule peut former le centre d'une grande guerre dans l'Aquitaine. La prudence leur défendait de renouveler des tentatives d'affranchissement qui tournaient à leur ruine. Mais c'était moins le patriotisme que l'inquiétude d'esprit, le vain plaisir de briller dans les guerres qui armait les nobles du Midi. On peut en juger par ce qui nous reste du plus célèbre d'entre eux, le troubadour Bertrand de Born. Son unique jouissance était de jouer quelque bon tour à son seigneur le roi Henri II, d'armer contre lui quelqu'un de ses fils, Henri, Geoffroi ou Richard; puis, quand tout était en feu, d'en faire un beau sirvente dans son château de Hautefort, comme ce Romain qui, du haut d'une tour, chantait l'incendie au milieu de Rome embrasée. S'il y avait chance d'un peu de repos, vite ce démon du trouble lançait aux rois une satire qui les faisait rougir du repos, et les rejetait dans la guerre.

Ce n'était dans cette famille que guerres acharnées et traités perfides. Une fois, le roi Henri venant à une conférence avec ses fils, leurs soldats tirèrent l'épée contre lui. C'était la tradition des deux familles d'Anjou et de Normandie. Les enfants de Guillaume-le-Conquérant et d'Henri Ier avaient plus d'une fois dirigé l'épée contre la poitrine de leur père. Foulques avait mis le pied sur le cou de son fils vaincu. La jalouse Éléonore, passionnée et vindicative comme une femme du Midi, cultiva l'indocilité et l'impatience de ses fils, les dressa au parricide. Ces enfants, en qui se trouvaient le sang de tant de races diverses, normande, aquitaine et saxonne, semblaient avoir en eux, pardessus l'orgueil et la violence des Foulques d'Anjou et des Guillaume d'Angleterre, toutes les oppositions, toutes les haines et les discordes de ces races d'où ils sortaient. Ils ne surent jamais s'ils étaient du Midi ou du Nord. Ce qu'ils savaient, c'est qu'ils se haïssaient les uns les autres, et leur père encore plus. Ils ne remontaient guère dans leur généalogie sans trouver à quelque degré le rapt, l'inceste ou le parricide. Leur grand-père, comte de Poitou, avait eu Éléonore d'une femme enlevée à son mari, et un saint homme leur avait dit : « De vous il ne naîtra rien de bon. » Éléonore elle-même eut pour amant le père même d'Henri II, et les fils qu'elle avait d'Henri risquaient fort d'être les frères de leur père. On citait sur celui-ci le mot de saint Bernard[1] : « Il vient du Diable, au

---

1. J. Bromton.

Diable il retournera. » Richard, l'un d'eux, en disait autant que saint Bernard [1]. Cette origine diabolique était pour eux un titre de famille, et ils la justifiaient par leurs œuvres. Lorsqu'un clerc vint, la croix en main, supplier l'autre fils, Geoffroi, de se réconcilier avec son père et de ne pas imiter Absalon : « Quoi ! tu voudrais, répondit le jeune homme, que je me dessaisisse de mon droit de naissance ? — A Dieu ne plaise, mon seigneur ! répliqua le prêtre, je ne veux rien à votre détriment. — Tu ne comprends pas mes paroles, dit alors le comte de Bretagne. Il est dans la destinée de notre famille que nous ne nous aimions pas entre nous. C'est là notre héritage, et aucun de nous n'y renoncera jamais. »

Il y avait une tradition populaire sur une ancienne comtesse d'Anjou, aïeule des Plantagenets. Son mari, disait-on, avait remarqué qu'elle n'allait guère à la messe, et sortait toujours à la secrète. Il s'avisa de la faire tenir à ce moment par quatre écuyers. Mais elle leur laissa son manteau dans les mains, ainsi que deux de ses enfants qu'elle avait à sa droite ; elle enleva les deux autres qu'elle tenait à gauche, sous un pli du manteau, s'envola par une fenêtre et ne reparut jamais [2]. C'est à peu près l'histoire de la Mélusine de Poitou et de Dauphiné. Obligée de redevenir tous les samedis moitié femme et moitié serpent, Mélusine avait bien

---

1. J. Bromton : « Richardus... asserens non esse mirandum, si de tali genere procedentes mutuo sese infestent, tanquam de Diabolo revertentes et ad Diabolum transeuntes. »
2. Id.

soin de se tenir cachée ce jour-là. Son mari l'ayant surprise, elle disparut. Ce mari, c'était Geoffroi à la Grand'Dent, dont on voyait encore l'image à Lusignan, sur la porte du fameux château. Toutes les fois qu'il devait mourir quelqu'un de la famille, Mélusine paraissait la nuit sur les tours, et poussait des cris.

La véritable Mélusine, mêlée de natures contradictoires, mère et fille d'une génération diabolique, c'est Éléonore de Guyenne. Son mari la punit des rébellions de ses fils en la tenant prisonnière dans un château fort, elle qui lui avait donné tant d'États. Cette dureté d'Henri II est une des causes de la haine que lui portèrent les hommes du Midi. L'un d'eux, dans une chronique barbare et poétique, exprime l'espérance qu'Éléonore sera bientôt délivrée par ses fils. Selon l'usage de l'époque, il applique à toute cette famille la prophétie de Merlin[1] :

« Tous ces maux-là sont arrivés depuis que le roi de l'Aquilon a frappé le vénérable Thomas de Kenterbury. C'est la reine Aliénor que Merlin désigne comme « l'Aigle du traité rompu... » Réjouis-toi donc, Aquitaine, réjouis-toi, terre de Poitou ! le sceptre du roi de l'Aquilon va s'éloigner. Malheur à lui ! Il a osé lever la lance contre son seigneur, le roi du Sud...

« Dis-moi, aigle double[2], dis-moi, où donc étais-tu quand tes aiglons, s'envolant du nid paternel, osèrent dresser leurs serres contre le roi de l'Aquilon ?... Voilà

---

1. La prophétie était : « *Aquila rupti fœderis tertia nidificatione gaudebit.* »

2. « *Aquila bispertita.* Il désigne ainsi Éléonore. »

pourquoi tu as été enlevée de ton pays et amenée dans la terre étrangère. Les chants se sont changés en pleurs, la cithare a fait place au deuil. Nourrie dans la liberté royale au temps de ta molle jeunesse, tes compagnes chantaient, tu dansais au son de leur guitare... Aujourd'hui, je t'en conjure, reine double, modère du moins un peu tes pleurs. Reviens, si tu peux, reviens à tes villes, pauvre prisonnière.

« Où est ta cour ? où sont tes jeunes compagnes ? où sont tes conseillers ? Les uns, traînés loin de leur patrie, ont subi une mort ignominieuse ; d'autres ont été privés de la vue ; d'autres, bannis, errent en différents lieux. Toi, tu cries, et personne ne t'écoute ; car le roi du Nord te tient resserrée comme une ville qu'on assiège. Crie donc, ne te lasse point de crier ; élève ta voix comme la trompette, pour que tes fils l'entendent, car le jour approche où tes fils te délivreront, où tu reverras ton pays natal[1]. »

Ce fut le sort du roi Henri, dans ses dernières années, d'être le persécuteur de sa femme et l'exécration de ses fils. Il se plongeait dans les plaisirs en désespéré. Tout vieilli qu'il était, grisonnant, chargé d'un ventre énorme, il variait tous les jours l'adultère et le viol. Il ne lui suffisait pas de sa belle Rosamonde, dont il avait toujours les bâtards autour de lui. Il viola sa cousine Alix[2], héritière de Bretagne, qui lui avait été confiée comme otage, et lorsqu'il eut obtenu pour

---

1. Richard de Poitiers.
2. Jean de Salisbury : « Impregnavit, ut proditor, ut adulter, ut incestus. »

son fils une fille du roi de France, qui n'était pas encore nubile, il souilla encore cette enfant[1].

Cependant, la fortune ne se lassait pas de le frapper. Il avait reposé son cœur dans le plaisir, dans la sensualité, dans la nature. C'est comme amant et comme père qu'il fut frappé. Une tradition veut qu'Éléonore ait pénétré le labyrinthe où le vieux roi avait cru cacher Rosamonde[2], et qu'elle l'ait tuée de sa main. Son indigne conduite à l'égard des princesses de Bretagne et de France souleva des haines qui ne s'éteignirent jamais. Il aimait surtout deux de ses fils, Henri et Geoffroi; ils moururent. L'aîné avait souhaité du moins voir son père et lui demander pardon; mais la trahison était si ordinaire chez ces princes, que le vieux roi hésita pour venir, et il apprit bientôt qu'il n'était plus temps[3].

Il lui restait deux fils. Le féroce Richard, le lâche et perfide Jean. Richard trouvait que son père vivait longtemps; il voulait régner. Le vieux Henri refusant de se dépouiller, Richard, en sa présence même, abjura

---

1. J. Bromton : « Quam post mortem Rosamundæ defloravit. »
2. Id. : « Huic puellæ fecerat rex apud Wodestoke mirabilis architecturæ cameram, operi Dedalino similem, ne forsan a regina facile deprehenderetur. »
3. Peu de temps après la mort de son fils, il fit prisonnier Bertrand de Born. Avant de prononcer l'arrêt du vainqueur contre le vaincu, Henri voulut goûter quelque temps le plaisir de la vengeance, en traitant avec dérision l'homme qui s'était fait craindre de lui, et s'était vanté de ne pas le craindre. « Bertrand, lui dit-il, vous qui prétendiez n'avoir en aucun temps besoin de la moitié de votre sens, sachez que voici une occasion où le tout ne vous ferait pas faute. — Seigneur, répondit l'homme du Midi, avec l'assurance habituelle que lui donnait le sentiment de sa supériorité d'esprit, il est vrai que j'ai dit cela, et j'ai dit la vérité. — Et moi, je crois, dit le roi, que votre sens vous a failli. — Oui, seigneur, répliqua Bertrand d'un ton grave,

son hommage et se déclara vassal du nouveau roi de France, Philippe-Auguste. Celui-ci affectait, en haine du roi d'Angleterre, une intimité fraternelle avec son fils révolté. Ils mangeaient au même plat et couchaient dans le même lit. La prédication de la croisade suspendit à peine les hostilités entre le père et le fils. Le vieux roi se trouva attaqué de toutes parts à la fois, au nord de l'Anjou par le roi de France, à l'ouest par les Bretons, au sud par les Poitevins. Malgré l'intercession de l'Église, il fut obligé d'accepter la paix que lui dictèrent Philippe et Richard; il fallut qu'il s'avouât expressément vassal du roi de France, et se remît à sa miséricorde. Il aurait consenti à déclarer Jean son héritier pour toutes ses provinces du continent; c'était le plus jeune de ses fils, et, à ce qui semblait, le plus dévoué. Quand les envoyés du roi de France vinrent le trouver, malade et alité qu'il était, il demanda les noms des partisans de Richard dont l'amnistie était une condition du traité. Le premier qu'on lui nomma fut Jean, son fils. « En entendant prononcer ce nom,

il m'a failli le jour où le vaillant jeune roi, votre fils, est mort; ce jour-là j'ai perdu le sens, l'esprit et la connaissance. » — Au nom de son fils, qu'il ne s'attendait nullement à entendre prononcer, le roi d'Angleterre fondit en larmes et s'évanouit. Quand il revint à lui, il était tout changé ; ses projets de vengeance avaient disparu, et il ne voyait plus dans l'homme qui était en son pouvoir que l'ancien ami du fils qu'il regrettait. Au lieu de reproches amers, et de l'arrêt de mort ou de dépossession auquel Bertrand eût pu s'attendre : « Sire Bertrand, sire Bertrand, lui dit-il, c'est à raison et de bon droit que vous avez perdu le sens pour mon fils; car il vous voulait du bien plus qu'à homme qui fût au monde; et moi, pour l'amour de lui, je vous donne la vie, votre avoir et votre château. Je vous rends mon amitié et mes bonnes grâces, et vous octroie cinq cents marcs d'argent pour les dommages que vous avez reçus. » (Thierry.)

saisi d'un mouvement presque convulsif, il se leva sur son séant, et promenant autour de lui des yeux pénétrants et hagards : « Est-ce bien vrai, dit-il, que Jean, mon cœur, mon fils de prédilection, celui que j'ai chéri plus que tous les autres, et pour l'amour duquel je me suis attiré tous mes malheurs, s'est aussi séparé de moi? » — On lui répondit qu'il en était ainsi, qu'il n'y avait rien de plus vrai. — « Eh bien, dit-il, en retombant sur son lit et tournant son visage contre le mur, que tout aille dorénavant comme il pourra, je n'ai plus souci ni de moi ni du monde[1]. ».

La chute d'Henri II fut un grand coup pour la puissance anglaise. Elle ne se releva qu'imparfaitement sous Richard, et ce fut pour tomber sous Jean. La cour de Rome profita de leurs revers pour faire reconnaître deux fois sa souveraineté sur l'Angleterre. Henri II et Jean s'avouèrent expressément vassaux et tributaires du pape.

La puissance temporelle du saint-siège s'accrut; mais en peut-on dire autant de son autorité spirituelle? Ne perdit-il pas quelque chose dans le respect des peuples? Cette diplomatie rusée, patiente, qui savait si bien amuser, ajourner, saisir l'occasion, et paraître au moment pour escamoter un royaume, elle devait inspirer à coup sûr une haute idée du savoir-faire des papes, mais en même temps quelques doutes sur leur sainteté. Alexandre III avait défendu l'Italie contre l'Allemagne. Il s'était fort habilement défendu lui-même contre

1. Thierry.

l'empereur et l'antipape. Mais qui avait, pendant ce temps, combattu pour les libertés de l'Église? Qui avait parlé, souffert pour la cause chrétienne? Un prêtre, tantôt délaissé par le pape et tantôt trahi. Le pape avait accepté l'hommage d'un roi en échange du sang d'un martyr. Et maintenant, ce martyr, il était devenu le grand saint de l'Occident. Rome avait été obligée de lui rendre hommage et de le proclamer elle-même. Au temps de Grégoire VII, la sainteté s'était trouvée dans le pape, et le sentiment religieux avait été d'accord avec la hiérarchie. Puis l'humanité, émancipée matériellement par la croisade que les papes ne dirigèrent pas, par le premier mouvement communal qu'ils frappèrent dans Arnaldo de Brescia, avait été remuée par la voix d'Abailard dans ce qu'elle a de plus profond. Pour continuer son émancipation religieuse, Thomas de Kenterbury venait de lui apprendre à chercher ailleurs qu'à Rome l'héroïsme sacerdotal et le zèle des libertés de l'Église.

Ce ne fut point au pape que profitèrent réellement la mort de saint Thomas et l'abaissement d'Henri; mais bien plutôt au roi de France. C'est lui qui avait donné asile au saint persécuté; il ne l'avait abandonné qu'un instant. Thomas, partant pour le martyre, lui avait fait porter ses adieux par les siens, le déclarant son seul protecteur. Le roi de France avait le premier dénoncé à Rome le meurtre de l'archevêque; il avait immédiatement commencé la guerre, et quoiqu'il eût en cela suivi son intérêt, les peuples lui en savaient gré. Le pape lui-même, lorsque l'empereur l'avait chassé de l'Italie, c'est en France qu'il était venu chercher un asile. Aussi, quoique plus d'une fois il protégeât l'Angleterre quand la France la menaçait, c'est avec celle-ci qu'étaient ses relations les plus intimes, les moins interrompues. Le seul prince sur qui l'Église pût compter, c'était le roi de France, ennemi de l'Anglais, ennemi de l'Allemand. « Ton royaume, écrivait Innocent III à Philippe-Auguste, est si uni avec l'Église que l'un ne peut souffrir sans que l'autre souffre également. » Dans les temps mêmes où l'Église châtiait le roi de France, elle lui conservait une affection maternelle. Au temps de Philippe Ier, pendant que le roi et le royaume étaient frappés de l'interdit pour l'enlèvement de Bertrade, tous les évêques du Nord restèrent dans son parti, et le pape Pascal II lui-même ne se fit pas scrupule de le visiter.

En toute occasion, grande et petite, les évêques lui prêtaient leurs milices. Sur les terres mêmes du duc de Bourgogne, Louis VII se vit appuyé des milices de neuf diocèses contre Frédéric-Barberousse, dont on craignait une invasion. Louis VI fut de même soutenu à l'approche de l'empereur Henri V, et Philippe-Auguste à Bouvines. Comment le clergé n'eût-il pas défendu ces rois, élevés par ses mains, et recevant de lui une éducation toute cléricale? Philippe Ier, couronné à sept ans, lut lui-même le serment qu'il devait prêter[1]. Louis VI fut élevé à l'abbaye de Saint-Denis, et Louis VII dans le cloître de Notre-Dame. Trois de ses frères furent

---

1. *App.* 97.

moines. Personne plus que lui ne regarda avec respect et terreur les privilèges de l'Église[1]. Il révérait les prêtres et faisait passer devant lui le moindre clerc. Il faisait trois carêmes, égalant ou surpassant les austérités des moines. Protecteur de Thomas de Kenterbury, il risqua un voyage périlleux en Angleterre pour visiter le tombeau du saint. Que dis-je? le roi de France n'était-il pas saint lui-même? Philippe Ier, Louis-le-Gros, Louis VII, touchaient les écrouelles, et ne pouvaient suffire à l'empressement du simple peuple. Le roi d'Angleterre ne se serait pas avisé de revendiquer ainsi le don des miracles[2].

Aussi grandissait-il, ce bon roi de France, et selon Dieu et selon le monde. Vassal de Saint-Denis, depuis qu'il avait acquis le Vexin, il plaçait le drapeau de l'abbaye, l'oriflamme, à son avant-garde. Il avait mis dans ses armes la mystique fleur de lis, où le moyen âge croyait voir la pureté de sa foi. Comme protecteur des églises, il touchait la régale pendant les vacances, et s'essayait à imposer quelques sommes au clergé, sous prétexte de croisade.

Philippe-Auguste ne dégénéra pas. Sauf les deux époques de son divorce, et de l'invasion d'Angleterre,

---

[1]. Comme il revenait d'un voyage (1154), la nuit le surprend à Créteil. Il s'y arrête, et se fait défrayer par les habitants, serfs de l'église de Paris. La nouvelle en étant venue aux chanoines, ils cessent aussitôt le service divin, résolus de ne le reprendre qu'après que le monarque aura restitué à leurs serfs de corps, dit Étienne de Paris, la dépense qu'il leur a occasionnée. Louis fit réparation, et l'acte en fut gravé sur une verge que l'église de Paris a longtemps conservée en mémoire de ses libertés.

[2]. Les rois d'Angleterre ne s'attribuèrent ce pouvoir qu'après avoir pris le titre et les armes des rois de France.

aucun roi ne fut davantage selon le cœur des prêtres. C'était un prince cauteleux, plus pacifique que guerrier, quelles qu'aient été sous lui les acquisitions de la monarchie. La *Philippide* de Guillaume-le-Breton, imitation classique de l'*Énéide* par un chapelain du roi, nous a trompés sur le véritable caractère de Philippe II. Les romans ont achevé de le transfigurer en héros de chevalerie. Dans le fait, les grands succès de son règne, et la victoire de Bouvines elle-même, furent des fruits de sa politique et de la protection de l'Église.

Appelé Auguste pour être né dans le mois d'août, nous le voyons d'abord à quatorze ans malade de peur, pour s'être égaré la nuit dans une forêt[1]. Le premier acte de son règne est éminemment populaire et agréable à l'Église. D'après le conseil d'un ermite alors en grande réputation dans les environs de Paris, il chasse et dépouille les Juifs. C'était dans l'opinion du temps une profession de piété, un soulagement pour les chrétiens. Ceux que les Juifs ruinaient, enfermaient dans leurs prisons, ne manquaient pas d'applaudir.

Les blasphémateurs, les hérétiques furent impitoyablement livrés à l'Église et religieusement brûlés. Les soldats mercenaires que les rois anglais avaient répandus dans le Midi, et qui pillaient pour leur compte, furent poursuivis par Philippe. Il encouragea contre eux l'association populaire des *capuchons*[2]. Les

---

1. *App.* 98.
2. Les membres de cette association n'étaient liés par aucun vœu; ils se promettaient seulement de travailler en commun au maintien de la paix. Tous

seigneurs qui vexaient les églises eurent le roi pour ennemi. Il attaqua le duc de Bourgogne, son cousin, pour l'obliger à ménager les prélats de cette province. Il défendit l'Église de Reims contre une semblable oppression. Il écrivit au comte de Toulouse pour l'engager à respecter les saintes églises de Dieu. Enfin sa victoire de Bouvines passa pour le salut du clergé de France. On publiait que les barons d'Othon IV voulaient partager les biens ecclésiastiques et spolier l'Église, comme faisaient les alliés d'Othon, le roi Jean d'Angleterre et les mécréants du Languedoc.

portaient un capuchon de toile, et une petite image de la Vierge qui leur pendait sur la poitrine. En 1183, ils enveloppèrent sept mille *routiers* ou *cotereaux*, parmi lesquels se trouvaient quinze cents femmes de mauvaise vie. « Les coteriau ardoient les mostiers et les églises, et traînoient après eux les prêtres et les gens de religion, et les appeloient *cantadors* par dérision ; quand ils les battoient et tormentoient, lors disoient-ils : *cantadors, cantets.* » (Chroniq. de Saint-Denis.) — Leurs concubines se faisaient des coiffes avec les nappes de la communion, et brisaient les calices à coups de pierres. (Guillaume de Nangis.)

CHAPITRE VI

1200. Innocent III. — Le pape prévaut, par les armes des Français du Nord, sur le roi d'Angleterre et l'empereur d'Allemagne, sur l'empire grec et sur les Albigeois. — Grandeur du roi de France.

La face du monde était sombre à la fin du douzième siècle. L'ordre ancien était en péril, et le nouveau n'avait pas commencé. Ce n'était plus la lutte matérielle du pape et de l'empereur, se chassant alternativement de Rome, comme au temps d'Henri IV et de Grégoire VII. Au onzième siècle, le mal était à la superficie, en 1200 au cœur. Un mal profond, terrible, travaillait le christianisme. Qu'il eût voulu revenir à la querelle des investitures, et n'avoir à combattre que sur la question du bâton droit ou courbé ! Alexandre III lui-même, le chef de la ligue lombarde, n'avait osé appuyer Thomas Becket; il avait défendu les libertés italiennes, et trahi celle d'Angleterre. Ainsi l'Église allait s'isoler du grand mouvement du monde. Au lieu de le guider et le devancer, comme elle avait fait jusqu'alors, elle s'efforçait de l'immobiliser, ce mouvement, d'arrêter le temps au passage, de fixer la terre qui tournait sous elle et qui l'emportait. Innocent III parut y réussir; Boniface VIII périt dans l'effort.

Moment solennel, et d'une tristesse infinie. L'espoir de la croisade avait manqué au monde. L'autorité ne semblait plus inattaquable; elle avait promis, elle avait trompé. La liberté commençait à poindre, mais sous vingt aspects fantastiques et choquants, confuse et convulsive, multiforme, difforme. La volonté humaine enfantait chaque jour, et reculait devant ses enfants. C'était comme dans les jours séculaires de la grande semaine de la création : la nature, s'essayant, jeta d'abord des produits bizarres, gigantesques, éphémères, monstrueux avortons dont les restes inspirent l'horreur.

Une chose perçait dans cette mystérieuse anarchie du douzième siècle, qui se produisait sous la main de l'Église irritée et tremblante : c'était un sentiment prodigieusement audacieux de la puissance morale et de la grandeur de l'homme. Ce mot hardi des Pélagiens : *Christ n'a rien eu de plus que moi, je puis me diviniser par la vertu*, il est reproduit au douzième siècle sous forme barbare et mystique. L'homme déclare que la fin est venue, qu'en lui-même est cette fin; il croit à soi, et se sent Dieu; partout surgissent des messies. Et ce n'est pas seulement dans l'enceinte du christianisme, mais dans le mahométisme même, ennemi de l'incarnation, l'homme se divinise et s'adore. Déjà les Fatémites d'Égypte en ont donné l'exemple. Le chef des Assassins déclare aussi qu'il est l'iman si longtemps attendu, l'esprit incarné d'Ali. Le méhédi des Almohades d'Afrique et d'Espagne est reconnu pour tel par les siens. En Europe, un messie paraît dans Anvers, et toute la populace le suit [1]. Un autre, en Bretagne, semble ressusciter le vieux gnosticisme d'Irlande [2]. Amaury de Chartres et son disciple, le Breton David de Dinan, enseignent que tout chrétien est matériellement un membre du Christ [3], autrement dit, que Dieu est perpétuellement incarné dans le genre humain. Le Fils a régné assez, disent-ils ; règne maintenant le Saint-Esprit. C'est sous quelque rapport l'idée de Lessing sur l'éducation du genre humain.

Rien n'égale l'audace de ces docteurs, qui pour la plupart professent à l'université de Paris (autorisée par Philippe-Auguste en 1200). On a cru étouffer Abailard, mais il vit et parle dans son disciple Pierre-le-Lombard, qui de Paris régente toute la philosophie européenne ; on compte près de cinq cents commentateurs de ce scolastique. L'esprit d'innovation a reçu deux auxiliaires. La jurisprudence grandit à côté de la théologie qu'elle ébranle ; les papes défendent aux

---

1. Il proclamait l'inutilité des sacrements, de la messe et de la hiérarchie, la communauté des femmes, etc. Il marchait couvert d'habits dorés, les cheveux tressés avec des bandelettes, accompagné de trois mille disciples, et leur donnait de splendides festins. — *App.* 99.

2. Il se nommait Éon de l'Étoile. Ce nom d'Éon rappelle les doctrines gnostiques. C'était un gentilhomme de Loudéac ; d'abord ermite dans la forêt de Brocéliande, il y reçut de Merlin le conseil d'écouter les premières paroles de l'Évangile, à la messe. Il se crut désigné par ces mots : « Per Eum qui venturus est judicare, etc., et se donna dès lors pour fils de Dieu. Il s'attirait de nombreux disciples, qu'il appelait *Sapience, Jugement, Science*, etc. *App.* 100. — 3. *App.* 101.

prêtres de professer le droit, et ne font qu'ouvrir l'enseignement aux laïques. La métaphysique d'Aristote arrive de Constantinople, tandis que ses commentateurs, apportés d'Espagne, vont être traduits de l'arabe par ordre des rois de Castille et des princes italiens de la maison de Souabe (Frédéric II et Manfred). Ce n'est pas moins que l'invasion de la Grèce et de l'Orient dans la philosophie chrétienne. Aristote prend place presque au niveau de Jésus-Christ [1]. Défendu d'abord par les papes, puis toléré, il règne dans les chaires. Aristote tout haut, tout bas les Arabes et les Juifs, avec le panthéisme d'Averroès et les subtilités de la kabbale. La dialectique entre en possession de tous les sujets, et se pose toutes les questions hardies. Simon de Tournay enseigne à volonté le pour et le contre. Un jour qu'il avait ravi l'école de Paris et prouvé merveilleusement la vérité de la religion chrétienne, il s'écria tout à coup : « O petit Jésus, petit Jésus, comme j'ai élevé ta loi! Si je voulais, je pourrais encore mieux la rabaisser [2]. »

Telle est l'ivresse et l'orgueil du moi à son premier réveil. L'école de Paris s'élève entre les jeunes communes de Flandre et les vieux municipes du Midi, la logique entre l'industrie et le commerce.

Cependant un immense mouvement religieux éclatait dans le peuple sur deux points à la fois : le rationalisme vaudois dans les Alpes, le mysticisme allemand sur le Rhin et aux Pays-Bas.

1. *App.* 102. — 2. Math. Paris : « Dieu le punit : il devint si idiot que son fils eut peine à lui faire rapprendre le *Pater.* »

C'est qu'en effet le Rhin est un fleuve sacré, plein d'histoire et de mystères. Et je ne parle pas seulement de son passage héroïque entre Mayence et Cologne, où il perce sa route à travers le basalte et le granit. Au midi et au nord de ce passage féodal, à l'approche des villes saintes, de Cologne, de Mayence et de Strasbourg, il s'adoucit, il devient populaire, ses rives ondulent doucement en belles plaines; il coule silencieux, sous les barques qui filent et les rets étendus des pêcheurs. Mais une immense poésie dort sur le fleuve. Cela n'est pas facile à définir; c'est l'impression vague d'une vaste, calme et douce nature, peut-être une voix maternelle qui rappelle l'homme aux éléments, et, comme dans la ballade, l'attire altéré au fond des fraîches ondes ; peut-être l'attrait poétique de la Vierge, dont les églises s'élèvent tout le long du Rhin jusqu'à sa ville de Cologne, la ville des onze mille vierges. Elle n'existait pas au douzième siècle, cette merveille de Cologne, avec ses flamboyantes roses et ses rampes aériennes dont les degrés vont au ciel; l'église de la Vierge n'existait pas, mais la Vierge existait. Elle était partout sur le Rhin, simple femme allemande; belle ou laide, je n'en sais rien, mais si pure, si touchante et si résignée. Tout cela se voit dans le tableau de l'Annonciation à Cologne. L'ange y présente à la Vierge, non un beau lis, comme dans les tableaux italiens, mais un livre, une dure sentence, la passion du Christ avant sa naissance, avant la conception toutes les douleurs du cœur maternel. La Vierge aussi a eu sa Passion; c'est elle, c'est la femme qui a restauré le génie allemand. Le mysticisme s'est réveillé par les béguines d'Allemagne et des Pays-Bas [1]. Les chevaliers, les nobles minnesingers chantaient la femme réelle, la gracieuse épouse du landgrave de Thuringe, tant célébrée aux combats poétiques de la Wartbourg. Le peuple adorait la femme idéale; il fallait un Dieu-femme à cette douce Allemagne. Chez ce peuple, le symbole du mystère est la rose; simplicité et profondeur, rêveuse enfance d'un peuple à qui il est donné de ne pas vieillir, parce qu'il vit dans l'infini, dans l'éternel.

Ce génie mystique devait s'éteindre, ce semble, en descendant l'Escaut et le Rhin, en tombant dans la sensualité flamande et l'industrialisme des Pays-Bas. Mais l'industrie elle-même avait créé là un monde d'hommes misérables et sevrés de la nature, que le besoin de chaque jour renfermait dans les ténèbres d'un atelier humide; laborieux et pauvres, méritants et déshérités, n'ayant pas même en ce monde cette place au soleil que le bon Dieu semble promettre à tous ses enfants, ils apprenaient par ouï-dire ce que c'était que la verdure des campagnes, le chant des oiseaux et le parfum des fleurs; race de prisonniers, moines de l'industrie, célibataires par pauvreté, ou plus malheureux encore par le mariage, et souffrant des souffrances de leurs enfants. Ces pauvres gens,

---

[1]. Math. Paris : « In Alemannia mulierum continentium, quæ se Beguinas volunt appellari, multitudo surrexit innumerabilis, adeo ut solam Coloniam mille vel plures inhabitarent. » — *Behgin*, du saxon *beggen*, dans Ulphilas *bedgan* (en allem. *beten*), prier.

tisserands la plupart, avaient bien besoin de Dieu ; Dieu les visita au douzième siècle, illumina leurs sombres demeures, et les berça du moins d'apparitions et de songes. Solitaires et presque sauvages, au milieu des cités les plus populeuses du monde, ils embrassèrent le Dieu de leur âme, leur unique bien. Le Dieu des cathédrales, le Dieu riche des riches et des prêtres, leur devint peu à peu étranger. Qui voulait leur ôter leur foi, ils se laissaient brûler, pleins d'espoir et jouissant de l'avenir. Quelquefois aussi, poussés à bout, ils sortaient de leurs caves, éblouis du jour, farouches, avec ce gros et dur œil bleu si commun en Belgique, mal armés de leurs outils, mais terribles de leur aveuglement et de leur nombre. A Gand, les tisserands occupaient vingt-sept carrefours, et formaient à eux seuls un des trois membres de la cité. Autour d'Ypres au treizième et au quatorzième siècle, ils étaient plus de deux cent mille.

Rarement l'étincelle fanatique tombait en vain sur ces grandes multitudes. Les autres métiers prenaient parti, moins nombreux, mais gens forts, mieux nourris, rouges, robustes et hardis, de rudes hommes, qui avaient foi dans la grosseur de leurs bras et la pesanteur de leurs mains, des forgerons qui, dans une révolte, continuaient de battre l'ennemi sur la cuirasse des chevaliers ; des foulons, des boulangers, qui pétrissaient l'émeute comme le pain ; des bouchers qui pratiquaient sans scrupule leur métier sur des hommes. Dans la boue de ces rues, dans la fumée, dans la foule serrée des grandes villes, dans ce triste et confus murmure, il y a, nous l'avons éprouvé, quelque chose qui porte à la tête : une sombre poésie de révolte. Les gens de Gand, de Bruges, d'Ypres, armés, enrégimentés d'avance, se trouvaient au premier coup de cloche sous la bannière du burgmeister; pourquoi? Ils ne le savaient pas toujours, mais ils ne s'en battaient que mieux. C'était le comte, c'était l'évêque, ou leurs gens qui en étaient la cause. Ces Flamands n'aimaient pas trop les prêtres; ils avaient stipulé, en 1193, dans les privilèges de Gand, qu'ils destitueraient leurs curés et chapelains à volonté.

Bien loin de là, au fond des Alpes, un principe différent amenait des révolutions analogues. De bonne heure, les montagnards piémontais, dauphinois, gens raisonneurs et froids, sous le vent des glaciers, avaient commencé à repousser les symboles, les images, les croix, les mystères, toute la poésie chrétienne. Là, point de panthéisme comme en Allemagne, point d'illuminisme comme aux Pays-Bas; pur bon sens, raison simple, solide et forte, sous forme populaire. Dès le temps de Charlemagne, Claude de Turin entreprit cette réforme sur le versant italien; elle fut reprise, au douzième siècle, sur le versant français par un homme de Gap ou d'Embrun, de ce pays qui fournit de maîtres d'école nos provinces du sud-est. Cet homme, appelé Pierre de Bruys, descendit dans le Midi, passa le Rhône, parcourut l'Aquitaine, toujours prêchant le peuple avec un succès immense. Henri, son disciple, en eut encore plus; il pénétra au nord jusque dans le Maine; partout la foule les suivait; laissant là le clergé, brisant les croix, ne voulant plus de culte que la parole. Ces sectaires, réprimés un instant, reparaissent à Lyon sous le marchand *Vaud* ou Valdus; en Italie, à la suite d'Arnaldo de Brescia. Aucune hérésie, dit un dominicain, n'est plus dangereuse que celle-ci, *parce qu'aucune n'est plus durable*[1]. Il a raison, ce n'est pas autre chose que la révolte du raisonnement contre l'autorité. Les partisans de Valdus, les Vaudois, s'annonçaient d'abord comme voulant seulement reproduire l'Église des premiers temps dans la pureté, dans la pauvreté apostolique ; on les appelait les pauvres de Lyon. L'Église de Lyon, comme nous l'avons dit ailleurs, avait toujours eu la prétention d'être restée fidèle aux traditions du christianisme primitif. Ces Vaudois eurent la simplicité de demander autorisation au pape ; c'était demander la permission de se séparer de l'Église. Repoussés, poursuivis, proscrits, ils n'en subsistèrent pas moins dans les montagnes, dans les froides vallées des Alpes, premier berceau de leur croyance, jusqu'aux massacres de Mérindol et de Cabrières, sous François Ier, jusqu'à la naissance du Zwinglianisme et du Calvinisme, qui les adoptèrent comme précurseurs, et reconnurent en eux, pour leur Église récente, une sorte de perpétuité secrète pendant le moyen âge, contre la perpétuité catholique.

Le caractère de la réforme au douzième siècle[2] fut donc le rationalisme dans les Alpes et sur le Rhône,

---

[1]. Inter omnes sectas quæ sunt vel fuerunt... est diuturnior. » (Reinerus.)
[2]. Nous renvoyons sur ce grand sujet au livre de M. N. Peyrat : *Les Réformateurs de la France et de l'Italie au douzième siècle*. 1860.

le mysticisme sur le Rhin. En Flandre, elle fut mixte, et plus encore en Languedoc.

Ce Languedoc était le vrai mélange des peuples, la vraie Babel. Placé au coude de la grande route de France, d'Espagne et d'Italie, il présentait une singulière fusion de sang ibérien, gallique et romain, sarrasin et gothique. Ces éléments divers y formaient de dures oppositions. Là devait avoir lieu le grand combat des croyances et des races. Quelles croyances? Je dirais volontiers toutes. Ceux mêmes qui les combattirent, n'y surent rien distinguer, et ne trouvèrent d'autre moyen de désigner ces fils de la confusion, que par le nom d'une ville : *Albigeois*.

L'élément sémitique, juif et arabe était fort en Languedoc. Narbonne avait été longtemps la capitale des Sarrasins en France. Les Juifs étaient innombrables. Maltraités, mais pourtant soufferts, ils florissaient à Carcassonne, à Montpellier, à Nîmes; leurs rabbins y tenaient des écoles publiques. Ils formaient le lien entre les chrétiens et les mahométans, entre la France et l'Espagne. Les sciences applicables aux besoins matériels, médecine et mathématiques, étaient l'étude commune aux hommes des trois religions[1]. Montpellier était plus lié avec Salerne et Cordoue qu'avec Rome. Un commerce actif associait tous ces peuples, rapprochés plus que séparés par la mer. Depuis les

---

1. Que de choses nous leur devons : la distillation, les sirops, les onguents, les premiers instruments de chirurgie, la lithotritie, ces chiffres arabes que notre Chambre des comptes n'adopta qu'au dix-septième siècle, l'arithmétique et l'algèbre, l'indispensable instrument des sciences (1860). Voy. *Renaissance*, Introduction.

croisades surtout, le Haut-Languedoc s'était comme incliné à la Méditerranée, et tourné vers l'Orient; les comtes de Toulouse étaient comtes de Tripoli. Les mœurs et la foi équivoque des chrétiens de la terre sainte avaient reflué dans nos provinces du Midi. Les belles monnaies, les belles étoffes d'Asie[1] avaient fort réconcilié nos croisés avec le monde mahométan. Les marchands du Languedoc s'en allaient toujours en Asie la croix sur l'épaule, mais c'était beaucoup plus pour visiter le marché d'Acre que le Saint-Sépulcre de Jérusalem. L'esprit mercantile avait tellement dominé les répugnances religieuses, que les évêques de Maguelonne et de Montpellier faisaient frapper des monnaies sarrasines, gagnaient sur les espèces, et escomptaient sans scrupule l'empreinte du croissant[2].

La noblesse eût dû, ce semble, tenir mieux contre les nouveautés. Mais ici ce n'était point cette chevalerie du Nord, ignorante et pieuse, qui pouvait encore prendre la croix en 1200. Ces nobles du Midi étaient des gens d'esprit qui savaient bien la plupart que penser de leur noblesse. Il n'y en avait guère qui, en remontant un peu, ne rencontrassent dans leur généalogie quelque grand'mère sarrasine ou juive. Nous avons déjà vu qu'Eudes, l'ancien duc d'Aquitaine, l'adversaire de Charles-Martel, avait donné sa fille à un émir sarrasin. Dans les romans carlovingiens, les chevaliers chrétiens épousent sans scrupule leur belle libératrice, la fille du sultan. A dire vrai, dans ce pays

---

1. Richard portait à Chypre un manteau de soie brodé de croissants d'argent. — 2. *App.* 103.

de droit romain, au milieu des vieux municipes de l'Empire, il n'y avait pas précisément de nobles, ou plutôt tous l'étaient; les habitants des villes, s'entend. Les villes constituaient une sorte de noblesse à l'égard des campagnes. Le bourgeois avait, tout comme le chevalier, sa maison fortifiée et couronnée de tours. Il paraissait dans les tournois, et souvent désarçonnait le noble, qui n'en faisait que rire[1].

Si l'on veut connaître ces nobles, qu'on lise ce qui reste de Bertrand de Born, cet ennemi juré de la paix, ce Gascon qui passa sa vie à souffler la guerre et à la chanter. Bertrand donne au fils d'Éléonore de Guyenne, au bouillant Richard, un sobriquet : *Oui et non*[2]. Mais ce nom lui va fort bien à lui-même et à tous ces mobiles esprits du Midi.

Gracieuse, mais légère, trop légère littérature, qui n'a pas connu d'autre idéal que l'amour, l'amour de la femme. L'esprit scolastique et légiste envahit dès leur naissance les fameuses cours d'Amour. Les formes juridiques y étaient rigoureusement observées dans la discussion des questions légères de la galanterie[3]. Pour être pédantesques, les décisions n'en étaient pas moins immorales. La belle comtesse de Narbonne, Ermengarde (1143-1197), l'amour des poètes et des rois, décide dans un arrêt conservé religieusement que l'époux divorcé peut fort bien redevenir l'amant de sa femme mariée à un autre. Éléonore de Guyenne prononce que le véritable amour ne peut exister entre

---

1. *App.* 104. — 2. *Oc et non.* — 3. *App.* 105.

époux; elle permet de prendre pour quelque temps une autre amante afin d'éprouver la première. La comtesse de Flandre, princesse de la maison d'Anjou (vers 1134), la comtesse de Champagne, fille d'Éléonore, avaient institué de pareils tribunaux dans le nord de la France; et probablement ces contrées, qui prirent part à la croisade des Albigeois, avaient été médiocrement édifiées de la jurisprudence des dames du Midi.

Un mot sur la situation politique du Midi. Nous en comprendrons d'autant mieux sa révolution religieuse.

Au centre, il y avait la grande cité de Toulouse, république sous un comte. Les domaines de celui-ci s'étendaient chaque jour. Dès la première croisade, c'était le plus riche prince de la chrétienté. Il avait manqué la royauté de Jérusalem, mais pris Tripoli. Cette grande puissance était, il est vrai, fort inquiétée. Au Nord, les comtes de Poitiers, devenus rois d'Angleterre, au midi la grande maison de Barcelone, maîtresse de la Basse-Provence et de l'Aragon, traitaient le comte de Toulouse d'usurpateur, malgré une possession de plusieurs siècles. Ces deux maisons de Poitiers et de Barcelone avaient la prétention de descendre de saint Guilhem, le tuteur de Louis-le-Débonnaire, le vainqueur des Maures, celui dont le fils Bernard avait été proscrit par Charles-le-Chauve. Les comtes de Roussillon, de Cerdagne, de Conflant, de Bézalu, réclamaient la même origine. Tous étaient ennemis du comte de Toulouse. Il n'était guère mieux avec les maisons de Béziers, Carcassonne, Albi et Nîmes. Aux Pyrénées, c'étaient des seigneurs pauvres et braves, singulièrement entreprenants, gens à vendre, espèces de condottieri que la fortune destinait aux plus grandes choses ; je parle des maisons de Foix, d'Albret et d'Armagnac. Les Armagnac prétendaient aussi au comté de Toulouse et l'attaquaient souvent. On sait le rôle qu'ils ont joué au quatorzième et au quinzième siècle ; histoire tragique, incestueuse, impie. Le Rouergue et l'Armagnac, placés en face l'un de l'autre, aux deux coins de l'Aquitaine, sont, comme on sait, avec Nîmes, la partie énergique, souvent atroce, du Midi. Armagnac, Comminges, Béziers, Toulouse, n'étaient jamais d'accord que pour faire la guerre aux Églises. Les interdits ne les troublaient guère. Le comte de Comminges gardait paisiblement trois épouses à la fois. Si nous en croyons les chroniqueurs ecclésiastiques, le comte de Toulouse, Raimond VI, avait un harem. Cette Judée de la France, comme on a appelé le Languedoc, ne rappelait pas l'autre seulement par ses bitumes et ses oliviers ; elle avait aussi Sodome et Gomorrhe, et il était à craindre que la vengeance des prêtres ne lui donnât sa mer Morte.

Que les croyances orientales aient pénétré dans ce pays, c'est ce qui ne surprendra pas. Toute doctrine y avait pris ; mais le manichéisme, la plus odieuse de toutes dans le monde chrétien, a fait oublier les autres. Il avait éclaté de bonne heure au moyen âge en Espagne. Rapporté, ce semble, en Languedoc de la

Bulgarie et de Constantinople[1], il y prit pied aisément. Le dualisme persan leur sembla expliquer la contradiction que présentent également l'univers et l'homme. Race hétérogène, ils admettaient volontiers un monde hétérogène ; il leur fallait à côté du bon Dieu un dieu mauvais à qui ils pussent imputer tout ce que l'Ancien Testament présente de contraire au Nouveau[2] ; à ce dieu revenaient encore la dégradation du christianisme et l'avilissement de l'Église. En eux-mêmes, et dans leur propre corruption, ils reconnaissaient la main d'un créateur malfaisant, qui s'était joué du monde. Au bon Dieu l'esprit, au mauvais la chair. Celle-ci, il fallait l'immoler. C'est là le grand mystère du manichéisme. Ici se présentait un double chemin. Fallait-il la dompter, cette chair par l'abstinence, jeûner, fuir le mariage, restreindre la vie, prévenir la naissance, et dérober au démon créateur tout ce que lui peut ravir la volonté? Dans ce système, l'idéal de la vie c'est la mort, et la perfection serait le suicide. Ou bien, faut-il dompter la chair, en l'assouvissant, faire taire le monstre en emplissant sa gueule aboyante, y jeter quelque chose de soi pour sauver le

---

1. On appelait les hérétiques *Bulgares*, ou *Catharins*, du mot grec καθαρός, i. e. *pur*.

En conservant sur les Albigeois notre récit basé sur le poème orthodoxe qu'a publié M. Fauriel et sur la Chronique en prose qu'on en a tirée au quatorzième siècle, nous renvoyons à la savante histoire de M. Schmidt, reconstruite avec les interrogatoires trouvés dans les archives de Carcassonne et de Toulouse. Nous attendons impatiemment l'ouvrage de M. N. Peyrat, qui a eu d'autres sources et va renouveler une histoire écrite jusqu'ici sur le seul témoignage des persécuteurs (1860).

2. Pierre de Vaux-Cernay.

reste... au risque d'y jeter tout, et d'y tomber soi-même tout entier?

Nous savons mal quelles étaient les doctrines précises des manichéens du Languedoc. Dans les récits de leurs ennemis, nous voyons qu'on leur impute à la fois des choses contradictoires, qui sans doute s'appliquent à des sectes différentes [1].

Ainsi à côté de l'Église s'élevait une autre Église dont la Rome était Toulouse. Un Nicétas de Constantinople avait présidé près de Toulouse, en 1167, comme pape, le concile des évêques manichéens. La Lombardie, la France du Nord, Albi, Carcassonne, Aran, avaient été représentées par leurs pasteurs. Nicétas y avait exposé la pratique des manichéens d'Asie, dont le peuple s'informait avec empressement. L'Orient, la Grèce byzantine, envahissaient définitivement l'Église occidentale. Les Vaudois eux-mêmes, dont le rationalisme semble un fruit spontané de l'esprit humain, avaient fait écrire leurs premiers livres par un certain Ydros, qui, à en juger par son nom, doit aussi être un Grec. Aristote et les Arabes entraient en même temps dans la science. Les antipathies de langues, de races, de peuples, disparaissaient. L'empereur d'Allemagne, Conrad, était parent de Manuel Comnène. Le roi de France avait donné sa fille à un César byzantin. Le roi de Navarre, Sanche-l'Enfermé, avait demandé la main d'une fille du chef des Almohades. Richard Cœur-de-Lion se déclara frère d'armes du sultan Malek-

---

1. *App.* 106.

Adhel, et lui offrit sa sœur. Déjà Henri II avait menacé le pape de se faire mahométan. On assure que Jean offrit réellement aux Almohades d'apostasier pour obtenir leurs secours. Ces rois d'Angleterre étaient étroitement unis avec le Languedoc et l'Espagne. Richard donna une de ses sœurs au roi de Castille, l'autre à Raimond VI. Il céda même à celui-ci l'Agénois, et renonça à toutes les prétentions de la maison de Poitiers sur Toulouse. Ainsi les hérétiques, les mécréants, s'unissaient, se rapprochaient de toutes parts. Des coïncidences fortuites y contribuaient ; par exemple, le mariage de l'empereur Henri VI avec l'héritière de Sicile établit des communications continuelles entre l'Allemagne, l'Italie et cette île toute arabe. Il semblait que les deux familles humaines, l'européenne et l'asiatique, allassent à la rencontre l'une de l'autre ; chacune d'elles se modifiait, comme pour différer moins de sa sœur. Tandis que les Languedociens adoptaient la civilisation moresque et les croyances de l'Asie, le mahométisme s'était comme christianisé dans l'Égypte, dans une grande partie de la Perse et de la Syrie, en adoptant sous diverses formes le dogme de l'incarnation[1].

Quels devaient être dans ce danger de l'Église le trouble et l'inquiétude de son chef visible ! Le pape avait depuis Grégoire VII réclamé la domination du monde et la responsabilité de son avenir. Guindé à

---

1. Le mahométisme se réconcilie en ce moment dans l'Inde avec les religions du pays, comme avec le christianisme au temps de Frédéric II. (Note de 1833.)

une hauteur immense, il n'en voyait que mieux les périls qui l'environnaient. Ce prodigieux édifice du christianisme au moyen âge, cette cathédrale du genre humain, il en occupait la flèche, il y siégeait dans la nue à la pointe de la croix, comme quand de celle de Strasbourg vous embrassez quarante villes et villages sur les deux rives du Rhin. Position glissante, et d'un vertige effroyable! Il voyait de là je ne sais combien d'armées qui venaient marteau en main à la destruction du grand édifice, tribu par tribu, génération par génération. La masse était ferme, il est vrai; l'édifice vivant, bâti d'apôtres, de saints, de docteurs, plongeait bien loin son pied dans la terre. Mais tous les vents battaient contre, de l'orient et de l'occident, de l'Asie et de l'Europe, du passé et de l'avenir. Pas la moindre nuée à l'horizon qui ne promît un orage.

Le pape était alors un Romain. Innocent III[1]. Tel péril, tel homme. Grand légiste, habitué à consulter le droit sur toute question, il s'examina lui-même, et crut à son droit. L'Église avait pour elle *la possession actuelle;* possession ancienne, si ancienne qu'on pouvait croire à la prescription. L'Église, dans ce grand procès, était le défendeur; propriétaire reconnu, établi sur le fonds disputé; elle en avait les titres : le droit écrit semblait pour elle. Le demandeur, c'était l'esprit humain; il venait un peu tard. Puis il semblait s'y prendre mal, dans son inexpérience, chicanant sur des textes, au lieu d'invoquer l'équité. Qui lui eût

---

1. On le nomma pape à trente-sept ans... « propter honestatem morum et scientiam litterarum, flentem, ejulantem et renitentem ». *App.* 107.

demandé ce qu'il voulait, il était impossible de l'entendre ; des voix confuses s'élevaient pour répondre. Tous demandaient choses différentes. En politique, ils attestaient la république antique. En religion, les uns voulaient supprimer le culte, et revenir aux apôtres. Les autres remontaient plus haut, et rentraient dans l'esprit de l'Asie ; ils voulaient deux dieux ; ou bien préféraient la stricte unité de l'islamisme. L'islamisme avançait vers l'Europe ; en même temps que Saladin reprenait Jérusalem, les Almohades d'Afrique envahissaient l'Espagne, non avec des armées, comme les anciens Arabes, mais avec le nombre et l'aspect effroyable d'une migration de peuple. Ils étaient trois ou quatre cent mille à la bataille de Tolosa. Que serait-il advenu du monde si le mahométisme eût vaincu ? On tremble d'y penser. Il venait de porter un fruit terrible : l'ordre des Assassins. Déjà tous les princes chrétiens et musulmans craignaient pour leur vie. Plusieurs d'entre eux communiquaient, dit-on, avec l'ordre, et l'animaient au meurtre de leurs ennemis. Les rois anglais étaient suspects de liaison avec les Assassins. L'ennemi de Richard, Conrad de Tyr et de Montferrat, prétendant au trône de Jérusalem, tomba sous leurs poignards, au milieu de sa capitale. Philippe-Auguste affecta de se croire menacé, et prit des gardes, les premiers qu'aient eus nos rois. Ainsi la crainte et l'horreur animaient l'Église et le peuple ; les récits effrayants circulaient. Les Juifs, vivante image de l'Orient au milieu du christianisme, semblaient là pour entretenir la haine des religions. Aux époques de fléaux naturels, de catastrophes politiques, ils correspondaient, disait-on, avec les infidèles, et les appelaient. Riches sous leurs haillons, retirés, sombres et mystérieux, ils prêtaient aux accusations de toute espèce. Dans ces maisons toujours fermées, l'imagination du peuple soupçonnait quelque chose d'extraordinaire. On croyait qu'ils attiraient des enfants chrétiens pour les crucifier à l'image de Jésus-Christ[1]. Des hommes en butte à tant d'outrages pouvaient en effet être tentés de justifier la persécution par le crime.

Tels apparaissaient alors les ennemis de l'Église. Les préjugés du peuple, l'ivresse sanguinaire des haines et des terreurs, tout cela remontait par tous les rangs du clergé jusqu'au pape. Ce serait aussi faire trop grande injure à la nature humaine que de croire que l'égoïsme ou l'intérêt de corps anima seul les chefs de l'Église. Non, tout indique qu'au treizième siècle ils étaient encore convaincus de leur droit. Ce droit admis, tous les moyens leur furent bons pour le défendre. Ce n'était pas pour un intérêt humain que saint Dominique parcourait les campagnes du Midi, envoyant à la mort des milliers de sectaires[2]. Et

---

1. On sait l'histoire du soufflet qu'un juif recevait chaque année à Toulouse, le jour de la Passion. — Au Puy, toutes les fois qu'il s'élevait un débat entre deux juifs, c'étaient les enfants de chœur qui décidaient : « *afin que la grande innocence des juges corrigeât la grande malice des plaideurs* ». Dans la Provence, dans la Bourgogne, on leur interdisait l'entrée des bains publics, excepté le vendredi, le jour de Vénus, où les bains étaient ouverts aux baladins et aux prostituées.

2. La date la plus sinistre, la plus sombre de toute l'histoire est l'an 1200, le 93 de l'Église. C'est l'époque de l'organisation de la grande police ecclésiastique basée sur la confession. Ils ont exterminé un peuple et une civilisation. Voy. *Renaissance*, Introduction.

quelle qu'ait été dans ce terrible Innocent III la tentation de l'orgueil et de la vengeance, d'autres motifs encore l'animèrent dans la croisade des Albigeois et la fondation de l'inquisition dominicaine. Il avait vu, dit-on, en songe l'ordre des dominicains comme un grand arbre sur lequel penchait et s'appuyait l'église de Latran, près de tomber.

Plus elle penchait cette église, plus son chef porta haut l'orgueil. Plus on niait, plus il affirma. A mesure que ses ennemis croissaient de nombre, il croissait d'audace, et se roidissait d'autant plus. Ses prétentions montèrent avec son péril, au-dessus de Grégoire VII, au-dessus d'Alexandre III. Aucun pape ne brisa comme lui les rois. Ceux de France et de Léon, il leur ôta leurs femmes; ceux de Portugal, d'Aragon, d'Angleterre, il les traita en vassaux, et leur fit payer tribut. Grégoire VII en était venu à dire, ou faire dire par ses canonistes, que l'empire avait été fondé par le diable, et le sacerdoce par Dieu. Le sacerdoce, Alexandre III et Innocent III le concentrèrent dans leurs mains. Les évêques, à les entendre, devaient être nommés, déposés par le pape, assemblés à son plaisir, et leurs jugements réformés à Rome[1]. Là résidait l'Église elle-même, le trésor des miséricordes et des vengeances; le pape, seul juge du juste et du vrai, disposait souverainement du crime et de l'innocence, défaisait les rois, et faisait les saints.

Le monde civil se débattait alors entre l'empereur,

---

1. Déjà Grégoire VII avait exigé des métropolitains un serment d'hommage et de fidélité. *App.* 108.

le roi d'Angleterre et le roi de France; les deux premiers, ennemis du pape. L'empereur était le plus près. C'était l'habitude de l'Allemagne d'inonder périodiquement l'Italie[1], puis de refluer, sans laisser grande trace. L'empereur s'en venait, la lance sur la cuisse, par les défilés du Tyrol, à la tête d'une grosse et lourde cavalerie, jusqu'en Lombardie, à la plaine de Roncaglia. Là paraissaient les juristes de Ravenne et Bologne, pour donner leur consultation sur les droits impériaux. Quand ils avaient prouvé en latin aux Allemands que leur roi de Germanie, leur César, avait tous les droits de l'ancien empire romain, il allait à Monza près Milan, au grand dépit des villes, prendre la couronne de fer. Mais la campagne n'était pas belle, s'il ne poussait jusqu'à Rome et ne se faisait couronner de la main du pape. Les choses en venaient rarement jusque-là. Les barons allemands étaient bientôt fatigués du soleil italien; ils avaient fait leur temps loyalement, ils s'écoulaient peu à peu; l'empereur presque seul repassait, comme il pouvait, les monts. Il emportait du moins une magnifique idée de ses droits. Le difficile était de la réaliser. Les seigneurs allemands, qui avaient écouté patiemment les docteurs de Bologne, ne permettaient guère à leur chef de pratiquer ces leçons. Il en prit mal de l'essayer aux plus grands empereurs, même à Frédéric-Barberousse. Cette idée

---

1. « L'Allemagne, du sein de ses nuages, lançait une pluie de fer sur l'Italie. » (Cornel. Zanfliet.) Rome se défendait par son climat :

    Roma, ferax febrium, necis est uberrima frugum;
    Romanæ febres stabili sunt jure fideles.
                                  (Pierre Damien.)

d'un droit immense, d'une immense impuissance, toutes les rancunes de cette vieille guerre, Henri VI les apporta en naissant. C'est peut-être le seul empereur en qui on ne retrouve rien de la débonnaireté germanique. Il fut pour Naples et la Sicile, héritage de sa femme, un conquérant sanguinaire, un furieux tyran. Il mourut jeune, empoisonné par sa femme, ou consommé de ses propres violences. Son fils, pupille du pape Innocent III, fut un empereur tout italien, un Sicilien, ami des Arabes, le plus terrible ennemi de l'Église.

Le roi d'Angleterre n'était guère moins hostile au pape ; son ennemi et son vassal alternativement, comme un lion qui brise et subit sa chaîne. C'était justement alors le *Cœur-de-Lion*, l'Aquitain Richard, le vrai fils de sa mère Éléonore, celui dont les révoltes la vengeaient des infidélités d'Henri II. Richard et Jean son frère aimaient le Midi, le pays de leur mère : ils s'entendaient avec Toulouse, avec les ennemis de l'Église. Tout en promettant ou faisant la croisade, ils étaient liés avec les musulmans.

Le jeune Philippe, roi à quinze ans sous la tutelle du comte de Flandre (1180), et dirigé par un Clément de Metz son gouverneur, et maréchal du palais, épousa la fille du comte de Flandre, malgré sa mère et ses oncles, les princes de Champagne. Ce mariage rattachait les Capétiens à la race de Charlemagne, dont les comtes de Flandre étaient descendus[1]. Le comte de

---

1. Beaudoin Bras-de-Fer avait enlevé, puis épousé Judith, fille de Charles-le-Chauve.

Flandre rendait au roi Amiens, c'est-à-dire la barrière de la Somme, et lui promettait l'Artois, le Valois et le Vermandois. Tant que le roi n'avait point l'Oise et la Somme, on pouvait à peine dire que la monarchie fût fondée. Mais une fois maître de la Picardie, il avait peu à craindre la Flandre, et pouvait prendre la Normandie à revers. Le comte de Flandre essaya en vain de ressaisir Amiens, en se confédérant avec les oncles du roi[1]. Celui-ci employa l'intervention du vieil Henri II, qui craignait en Philippe l'ami de son fils Richard, et il obtint encore que le comte de Flandre rendrait une partie du Vermandois (Oise). Puis, quand le Flamand fut près de partir pour la croisade, Philippe, soutenant la révolte de Richard contre son père, s'empara des deux places si importantes du Mans et de Tours; par l'une il inquiétait la Normandie et la Bretagne; par l'autre, il dominait la Loire. Il avait dès lors dans ses domaines les trois grands archevêchés du royaume, Reims, Tours et Bourges, les métropoles de Belgique, de Bretagne et d'Aquitaine.

La mort d'Henri II fut un malheur pour Philippe; elle plaçait sur le trône son grand ami Richard, avec qui il mangeait et couchait, et qui lui était si utile pour tourmenter le vieux roi. Richard devenait lui-même le

---

1. Lorsque Philippe apprit les premiers mouvements de grands vassaux, il dit sans s'étonner, en présence de sa cour, au rapport d'une ancienne chronique manuscrite : « Jaçoit ce chose que il facent oreudroit (dorénavant) lor forces; et lor grang outraiges et grang vilonies, si me les convient à souffrir; se à Dieu plest, ils affoibloieront et envieilliront, et je croistrai se Dieu plest, en force et en povoir : si en serai en tores (à mon tour) vengié à mon talent. »

rival de Philippe, rival brillant qui avait tous les défauts des hommes du moyen âge, et qui ne leur plaisait que mieux. Le fils d'Éléonore était surtout célébré pour cette valeur emportée qui s'est rencontrée souvent chez les méridionaux[1]. A peine l'enfant prodigue eut-il en main l'héritage paternel qu'il donna, vendit, perdit, gâta. Il voulait à tout prix faire de l'argent comptant, et partir pour la croisade. Il trouva pourtant à Salisbury un trésor de cent mille marcs, tout un siècle de rapines et de tyrannie. Ce n'était pas assez : il vendit à l'évêque de Durham le Northumberland pour sa vie. Il vendit au roi d'Écosse Berwick, Roxburgh, et cette glorieuse suzeraineté qui avait tant coûté à ses pères. Il donna à son frère Jean, croyant se l'attacher, un comté en Normandie et sept en Angleterre ; c'était près d'un tiers du royaume. Il espérait regagner en Asie bien plus qu'il ne sacrifiait en Europe.

La croisade devenait de plus en plus nécessaire. Louis VII et Henri II avaient pris la croix, et étaient restés. Leur retard avait entraîné la ruine de Jérusalem (1187). Ce malheur était pour les rois défunts un péché énorme qui pesait sur leur âme, une tache à leur mémoire que leurs fils semblaient tenus de laver. Quelque peu impatient que pût être Philippe-Auguste d'entreprendre cette expédition ruineuse, il lui devenait impossible de s'y soustraire. Si la prise d'Édesse avait décidé cinquante ans auparavant la seconde

---

1. Par exemple chez le roi Murat et le maréchal Lannes.

croisade, que devait-il être de celle de Jérusalem? Les chrétiens ne tenaient plus la terre sainte, pour ainsi dire, que par le bord. Ils assiégeaient Acre, le seul port qui pût recevoir les flottes des pèlerins, et assurer les communications avec l'Occident.

Le marquis de Montferrat, prince de Tyr, et prétendant au royaume de Jérusalem, faisait promener par l'Europe une représentation de la malheureuse ville. Au milieu s'élevait le Saint-Sépulcre, et par-dessus un cavalier sarrasin dont le cheval salissait le tombeau du Christ. Cette image d'opprobre et d'amer reproche perçait l'âme des chrétiens occidentaux; on ne voyait que gens qui se battaient la poitrine et criaient : « Malheur à moi[1] ! »

Le mahométisme éprouvait depuis un demi-siècle une sorte de réforme et de restauration, qui avait entraîné la ruine du petit royaume de Jérusalem. Les Atabeks de Syrie, Zenghi et son fils Nuhreddin, deux saints de l'islamisme[2], originaires de l'Irak (Babylonie), avaient fondé entre l'Euphrate et le Taurus une puissance militaire, rivale et ennemie des Fatemites d'Égypte et des Assassins. Les Atabeks s'attachaient à la loi stricte du Koran, et détestaient l'interprétation, dont on avait tant abusé. Ils se rattachaient au calife de Bagdad; cette vieille idole, depuis longtemps esclave des chefs militaires qui se succédaient, vit ceux-ci se soumettre à lui volontairement et lui faire hommage de leurs conquêtes. Les Alides, les Assas-

---

1. Boha-Eddin. — 2. *App.* 109.

sins, les esprits forts, les *phelassefé* ou philosophes, furent poursuivis avec acharnement et impitoyablement mis à mort, tout comme les novateurs en Europe. Spectacle bizarre : deux religions ennemies, étrangères l'une à l'autre, s'accordaient à leur insu pour proscrire à la même époque la liberté de la pensée. Nuhreddin était un légiste, comme Innocent III; et son général, Salaheddin (Saladin) renversa les schismatiques musulmans d'Égypte, pendant que Simon de Montfort exterminait les schismatiques chrétiens du Languedoc.

Toutefois la pente à l'innovation était si rapide et si fatale, que les enfants de Nuhreddin se rapprochèrent déjà des Alides et des Assassins, et que Salaheddin fut obligé de les renverser. Ce Kurde, ce barbare, le Godefroi ou le saint Louis du mahométisme, grande âme au service d'une toute petite dévotion[1], nature humaine et généreuse qui s'imposait l'intolérance, apprit aux chrétiens une dangereuse vérité, c'est qu'un circoncis pouvait être un saint, qu'un mahométan pouvait naître chevalier par la pureté du cœur et la magnanimité.

Saladin avait frappé deux coups sur les ennemis de l'islamisme. D'une part, il envahit l'Égypte, détrôna les Fatemites, détruisit le foyer des croyances hardies qui avaient pénétré toute l'Asie. De l'autre, il renversa le petit royaume chrétien de Jérusalem, défit et prit le

---

[1]. Il jeûnait toutes les fois que sa santé le lui permettait, et faisait lire l'Alcoran à tous ses serviteurs. Ayant vu un jour un petit enfant qui le lisait à son père, il en fut touché jusqu'aux larmes.

roi Lusignan à la bataille de Tibériade [1], et s'empara de la ville sainte. Son humanité pour ses captifs contrastait, d'une manière frappante, avec la dureté des chrétiens d'Asie pour leurs frères. Tandis que ceux de Tripoli fermaient leurs portes aux fugitifs de Jérusalem, Saladin employait l'argent qui restait des dépenses du siège à la délivrance des pauvres et des orphelins qui se trouvaient entre les mains de ses soldats; son frère, Malek-Adhel, en délivra pour sa part deux mille.

La France avait, presque seule, accompli la première croisade. L'Allemagne avait puissamment contribué à la seconde. La troisième fut populaire surtout en Angleterre. Mais le roi Richard n'emmena que des chevaliers et des soldats, point d'hommes inutiles, comme dans les premières croisades. Le roi de France en fit autant, et tous deux passèrent sur des vaisseaux génois et marseillais. Cependant, l'empereur Frédéric-Barberousse était déjà parti par le chemin de terre avec une grande et formidable armée. Il voulait relever sa réputation militaire et religieuse, compromise par ses guerres d'Italie. Les difficultés auxquelles avaient succombé Conrad et Louis VII, dans l'Asie Mineure, Frédéric les surmonta. Ce héros, déjà vieux et fatigué de tant de malheurs, triompha encore et de la nature et de la perfidie des Grecs, et des embûches du sultan

---

1. Avec Lusignan furent faits prisonniers le prince d'Antioche, le marquis de Montferrat, le comte d'Édesse, le connétable du royaume, les grands maîtres du Temple et de Jérusalem, et presque toute la noblesse de la terre sainte.

d'Iconium, sur lequel il remporta une mémorable victoire[1]; mais ce fut pour périr sans gloire dans les eaux d'une méchante petite rivière d'Asie. Son fils, Frédéric de Souabe, lui survécut à peine un an; languissant et malade, il refusa d'écouter les médecins qui lui prescrivaient l'incontinence, et se laissa mourir, emportant la gloire de la virginité[2], comme Godefroi de Bouillon.

Cependant, les rois de France et d'Angleterre suivaient ensemble la route de mer, avec des vues bien bien différentes. Dès la Sicile, les deux amis étaient brouillés. C'était, nous l'avons vu par l'exemple de Bohémond et de Raymond de Saint-Gilles, c'était la tentation des Normands et des Aquitains, de s'arrêter volontiers sur la route de la croisade. A la première, ils voulaient s'arrêter à Constantinople, puis à Antioche. Le Gascon-Normand Richard eut de même envie de faire halte dans cette belle Sicile. Tancrède, qui s'en était fait roi, n'avait pour lui que la voix du peuple et la haine des Allemands, qui réclamaient, au nom de Constance, fille du dernier roi et femme de l'empereur. Tancrède avait fait mettre en prison la veuve de son prédécesseur, qui était sœur du roi d'Angleterre. Richard n'eût pas mieux demandé que de venger cet outrage. Déjà, sur un prétexte, il avait planté son drapeau sur Messine. Tancrède n'eut d'autre ressource que de gagner à tout prix Philippe-Auguste, qui,

---

1. L'historien prétend que les Turcs étaient plus de trois cent mille.
2. « Cum a physicis esset suggestum posse curari cum si rebus venereis uti vellet, respondit : malle se mori, quam in peregrinatione divinâ corpus suum per libidinem maculare. »

comme suzerain de Richard, le força d'ôter son drapeau. La jalousie en était venue au point qu'à entendre les Siciliens, le roi de France les eût sollicités de l'aider à exterminer les Anglais. Il fallut que Richard se contentât de vingt mille onces d'or, que Tancrède lui offrit comme douaire de sa sœur; il devait lui en donner encore vingt mille pour dot d'une de ses filles qui épouserait le neveu de Richard. Le roi de France ne lui laissa pas prendre tout seul cette somme énorme. Il cria bien haut contre la perfidie de Richard, qui avait promis d'épouser sa sœur, et qui avait amené en Sicile, comme fiancée, une princesse de Navarre. Il savait fort bien que cette sœur avait été séduite par le vieil Henri II; Richard demanda de prouver la chose, et lui offrit dix mille marcs d'argent. Philippe prit sans scrupule l'argent et la honte.

Le roi d'Angleterre fut plus heureux en Chypre. Le petit roi grec de l'île ayant mis la main sur un des vaisseaux de Richard, où se trouvaient sa mère et sa sœur, et qui avait été jeté à la côte, Richard ne manqua pas une si belle occasion. Il conquit l'île sans difficulté, et chargea le roi de chaînes d'argent. Philippe-Auguste l'attendait déjà devant Acre, refusant de donner l'assaut avant l'arrivée de son frère d'armes.

Un auteur estime à six cent mille le nombre de ceux des chrétiens qui vinrent successivement combattre dans cette arène du siège d'Acre[1]. Cent vingt mille y périrent[2]; et ce n'était pas, comme à la première croi-

---

1. Boha-Eddin.
2. Le catalogue des morts contient les noms de six archevêques, douze

sade, une foule d'hommes de toutes sortes, libres ou serfs, mélange de toute race, de toute condition, tourbe aveugle, qui s'en allaient à l'aventure où les menait la fureur divine, l'œstre de la croisade. Ceux-ci étaient des chevaliers, des soldats, la fleur de l'Europe. Toute l'Europe y fut représentée, nation par nation. Une flotte sicilienne était venue d'abord, puis les Belges, Frisons et Danois; puis, sous le comte de Champagne, une armée de Français, Anglais et Italiens; puis les Allemands, conduits par le duc de Souabe, après la mort de Frédéric-Barberousse. Alors arrivèrent avec les flottes de Gênes, de Pise, de Marseille, les Français de Philippe-Auguste, et les Anglais, Normands-Bretons, Aquitains de Richard Cœur-de-Lion. Même avant l'arrivée des deux rois, l'armée était si formidable, qu'un chevalier s'écriait : Que Dieu reste neutre, et nous avons la victoire!

D'autre part, Saladin avait écrit au calife de Bagdad et à tous les princes musulmans pour en obtenir des secours. C'était la lutte de l'Europe et de l'Asie. Il s'agissait de bien autre chose que de la ville d'Acre. Des esprits aussi ardents que Richard et Saladin devaient nourrir d'autres pensées. Celui-ci ne se proposait pas moins qu'une anticroisade, une grande expédition, où il eût percé à travers toute l'Europe jusqu'au cœur du pays des Francs[1]. Ce projet téméraire eût

évêques, quarante-cinq comtes et cinq cents barons. — Suivant Aboulfarage, il périt cent quatre-vingt mille musulmans.

1. Boha-Eddin, qui rapporte ce propos, le tenait de la bouche même de Saladin.

pourtant effrayé l'Europe, si Saladin, renversant le faible empire grec, eût apparu dans la Hongrie et l'Allemagne, au moment même où quatre cent mille Almohades essayaient de forcer la barrière de l'Espagne et des Pyrénées.

Les efforts furent proportionnés à la grandeur du prix. Tout ce qu'on savait d'art militaire fut mis en jeu, la tactique ancienne et la féodale, l'européenne et l'asiatique, les tours mobiles, le feu grégeois, toutes les machines connues alors. Les chrétiens, disent les historiens arabes, avaient apporté des laves de l'Etna et les lançaient dans les villes, *comme les foudres dardées contre les anges rebelles*. Mais la plus terrible machine de guerre, c'était le roi Richard lui-même. Ce mauvais fils d'Henri II, le fils de la colère, dont toute la vie fut comme un accès de violence furieuse, s'acquit parmi les Sarrasins un renom impérissable de vaillance et de cruauté. Lorsque la garnison d'Acre eut été forcée de capituler, Saladin refusant de racheter les prisonniers, Richard les fit tous égorger entre les deux camps. Cet homme terrible n'épargnait ni l'ennemi, ni les siens, ni lui-même. Il revient de la mêlée, dit un historien, tout hérissé de flèches, semblable à une pelote couverte d'aiguilles [1]. Longtemps encore après, les mères arabes faisaient taire leurs petits enfants en leur nommant le roi Richard; et quand le cheval d'un Sarrasin bronchait, le cavalier lui disait : Crois-tu donc avoir vu Richard d'Angleterre [2] ?

1. Gaut. de Vinisauf.
2. Joinville. « Le roy Richart fist tant d'armes outremer à celle foys que il

Cette valeur et tous ces efforts produisirent peu de résultat. Toutes les nations de l'Europe étaient, nous l'avons dit, représentées au siège d'Acre, mais aussi toutes les haines nationales. Chacun combattait comme pour son compte, et tâchait de nuire aux autres, bien loin de les seconder; les Génois, les Pisans, les Vénitiens, rivaux de guerre et de commerce, se regardaient d'un œil hostile. Les Templiers et les Hospitaliers avaient peine à ne pas en venir aux mains. Il y avait dans le camp deux rois de Jérusalem, Gui de Lusignan soutenu par Philippe-Auguste, Conrad de Tyr et Montferrat appuyé par Richard. La jalousie de Philippe augmentait avec la gloire de son rival. Étant tombé malade, il l'accusait de l'avoir empoisonné. Il réclamait moitié de l'île de Chypre et de l'argent de Tancrède. Enfin il quitta la croisade et s'embarqua presque seul, laissant là les Français honteux de son départ[1]. Richard, resté seul, ne réussit pas mieux; il choquait tout le monde par son insolence et son orgueil. Les Allemands ayant arboré leurs drapeaux sur une partie des murs, il les fit jeter dans le fossé. Sa victoire d'Assur resta inutile; il manqua le moment de prendre Jurusalem, en refusant de promettre la vie à la garnison. Au moment où il approchait de la

---

y fu, que quant les chevaus aus Sarrasins avoient pouour d'aucun bisson, leur mestre leur disoient : Cuides-tu, fesoient-ils à leur chevaus, que ce soit le roy Richart d'Angleterre? Et quant les enfans aux Sarrasines bréoient, elles leur disoient : Tai-toy, tay-toy, ou je irai querre le roy Richart qui te tuera. »

1. Devant Ptolémaïs, plusieurs barons français passèrent sous les drapeaux d'Angleterre : la Chronique de Saint-Denis n'appelle plus, depuis cette époque, le roi d'Angleterre du nom de *Richard*, mais de *Trichard*.

ville, le duc de Bourgogne l'abandonna avec ce qui restait de Français. Dès lors tout était perdu; un chevalier lui montrant de loin la ville sainte, il se mit à pleurer, et ramena sa cotte d'armes devant ses yeux, disant : « Seigneur, ne permettez pas que je voie votre ville, puisque je n'ai pas su la délivrer[1]. »

Cette croisade fut effectivement la dernière. L'Asie et l'Europe s'étaient approchées et s'étaient trouvées invincibles. Désormais, c'est vers d'autres contrées, vers l'Égypte, vers Constantinople, partout ailleurs qu'à la terre sainte, que se dirigeront, sous des prétextes plus ou moins spécieux, les grandes expéditions des chrétiens. L'enthousiasme religieux a d'ailleurs considérablement diminué; les miracles, les révélations qui ont signalé la première croisade, disparaissent à la troisième. C'est une grande expédition militaire, une lutte de races autant que de religion; ce long siège est pour le moyen âge comme un siège de Troie. La plaine d'Acre est devenue à la longue une patrie commune pour les deux partis. On s'est mesuré, on s'est vu tous les jours, on s'est connu, les haines se sont effacées. Le camp des chrétiens est devenu une grande ville fréquentée par les marchands des deux religions[2]. Ils se voient volontiers, ils dansent

---

[1]. Joinville : « Tandis qu'ils estoyent en ces paroles, un sien chevalier lui escria : Sire, Sire, venez jucsques ici, et je vous monstrerai Jérusalem. » Et quant il oy ce, il geta sa cote à armer devant ses yex tout en plorant, et dit à Nostre-Seigneur : « Biau Sire Diex, je te pri que tu ne seuffres que « je voie ta sainte cité, puisque je ne la puis délivrer des mains de tes « ennemis. »

[2]. Par exemple le camp de Ptolémaïs, en 1191.

ensemble, et les ménestrels chrétiens associent leurs voix au son des instrument arabes[1]. Les mineurs des deux partis, qui se rencontrent dans leur travail souterrain, conviennent de ne pas se nuire. Bien plus, chaque parti en vient à se haïr lui-même plus que l'ennemi. Richard est moins ennemi de Saladin que de Philippe-Auguste, et Saladin déteste les Assassins et les Alides plus que les chrétiens[2].

Pendant tout ce grand mouvement du monde, le roi de France faisait ses affaires à petit bruit. L'honneur à Richard, à lui le profit; il semblait résigné au partage. Richard reste chargé de la cause de la chrétienté, s'amuse aux aventures, aux grands coups d'épée, s'immortalise et s'appauvrit. Philippe, qui est parti en jurant de ne point nuire à son rival, ne perd point de temps; il passe à Rome pour demander au pape d'être délié de son serment[3]. Il entre en France à temps pour partager la Flandre, à la mort de Philippe d'Alsace; il

---

[1]. Les croisés furent souvent admis à la table de Saladin, et les émirs à celle de Richard.

[2]. Saladin envoya aux rois chrétiens, à leur arrivée, des prunes de Damas et d'autres fruits; ils lui envoyèrent des bijoux. Philippe et Richard s'accusèrent l'un l'autre de correspondance avec les musulmans. Richard portait à Chypre un manteau parsemé de croissants d'argent. — Richard fit proposer en mariage à Malek-Adhel sa sœur, veuve de Guillaume de Sicile; sous les auspices de Saladin et de Richard, les deux époux devaient régner ensemble sur les musulmans et les chrétiens, et gouverner le royaume de Jérusalem. Saladin parut accepter cette proposition sans répugnance; les imans et les docteurs de la loi en furent fort surpris; les évêques chrétiens menacèrent Jeanne et Richard de l'excommunication. Saladin voulut connaître les statuts de la chevalerie, et Malek-Adhel envoya son fils à Richard, pour que le jeune musulman fût fait chevalier dans l'assemblée des barons chrétiens.

[3]. Le pape refusa.

oblige sa fille et son gendre, le comte de Hainaut, d'en laisser une partie comme douaire à sa veuve ; mais il garde pour lui-même l'Artois et Saint-Omer, en mémoire de sa femme Isabelle de Flandre. Cependant, il excite les Aquitains à la révolte, il encourage le frère de Richard à se saisir du trône. Les renards font leur main, dans l'absence du lion. Qui sait s'il reviendra ? il se fera probablement tuer ou prendre. Il fut pris en effet, pris par des chrétiens, en trahison. Ce même duc d'Autriche qu'il avait outragé, dont il avait jeté la bannière dans les fossés de Saint-Jean d'Acre, le surprit passant incognito sur ses terres, et le livra à l'empereur Henri VI[1]. C'était le droit du moyen âge. L'étranger qui passait sur les terres du seigneur sans son consentement lui appartenait. L'empereur ne s'inquiéta pas du privilège de la croisade. Il avait détruit les Normands de Sicile, il trouva bon d'humilier ceux d'Angleterre. D'ailleurs Jean et Philippe-Auguste lui offraient autant d'argent que Richard en eût donné pour sa rançon. Il l'eût gardé sans doute ; mais la vieille Éléonore, le pape, les seigneurs allemands eux-mêmes, lui firent honte de retenir prisonnier le héros de la croisade. Il ne le lâcha toutefois qu'après avoir exigé de lui une énorme rançon de cent cinquante mille

---

1. Comme Richard venait d'arriver à Vienne, après trois jours de marche, épuisé de fatigue et de faim, son valet, qui parlait le saxon, alla changer des besants d'or et acheter des provisions au marché. Il fit beaucoup d'étalage de son or, tranchant de l'homme de cour et affectant de belles manières ; on aperçut à sa ceinture des gants richement brodés, tels qu'en portaient les grands seigneurs de l'époque ; cela le rendit suspect, le bruit du débarquement de Richard s'était répandu en Autriche : on l'arrêta, et la torture lui fit tout avouer.

marcs d'argent; de plus, il fallut qu'ôtant son chapeau de sa tête, Richard lui fit hommage, dans une diète de l'Empire. Henri lui concéda en retour le titre dérisoire du royaume d'Arles. Le héros revint chez lui (1194), après une captivité de treize mois, roi d'Arles, vassal de l'Empire et ruiné. Il lui suffit de paraître pour réduire Jean et repousser Philippe. Ses dernières années s'écoulèrent sans gloire dans une alternative de trêves et de petites guerres. Cependant les comtes de Bretagne, de Flandre, de Boulogne, de Champagne et de Blois étaient pour lui contre Philippe. Il périt au siége de Chaluz, dont il voulait forcer le seigneur à lui livrer un trésor (1199)[1]. Jean lui succéda, quoiqu'il eût désigné pour son héritier le jeune Arthur, son neveu, duc de Bretagne.

Cette période ne fut pas plus glorieuse pour Philippe. Les grands vassaux étaient jaloux de son agrandissement; et il s'était imprudemment brouillé avec le pape, dont l'amitié avait élevé si haut sa maison. Philippe, qui avait épousé une princesse danoise dans l'unique espoir d'obtenir contre Richard une diversion des Danois, prit en dégoût la jeune barbare dès le jour des noces; n'ayant plus besoin du secours de son père, il la répudia pour épouser Agnès de Méranie de la maison de Franche-Comté. Ce mal-

---

[1].   TELUM LIMOGIÆ
        OCCIDIT LEONEM ANGLIÆ.

Une religieuse de Kenterbury fit à Richard cette épitaphe :
« L'avarice, l'adultère, le désir aveugle ont régné dix ans sur le trône d'Angleterre; une arbalète les a détrônés. » (Rog. de Hoveden.)

heureux divorce, qui le brouilla plusieurs années avec l'Église, le condamna à l'inaction, et le rendit spectateur immobile et impuissant des grands événements qui se passèrent alors, de la mort de Richard et de la quatrième croisade.

Les Occidentaux avaient peu d'espoir de réussir dans une entreprise où avait échoué leur héros, Richard Cœur-de-Lion. Cependant, l'impulsion donnée depuis un siècle continuait de soi-même. Les politiques essayèrent de la mettre à profit. L'empereur Henri VI prêcha lui-même l'assemblée de Worms, déclarant qu'il voulait expier la captivité de Richard. L'enthousiasme fut au comble; tous les princes allemands prirent la croix. Un grand nombre s'achemina par Constantinople, d'autres se laissèrent aller à suivre l'empereur, qui leur persuadait que la Sicile était le véritable chemin de la terre sainte. Il en tira un puissant secours pour conquérir ce royaume dont sa femme était héritière, mais dont tout le peuple, normand, italien, arabe, était d'accord pour repousser les Allemands. Il ne s'en rendit maître qu'en faisant couler des torrents de sang. On dit que sa femme elle-même l'empoisonna, vengeant sa patrie sur son époux. Henri, nourri par les juristes de Bologne dans l'idée du droit illimité des Césars, comptait se faire un point de départ pour envahir l'empire grec, comme avait fait Robert Guiscard, puis revenir en Italie, et réduire le pape au niveau du patriarche de Constantinople.

Cette conquête de l'empire grec, qu'il ne put accomplir, fut la suite, l'effet imprévu de la quatrième croisade. La mort de Saladin, l'avènement d'un jeune pape, plein d'ardeur (Innocent III), semblaient ranimer la chrétienté. La mort d'Henri VI rassurait l'Europe alarmée de sa puissance. La croisade prêchée par Foulques de Neuilly fut surtout populaire dans le nord de la France. Un comte de Champagne venait d'être roi de Jérusalem; son frère, qui lui succédait en France, prit la croix, et avec lui la plupart de ses vassaux; ce puissant seigneur était à lui seul suzerain de dix-huit cents fiefs. Nommons en tête de ses vassaux son maréchal de Champagne, Geoffroi de Villehardouin, l'historien de cette grande expédition, le premier historien de la France en langue vulgaire; c'est encore un Champenois, le sire de Joinville, qui devait raconter l'histoire de saint Louis et la fin des croisades. Les seigneurs du nord de la France prirent la croix en foule, les comtes de Brienne, de Saint-Paul, de Boulogne, d'Amiens, les Dampierre, les Montmorency, le fameux Simon de Montfort, qui revenait de la terre sainte, où il avait conclu une trêve avec les Sarrasins au nom des chrétiens de la Palestine. Le mouvement se communiqua au Hainaut, à la Flandre; le comte de Flandre, beau-frère du comte de Champagne, se trouva, par la mort prématurée de celui-ci, le chef principal de la croisade. Les rois de France et d'Angleterre avaient trop d'affaires; l'Empire était divisé entre deux empereurs.

On ne songeait plus à prendre la route de terre. On connaissait trop bien les Grecs. Tout récemment, ils avaient massacré les Latins qui se trouvaient à Constantinople[1], et essayé de faire périr à son passage l'empereur Frédéric-Barberousse. Pour faire le trajet par mer, il fallait des vaisseaux ; on s'adressa aux Vénitiens[2]. Ces marchands profitèrent du besoin des croisés, et n'accordèrent pas à moins de quatre-vingt-cinq mille marcs d'argent. De plus, ils voulurent être associés à la croisade, en fournissant cinquante galères. Avec cette petite mise, ils stipulaient la moitié des conquêtes. Le vieux doge Dandolo, octogénaire et presque aveugle, ne voulut remettre à personne la direction d'une entreprise qui pouvait être si profitable à la république et déclara qu'il monterait lui-même sur la flotte[3]. Le marquis de Montferrat, Boniface, brave et pauvre prince, qui avait fait les guerres saintes, et dont le frère Conrad s'était illustré par la défense de Tyr, fut chargé du commandement en chef, et promit d'amener les Piémontais et les Savoyards.

Lorsque les croisés furent rassemblés à Venise, les Vénitiens leur déclarèrent, au milieu des fêtes du départ, qu'ils n'appareilleraient pas avant d'être payés. Chacun se saigna et donna ce qu'il avait emporté; avec tout cela, il s'en fallait de trente-quatre mille marcs que la somme ne fût complète[4]. Alors l'excellent doge

---

[1]. Un légat fut massacré, et sa tête traînée à la queue d'un chien par les rues de la ville. On passa au fil de l'épée jusqu'aux malades de l'hôpital Saint-Jean. On n'épargna que quatre mille des Latins, qui furent vendus aux Turcs.
[2]. Ce fut Villehardouin qui porta la parole.
[3]. Villehardouin.
[4]. Un grand nombre de croisés avaient craint les difficultés du passage par Venise, et s'étaient allés embarquer à d'autres ports. Ces divisions faillirent plusieurs fois faire avorter toute l'entreprise.

intercéda, et remontra au peuple qu'il ne serait pas honorable d'agir à la rigueur dans une si sainte entreprise. Il proposa que les croisés s'acquittassent en assiégeant préalablement, pour les Vénitiens, la ville de Zara, en Dalmatie, qui s'était soustraite au joug des Vénitiens, pour reconnaître le roi de Hongrie. Le roi de Hongrie avait lui-même pris la croix ; c'était mal commencer la croisade que d'attaquer une de ses villes. Le légat du pape eut beau réclamer, le doge lui déclara que l'armée pouvait se passer de ses directions, prit la croix sur son bonnet ducal, et entraîna les croisés devant Zara[1], puis devant Trieste. Ils conquirent, pour leurs bons amis de Venise, presque toutes les villes de l'Istrie.

Pendant que ces braves et honnêtes chevaliers gagnent leur passage à cette guerre, « voici venir, dit Villehardouin, une grande merveille, une aventure inespérée et la plus étrange du monde ». Un jeune prince grec, fils de l'empereur Isaac, alors dépossédé par son frère, vient embrasser les genoux des croisés, et leur promettre des avantages immenses, s'ils veulent rétablir son père sur le trône. Ils seront tous riches à jamais, l'Église grecque se soumettra au pape, et l'empereur rétabli les aidera de tout son pouvoir à reconquérir Jérusalem. Dandolo est le premier touché de l'infortune du prince. Il décida les croisés à *commencer la croisade par Constantinople*. En vain le pape lança l'interdit, en vain Simon de Montfort et

---

1. Le pape menaça les croisés de l'excommunication, parce que le roi de Hongrie, ayant pris la croix, était sous la protection de l'Église.

plusieurs autres[1] se séparèrent d'eux et cinglèrent vers Jérusalem. La majorité suivit les chefs, Beaudoin et Boniface, qui se rangeaient à l'avis des Vénitiens.

Quelque opposition que mît le pape à l'entreprise, les croisés croyaient faire œuvre sainte en lui soumettant l'Église grecque malgré lui. L'opposition et la haine mutuelle des Latins et des Grecs ne pouvaient plus croître. La vieille guerre religieuse, commencée par Photius au neuvième siècle[2], avait repris au onzième (vers l'an 1053)[3]. Cependant l'opposition commune contre les mahométans, qui menaçaient Constantinople, semblait devoir amener une réunion. L'empereur Constantin Monomaque fit de grands efforts ; il appela les légats du pape ; les deux clergés se virent, s'examinèrent, mais dans le langage de leurs adversaires ils crurent n'entendre que des blasphèmes, et, des deux côtés l'horreur augmenta. Ils se quittèrent en consacrant la rupture des deux Églises par une excommunication mutuelle (1054).

Avant la fin du siècle, la croisade de Jérusalem, sollicitée par les Comnène eux-mêmes, amena les Latins à Constantinople. Alors les haines nationales s'ajoutèrent aux haines religieuses ; les Grecs détestèrent la brutale insolence des Occidentaux ; ceux-ci accusèrent la trahison des Grecs. A chaque croisade, les Francs

1. *App.* 110.
2. En 858, le laïque Photius fut mis à la place du patriarche Ignace par l'empereur Michel III. Nicolas Iᵉʳ prit le parti d'Ignace. Photius anathématisa le pape en 867.
3. Par une lettre du patriarche Michel à l'évêque de Trani, sur les azymes, et le sabbat, et les observances de l'Église romaine.

qui passaient par Constantinople délibéraient s'ils ne s'en rendraient pas maîtres, et ils l'auraient fait sans la loyauté de Godefroi de Bouillon et de Louis-le-Jeune. Lorsque la nationalité grecque eut un réveil si terrible sous le tyran Andronic, les Latins établis à Constantinople furent enveloppés dans un même massacre (avril 1182)[1]. L'intérêt du commerce en ramena un grand nombre sous les successeurs d'Andronic, malgré le péril continuel. C'était au sein même de Constantinople une colonie ennemie, qui appelait les Occidentaux et devait les seconder, si jamais ils tentaient un coup de main sur la capitale de l'empire grec. Entre tous les Latins, les seuls Vénitiens pouvaient et souhaitaient cette grande chose. Concurrents des Génois pour le commerce du Levant, ils craignaient d'être prévenus par eux. Sans parler de ce grand nom de Constantinople et des précieuses richesses enfermées dans ses murs où l'empire romain s'était réfugié, sa position dominante entre l'Europe et l'Asie promettait à qui pourrait la prendre le monopole du commerce et la domination des mers. Le vieux doge Dandolo, que les Grecs avaient autrefois privé de la vue, poursuivait ce projet avec toute l'ardeur du patriotisme et de la vengeance. On assure enfin que le sultan Malek-Adhel, menacé par la croisade, avait fait

---

1. Dans une lettre encyclique, où il raconte la prise de Constantinople, Baudoin accuse les Grecs d'avoir souvent contracté des alliances avec les infidèles; de renouveler le baptême, de n'honorer le Christ que par des peintures (Christum solis honorare picturis); d'appeler les Latins du nom de *chiens*, de ne pas se croire coupables en versant leur sang. Il rappelle la mort cruelle du légat envoyé à Constantinople en 1183.

contribuer toute la Syrie pour acheter l'amitié des Vénitiens, et détourner sur Constantinople le danger qui menaçait la Judée et l'Égypte. Nicétas, bien plus instruit que Villehardouin des précédents de la croisade, assure que tout était préparé, et que l'arrivée du jeune Alexis ne fit qu'augmenter une impulsion déjà donnée : « Ce fut, dit-il, un flot sur un flot. »

Les croisés furent, dans la main de Venise, une force aveugle et brutale qu'elle lança contre l'empire byzantin. Ils ignoraient et les motifs des Vénitiens, et leurs intelligences, et l'état de l'empire qu'ils attaquaient. Aussi, quand ils se virent en face de cette prodigieuse Constantinople, qu'ils aperçurent ces palais, ces églises innombrables, qui étincelaient au soleil avec leurs dômes dorés, lorsqu'ils virent ces myriades d'hommes sur les remparts, ils ne purent se défendre de quelque émotion : « Et sachez, dit Villehardouin, que il ne ot si hardi cui le cuer ne frémist... Chacun regardoit ses armes... que par tems en aront mestier. »

La population était grande, il est vrai, mais la ville était désarmée. Il était convenu, entre les Grecs, depuis qu'ils avaient repoussé les Arabes, que Constantinople était imprenable, et cette opinion faisait négliger tous les moyens de la rendre telle. Elle avait seize cents bateaux pêcheurs et seulement vingt vaisseaux. Elle n'en envoya aucun contre la flotte latine; aucun n'essaya de descendre le courant pour y jeter le feu grégeois. Soixante mille hommes apparurent sur le rivage, magnifiquement armés, mais au premier signe des croisés ils s'évanouirent[1]. Dans la réalité, cette cavalerie légère n'eût pu soutenir le choc de la lourde gendarmerie des Latins. La ville n'avait que ses fortes murailles et quelques corps d'excellentes troupes, je parle de la garde varangienne, composée de Danois et de Saxons, réfugiés d'Angleterre. Ajoutez-y quelques auxiliaires de Pise. La rivalité commerciale et politique armait partout les Pisans contre les Vénitiens.

Ceux-ci avaient probablement des amis dans la ville. Dès qu'ils eurent forcé le port, dès qu'ils se présentèrent au pied des murs, l'étendard de Saint-Marc y apparut, planté par une main invisible, et le doge s'empara rapidement de vingt-cinq tours. Mais il lui fallut perdre cet avantage pour aller au secours des Francs, enveloppés par cette cavalerie grecque qu'ils avaient tant méprisée. La nuit même, l'empereur désespéra et s'enfuit; on tira de prison son prédécesseur, le vieil Isaac Comnène, et les croisés n'eurent plus qu'à entrer triomphants dans Constantinople.

Il était impossible que la croisade se terminât ainsi. Le nouvel empereur ne pouvait satisfaire l'exigence de ses libérateurs qu'en ruinant ses sujets. Les Grecs murmuraient, les Latins pressaient, menaçaient. En attendant, ils insultaient le peuple de mille manières, et l'empereur lui-même qui était leur ouvrage. Un jour, en jouant aux dés avec le prince Alexis, ils le coiffè-

---

[1]. Dans un autre engagement : « Li Grieu lor tornèrent les dos, si furent desconfiz à la première assemblée (au premier choc). » (Villehardouin.)

rent d'un bonnet de laine ou de poil. Ils choquaient à plaisir tous les usages des Grecs, et se scandalisaient de tout ce qui leur était nouveau. Ayant vu une mosquée ou une synagogue, ils fondirent sur les infidèles; ceux-ci se défendirent. Le feu fut mis à quelques maisons; l'incendie gagna, il embrasa la partie la plus peuplée de Constantinople, dura huit jours et s'étendit sur une surface d'une lieue.

Cet événement mit le comble à l'exaspération du peuple. Il se souleva contre l'empereur dont la restauration avait entraîné tant de calamités. La pourpre fut offerte pendant trois jours à tous les sénateurs. Il fallait un grand courage pour l'accepter. Les Vénitiens qui, ce semble, eussent pu essayer d'intervenir, restaient hors des murs, et attendaient. Peut-être craignaient-ils de s'engager dans cette ville immense où ils auraient pu être écrasés. Peut-être leur convenait-il de laisser accabler l'empereur qu'ils avaient fait, pour rentrer en ennemis dans Constantinople. Le vieil Isaac fut en effet mis à mort, et remplacé par un prince de la maison royale, Alexis Murzuphle, qui se montra digne des circonstances critiques où il acceptait l'empire. Il commença par repousser les propositions captieuses des Vénitiens, qui offraient encore de se contenter d'une somme d'argent. Ils l'auraient ainsi ruiné et rendu odieux au peuple, comme son prédécesseur. Murzuphle leva de l'argent, mais pour faire la guerre. Il arma des vaisseaux, et par deux fois essaya de brûler la flotte ennemie. Le péril était grand pour les Latins. Cependant, il était impossible que Murzuphle improvisât une armée. Les croisés étaient bien autrement aguerris ; les Grecs ne purent soutenir l'assaut ; Nicétas avoue naïvement que, dans ce moment terrible, un chevalier latin, qui renversait tout devant lui, leur parut haut de cinquante pieds [1].

Les chefs s'efforcèrent de limiter les abus de la victoire ; ils défendirent, sous peine de mort, le viol des femmes mariées, des vierges et des religieuses. Mais la ville fut cruellement pillée. Telle fut l'énormité du butin, que cinquante mille marcs ayant été ajoutés à la part des Vénitiens, pour dernier payement de la dette, il resta aux Francs cinq cent mille marcs [2]. Un nombre innombrable de monuments précieux, entassés dans Constantinople, depuis que l'empire avait perdu tant de provinces, périrent sous les mains de ceux qui se les disputaient, qui voulaient les partager, ou qui détruisaient pour détruire. Les églises, les tombeaux, ne furent point respectés. Une prostituée chanta et dansa dans la chaire du patriarche [3]. Les barbares dispersèrent les ossements des empereurs ; quand ils vinrent au tombeau de Justinien, ils s'aperçurent avec

---

[1]. Ailleurs il se contente de dire : « Ces Francs étaient aussi hauts que leurs piques. » — [2]. Villehardouin.

[3]. Nicétas : « Les croisés se revêtaient, non par besoin, mais pour en faire sentir le ridicule, de robes peintes, vêtement ordinaire des Grecs ; ils mettaient nos coiffures de toile sur la tête de leurs chevaux, et leur attachaient au cou les cordons qui, d'après notre coutume, doivent pendre par derrière ; quelques-uns tenaient dans leurs mains du papier, de l'encre et des écritoires pour nous railler, comme si nous n'étions que de mauvais scribes ou de simples copistes. Ils passaient des jours entiers à table ; les uns savouraient des mets délicats ; les autres ne mangeaient, suivant la coutume de leur pays, que du bœuf bouilli et du lard salé, de l'ail, de la farine, des fèves et une sauce très forte. »

surprise que le législateur était encore tout entier dans son tombeau.

A qui devait revenir l'honneur de s'asseoir dans le trône de Justinien, et de fonder le nouvel empire? Le plus digne était le vieux Dandolo. Mais les Vénitiens eux-mêmes s'y opposèrent; il ne leur convenait pas de donner à une famille ce qui était à la république. Pour la gloire de restaurer l'empire, elle les touchait peu; ce qu'ils voulaient, ces marchands, c'étaient des ports, des entrepôts, une longue chaîne de comptoirs, qui leur assurât toute la route de l'Orient. Ils prirent pour eux les rivages et les îles; de plus, trois des huit quartiers de Constantinople, avec le titre bizarre de *seigneurs d'un quart et demi de l'empire grec*[1].

L'empire, réduit à un quart, fut déféré à Beaudoin, comte de Flandre, descendant de Charlemagne et parent du roi de France. Le marquis de Montferrat se contenta du royaume de Macédoine. La plus grande partie de l'empire, celle même qui était échue aux Vénitiens, fut démembrée en fiefs.

Le premier soin du nouvel empereur fut de s'excuser auprès du pape. Celui-ci se trouva embarrassé de son triomphe involontaire. C'était un grand coup porté à l'infaillibilité pontificale, que Dieu eût justifié par le succès une guerre condamnée du saint-siège. L'union des deux Églises, le rapprochement des deux moitiés de la chrétienté, avait été consommé par des hommes frappés de l'interdit. Il ne restait au pape qu'à réformer

---

1. Sanuto.

sa sentence et pardonner à ces conquérants qui voulaient bien demander pardon. La tristesse d'Innocent III est visible dans sa réponse à l'empereur Beaudoin. Il se compare au pêcheur de l'Évangile, qui s'effraye de la pêche miraculeuse ; puis il prétend audacieusement qu'il est pour quelque chose dans le succès ; qu'il a, lui aussi, *tendu le filet :* « Hoc unum audacter affirmo, qui laxavi retia in capturam [1]. » Mais il était au-dessus de sa toute-puissance de persuader une telle chose, de faire que ce qu'il avait dit n'eût pas été dit, qu'il eût approuvé ce qu'il avait désapprouvé. La conquête de l'empire grec ébranlait son autorité dans l'Occident plus qu'elle ne l'étendait dans l'Orient.

Les résultats de ce mémorable événement ne furent pas aussi grands qu'on eût pu le penser. L'empire latin de Constantinople dura moins encore que le royaume latin de Jérusalem (1204-1261). Venise seule en tira d'immenses avantages matériels. La France n'y gagna qu'en influence ; ses mœurs et sa langue, déjà portées si loin par la première croisade, se répandirent dans l'Orient. Beaudoin et Boniface, l'empereur et le roi de Macédoine, étaient cousins du roi de France. Le comte de Blois eut le duché de Nicée ; le comte de Saint-Paul, celui de Demotica, près d'Andrinople. Notre historien, Geoffroi de Villehardouin, réunit les offices de maréchal de Champagne et de Romanie. Longtemps encore après la chute de l'empire latin de

---

1. Il écrivit au clergé et à l'université de France qu'on envoyât aussitôt des clercs et des livres pour instruire les habitants de Constantinople.

Constantinople, vers 1300, le Catalan Montaner nous assure que dans la principauté de Morée et le duché d'Athènes, « on parlait français aussi bien qu'à Paris[1] ».

1. « E parlaven axi bell frances, com dins en Paris. »

CHAPITRE VII

SUITE.

Ruine de Jean. — Défaite de l'empereur. — Guerre des Albigeois. — Grandeur du roi de France. (1204-1222.)

Voilà le pape vainqueur des Grecs malgré lui. La réunion des deux Églises est opérée. Innocent est le seul chef spirituel du monde. L'Allemagne, la vieille ennemie des papes, est mise hors de combat; elle est déchirée entre deux empereurs, qui prennent le pape pour arbitre. Philippe-Auguste vient de se soumettre à ses ordres, et de reprendre une épouse qu'il hait. L'occident et le midi de la France ne sont pas si dociles. Les Vaudois résistent sur le Rhône, les Manichéens en Languedoc et aux Pyrénées. Tout le littoral de la France sur les deux mers, semble prêt à se détacher de l'Église. Le rivage de la Méditerranée et celui de l'Océan obéissent à deux princes d'une foi douteuse, les rois d'Aragon et d'Angleterre, et entre eux se trouvent les foyers de l'hérésie, Béziers, Carcassonne,

Toulouse, où le grand concile des Manichéens s'est assemblé.

Le premier frappé fut le roi d'Angleterre, duc de Guyenne, voisin, et aussi parent du comte de Toulouse, dont il élevait le fils. Le pape et le roi de France profitèrent de sa ruine. Mais cet événement était préparé de longue date. La puissance des rois anglo-normands ne s'appuyait, nous l'avons vu, que sur les troupes mercenaires qu'ils achetaient ; ils ne pouvaient prendre confiance ni dans les Saxons, ni dans les Normands. L'entretien de ces troupes supposait des ressources et un ordre administratif étranger aux habitudes de cet âge. Ces rois n'y suppléaient que par les exactions d'une fiscalité violente, qui augmentaient encore les haines, rendaient leur position plus périlleuse, et les obligeaient d'autant plus à s'entourer de ces troupes qui ruinaient et soulevaient le peuple. Dilemme terrible, dans la solution duquel ils devaient succomber. Renoncer à l'emploi des mercenaires, c'était se mettre entre les mains de l'aristocratie normande ; continuer à s'en servir, c'était marcher dans une route de perdition certaine. Le roi devait trouver sa ruine dans la réconciliation des deux races qui divisaient l'île ; Normands et Saxons devaient finir par s'entendre pour l'abaissement de la royauté ; la perte des provinces françaises devait être le premier résultat de cette révolution.

Au moins Henri II avait amassé un trésor. Mais Richard ruina l'Angleterre dès son départ pour la croisade. « Je vendrais Londres, disait-il, si je pouvais trouver un acheteur[1]. » D'une mer à l'autre, dit un contemporain, l'Angleterre se trouva pauvre[2]. Il fallut pourtant trouver de l'argent pour payer l'énorme rançon exigée par l'empereur. Il en fallut encore lorsque Richard, de retour, voulut guerroyer le roi de France. Tout ce qu'il avait vendu à son départ, il le reprit sans rembourser les acheteurs. Après avoir ruiné le présent, il ruinait l'avenir. Dès lors il ne devait plus se trouver un homme qui voulût rien prêter ou acheter au roi d'Angleterre. Son successeur, bon ou mauvais, habile ou inhabile, se trouvait d'avance condamné à une pauvreté irrémédiable, à une incurable impuissance.

Cependant le progrès des choses aurait au contraire exigé de nouvelles ressources. La désharmonie de l'empire anglais n'avait jamais été plus loin. Cet empire se composait de populations qui toutes s'étaient fait la guerre avant d'être réunies sous un même joug. La Normandie ennemie de l'Angleterre avant Guillaume, la Bretagne ennemie de la Normandie, et l'Anjou ennemi du Poitou, le Poitou qui réclamait sur tout le Midi les droits de duché d'Aquitaine, tous maintenant se trouvaient ensemble, bon gré mal gré. Sous les règnes précédents, le roi d'Angleterre avait toujours pour lui quelqu'une de ces provinces continentales. Le Normand Guillaume et ses deux premiers successeurs purent compter sur la Normandie, Henri II sur les Angevins, ses compatriotes; Richard Cœur-de-

---

1. « Londonias quoque venderem si emptorem idoneum invenirem. » (Guill. Neubrig.) — 2. Roger de Hoveden.

Lion plut généralement aux Poitevins, aux Aquitains, compatriotes de sa mère, Éléonore de Guyenne. Il releva la gloire des méridionaux qui le regardaient comme un des leurs; il faisait des vers en leur langue, il les avait en foule autour de lui : son principal lieutenant était le Basque Marcader. Mais peu à peu ces diverses populations s'éloignèrent des rois d'Angleterre; elles s'apercevaient qu'en réalité, Normand, Angevin ou Poitevin, ce roi, séparé d'elles par tant d'intérêts différents, était en réalité un prince étranger. La fin du règne de Richard acheva de désabuser les sujets continentaux de l'Angleterre.

Ces circonstances expliqueraient la violence, les emportements, les revers de Jean, quand même il eût été meilleur et plus habile. Il lui fallut recourir à des expédients inouïs pour tirer de l'argent d'un pays tant de fois ruiné. Que restait-il après l'avide et prodigue Richard? Jean essaya d'arracher de l'argent aux barons, et ils lui firent signer la Grande Charte; il se rejeta sur l'Église, elle le déposa. Le pape et son protégé, le roi de France, profitèrent de sa ruine. Le roi d'Angleterre, sentant son navire enfoncer, jeta à la mer la Normandie, la Bretagne. Le roi de France n'eut qu'à ramasser.

Ce déchirement infaillible et nécessaire de l'empire anglais se trouva provoqué d'abord par la rivalité de Jean et d'Arthur son neveu. Celui-ci, fils de l'héritière de Bretagne et d'un frère de Jean, avait été dès sa naissance accepté par les Bretons, comme un libérateur et un vengeur. Ils l'avaient, malgré Henri II, baptisé du nom national d'Arthur. Les Aquitains favorisaient sa cause. La vieille Éléonore seule tenait contre son petit-fils pour Jean son fils, pour l'unité de l'empire anglais que l'élévation d'Arthur aurait divisé[1]. Arthur en effet faisait bon marché de cette unité : il offrait au roi de France de lui céder la Normandie, pourvu qu'il eût la Bretagne, le Maine, la Touraine, l'Anjou, le Poitou et l'Aquitaine. Jean eût été réduit à l'Angleterre. Philippe acceptait volontiers, mettait ses garnisons dans les meilleures places d'Arthur, et, n'espérant pas s'y maintenir, il les démolissait. Le neveu de Jean, trahi ainsi par son allié, se tourna de nouveau vers son oncle; puis revint au parti de la France, envahit le Poitou et assiégea sa grand'mère Éléonore dans Mirebeau. Ce n'était pas chose nouvelle dans cette race de voir les fils armés contre leurs parents. Cependant Jean vint au secours, délivra sa mère, défit Arthur et le prit avec la plupart des grands seigneurs de son parti. Que devint le prisonnier? c'est ce qu'on n'a bien su jamais. Mathieu Paris prétend que Jean, qui l'avait bien traité d'abord, fut alarmé des menaces et de l'obstination du jeune Breton; « Arthur disparut, dit-il, et Dieu veuille qu'il en ait été autrement que ne le rapporte la malveillante renommée! » Mais Arthur avait excité trop d'espérances pour que l'imagination des peuples se soit résignée à cette incertitude. On assura que Jean l'avait fait périr. On ajouta bientôt qu'il l'avait tué de

---

1. Au fait, l'Aquitaine était son héritage, et elle avait transféré ses droits à Jean.

sa propre main. Le chapelain de Philippe-Auguste raconte, comme s'il l'eût vu, que Jean prit Arthur dans un bateau, qu'il lui donna lui-même deux coups de poignard, et le jeta dans la rivière, à trois milles du château de Rouen [1]. Les Bretons rapprochaient de leur pays le lieu de la scène; ils la plaçaient près de Cherbourg, au pied de ces falaises sinistres qui présentent un précipice tout le long de l'Océan. Ainsi allait la tradition grandissant de détail et d'intérêt dramatique. Enfin dans la pièce de Shakespeare, Arthur est un tout jeune enfant sans défense, dont les douces et innocentes paroles désarment le plus farouche assassin.

Cet événement plaçait Philippe-Auguste dans la meilleure position. Il avait déjà nourri contre Richard le bruit de ses liaisons avec les infidèles, avec le Vieux de la Montagne; il avait pris des gardes pour se préserver de ses émissaires [2]. Il exploita contre Jean le bruit de la mort d'Arthur. Il se porta pour vengeur et pour juge du crime. Il assigna Jean à comparaître devant la cour des hauts barons de France, la cour des pairs, comme on disait alors d'après les romans de Charlemagne. Déjà il l'y avait appelé pour se justifier d'avoir enlevé au comte de la Marche, Isabelle de Lusignan. Jean demanda au moins un sauf-conduit. Il lui fut refusé. Condamné sans être entendu, il leva une armée en Angleterre et en Irlande, employant les dernières violences pour forcer les barons de le suivre,

---

1. Guillaume-le-Breton.
2. Mais il eut peine à persuader. Il suffit, pour détruire l'accusation, d'une fausse lettre du Vieux de la Montagne que Richard fit circuler.

jusqu'à saisir les biens de ceux qui refusaient, à d'autres, le septième de leur revenu. Tout cela ne servit de rien. Ils s'assemblèrent, mais une fois réunis à Portsmouth, ils lui firent déclarer par l'archevêque Hubert qu'ils étaient décidés à ne point s'embarquer. Au fait, que leur importait cette guerre? La plupart, quoique Normands d'origine, étaient devenus étrangers à la Normandie. Ils ne se souciaient pas de se battre pour fortifier leur roi contre eux, et le mettre à même de réduire ses sujets insulaires avec ceux du continent.

Jean s'était aussi adressé au pape, accusant Philippe d'avoir rompu la paix et violé ses serments. Innocent se porta pour juge, *non du fief, mais du péché*[1]. Ses légats ne décidèrent rien. Philippe s'empara de la Normandie (1204). Jean lui-même avait déclaré aux Normands qu'ils n'avaient aucun secours à attendre. Il s'était plongé en désespéré dans les plaisirs. Les envoyés de Rouen le trouvèrent jouant aux échecs, et avant de répondre, il voulut achever la partie. « Il dînait tous les jours splendidement avec sa belle reine, et prolongeait le sommeil du matin jusqu'à l'heure du repas[2]. » Cependant, s'il n'agissait point lui-même, il négociait avec les ennemis de l'Église et du roi de France. Il payait des subsides à l'empereur Othon IV, son neveu; il s'entendait d'une part avec les

---

1. Lettre d'Innocent III.
2. Math. Paris : « Cum regina epulabatur quotidie splendide, somnosque matutinales usque ad prandendi horam protraxit. — Omnimodis cum regina sua vivebat deliciis. »

Flamands, de l'autre avec les seigneurs du midi de la France, et élevait à sa cour son autre neveu, fils du comte de Toulouse.

Ce comte, le roi d'Aragon et le roi d'Angleterre, suzerains de tout le Midi, semblaient réconciliés aux dépens de l'Église; ils gardaient à peine quelques ménagements extérieurs. Le danger était immense de ce côté pour l'autorité ecclésiastique. Ce n'étaient point des sectaires isolés, mais une Église tout entière qui s'était formée contre l'Église. Les biens du clergé étaient partout envahis. Le nom même de prêtre était une injure. Les ecclésiastiques n'osaient laisser voir leur tonsure en public[1]. Ceux qui se résignaient à porter la robe cléricale, c'étaient quelques serviteurs des nobles, auxquels ceux-ci la faisaient prendre pour envahir sous leur nom quelque bénéfice. Dès qu'un missionnaire catholique se hasardait à prêcher, il s'élevait des cris de dérision. La sainteté, l'éloquence ne leur imposaient point. Ils avaient hué saint Bernard[2].

La lutte était imminente en 1200. L'église hérétique était organisée; elle avait sa hiérarchie, ses prêtres, ses évêques, son pape; leur concile général s'était tenu à Toulouse; cette ville eût été sans doute leur Rome, et son Capitole eût remplacé l'autre. L'église nouvelle envoyait partout d'ardents missionnaires: l'innovation éclatait dans les pays les plus éloignés, les moins soupçonnés, en Picardie, en Flandre, en Allemagne, en Angleterre, en Lombardie, en Toscane,

---

[1]. Guillelm. de Podio Laur. — [2]. Id.

aux portes de Rome, à Viterbe. Les populations du Nord voyaient parmi elles les soldats mercenaires, les *routiers*, pour la plupart au service d'Angleterre, réaliser tout ce qu'on racontait de l'impiété du Midi. Ils venaient partie du Brabant, partie de l'Aquitaine; le Basque Marcader était l'un des principaux lieutenants de Richard Cœur-de-Lion. Les montagnards du Midi, qui aujourd'hui descendent en France ou en Espagne pour gagner de l'argent par quelque petite industrie, en faisaient autant au moyen âge, mais alors la seule industrie était la guerre. Ils maltraitaient les prêtres tout comme les paysans, habillaient leurs femmes des vêtements consacrés, battaient les clercs et leur faisaient chanter la messe par dérision. C'était encore un de leurs plaisirs de salir, de briser les images du Christ, de lui casser les bras et les jambes, de le traiter plus mal que les Juifs à la Passion. Ces routiers étaient chers aux princes, précisément à cause de leur impiété, qui les rendait insensibles aux censures ecclésiastiques. Un charpentier, inspiré de la Vierge Marie, forma l'association des *capuchons* pour l'extermination de ces bandes. Philippe-Auguste encouragea le peuple, fournit des troupes, et, en une seule fois, on en égorgea dix mille[1].

Indépendamment des ravages des routiers du Midi, les croisades avaient jeté des semences de haine. Ces grandes expéditions, qui rapprochèrent l'Orient et l'Occident, eurent aussi pour effet de révéler à l'Europe

---

1. Le Velay ne tarde pas à faire hommage à Philippe-Auguste.

du Nord celle du Midi. La dernière se présenta à l'autre sous l'aspect le plus choquant; esprit mercantile plus que chevaleresque, dédaigneuse opulence[1], élégance et légèreté moqueuse, danses et costumes moresques, figures sarrasines. Les aliments mêmes étaient un sujet d'éloignement entre les deux races; les mangeurs d'ail, d'huile et de figues rappelaient aux croisés l'impureté du sang moresque et juif, et le Languedoc leur semblait une autre Judée.

L'Église du treizième siècle se fit une arme de ces antipathies de races pour retenir le Midi qui lui échappait. Elle transféra la croisade des infidèles aux hérétiques. Les prédicateurs furent les mêmes, les bénédictins de Cîteaux.

Plusieurs réformes avaient eu lieu déjà dans l'institut de saint Benoît; mais cet ordre était tout un peuple; au onzième siècle, se forma un ordre dans l'ordre, une première congrégation, la congrégation bénédictine de Cluny. Le résultat fut immense : il en sortit Grégoire VII. Ces réformateurs eurent pourtant bientôt besoin d'une réforme[2]. Il s'en fit une en 1098, à l'époque même de la première croisade. Cîteaux s'éleva à côté de Cluny, toujours dans la riche et vineuse Bourgogne, le pays des grands prédicateurs, de Bossuet et de saint Bernard. Ceux-ci s'imposèrent le travail, selon la règle primitive de saint Benoît, changèrent seulement l'habit noir en habit blanc, déclarèrent qu'ils s'occuperaient uniquement de leur salut, et seraient

---

1. *App.* 111. — 2. *App.* 112.

soumis aux évêques, dont les autres moines tendaient toujours à s'affranchir. Ainsi l'Église en péril resserrait sa hiérarchie. Plus les Cisterciens se faisaient petits, plus ils grandirent et s'accrurent. Ils eurent jusqu'à dix-huit cents maisons d'hommes et quatorze cents de femmes. L'abbé de Cîteaux était appelé l'abbé des abbés. Ils étaient déjà si riches, vingt ans après leur institution, que l'austérité de saint Bernard s'en effraya; il s'enfuit en Champagne pour fonder Clairvaux. Les moines de Cîteaux étaient alors les seuls moines pour le peuple. On les forçait de monter en chaire et de prêcher la croisade. Saint Bernard fut l'apôtre de la seconde, et le législateur des Templiers. Les ordres militaires d'Espagne et de Portugal, Saint-Jacques, Alcantara, Calatrava et Avis, relevaient de Cîteaux et lui étaient affiliés. Les moines de Bourgogne étendaient ainsi leur influence spirituelle sur l'Espagne, tandis que les princes des deux Bourgognes lui donnaient des rois.

Toute cette grandeur perdit Cîteaux. Elle se trouva, pour la discipline, presque au niveau de la voluptueuse Cluny. Celle-ci, du moins, avait de bonne heure affecté la douceur et l'indulgence. Pierre-le-Vénérable y avait reçu, consolé, enseveli Abailard. Mais Cîteaux corrompue conserva, dans la richesse et le luxe, la dureté de son institution primitive. Elle resta animée du génie sanguinaire des croisades, et continua de prêcher la foi en négligeant les œuvres. Plus même l'indignité des prédicateurs rendait leurs paroles vaines et stériles, plus ils s'irritaient. Ils s'en prenaient du peu d'effet de leur éloquence à ceux qui sur leurs mœurs jugeaient leur doctrine. Furieux d'impuissance, ils menaçaient, ils damnaient, et le peuple n'en faisait que rire.

Un jour que l'abbé de Citeaux partait avec ses moines dans un magnifique appareil pour aller en Languedoc travailler à la conversion des hérétiques, deux Castillans, qui revenaient de Rome, l'évêque d'Osma et l'un de ses chanoines, le fameux saint Dominique, n'hésitèrent point à leur dire que ce luxe et cette pompe détruiraient l'effet de leurs discours : « C'est pieds nus, dirent-ils, qu'il faut marcher contre les fils de l'orgueil; ils veulent des exemples, vous ne les réduirez point par des paroles. » Les Cisterciens descendirent de leurs montures et suivirent les deux Espagnols.

Les Espagnols se mirent à la tête de cette croisade spirituelle. Un Durando d'Huesca, qui avait été Vaudois lui-même, obtint d'Innocent III la permission de former une confrérie des *pauvres catholiques*, où pussent entrer les *pauvres de Lyon*, les Vaudois. La croyance différait, mais l'extérieur était le même; même costume, même vie. On espérait que les catholiques, adoptant l'habit et les mœurs des Vaudois, les Vaudois prendraient en échange les croyances des catholiques; enfin, que la forme emporterait le fond. Malheureusement le zélé missionnaire imita si bien les Vaudois, qu'il en devint suspect aux évêques, et sa tentative charitable eut peu de succès.

En même temps, l'évêque d'Osma et saint Dominique furent autorisés par le pape à s'associer aux travaux des Cisterciens. Ce Dominique, ce terrible fondateur de l'inquisition, était un noble Castillan [1]. Personne n'eut plus que lui le don des larmes qui s'allie si souvent au fanatisme [2]. Lorsqu'il étudiait à Palencia, une grande famine régnant dans la ville, il vendit tout, et jusqu'à ses livres, pour secourir les pauvres.

L'évêque d'Osma venait de réformer son chapitre d'après la règle de saint Augustin; Dominique y entra. Plusieurs missions l'ayant conduit en France, à la suite de l'évêque d'Osma, il vit avec une pitié profonde tant d'âmes qui se perdaient chaque jour. Il y avait tel château, en Languedoc, où l'on n'avait pas communié depuis trente ans [3]. Les petits enfants mouraient sans baptême. « La nuit d'ignorance couvrait ce pays, et les bêtes de la forêt du Diable s'y promenaient librement [4]. »

D'abord, l'évêque d'Osma, sachant que la pauvre noblesse confiait l'éducation de ses filles aux hérétiques, fonda un monastère près Montréal, pour les soustraire à ce danger. Saint Dominique donna tout ce qu'il possédait; et entendant dire à une femme que

---

[1]. « Sa prière était si ardente qu'il en devenait comme insensé. Une nuit qu'il priait devant l'autel, le diable, pour le troubler, jeta du haut du toit une énorme pierre qui tomba à grand bruit dans l'église, et toucha, dans sa chute, le capuchon du saint; il ne bougea point, et le diable s'enfuit en hurlant. » (Acta S. Dominici.)

[2]. Lorsqu'on recueillit les témoignages pour la canonisation de saint Dominique, un moine déposa qu'il l'avait souvent vu pendant la messe baigné de larmes, qui lui coulaient en si grande abondance sur le visage *qu'une goutte n'attendait pas l'autre*.

[3]. Pierre de Vaux-Cernay. — [4]. Guill. de Pod. Laur.

si elle quittait les Albigeois elle se trouverait sans ressources, il voulait se vendre comme esclave, pour avoir de quoi rendre encore cette âme à Dieu.

Tout ce zèle était inutile. Aucune puissance d'éloquence ou de logique n'eût suffi pour arrêter l'élan de la liberté de penser; d'ailleurs, l'alliance odieuse des moines de Cîteaux ôtait tout crédit aux paroles de saint Dominique. Il fut même obligé de conseiller à l'un d'eux, Pierre de Castelnau, de s'éloigner quelque temps du Languedoc : les habitants l'auraient tué. Pour lui, ils ne mirent point les mains sur sa personne; ils se contentaient de lui jeter de la boue; ils lui attachaient, dit un de ses biographes, de la paille derrière le dos. L'évêque d'Osma leva les mains au ciel, et s'écria : « Seigneur, abaisse ta main et punisles : le châtiment seul pourra leur ouvrir les yeux[1]. »

On pouvait prévoir, dès l'époque de l'exaltation d'Innocent III, la catastrophe du Midi. L'année même où il monta sur le trône pontifical, il avait écrit aux princes des paroles de ruine et de sang[2]. Le comte de Toulouse, Raymond VI, qui avait succédé à son père en 1194, porta au comble le courroux du pape. Réconcilié avec les anciens ennemis de sa famille, les rois d'Aragon comtes de basse Provence, et les rois d'Angleterre ducs de Guyenne, il ne craignait plus rien et ne gardait aucun ménagement. Dans ses guerres de Languedoc et de haute Provence, il se servit cons-

---

1. Acta S. Dominici : « Domine, mitte manum, et corrige eos, ut eis saltem hæc vexatio tribuat intellectum! » — 2. *App.* 113.

tamment de ces routiers que proscrivait l'Église [1]. Il poussa la guerre sans distinguer les terres laïques ou ecclésiastiques, sans égard au dimanche ou au carême, chassa des évêques et s'entoura d'hérétiques et de juifs [2].

Raymond VI était triomphant sur le Rhône à la tête de son armée, quand il reçut d'Innocent III une lettre terrible qui lui prédisait sa ruine. Le pape exigeait qu'il interrompît la guerre, souscrivît avec ses ennemis un projet de croisade contre ses sujets hérétiques, et ouvrît ses États aux croisés. Raymond refusa d'abord, fut excommunié, et se soumit; mais il cherchait à éluder l'exécution de ses promesses. Le moine Pierre de Castelnau osa lui reprocher en face ce qu'il appelait sa perfidie; le prince, peu habitué à de telles paroles, laissa échapper des paroles de colère et de vengeance, des paroles telles peut-être que celles d'Henri II contre Thomas Becket. L'effet fut le même; le dévouement féodal ne permettait pas que le moindre mot du seigneur tombât sans effet; ceux qu'il nourrissait à sa table croyaient lui appartenir corps et âme, sans réserve de leur salut éternel. Un chevalier de Raymond joignit Pierre de Castelnau sur le Rhône et le poignarda. L'assassin trouva retraite dans les Pyrénées, auprès du comte de Foix, alors ami du comte de Toulouse, et dont la mère et la sœur étaient hérétiques.

Tel fut le commencement de cette épouvantable

---

1. C'était pour la plupart des Aragonais. — 2. *App.* 114.

tragédie (1208). Innocent III ne se contenta pas, comme Alexandre III, des excuses et de la soumission du prince, il fit prêcher la croisade dans tout le nord de la France par les moines de Citeaux. Celle de Constantinople avait habitué les esprits à l'idée d'une guerre sainte contre les chrétiens. Ici la proximité était tentante ; il ne s'agissait point de traverser les mers : on offrait le paradis à celui qui aurait ici-bas pillé les riches campagnes, les cités opulentes du Languedoc. L'humanité aussi était mise en jeu pour rendre les âmes cruelles ; le sang du légat réclamait, disait-on, le sang des hérétiques [1].

La vengeance eût été pourtant difficile, si Raymond VI eût pu user de toutes ses forces, et lutter sans ménagement contre le parti de l'Église. C'était un des plus puissants princes, et probablement le plus riche de la chrétienté. Comte de Toulouse, marquis de haute Provence, maître du Quercy, du Rouergue, du Vivarais, il avait acquis Maguelonne ; le roi d'Angleterre lui avait cédé l'Agénois, et le roi d'Aragon le Gévaudan, pour dot de leurs sœurs. Duc de Narbonne, il était suzerain de Nimes, Béziers, Uzès, et des comtés de Foix et Comminges dans les Pyrénées. Mais cette grande puissance n'était pas partout exercée au même titre. Le vicomte de Béziers, appuyé de l'alliance du comte de Foix, refusait de dépendre de Toulouse. Toulouse

---

1. Innoc. ep. ad Philipp. August. : « Eia igitur, miles Christi; eia, christianissime princeps !... Clamantem ad te justi sanguinis vocem audias. » — Ad Comit, Baron., etc. : « Eia, Christi milites ! eia, strenui militiæ christianæ tirones ! »

elle-même était une sorte de république. En 1202, nous voyons les consuls de cette cité faire la guerre en l'absence de Raymond VI aux chevaliers de l'Albigeois, et les deux partis prennent le comte pour arbitre et pour médiateur. Sous son père, Raymond V, les commencements de l'hérésie avaient été accompagnés d'un tel essor d'indépendance politique, que le comte lui-même sollicita les rois de France et d'Angleterre d'entreprendre une croisade (1178) contre les Toulousains et le vicomte de Béziers. Elle eut lieu, cette croisade, mais sous Raymond VI, et à ses dépens.

Toutefois, on commença par le bas Languedoc, Béziers, Carcassonne, etc., où les hérétiques étaient plus nombreux. Le pape eût risqué d'unir tout le Midi contre l'Église et de lui donner un chef, s'il eût frappé d'abord le comte de Toulouse. Il feignit d'accepter ses soumissions, l'admit à la pénitence. Raymond s'abaissa devant tout son peuple, reçut des mains des prêtres la flagellation dans l'église même où Pierre de Castelnau était enterré, et l'on affecta de le faire passer devant le tombeau. Mais la plus horrible pénitence, c'est qu'il se chargeait de conduire lui-même l'armée des croisés à la poursuite des hérétiques, lui qui les aimait dans le cœur, de les mener sur les terres de son neveu, le vicomte de Béziers, qui osait persévérer dans la protection qu'il leur accordait. Le malheureux croyait éviter sa ruine en prêtant la main à celle de ses voisins, et se déshonorait pour vivre un jour de plus.

Le jeune et intrépide vicomte avait mis Béziers en état de résistance et s'était enfermé dans Carcassonne, lorsqu'arriva du côté du Rhône la principale armée des croisés; d'autres venaient par le Velay, d'autres par l'Agénois. « Et fut tant grand le siége, tant de tentes que de pavillons, qu'il semblait que tout le monde y fût réuni[1]. » Philippe-Auguste n'y vint pas : *il avait à ses côtés deux grands et terribles lions*[2], le roi Jean et l'empereur Othon, le neveu de Jean. Mais les Français y vinrent, si le roi n'y vint pas[3] : à leur tête, les archevêques de Reims, de Sens, de Rouen, les évêques d'Autun, Clermont, Nevers, Bayeux, Lisieux et Chartres; les comtes de Nevers, de Saint-Pol, d'Auxerre, de Bar-sur-Seine, de Genève, de Forez, une foule de seigneurs. Le plus puissant était le duc de Bourgogne. Les Bourguignons savaient le chemin des Pyrénées; ils avaient brillé surtout dans les croisades d'Espagne. Une croisade prêchée par les moines de Citeaux était nationale en Bourgogne. Les Allemands, les Lorrains, voisins des Bourguignons, prirent aussi la croix en foule; mais aucune province ne fournit à la croisade d'hommes plus habiles et plus vaillants que l'Ile-de-France. L'ingénieur de la croisade, celui qui construisait les machines et dirigeait les siéges, fut un légiste, maître Théodise, archidiacre de l'église Notre-Dame de Paris; c'est lui encore qui fit, à Rome, devant le pape, l'apologie des croisés (1215)[4].

---

1. Chron. Langued. — 2. Pierre de Vaux-Cernay.
3. La religion semblait être devenue plus sombre et plus austère dans le nord de la France. Sous Louis VI, le jeûne du samedi n'était point de règle; sous son fils Louis VII, il était si rigoureusement observé que les bouffons, les histrions, n'osaient s'en dispenser.
4. « C'était, dit Pierre de Vaux-Cernay, un homme circonspect, prudent,

Entre les barons, le plus illustre, non pas le plus puissant, celui qui a attaché son nom à cette terrible guerre, c'est Simon de Montfort, du chef de sa mère comte de Leicester. Cette famille des Montfort semble avoir été possédée d'une ambition atroce. Ils prétendaient descendre ou d'un fils du roi Robert, ou des comtes de Flandre, issus de Charlemagne. Leur grand'mère Bertrade, qui laissa son mari, le comte d'Anjou, pour le roi Philippe Ier, et les gouverna l'un et l'autre en même temps, essaya d'empoisonner son beau-fils, Louis-le-Gros, et de donner la couronne à ses fils. Louis eut pourtant confiance aux Montfort; c'est l'un d'eux qui lui donna, dit-on, après sa défaite de Brenneville, le conseil d'appeler à son secours les milices des communes sous leurs bannières paroissiales. Au treizième siècle, Simon de Montfort, dont nous allons parler, faillit être roi du Midi. Son second fils, cherchant en Angleterre la fortune qu'il avait manquée en France, combattit pour les communes anglaises et leur ouvrit l'entrée du parlement. Après avoir eu dans ses mains le roi et le royaume, il fut vaincu et tué. Son fils (petit-fils du célèbre Montfort, chef de la croisade des Albigeois) le vengea en égorgeant, en Italie, au pied des autels, le neveu du roi d'Angleterre qui venait de la terre sainte[1]. Cette

---

et très zélé pour les affaires de Dieu, et il aspirait sur toute chose à trouver dans le droit quelque prétexte pour refuser au comte l'occasion de se justifier, que le pape lui avait accordée. »

1. Pour venger sur lui la mort de son père qui avait été tué en combattant contre le roi d'Angleterre, il l'attaque au pied de l'autel, et le perce de part en part de son estoc. Il sortit ainsi de l'église sans que Charles osât donner

action perdit les Montfort, on prit en horreur cette race néfaste, dont le nom s'attachait à tant de tragédies et de révolutions.

Simon de Montfort, le véritable chef de la guerre des Albigeois, était déjà un vieux soldat des croisades, endurci dans les guerres à outrance des Templiers et des Assassins. A son retour de la terre sainte, il trouva à Venise l'armée de la quatrième croisade qui partait, mais il refusa d'aller à Constantinople ; il obéit au pape et sauva l'abbé de Vaux-Cernay, lorsqu'au grand péril de sa vie il lut aux croisés la défense du pontife. Cette action signala Montfort et prépara sa grandeur. Au reste, on ne peut nier que ce terrible exécuteur des décrets de l'Église n'ait eu des vertus héroïques. Raymond VI l'avouait, lui dont Montfort avait fait la ruine[1]. Sans parler de son courage, de ses mœurs sévères et de son invariable confiance en Dieu, il montrait aux moindres des siens des égards bien nouveaux dans les croisades. Tous ses nobles ayant avec lui traversé, sur leurs chevaux, une rivière grossie par l'orage, les piétons, les faibles, ne pouvaient passer ; Montfort repassa à l'instant, suivi de quatre ou cinq cavaliers, et resta avec les pauvres gens, en grand péril d'être attaqué par l'ennemi[2]. On

---

l'ordre de l'arrêter. Arrivé à la porte, il y trouva ses chevaliers qui l'attendaient. — Qu'avez-vous fait ? lui dit l'un d'eux. — Je me suis vengé. — Comment ? Votre père ne fut-il pas traîné ?... — A ces mots Montfort rentre dans l'église, saisit par les cheveux le cadavre du jeune prince, et le traîne jusque sur la place publique.

1. Guill. Podii Laur. : « J'ai entendu le comte de Toulouse vanter merveilleusement en Simon, son ennemi, la constance, la prévoyance, la valeur, et toutes les qualités d'un prince. » — 2. Pierre de Vaux-Cernay.

lui tint compte aussi dans cette guerre horrible d'avoir épargné les bouches inutiles qu'on repoussait d'une place, et d'avoir fait respecter l'honneur des femmes prisonnières. Sa femme, à lui-même, Alix de Montmorency, n'était pas indigne de lui; lorsque la plupart des croisés eurent abandonné Montfort, elle prit la direction d'une nouvelle armée et l'amena à son époux.

L'armée assemblée devant Béziers était guidée par l'abbé de Citeaux et par l'évêque même de la ville, qui avait dressé la liste de ceux qu'il désignait à la mort. Les habitants refusèrent de les livrer, et, voyant les croisés tracer leur camp, ils sortirent hardiment pour le surprendre. Ils ne connaissaient pas la supériorité militaire de leurs ennemis. Les piétons suffirent pour les repousser; avant que les chevaliers eussent pu prendre part à l'action, ils entrèrent dans la ville pêle-mêle avec les assiégés et s'en trouvèrent maîtres. Le seul embarras était de distinguer les hérétiques des orthodoxes : « Tuez-les tous, dit l'abbé de Citeaux; le Seigneur connaîtra bien ceux qui sont à lui[1]. »

« Voyant cela, ceux de la ville se retirèrent, ceux qui le purent, tant hommes que femmes, dans la grande église de Saint-Nazaire : les prêtres de cette église firent tinter les cloches jusqu'à ce que tout le monde fût mort. Mais il n'y eut ni son de cloche, ni prêtre vêtu de ses habits, ni clerc qui pût empêcher que tout ne passât par le tranchant de l'épée. Un tant

---

[1]. « Cædite eos; novit enim Dominus qui sunt ejus. » (Cæsar Heisterbach.)

seulement n'en put échapper. Ces meurtres et tueries furent la plus grande pitié qu'on eût depuis vue ni entendue. La ville fut pillée; on mit le feu partout, tellement que tout fut dévasté et brûlé, comme on le voit encore à présent, et qu'il n'y demeura chose vivante. Ce fut une cruelle vengeance, vu que le comte n'était pas hérétique ni de la secte. A cette destruction furent le duc de Bourgogne, le comte de Saint-Pol, le comte Pierre d'Auxerre, le comte de Genève, appelé Gui-le-Comte, le seigneur d'Anduze, appelé Pierre Vermont; et aussi y étaient les Provençaux, les Allemands, les Lombards; il y avait des gens de toutes les nations du monde, lesquels y étaient venus plus de trois cent mille, comme on l'a dit, à cause du pardon[1]. »

Quelques-uns veulent que soixante mille personnes aient péri; d'autres disent trente-huit mille. L'exécuteur lui-même, l'abbé de Cîteaux, dans sa lettre à Innocent III, avoue humblement qu'il n'en put égorger que vingt mille.

L'effroi fut tel que toutes les places furent abandonnées sans combat. Les habitants s'enfuirent dans les montagnes. Il ne resta que Carcassonne, où le vicomte s'était enfermé. Le roi d'Aragon, son oncle, vint inutilement intercéder pour lui en abandonnant tout le reste. Tout ce qu'il obtint, c'est que le vicomte pourrait sortir lui treizième : « Plutôt me laisser écorcher tout vif, dit le courageux jeune homme; le

---

1. Chron. Langued.

légat n'aura pas le plus petit des miens, car c'est pour moi qu'ils se trouvent tous en danger. » Cependant il y avait tant d'hommes, de femmes et d'enfants réfugiés de la campagne, qu'il fut impossible de tenir. Ils s'enfuirent par une issue souterraine qui conduisait à trois lieues. Le vicomte demanda un sauf-conduit pour plaider sa cause devant les croisés, et le légat le fit arrêter en trahison. Cinquante prisonniers furent, dit-on, pendus, quatre cents brûlés.

Tout ce sang eût été versé en vain, si quelqu'un ne s'était chargé de perpétuer la croisade, de veiller en armes sur les cadavres et les cendres. Mais qui pouvait accepter cette rude tâche, consentir à hériter des victimes, s'établir dans leurs maisons désertes et vêtir leur chemise sanglante? Le duc de Bourgogne n'en voulut pas : « Il me semble, dit-il, que nous avons fait bien assez de mal au vicomte, sans lui prendre son héritage. » Les comtes de Nevers et de Saint-Pol en dirent autant. Simon de Montfort accepta, après s'être fait un peu prier. Le vicomte de Béziers, qui était entre ses mains, mourut bientôt, tout à fait à propos pour Montfort[1]. Il ne lui resta plus qu'à se faire confirmer par le pape le don des légats ; il mit sur chaque maison un tribut de trois deniers au profit de l'Église de Rome.

Cependant il n'était pas facile de conserver un bien acquis de cette manière. La foule des croisés s'écoulait ; Montfort avait gagné, c'était à lui de garder, s'il pou-

---

1. « ... Donc fouc bruyt per tota la terra, que lo dit comte de Montfort l'avia fait morir. » (Chron. Langued.)

vait. Il ne lui resta guère de cette immense armée que quatre mille cinq cents Bourguignons et Allemands. Bientôt il n'eut plus de troupes que celles qu'il soldait à grand prix. Il lui fallut donc attendre une nouvelle croisade et amuser les comtes de Toulouse et de Foix qu'il avait d'abord menacés. Le dernier profita de ce répit pour se rendre auprès de Philippe-Auguste, puis à Rome, et protester au pape de la pureté de sa foi. Innocent lui fit bonne mine, et le renvoya à ses légats. Ceux-ci, qui avaient le mot, gagnèrent encore du temps, lui assignèrent le terme de trois mois pour se justifier, en stipulant je ne sais combien de conditions minutieuses, sur lesquelles on pouvait équivoquer. Au terme fixé, le malheureux Raymond accourt, espérant enfin obtenir cette absolution qui devait lui assurer le repos. Alors maître Théodise, qui conduisait tout, déclare que toutes les conditions ne sont pas remplies : « S'il a manqué aux petites choses, dit-il, comment serait-il trouvé fidèle dans les grandes? » Le comte ne put retenir ses larmes. « Quel que soit le débordement des eaux, dit le prêtre par une allusion dérisoire, elles n'arriveront pas jusqu'au Seigneur[1]. »

Cependant l'épouse de Montfort lui avait amené une nouvelle armée de croisés. Les Albigeois, n'osant plus se fier à aucune ville, après le désastre de Béziers et de Carcassonne, s'étaient réfugiés dans quelques châteaux forts, où une vaillante noblesse faisait cause commune avec eux; ils avaient beaucoup de nobles

1. Pierre de Vaux-Cernay : « In diluvio aquarum multarum ad Deum non approximabis. »

dans leur parti, comme les protestants du seizième siècle. Le château de Minerve, qui se trouvait à la porte de Narbonne, était une de leurs principales retraites. L'archevêque et les magistrats de Narbonne avaient espéré détourner la croisade de leur pays, en faisant des lois terribles contre les hérétiques; mais ceux-ci, traqués dans tous les anciens domaines du vicomte de Béziers, se réfugièrent en foule vers Narbonne. La multitude enfermée dans le château de Minerve ne pouvait subsister qu'en faisant des courses jusqu'aux portes de cette ville. Les Narbonnais appelèrent eux-mêmes Montfort et l'aidèrent. Ce siège fut terrible. Les assiégés n'espéraient et ne voulaient aucune pitié. Forcés de se rendre, le légat offrit la vie à ceux qui abjureraient. Un des croisés s'en indignait : « N'ayez pas peur, dit le prêtre, vous n'y perdrez rien; pas un ne se convertira. » En effet, ceux-ci étaient des *parfaits*, c'est-à-dire les premiers dans la hiérarchie des hérétiques; tous, hommes et femmes, au nombre de cent quarante, coururent au bûcher et s'y jetèrent d'eux-mêmes. Montfort, poussant au Midi, assiégea le fort château de Termes, autre asile de l'église albigeoise. Il y avait trente ans que personne dans ce château n'avait approché des sacrements. Les machines nécessaires pour battre la place furent construites par l'archidiacre de Paris. Il y fallut des efforts incroyables; les assiégeants plantèrent le crucifix au haut de ces machines, pour désarmer les assiégés, ou pour les rendre plus coupables encore s'ils continuaient de se défendre, au risque de frapper le Christ. Parmi ceux qu'on brûla, il y en avait un qui déclara vouloir se convertir; Montfort insista pour qu'il fût brûlé[1]; il est vrai que les flammes refusèrent de le toucher et ne firent que consumer ses liens.

Il était visible qu'après s'être emparé de tant de lieux forts dans les montagnes, Montfort reviendrait vers la plaine et attaquerait Toulouse. Le comte, dans son effroi, s'adressait à tout le monde, à l'empereur, au roi d'Angleterre, au roi de France, au roi d'Aragon. Les deux premiers, menacés par l'Église et la France, ne pouvaient le secourir. L'Espagne était occupée des progrès des Maures. Philippe-Auguste écrivit au pape. Le roi d'Aragon en fit autant et essaya de gagner Montfort lui-même. Il consentait à recevoir son hommage pour les domaines du vicomte de Béziers, et pour l'assurer de sa bonne foi il lui confiait son propre fils. En même temps, ce prince généreux, voulant montrer qu'il s'associait sans réserve à la fortune du comte de Toulouse, lui donna une de ses sœurs en mariage, l'autre au jeune fils du comte, qui fut depuis Raymond VII. Il alla lui-même intercéder pour le comte au concile d'Arles. Mais ces prêtres n'avaient pas d'entrailles. Les deux princes furent obligés de s'enfuir de la ville, sans prendre congé des évêques, qui voulaient les faire arrêter. Voici le traité dérisoire auquel ils voulaient que Raymond se soumît :

« Premièrement, le comte donnera congé incontinent à tous ceux qui sont venus lui porter aide et

[1]. « S'il ment, dit Montfort, il n'aura que ce qu'il mérite; s'il veut réellement se convertir, le feu expiera ses péchés. » (Pierre de Vaux-Cernay.)

secours, ou viendront lui en porter, et les renverra tous, sans en retenir un seul. Il sera obéissant à l'Église, fera réparation de tous les maux et dommages qu'elle a reçus, et lui sera soumis tant qu'il vivra, sans aucune contradiction. Dans tout son pays il ne se mangera que deux espèces de viandes. Le comte Raymond chassera et rejettera hors de ses terres tous les hérétiques et leurs alliés. Ledit comte baillera et délivrera entre les mains desdits légats et comte de Montfort, pour en faire à leur volonté et plaisir, tous et chacun de ceux qu'ils lui diront et déclareront, et cela dans le terme d'un an. Dans toutes ses terres, qui que ce soit, tant noble qu'homme de bas lieu, ne portera aucun vêtement de prix, mais rien que de mauvaises capes noires. Il fera abattre et démolir en son pays jusqu'à ras de terre, et sans en rien laisser, tous les châteaux et places de défense. Aucun des gentilshommes ou nobles de ce pays ne pourra habiter dans aucune ville ou place, mais ils vivront tous dehors aux champs, comme vilains et paysans. Dans toutes ses terres il ne se payera aucun péage, si ce n'est ceux qu'on avait accoutumé de payer et lever par les anciens usages. Chaque chef de maison payera chaque année quatre deniers toulousains au légat, ou à ceux qu'il aura chargés de les lever. Le comte fera rendre tout ce qui lui sera rentré des revenus de sa terre, et tous les profits qu'il en aura eus. Quand le comte de Montfort ira et chevauchera par ses terres et pays, lui ou quelqu'un de ses gens, tant petits que grands, on ne lui demandera rien pour ce qu'il prendra, ni ne lui résistera en quoi que ce soit. Quand le comte Raymond aura fait et accompli tout ce que dessus, il s'en ira outre-mer pour faire la guerre aux Turcs et infidèles dans l'ordre de Saint-Jean, sans jamais en revenir que le légat ne le lui ait mandé. Quand il aura fait et accompli tout ce que dessus, toutes ses terres et seigneuries lui seront rendues et livrées par le légat ou le comte de Montfort, quand il leur plaira[1]. »

C'était la guerre qu'une telle paix. Montfort n'attaquait pas encore Toulouse. Mais son homme, Folquet, autrefois troubadour, maintenant évêque de Toulouse, aussi furieux dans le fanatisme et la vengeance qu'il l'avait été autrefois dans le plaisir, travaillait dans cette ville pour la croisade. Il y organisait le parti catholique sous le nom de Compagnie blanche. La compagnie s'arma malgré le comte pour secourir Montfort qui assiégeait le château de Lavaur[2]. Ce refus de secours fut le prétexte dont celui-ci se servit pour assiéger Toulouse. Il voulait profiter d'une armée de croisés qui venait d'arriver des Pays-Bas et de l'Alle-

---

1. « A la prise de Lavaur, dit le moine de Vaux-Cernay, on entraîna hors du château Aimery, seigneur de Montréal, et d'autres chevaliers, jusqu'au nombre de quatre-vingts. Le noble comte ordonna aussitôt qu'on les suspendît tous à des potences; mais dès qu'Aimery, qui était le plus grand d'entre eux, eût été pendu, les potences tombèrent, car, dans la grande hâte où l'on était, on ne les avait pas suffisamment fixées en terre. Le comte, voyant que cela entraînerait un grand retard, ordonna qu'on égorgeât les autres; et les pèlerins, recevant cet ordre avec la plus grande avidité, les eurent bientôt tous massacrés en ce même lieu. La dame du château, qui était sœur d'Aimery et hérétique exécrable, fut, par l'ordre du comte, jetée dans un puits que l'on combla de pierres; ensuite nos pèlerins rassemblèrent les innombrables hérétiques que contenait le château, et les brûlèrent vifs avec une joie extrême. »

2. Chron. Langued.

magne, et qui, entre autres grands seigneurs, comptait le duc d'Autriche. Les prêtres sortirent de Toulouse, en procession, chantant des litanies et dévouant à la mort le peuple qu'ils abandonnaient. L'évêque demandait expressément que son troupeau fût traité comme Béziers et Carcassonne.

Il était désormais visible que la religion était moins intéressée en tout ceci que l'ambition et la vengeance. Les moines de Cîteaux, cette année même, prirent pour eux les évêchés du Languedoc; l'abbé eut l'archevêché de Narbonne, et prit par-dessus le titre de duc, du vivant de Raymond, sans honte et sans pudeur. Peu après, Montfort ne sachant plus où trouver des hérétiques à tuer pour une nouvelle armée qui lui venait, conduisit celle-ci dans l'Agénois, et continua la croisade en pays orthodoxe[1].

Alors tous les seigneurs des Pyrénées se déclarèrent ouvertement pour Raymond. Les comtes de Foix, de Béarn, de Comminges, l'aidèrent à forcer Simon de lever le siège de Toulouse. Le comte de Foix faillit l'accabler à Castelnaudary, mais les troupes plus exercées de Montfort ressaisirent la victoire. Ces petits princes étaient encouragés en voyant les grands souverains avouer plus ou moins ouvertement l'intérêt qu'ils portaient à Raymond. Le sénéchal du roi d'Angleterre, Savary de Mauléon, était avec les troupes

---

1. « Cependant ils trouvèrent au château de Maurillac sept Vaudois, et « les brûlèrent, dit Pierre de Vaux-Cernay, *avec une joie indicible*. » — A Lavaur, ils avaient brûlé « d'innombrables hérétiques *avec une joie extrême* ».

d'Aragon et de Foix à Castelnaudary[1]. Malheureusement le roi d'Angleterre n'osait pas agir directement. Le roi d'Aragon était obligé de joindre toutes ses forces à celles des autres princes d'Espagne pour repousser la terrible invasion des Almohades qui s'avançaient au nombre de trois ou quatre cent mille. On sait avec quelle gloire les Espagnols forcèrent à las Navas de Tolosa les chaînes dont les musulmans avaient essayé de se fortifier. Cette victoire est une ère nouvelle pour l'Espagne ; elle n'a plus à défendre l'Europe contre l'Afrique; la lutte des races et des religions est terminée (16 juillet 1212).

Les réclamations du roi d'Aragon en faveur de son beau-frère semblèrent alors avoir quelque poids. Le pape fut un instant ébranlé[2]. Le roi de France ne cacha point l'intérêt que lui inspirait Raymond. Mais le pape ayant été confirmé dans ses premières idées par ceux qui profitaient de la croisade, le roi d'Aragon sentit qu'il fallait recourir à la force et envoya défier Simon. Celui-ci, toujours humble et prudent autant que fort, fit demander d'abord au roi s'il était bien vrai qu'il l'eût défié, et en quoi, lui vassal fidèle de la couronne d'Aragon, il avait pu démériter de son suzerain. En même temps il se tenait prêt. Il avait peu de monde, et presque tout le peuple était pour ses adversaires ; mais les hommes de Montfort étaient des chevaliers pesamment armés et comme invulnérables, ou bien des mercenaires d'un courage éprouvé et qui

---

1. Jean lui-même s'opposa formellement au siège de Marmande, et menaça d'attaquer les croisés. — 2. *App.* 115.

avaient vieilli dans cette guerre. Don Pedro avait force milices des villes, et quelques corps de cavalerie légère, habituée à voltiger comme les Maures. La différence morale des deux armées était plus forte encore. Ceux de Montfort étaient confessés, administrés, et avaient baisé les reliques. Pour don Pedro, tous les historiens, son fils lui-même, nous le représentent comme occupé de toute autre pensée.

Un prêtre vint dire au comte : « Vous avez bien peu de compagnons en comparaison de vos adversaires, parmi lesquels est le roi d'Aragon, fort habile et fort expérimenté dans la guerre, suivi de ses comtes et d'une armée nombreuse, et la partie ne serait pas égale pour si peu de monde contre le roi et une telle multitude. » A ces mots, le comte tira une lettre de sa bourse, et dit : « Lisez cette lettre. » Le prêtre y trouva que le roi d'Aragon saluait l'épouse d'un noble du diocèse de Toulouse, lui disant que c'était pour l'amour d'elle qu'il venait chasser les Français de sa terre, et d'autres douceurs encore. Le prêtre ayant lu, répondit : « Que voulez-vous donc dire par là ? — Ce que je veux dire ? reprit Montfort. Que Dieu m'aide autant que je crains peu un roi qui vient traverser les desseins de Dieu pour l'amour d'une femme. »

Quoi qu'il en soit de l'exactitude de ces circonstances, Montfort s'étant trouvé en présence des ennemis, à Muret près Toulouse, il feignit de vouloir éluder le combat, se détourna, puis, tombant sur eux de tout le poids de sa lourde cavalerie, ils les dispersa, et en tua, dit-on, plus de quinze mille ; il n'avait perdu que huit hommes et un seul chevalier. Plusieurs des partisans de Montfort s'étaient entendus pour attaquer uniquement le roi d'Aragon. L'un d'eux prit d'abord pour lui un des siens auquel il avait fait porter ses armes ; puis il dit : « Le roi est pourtant meilleur chevalier. » Don Pedro s'élança alors et dit : « Ce n'est pas le roi, le voici. » A l'instant ils le percèrent de coups.

Ce prince laissa une longue et chère mémoire. Brillant troubadour, époux léger ; mais qui aurait eu le cœur de s'en souvenir? Quand Montfort le vit couché par terre et reconnaissable à sa grande taille, le farouche général du Saint-Esprit ne put retenir une larme.

L'Église semblait avoir vaincu dans le midi de la France comme dans l'empire grec. Restaient ses ennemis du Nord, les hérétiques de Flandre, l'excommunié Jean, et l'anti-César, Othon.

Depuis cinq ans (1208-1213), l'Angleterre n'avait plus de relations avec le saint-siège ; la séparation semblait accomplie déjà, comme au seizième siècle. Innocent avait poussé Jean à l'extrémité, et lancé contre lui un nouveau Thomas Becket. En 1208, précisément à l'époque où le pontife commençait la croisade du Midi, il en fit une sous forme moins belliqueuse contre le roi d'Angleterre, en portant un de ses ennemis à la primatie. L'archevêque de Kenterbury, chef de l'Église anglicane, était en outre, comme nous l'avons vu, un personnage politique. C'était bien plus que les comtes et les lieutenants du roi, le chef de la

Kentie, de ces comtés méridionaux de l'Angleterre qui en formaient la partie la moins gouvernable, la plus fidèle au vieil esprit breton et saxon. Rien n'était plus important pour le roi que de mettre dans une telle place un homme à lui ; il y faisait nommer par les prélats, par son Église normande. Mais les moines du couvent de Saint-Augustin à Kenterbury réclamaient toujours cette élection, comme un droit imprescriptible de leur maison, métropole primitive du christianisme anglais.

Innocent profita de ce conflit. Il se déclara pour les moines ; puis, ceux-ci n'étant pas d'accord entre eux, il annula les premières élections, et sans attendre l'autorisation du roi qu'il avait fait demander, il fit élire par les délégués des moines à Rome et sous ses yeux un ennemi personnel de Jean. C'était un savant ecclésiastique, d'origine saxonne, comme Becket ; son nom de Langton l'indique assez. Il avait été professeur à l'Université de Paris, puis chancelier de cette Université. Il nous reste de lui des vers galants adressés à la Vierge Marie. Jean n'apprit pas plus tôt la consécration de l'archevêque qu'il chassa d'Angleterre les moines de Kenterbury, mit la main sur leurs biens, et jura que si le pape lançait contre lui l'interdit, il confisquerait le bien de tout le clergé, et couperait le nez et les oreilles à tous les Romains qu'il trouverait dans sa terre. L'interdit vint et l'excommunication aussi. Mais il ne se trouva personne qui osât en donner signification au roi. *Effecti sunt quasi canes muti, non audentes latrare.* On se disait tout bas la terrible nouvelle ; mais personne n'osait ni la promulguer ni s'y conformer. L'archidiacre Geoffroi s'étant démis de l'échiquier, Jean le fit périr sous une chape de plomb. De crainte d'être abandonné de ses barons, il avait exigé d'eux des otages. Ils n'osèrent pas refuser de communier avec lui. Pour lui, il acceptait hardiment ce rôle d'adversaire de l'Église ; il récompensa un prêtre qui avait prêché au peuple que le roi était le fléau de Dieu, qu'il fallait l'endurer comme le ministre de la colère divine. Cet endurcissement et cette sécurité de Jean faisaient trembler : il semblait s'y complaire. Il mangeait à son aise les biens ecclésiastiques, violait les filles nobles, achetait des soldats, et se moquait de tout. De l'argent, il en prenait tant qu'il voulait aux prêtres, aux villes, aux Juifs ; il enfermait ceux-ci quand ils refusaient de financer, et leur arrachait les dents une à une. Il jouit cinq ans de la colère de Dieu. Le serment de Jean c'était : Par Dieu et ses dents ! *Per dentes Dei*[1] !... C'était le dernier terme de cet esprit satanique que nous avons remarqué dans les rois d'Angleterre, dans les violences furieuses de Guillaume-le-Roux et du Cœur-de-Lion, dans le meurtre de Becket, dans les guerres parricides de cette famille. *Mal ! sois mon bien*[2] !...

Il n'avait rien à craindre tant que la France et l'Europe étaient tournées tout entières vers la croisade des Albigeois. Mais à mesure que le succès de Montfort fut

---

[1]. Son père jurait : « Par les yeux de Dieu ! »
[2]. « Evil, be thou my good. » (Milton.) — Je regrette que Shakespeare n'ait pas osé donner une seconde partie de *Jean*.

décidé, son danger augmenta [1]. Cette terreur, cette vie sans Dieu, où les prêtres officiaient sous peine de mort, on sentait qu'elle ne pouvait durer. Quand plus tard Henri VIII sépara l'Angleterre du pape, c'est qu'il se fit pape lui-même. La chose n'était pas faisable au treizième siècle; Jean n'essaya pas. En 1212, Innocent III, rassuré du côté du Midi, prêche la croisade contre Jean, et chargea le roi de France d'exécuter la sentence apostolique. Une flotte, une armée immense, furent assemblées par Philippe. De son côté, Jean réunit, dit-on, à Douvres, jusqu'à soixante mille hommes. Mais dans cette multitude, il n'y avait guère de gens sur qui il pût compter. Le légat du pape, qui avait passé le détroit, lui fit comprendre son péril; la cour de Rome voulait abaisser Jean, mais non pas donner l'Angleterre au roi de France. Il se soumit et fit hommage au pape, s'engageant de lui payer un tribut de mille marcs sterling d'or [2]. La cérémonie de l'hommage féodal n'avait rien de honteux. Les rois étaient souvent vassaux de seigneurs peu puissants, pour quelques terres

---

[1]. Le roi d'Angleterre était l'ennemi personnel des Montfort; le grand-père de Simon, comte de Leicester, avait osé mettre la main sur Henri II. Le frère utérin de Simon, l'un des plus vaillants chevaliers qui combattirent à la bataille de Muret, était ce Guillaume des Barres, homme d'une force prodigieuse, qui, en Sicile, lutta devant les deux armées contre Richard Cœur-de-Lion, et lui donna l'humiliation d'avoir trouvé son égal. — Le second fils de Simon de Montfort doit, comme nous l'avons dit, poursuivre, au nom des communes anglaises, la lutte de sa famille contre les fils de Jean. Celui-ci n'osa pas envoyer des troupes à Raymond, son beau-frère, mais il témoigna la plus grande colère à ceux de ses barons qui se joignaient à Montfort; lorsqu'il vint en Guyenne, ils quittèrent tous l'armée des croisés. Des seigneurs de la cour de Jean défendirent, contre Montfort, Castelnaudary et Marmande.

[2]. *App.* 116.

qu'ils tenaient d'eux en fief. Le roi d'Angleterre avait toujours été vassal du roi de France pour la Normandie ou l'Aquitaine. Henri II avait fait hommage de l'Angleterre à Alexandre III et Richard à l'empereur. Mais les temps avaient changé. Les barons affectèrent de croire leur roi dégradé par sa soumission aux prêtres. Lui-même cacha à peine sa fureur. Un ermite avait prédit qu'à l'Ascension Jean ne serait plus roi ; il voulut prouver qu'il l'était encore, et fit traîner le prophète à la queue d'un cheval qui le mit en pièces.

Philippe-Auguste eût peut-être envahi l'Angleterre malgré les défenses du légat, si le comte de Flandre ne l'eût abandonné. La Flandre et l'Angleterre avaient eu, de bonne heure, des liaisons commerciales ; les ouvriers flamands avaient besoin de laines anglaises. Le légat encouragea Philippe à tourner cette grande armée contre les Flamands. Les tisserands de Gand et de Bruges n'avaient guère meilleure réputation d'orthodoxie que les Albigeois du Languedoc. Philippe envahit en effet la Flandre, et la ravagea cruellement. Dam fut pillée, Cassel, Ypres, Bruges, Gand, rançonnées. Les Français assiégeaient cette dernière ville, lorsqu'ils apprirent que la flotte de Jean bloquait la leur. Ils ne purent la soustraire à l'ennemi qu'en la brûlant eux-mêmes, et se vengèrent en incendiant les villes de Dam et de Lille[1].

Cet hiver même, Jean tenta un effort désespéré. Son beau-frère, le comte de Toulouse, venait de perdre

---

1. Où pourtant on parlait français.

toutes ses espérances avec la bataille de Muret et la mort du roi d'Aragon (12 septembre 1213). Celui d'Angleterre dut se repentir d'avoir laissé écraser les Albigeois, qui auraient été ses meilleurs alliés. Il en chercha d'autres en Espagne, en Afrique; il s'adressa, dit-on, aux mahométans, au chef même des Almohades[1], aimant mieux se damner et se donner au diable qu'à l'Église.

Cependant il achetait une nouvelle armée (la sienne l'avait encore abandonné à la dernière campagne); il envoyait des subsides à son neveu Othon, et soulevait tous les princes de Belgique. Au cœur de l'hiver (vers le 15 février 1214), il passa la mer et débarqua à La Rochelle. Il devait attaquer Philippe par le Midi, tandis que les Allemands et les Flamands tomberaient sur lui du côté du Nord. Le moment était bien choisi; les Poitevins, déjà las du joug de la France, vinrent en foule se ranger autour de Jean. D'autre part, les seigneurs du Nord étaient alarmés des progrès de la puissance du roi. Le comte de Boulogne avait été dépouillé par lui des cinq comtés qu'il possédait. Le comte de Flandre redemandait en vain Aire et Saint-Omer. La dernière campagne avait porté au comble la haine des Flamands contre les Français. Les comtes de Limbourg, de Hollande, de Louvain, étaient entrés dans cette ligue, quoique le dernier fût gendre de Philippe. Il y avait encore Hugues de Boves, le plus célèbre des chefs de routiers; enfin, le pauvre empereur de

---

1. Math. Paris.

Brunswick, qui n'était lui-même qu'un routier au service de son oncle, le roi d'Angleterre. On prétend que les confédérés ne voulaient rien moins que diviser la France. Le comte de Flandre eût eu Paris; celui de Boulogne, Péronne et le Vermandois. Ils auraient donné les biens des ecclésiastiques aux gens de guerre, à l'imitation de Jean [1].

La bataille de Bouvines, si fameuse et si nationale, ne semble pas avoir été une action fort considérable. Il est probable que chaque armée ne passait guère quinze ou vingt mille hommes. Philippe ayant envoyé contre Jean la meilleure partie de ses chevaliers, avait composé en partie son armée, qu'il conduisait lui-même, des milices de Picardie. Les Belges laissèrent Philippe dévaster leurs terres *royalement* [2] pendant un mois. Il allait s'en retourner sans avoir vu l'ennemi, lorsqu'il le rencontra entre Lille et Tournay, près du pont de Bouvines (27 août 1214). Les détails de la bataille nous ont été transmis par un témoin oculaire, Guillaume-le-Breton, chapelain de Philippe-Auguste, qui se tenait derrière lui pendant la bataille. Malheureusement ce récit, évidemment altéré par la flatterie, l'est bien plus encore par la servilité classique avec laquelle l'historien-poète se croit obligé de calquer sa Philippide sur l'*Énéide* de Virgile. Il faut, à toute force, que Philippe soit Énée et l'empereur Turnus. Tout ce qu'on peut adopter comme certain, c'est que nos milices furent d'abord mises en désordre, que les

---

1. Othon avait déclaré qu'un archevêque ne devait avoir que douze chevaux, un évêque six, un abbé trois. — 2. Guillaume-le-Breton.

chevaliers firent plusieurs charges, que dans l'une le roi de France courut risque de la vie; il fut tiré à terre par des fantassins armés de crochets. L'empereur Othon eut son cheval blessé par Guillaume des Barres, ce frère de Simon de Montfort, l'adversaire de Richard Cœur-de-Lion, et fut emporté dans la déroute des siens. La gloire du courage, mais non pas la victoire, resta aux routiers brabançons; ces vieux soldats, au nombre de cinq cents, ne voulurent pas se rendre aux Français, et se firent plutôt tuer. Les chevaliers s'obstinèrent moins, ils furent pris en grand nombre; sous ces lourdes armures, un homme démonté était pris sans remède. Cinq comtes tombèrent entre les mains de Philippe-Auguste, ceux de Flandre de Boulogne, de Salisbury, de Tecklembourg et de Dortmund. Les deux premiers, n'étant point rachetés par les leurs, restèrent prisonniers de Philippe. Il donna d'autres prisonniers à rançonner aux milices des communes qui avaient pris part au combat.

Jean ne fut pas plus heureux dans le Midi qu'Othon dans le Nord; il eut d'abord de rapides succès sur la Loire; il prit Saint-Florent, Ancenis, Angers. Mais à peine les deux armées furent en présence, qu'une terreur panique leur fit tourner le dos en même temps. Jean perdit plus vite qu'il n'avait gagné. Les Aquitains firent à Louis tout aussi bon accueil qu'ils avaient fait à Jean; il se tint heureux que le pape lui obtint une trêve pour soixante mille marcs d'argent, et il repassa en Angleterre, vaincu, ruiné, sans ressource. L'occasion était belle pour les barons; ils la saisirent. Au mois de janvier 1215, et de nouveau le 15 juin, ils lui firent signer l'acte célèbre, connu sous le nom de *Grande Charte*. L'archevêque de Kenterbury, Langton, ex-professeur de l'Université de Paris, prétendit que les libertés qu'on réclamait du roi n'étaient autres que les vieilles libertés anglaises, reconnues déjà par Henri Beauclerc dans une charte semblable [1]. Jean promettait aux barons de ne plus marier leurs filles et veuves malgré elles; de ne plus ruiner les pupilles sous prétexte de tutelle féodale ou garde-noble; aux habitants des villes de respecter leurs franchises; à tous les hommes libres de leur permettre d'aller et venir comme ils voudraient; de ne plus emprisonner ni dépouiller personne arbitrairement; de ne point faire saisir le *contenment* des pauvres gens (outils, ustensiles, etc.); de ne point lever, sans consentement du parlement des barons, l'escuage ou taxe de guerre (hors les trois cas prévus par les lois féodales); enfin, de ne plus faire prendre par ses officiers les denrées et les voitures nécessaires à sa maison. La cour royale des plaids communs ne devait plus suivre le roi, mais siéger au milieu de la cité, sous l'œil du peuple, à Westminster, Enfin, les juges, constables et baillis devaient être désormais des personnes versées dans la science des lois. Cet article seul transférait la puissance judiciaire aux scribes, aux clercs, aux légistes, aux hommes de condition inférieure. Ce que le roi accordait à ses tenanciers immédiats, ils devaient à leur tour l'accorder

---

1. Hallam soupçonne ici une fraude pieuse.

à leurs tenanciers inférieurs. Ainsi, pour la première fois, l'aristocratie sentait qu'elle ne pouvait affermir sa victoire sur le roi qu'en stipulant pour tous les hommes libres. Ce jour-là l'ancienne opposition des vainqueurs et des vaincus, des fils des Normands et des fils des Saxons, disparut et s'effaça.

Quand on lui présenta cet acte, Jean s'écria : « Ils pourraient tout aussi bien me demander ma couronne[1]. » Il signa et tomba ensuite dans un horrible accès de fureur, rongeant la paille et le bois, comme une bête enfermée qui mord ses barreaux. Dès que les barons furent dispersés, il fit publier par tout le continent que les aventuriers brabançons, flamands, normands, poitevins, gascons, qui voudraient du service, pouvaient venir en Angleterre et prendre les terres de ses barons rebelles[2] ; il voulait refaire sur les Normands la conquête de Guillaume sur les Saxons. Il s'en présenta une foule. Les barons effrayés appelèrent les rois d'Écosse et de France. Le fils de celui-ci avait épousé Blanche de Castille, nièce de Jean. Mais cette princesse n'était pas l'héritière immédiate de son oncle, elle ne pouvait transmettre à son mari un droit qu'elle n'avait pas elle-même. Le pape intervenait d'ailleurs. Il trouvait que l'archevêque de Kenterbury avait été trop loin contre Jean. Il défendait au roi de France

---

1. Il est dit dans la *Grande Charte* que si les ministres du roi la violent en quelque chose, il en sera référé au conseil des vingt-cinq barons. « Alors ceux-ci, avec la communauté de toute la terre, nous molesteront et poursuivront de toute façon : i. e. par la prise de nos châteaux, etc..... » La consécration de la guerre civile, tel est le premier essai de garantie.

2. Math. Paris.

d'attaquer le roi d'Angleterre, vassal de l'Église. Le jeune Louis, fils de Philippe, feignant d'agir contre le gré de son père [1], n'en passa pas moins en Angleterre à la tête d'une armée. Tous les comtés de la Kentie, l'archevêque lui-même et la ville de Londres se déclarèrent pour les Français. Jean se trouva encore une fois abandonné, seul, exilé dans son propre royaume. Il fallut qu'il cherchât sa vie chaque jour dans le pillage, comme un chef de routiers. Le matin il brûlait la maison où il avait passé la nuit. Il passa quelques mois dans l'île de Wight et y subsista de pirateries. Il portait cependant avec lui un trésor avec lequel il comptait acheter encore des soldats. Cet argent périt au passage d'un fleuve. Alors il perdit tout espoir, prit la fièvre et mourut. C'était ce qui pouvait arriver de pis aux Français. Le fils de Jean, Henri III, était innocent des crimes de son père. Louis vit bientôt tous les Anglais ralliés contre lui, et se tint heureux de repasser en France, en renonçant à la couronne d'Angleterre [2].

Innocent III était mort deux mois avant le roi Jean (1216, 16 juillet, 19 octobre), aussi grand, aussi triomphant que l'ennemi de l'Église était abaissé. Et pour-

1. On assembla à Melun la cour des pairs. Louis dit à Philippe : « Monseigneur, je suis votre homme lige pour les fiefs que vous m'avez donnés en deçà de la mer; mais quant au royaume d'Angleterre, il ne vous appartient point d'en décider... Je vous demande seulement de ne pas mettre obstacle à mes entreprises, car je suis déterminé à combattre jusqu'à la mort, s'il le faut, pour recouvrer l'héritage de ma femme. » Le roi déclara qu'il ne donnerait à son fils aucun appui.
2. A en croire les Anglais, il aurait même promis de rendre, à son avènement, les conquêtes de Philippe-Auguste.

tant cette fin victorieuse avait été triste. Que souhaitait-il donc? il avait écrasé Othon, et fait un empereur de son jeune Italien Frédéric II : la mort des rois d'Aragon et d'Angleterre avait montré au monde ce que c'était que de se jouer de l'Église; l'hérésie des Albigeois avait été noyée dans de tels flots de sang, qu'on cherchait en vain un aliment aux bûchers. Ce grand, ce terrible dominateur du monde et de la pensée, que lui manquait-il?

Rien qu'une chose, la chose immense, infinie, à quoi rien ne supplée : son approbation, la foi en soi. Sa confiance au principe de la persécution ne s'était peut-être pas ébranlée; mais il lui arrivait par-dessus sa victoire un cri confus du sang versé, une plainte à voix basse, douce, modeste, et d'autant plus terrible. Quand on venait lui conter que son légat de Cîteaux avait égorgé en son nom vingt mille hommes dans Béziers, que l'évêque Folquet avait fait périr dix mille hommes dans Toulouse, était-il possible que dans ces immenses exécutions le glaive ne se fût point trompé? Tant de villes en cendres, tant d'enfants punis des fautes de leurs pères, tant de péchés pour punir le péché! Les exécuteurs avaient été bien payés : celui-ci était comte de Toulouse et marquis de Provence[1], celui-là archevêque de Narbonne; les autres, évêques. L'Église, qu'y avait-elle gagné? Une exécration immense, et le pape un doute.

---

[1]. Dans une charte de l'an 1215, Monfort s'intitule : « Simon, providentia Dei dux Narbonæ, comes Tolosæ, et marchio Provinciæ et Carcassonæ vice-comes, et dominus Montis-fortis. »

Ce fut surtout un an avant sa mort, en 1215, lorsque le comte de Toulouse, le comte de Foix et les autres seigneurs du Midi, vinrent se jeter à ses pieds, lorsqu'il entendit les plaintes, et qu'il vit les larmes; alors il fut étrangement troublé. Il voulut, dit-on[1], réparer, et ne le put pas. Ses agents ne lui permirent point une restitution qui les ruinait et les condamnait. Ce n'est pas impunément qu'on immole l'humanité à une idée. Le sang versé réclame dans votre propre cœur, il ébranle l'idole à laquelle vous avez sacrifié ; elle vous manque aux jours du doute, elle chancelle, elle pâlit, elle échappe ; la certitude qu'elle laisse, c'est celle du crime accompli pour elle.

Les souhaits ou plutôt les remords d'un vieillard impuissant, s'ils furent exprimés, devaient rester stériles. Ce ne furent ni les Raymond, ni les Montfort qui recueillirent le patrimoine du comte de Toulouse. L'héritier légitime ne le recouvra que pour le céder bientôt. L'usurpateur, avec tout son courage et sa prodigieuse vigueur d'âme, était vaincu dans le cœur, quand une pierre, lancée des murs de Toulouse, vint le délivrer de la vie (1218)[2]. Son fils, Amaury de Montfort, céda au roi de France ses droits sur le Languedoc;

---

1. Chronique languedocienne. *App.* 117. — Les actes d'Innocent III donnent une idée toute contraire. On peut lire surtout ses deux lettres, jusqu'ici inédites (*Archives, Trésor des Chartes*, reg. J. XIII-18, folio 32, et cart. J. 430), aux évêques et barons du Midi. Il y manifeste la joie la plus vive pour les résultats de la croisade et l'extermination de l'hérésie ; bien loin d'encourager le jeune Raymond VII à reprendre son patrimoine, il enjoint aux barons de rester fidèles à Simon de Montfort.

2. Guill. de Pod. Laur. : « Le comte était malade de fatigue et d'ennui, ruiné par tant de dépenses et épuisé, et ne pouvait guère supporter l'aiguillon

tout le Midi, sauf quelques villes libres, se jeta dans les bras de Philippe-Auguste[1]. En 1222, le légat lui-même et les évêques du Midi le suppliaient à genoux d'accepter l'hommage de Montfort. C'est qu'en effet les vainqueurs ne savaient plus que faire de leur conquête et doutaient de s'y maintenir. Les quatre cent trente fiefs que Simon de Montfort avait donnés pour être régis selon la Coutume de Paris, pouvaient être arrachés aux nouveaux possesseurs s'ils ne s'assuraient un puissant protecteur. Les vaincus, qui avaient vu en plusieurs occasions le roi de France opposé au pape, espéraient de lui un peu plus d'équité et de douceur.

Si nous jetons à cette époque un regard sur l'Europe entière, nous découvrirons dans tous les États une faiblesse, une inconséquence de principe et de situation qui devait tourner au profit du roi de France.

Avant l'effroyable guerre qui amena la catastrophe du Midi, don Pedro et Raymond V avaient été ennemis des libertés municipales de Toulouse et de l'Aragon. Le roi d'Aragon avait voulu être couronné des mains du pape, et lui rendre hommage pour être moins dépendant des siens. Le comte de Toulouse, Raymond V, avait sollicité lui-même les rois de France et d'Angleterre de faire une croisade contre les libertés religieuses et politiques de la cité de Toulouse. Représentant du principe féodal, il eût voulu anéantir le

---

dont le légat le pressait sans relâche pour son insouciance et sa mollesse ; aussi priait-il, dit-on, le Seigneur de remédier à ses maux par le repos de la mort. La veille de Saint-Jean-Baptiste, une pierre lancée par un mangonnot lui tomba sur la tête, et il expira sur la place. »

1. *App.* 118.

principe municipal qui gênait son pouvoir. Le roi d'Angleterre continuait, contre Kenterbury, contre ses barons, la lutte d'Henri II. Enfin, l'empereur Othon de Brunswick, fils d'Henri-le-Lion, sorti d'une famille toute guelfe, tout ennemie des empereurs, mais Anglais par sa mère, élevé à la cour d'Angleterre, près de ses oncles, Richard et Jean, se souvint de sa mère plus que de son père, tourna des Guelfes aux Gibelins, tandis que la maison gibeline des princes de Souabe était relevée par les papes, par Innocent III, tuteur du jeune Frédéric II. Othon, abandonné des Guelfes, abandonné des Gibelins, se trouvait renfermé dans ses États de Brunswick, et recevait une solde de son oncle Jean pour combattre l'Église et Philippe-Auguste, qui le défit à Bouvines. Telle était l'immense contradiction de l'Europe. Les princes étaient contre les libertés municipales pour les libertés religieuses. L'empereur était guelfe et le pape gibelin. Le pape, en attaquant les rois sous le rapport religieux, les soutenait contre les peuples sous le rapport politique. Il sacra le roi d'Aragon, il annula la Grande Charte, et blâma l'archevêque de Kenterbury, de même qu'Alexandre III avait abandonné Becket. Le pape renonçait ainsi à son ancien rôle de défenseur des libertés politiques et religieuses. Le roi de France, au contraire, sanctionnait à cette époque une foule de chartes communales. Il prenait part à la croisade du Midi, mais seulement autant qu'il fallait pour constater sa foi. Lui seul, en Europe, avait une position forte et simple ; à lui seul était l'avenir.

CHAPITRE VIII

Première moitié du treizième siècle. Mysticisme. Louis IX. Sainteté du roi de France.

Cette lutte immense, dont nous avons présenté le tableau dans le chapitre précédent, s'est terminée, ce semble, à l'avantage du pape. Il a triomphé partout, et de l'empereur, et du roi Jean, et des Albigeois hérétiques, et des Grecs schismatiques. L'Angleterre et Naples sont devenus deux fiefs du saint-siège, et la mort tragique du roi d'Aragon a été un grand enseignement pour tous les rois. Cependant, ces succès divers ont si peu fortifié le pape, que nous le verrons, au milieu du treizième siècle, abandonné d'une grande partie de l'Europe, mendiant à Lyon la protection française ; au commencement du siècle suivant, outragé, battu, souffleté par son bon ami le roi de France, obligé enfin de venir se mettre sous sa main, à Avignon. C'est au profit de la France qu'auront succombé les vaincus et les vainqueurs, les ennemis de l'Église et l'Église elle-même.

Comment expliquer cette décadence précipitée d'Innocent III à Boniface VIII, une telle chute après une telle victoire? D'abord, c'est que la victoire a été plus apparente que réelle. Le fer est impuissant contre la pensée; c'est plutôt sa nature, à cette plante vivace, de croître sous le fer, de germer et fleurir sous l'acier. Combien plus, si le glaive se trouve dans la main qui devait le moins user du glaive, si c'est la main pacifique, la main du prêtre; si l'agneau mord et déchire, si le père assassine!... L'Église perdant ainsi son caractère de sainteté, ce caractère va tout à l'heure passer à un laïque, à un roi, au roi de France. Les peuples vont transporter leur respect au sacerdoce laïque, à la royauté. Le pieux Louis IX porte ainsi, à son insu, un coup terrible à l'Église.

Les remèdes mêmes sont devenus des maux. Le pape n'a vaincu le mysticisme indépendant qu'en ouvrant lui-même de grandes écoles de mysticisme, je parle des ordres mendiants. C'est combattre le mal par le mal même; c'est entreprendre la chose difficile et contradictoire entre toutes, vouloir régler l'inspiration, déterminer l'illumination, constituer le délire! On ne joue pas ainsi avec la liberté, c'est une lame à deux tranchants, qui blesse celui qui croit la tenir et veut s'en faire un instrument.

Les ordres de saint Dominique et de saint François, sur lesquels le pape essaya de soutenir l'Église en ruine, eurent une mission commune, la prédication. Le premier âge des monastères, l'âge du travail et de la culture, où les bénédictins avaient défriché la terre et l'esprit des barbares, cet âge était passé. Celui des prédicateurs de la croisade, des moines de Cîteaux et de Clairvaux, avait fini avec la croisade. Au temps de Grégoire VII, l'Église avait déjà été sauvée par les moines auxiliaires de la papauté. Mais les moines sédentaires et reclus ne servaient plus guère, lorsque les hérétiques couraient le monde pour répandre leurs doctrines. Contre de tels prêcheurs, l'Église eut ses *prêcheurs*, c'est le nom même de l'ordre de saint Dominique. Le monde venant moins à elle, elle alla à lui[1]. Le tiers ordre de saint Dominique et de saint François reçut une foule d'hommes qui ne pouvaient quitter le siècle, et cherchaient à accorder les devoirs du monde et la perfection monastique. Saint Louis et sa mère appartenaient au tiers ordre de saint François.

Telle fut l'influence commune des deux ordres. Toutefois ils eurent, dans cette ressemblance, un caractère divers. Celui de saint Dominique, fondé par un esprit austère, par un gentilhomme espagnol, né sous l'inspiration sanguinaire de Cîteaux, au milieu de la croisade de Languedoc, s'arrêta de bonne heure dans la carrière mystique, et n'eut ni la fougue ni les écarts de l'ordre de saint François. Il fut le principal auxiliaire des papes jusqu'à la fondation des jésuites. Les dominicains furent chargés de régler et de réprimer. Ils eurent l'inquisition et l'enseignement de la

---

[1]. Les universités venaient de quitter saint Augustin pour Aristote : les Mendiants remontèrent à saint Augustin.

théologie dans l'enceinte même du palais pontifical[1]. Pendant que les franciscains couraient le monde dans le dévergondage de l'inspiration, tombant, se relevant de l'obéissance à la liberté, de l'hérésie à l'orthodoxie; embrassant le monde et l'agitant des transports de l'amour mystique, le sombre esprit de saint Dominique s'enferma au sacré palais de Latran, aux voûtes granitiques de l'Escurial[2].

L'ordre de saint François fut moins embarrassé; il se lança tête baissée dans l'amour de Dieu[3]; il s'écria, comme plus tard Luther : « Périsse la loi, vive la grâce! » Le fondateur de cet ordre vagabond fut un marchand ou colporteur d'Assise. On appelait cet Italien *François*, parce qu'en effet il ne parlait guère que *français*. « C'était, dit son biographe, dans sa première jeunesse, un homme de vanité, un bouffon, un farceur, un chanteur; léger, prodigue, hardi... Tête ronde, front petit, yeux noirs et sans malice, sourcils droits, nez droit et fin, oreilles petites et comme dressées, langue aiguë et ardente, voix véhémente et douce; dents serrées, blanches, égales; lèvres minces, barbe rare, col grêle, bras courts, doigts longs, ongles

---

1. Honorius III approuva la règle de saint Dominique, en 1216, et créa en sa faveur l'office de Maître du Sacré Palais.
2. Fondé par Philippe II.
3. Cet énervant mysticisme ne fit pas le salut de l'Église. Le franciscain Eudes Rigaud, devenu archevêque de Rouen (1248-1269), enregistre chaque soir dans son journal les témoignages les plus accablants contre l'épouvantable corruption des couvents et des églises de son diocèse. Ce journal a été publié en 1845. D'autre part la publication du cartulaire de Saint-Bertin jette le plus triste jour sur la vie des moines aux onzième et douzième siècles (1860). Voy. *Renaissance*, Introduction.

longs, jambe maigre, pied petit, de chair peu ou point[1]. » Il avait vingt-cinq ans lorsqu'une vision le convertit. Il monte à cheval, va vendre ses étoffes à Foligno, en rapporte le prix à un vieux prêtre, et sur son refus, jette l'argent par la croisée. Il veut du moins rester avec le prêtre, mais son père le poursuit; il se sauve, vit un mois dans un trou; son père le rattrape, le charge de coups; le peuple le poursuit à coups de pierres. Les siens l'obligent de renoncer juridiquement à tout son bien en présence de l'évêque. C'était sa plus grande joie; il rend à son père tous ses habits, sans garder même un caleçon : l'évêque lui jette son manteau.

Le voilà lancé sur la terre; il parcourt les forêts en chantant les louanges du Créateur. Des voleurs l'arrêtent et lui demandent qui il est : « Je suis, dit-il, le héraut qui proclame le grand roi. » Ils le plongent dans une fondrière pleine de neige; nouvelle joie pour le saint; il s'en tire et poursuit sa route. Les oiseaux chantent avec lui; il les prêche, ils écoutent : « Oiseaux, mes frères, disait-il, n'aimez-vous pas votre Créateur, qui vous donne ailes et plumes et tout ce qu'il vous faut? » Puis, satisfait de leur docilité, il les bénit et leur permet de s'envoler[2]. Il exhortait ainsi toutes les créatures à louer et remercier Dieu. Il

---

1. *Vie de saint François*, par Thomas de Cellano. (Thomas de Cellano fut son disciple, et écrivit deux fois sa vie, par ordre de Grégoire IX.)

2. Th. Cellan. : « Fratres mei aves, multum debetis laudare Creatorem, etc... » Un jour que des hirondelles l'empêchaient de prêcher par leur ramage, il les pria de se taire : « Sorores meæ hirundines, etc. » Elles obéirent aussitôt.

les aimait, sympathisait avec elles; il sauvait, quand il pouvait, le lièvre poursuivi par les chasseurs, et vendait son manteau pour racheter un agneau de la boucherie. La nature morte elle-même, il l'embrassait dans son immense charité. Moissons, vignes, bois, pierres, il fraternisait avec eux tous et les appelait tous à l'amour divin[1].

Cependant, un pauvre idiot d'Assise s'attacha à lui, puis un riche marchand laissa tout pour le suivre. Ces premiers franciscains et ceux qui se joignirent à eux, donnèrent d'abord dans des austérités forcenées, comparables à celles des fakirs de l'Inde, se pendant à des cordes, se serrant de chaînes de fer et d'entraves de bois. Puis, quand ils eurent un peu calmé cette soif de douleur, saint François chercha longtemps en lui-même lequel valait mieux de la prière ou de la prédication[2]. Il y serait encore, s'il ne se fût avisé de consulter sainte Claire et le frère Sylvestre; ils décidèrent pour la prédication. Dès lors, il n'hésita plus, se ceignit les reins d'une corde et partit pour Rome. « Tel était son transport, dit le biographe, quand il parut devant le pape, qu'il pouvait à peine contenir ses pieds, et tressaillait comme s'il eût dansé[3]. » Les politiques de la cour de Rome le rebutèrent d'abord; puis le pape réfléchit et l'autorisa. Il

---

1. Th. Cellan. : « Segetes, vineas, lapides et silvas, et omnia speciosa camporum... terramque et ignem, acrem et ventum ad divinum monebat amorem, etc... Omnes creaturas *fratres* nomine nuncupabat; *frater* cinis, *soror* musca, etc. »

2. *Vie de saint François*, par saint Bonaventure.

3. Id.

demandait pour grâce unique de prêcher, de mendier, de n'avoir rien au monde, sauf une pauvre église de Sainte-Marie-des-Anges, dans le petit champ de la *Portiuncule*, qu'il rebâtit de ce qu'on lui donnait. Cela fait, il partagea le monde à ses compagnons, gardant pour lui l'Égypte, où il espérait le martyre ; mais il eut beau faire, le sultan s'obstina à le renvoyer.

Tels furent les progrès du nouvel ordre, qu'en 1219 saint François réunit cinq mille franciscains en Italie, et il y en avait dans tout le monde. Ces apôtres effrénés de la grâce couraient partout pieds nus, jouant tous les mystères dans leurs sermons, traînant après eux les femmes et les enfants, riant à Noël, pleurant le Vendredi-Saint, développant sans retenue tout ce que le christianisme a d'éléments dramatiques. Le système de la grâce, où l'homme n'est plus rien qu'un jouet de Dieu, le dispense aussi de toute dignité personnelle ; c'est pour lui un acte d'amour de s'abaisser, de s'annuler, de montrer les côtés honteux de sa nature ; il semble exalter Dieu d'autant plus. Le scandale et le cynisme deviennent une jouissance pieuse, une sensualité de dévotion. L'homme immole avec délices sa fierté et sa pudeur à l'objet aimé.

C'était une grande joie pour saint François d'Assise de faire pénitence dans les rues pour avoir rompu le jeûne et mangé un peu de volaille par nécessité. Il se faisait traîner tout nu, frapper de coups de corde, et l'on criait : « Voici le glouton qui s'est gorgé de poulet à votre insu ! » A Noël il se préparait, pour prêcher, une étable, comme celle où naquit le Sauveur. On y voyait le bœuf, l'âne, le foin; pour que rien n'y manquât, lui-même il bêlait comme un mouton, en prononçant *Bethleem*, et quand il en venait à nommer le doux Jésus, il passait la langue sur les lèvres et les léchait comme s'il eût mangé du miel[1].

Ces folles représentations, ces courses furieuses à travers l'Europe, qu'on ne pouvait comparer qu'aux bacchanales ou aux pantomimes des prêtres de Cybèle, donnaient lieu, on peut le croire, à bien des excès. Elles ne furent même pas exemptes du caractère sanguinaire qui avait marqué les représentations orgiastiques de l'antiquité. Le tout-puissant génie dramatique qui poussait saint François à l'imitation complète de Jésus, ne se contenta pas de le jouer dans sa vie et sa naissance; il lui fallut aussi la passion. Dans ses dernières années on le portait sur une charrette, par les rues et les carrefours, versant le sang par le côté, et imitant, par ces stigmates, ceux du Seigneur.

Ce mysticisme ardent fut vivement accueilli par les femmes, et en revanche, elles eurent bonne part dans la distribution des dons de la grâce. Sainte Clara d'Assise commença les Clarisses[2]. Le dogme de l'immaculée conception devint de plus en plus populaire[3]. Ce fut le point principal de la religion, la thèse favorite que soutinrent les théologiens, la croyance chère et sacrée pour laquelle les Franciscains, chevaliers de la Vierge, rompirent des lances. Une dévotion sen-

---

1. Le foin de l'étable fit des miracles; il guérissait les animaux malades.
2. Cet ordre obtint de saint François, en 1224, une règle particulière. Agnès de Bohême l'établit en Allemagne. — 3. *App.* 119.

suelle embrassa la chrétienté. Le monde entier apparut à saint Dominique dans le capuchon de la Vierge, comme l'Inde l'a vu dans la bouche de Crishna, ou comme Brama reposant dans la fleur du lotos. « La Vierge ouvrit son capuchon devant son serviteur Dominique qui était tout en pleurs, et il se trouvait, ce capuchon, de telle capacité et immensité qu'il contenait et embrassait doucement toute la céleste patrie. »

Nous avons remarqué déjà à l'occasion d'Héloïse, d'Éléonore de Guyenne et des Cours d'amour, que, dès le douzième siècle, la femme prit sur la terre une place proportionnée à l'importance nouvelle qu'elle avait acquise dans la hiérarchie céleste. Au treizième, elle se trouve, au moins comme mère et régente, assise sur plusieurs des trônes d'Occident. Blanche de Castille gouverne au nom de son fils enfant, comme la comtesse de Champagne pour le jeune Thibault, comme celle de Flandre pour son mari prisonnier. Isabelle de la Marche exerce aussi la plus grande influence sur son fils Henri III, roi d'Angleterre. Jeanne de Flandre ne se contenta pas du pouvoir, elle en voulut les honneurs et les insignes virils: elle réclama au sacre de saint Louis le droit du comte de Flandre, celui de porter l'épée nue, l'épée de la France[1].

Avant d'expliquer comment une femme gouverna la France et brisa la force féodale au nom d'un enfant, il

---

1. Par une singulière coïncidence, en 1250, une femme succédait, pour la première fois, à un sultan (Chegger-Eddour à Almoadan).

faut pourtant se rappeler combien toute circonstance favorisait alors les progrès du pouvoir royal. La royauté n'avait qu'à se laisser aller, le fil de l'eau la portait. La mort de Philippe-Auguste n'y avait rien changé (1218). Son fils, le faible et maladif Louis VIII, nommé, ce semble ironiquement, Louis-le-Lion, ne joua pas moins le rôle d'un conquérant. Il échoua en Angleterre, il est vrai, mais il prit aux Anglais le Poitou. En Flandre, il maintint la comtesse Jeanne, lui rendant le service de garder son mari prisonnier à la tour du Louvre. Cette Jeanne était fille de Beaudoin, le premier empereur de Constantinople, qu'on croyait tué par les Bulgares. Un jour le voilà qui reparaît en Flandre; sa fille refuse de le reconnaître, mais le peuple l'accueille, et elle est obligée de fuir près de Louis VIII, qui la ramène avec une armée. Le vieillard ne pouvait répondre à certaines questions; et vingt ans d'une dure captivité pouvaient bien avoir altéré sa mémoire. Il passa pour imposteur, et la comtesse le fit périr. Tout le peuple la regarda comme parricide.

La Flandre se trouvait ainsi soumise à l'influence française; il en fut bientôt de même du Languedoc. Louis VIII y était appelé par l'Église contre les Albigeois, qui reparaissaient sous Raymond VII[1]. D'autre part, une bonne partie des méridionaux désirait finir à tout prix, par l'intervention de la France, cette guerre de tigres qui se faisait chez eux depuis si longtemps. Louis avait prouvé sa douceur et sa loyauté au siège de

---

1. *App.* 120.

Marmande, où il essaya en vain de sauver les assiégés. Vingt-cinq seigneurs et dix-sept archevêques et évêques déclarèrent qu'ils conseillaient au roi de se charger de l'affaire des Albigeois. Louis VIII se mit en effet en marche à la tête de toute la France du Nord ; les cavaliers seuls étaient dans cette armée au nombre de cinquante mille. L'alarme fut grande dans le Midi. Une foule de seigneurs et de villes s'empressèrent d'envoyer au-devant, et de faire hommage. Les républiques de Provence, Avignon, Arles, Marseille et Nice espéraient pourtant que le torrent passerait à côté. Avignon offrit passage hors de ses murs; mais en même temps elle s'entendait avec le comte de Toulouse pour détruire tous les fourrages à l'approche de la cavalerie française. Cette ville était étroitement unie avec Raymond, elle était restée douze ans excommuniée pour l'amour de lui. Les podestats d'Avignon prenaient le titre de bayles ou lieutenants du comte de Toulouse. Louis VIII insista pour passer par la ville même, et sur son refus il l'assiégea. Les réclamations de Frédéric II, en faveur de cette ville impériale, ne furent point écoutées. Il fallut qu'elle payât rançon, donnât des otages et abattît ses murailles. Tout ce qu'on trouva dans la ville, de Français et de Flamands, fut égorgé par les assiégeants. Une grande partie du Languedoc s'effraya; Nîmes, Albi, Carcassonne, se livrèrent, et Louis VIII établit des sénéchaux dans cette dernière ville et à Beaucaire. Il semblait qu'il dût accomplir dans cette campagne toute la conquête du Midi. Mais le siège d'Avignon avait été un retard fatal; les chaleurs occasionnèrent une épidémie meurtrière dans son armée. Lui-même il languissait, lorsque le duc de Bretagne et les comtes de Lusignan, de la Marche, d'Angoulême et de Champagne s'entendirent pour se retirer. Ils se repentaient tous d'avoir aidé aux succès du roi ; le comte de Champagne, amant de la reine (telle est du moins la tradition), fut accusé d'avoir empoisonné Louis, qui mourut peu après son départ (1226).

La régence et la tutelle du jeune Louis IX eût appartenu, d'après les lois féodales, à son oncle Philippe-le-Hurepel (le grossier), comte de Boulogne. Le légat du pape et le comte de Champagne, qu'on disait également favorisés de la reine mère, Blanche de Castille, lui assurèrent la régence. C'était une grande nouveauté qu'une femme commandât à tant d'hommes ; c'était sortir d'une manière éclatante du système militaire et barbare qui avait prévalu jusque-là, pour entrer dans la voie pacifique de l'esprit moderne. L'Église y aida. Outre le légat, l'archevêque de Sens et l'évêque de Beauvais voulurent bien attester que le dernier roi avait, sur son lit de mort, nommé sa veuve régente. Son testament, que nous avons encore, n'en fait aucune mention[1]. Il est douteux, d'ailleurs, qu'il eût confié le royaume à une Espagnole, à la nièce du roi Jean, à une femme que le comte de Champagne avait prise, dit-on, pour l'objet de ses galanteries poétiques. Ce comte, ennemi d'abord du roi, comme les autres grands seigneurs, n'en fut

---

1. *App.* 121.

pas moins le plus puissant appui de la royauté après la mort de Louis VIII. Il aimait sa veuve, dit-on, et, d'autre part, la Champagne aimait la France; les grandes villes industrielles de Troyes, de Bar-sur-Seine, etc., devaient sympathiser avec le pouvoir pacifique et régulier du roi, plus qu'avec la turbulence militaire des seigneurs. Le parti du roi, c'était le parti de la paix, de l'ordre, de la sûreté des routes. Quiconque voyageait, marchand ou pèlerin, était, à coup sûr, pour le roi. Ceci explique encore la haine furieuse des grands seigneurs contre la Champagne, qui avait de bonne heure abandonné leur ligue. La jalousie de la féodalité contre l'industrialisme, qui entra pour beaucoup dans les guerres de Flandre et de Languedoc, ne fut point certainement étrangère aux affreux ravages que les seigneurs firent dans la Champagne, pendant la minorité de saint Louis.

Le chef de la ligue féodale, ce n'était point Philippe, oncle du jeune roi, ni les comtes de la Marche et de Lusignan, beau-père et frère du roi d'Angleterre, mais le duc de Bretagne, Pierre Mauclerc, descendu d'un fils de Louis-le-Gros. La Bretagne, relevant de la Normandie, et par conséquent de l'Angleterre aussi bien que de la France, flottait entre les deux couronnes. Le duc était d'ailleurs l'homme le plus propre à profiter d'une telle position. Élevé aux écoles de Paris, grand dialecticien, destiné d'abord à la prêtrise, mais de cœur légiste, chevalier, ennemi des prêtres, il en fut surnommé *Mauclerc*.

Cet homme remarquable, certainement le premier

de son temps, entreprit bien des choses à la fois, et plus qu'il ne pouvait : en France, d'abaisser la royauté ; en Bretagne, d'être absolu, malgré les prêtres et les seigneurs. Il s'attacha les paysans, leur accorda des droits de pâture, d'usage du bois mort, des exemptions de péage. Il eut encore pour lui les seigneurs de l'intérieur du pays, surtout ceux de la Bretagne française (Avaugour, Vitré, Fougères, Châteaubriant, Dol, Châteaugiron); mais il tâcha de dépouiller ceux des côtes (Léon, Rohan, le Faou, etc.). Il leur disputa ce précieux droit de *bris*, qui leur donnait les vaisseaux naufragés. Il luttait aussi contre l'Église, l'accusait de simonie par-devant les barons, employait contre les prêtres la science du droit canonique qu'il avait apprise d'eux-mêmes. Dans cette lutte, il se montra inflexible et barbare ; un curé refusant d'enterrer un excommunié, il ordonna qu'on l'enterrât lui-même avec le corps.

Cette lutte intérieure ne permit guère à Mauclerc d'agir vigoureusement contre la France. Il lui eût fallu du moins être bien appuyé de l'Angleterre. Mais les Poitevins qui gouvernaient et volaient le jeune Henri III, ne lui laissaient point d'argent pour une guerre honorable. Il devait passer la mer en 1226 ; une révolte le retint. Mauclerc l'attendait encore en 1229, mais le favori d'Henri III fut corrompu par la régente et rien ne se trouva prêt. Elle eut encore l'adresse d'empêcher le comte de Champagne d'épouser la fille de Mauclerc[1]. Les barons, sentant la faiblesse de la

---

1. *App.* 122.

ligue, n'osaient, malgré toute leur mauvaise volonté, désobéir formellement au roi enfant, dont la régente employait le nom. En 1228, sommés par elle d'amener leurs hommes contre la Bretagne, ils vinrent chacun avec deux chevaliers seulement.

L'impuissance de la ligue du Nord permit à Blanche et au légat qui la conseillait, d'agir vigoureusement contre le Midi. Une nouvelle croisade fut conduite en Languedoc. Toulouse aurait tenu longtemps, mais les croisés se mirent à détruire méthodiquement toutes les vignes qui faisaient la richesse du pays. Les indigènes avaient résisté tant qu'il n'en coûtait que du sang. Ils obligèrent leur comte à céder. Il fallut qu'il rasât les murs de sa ville, y reçut garnison française, y autorisât l'établissement de l'inquisition, confirmât à la France la possession du bas Languedoc, promît Toulouse après sa mort, comme dot de sa fille Jeanne, qu'un des frères du roi devait épouser[1]. Quant à la haute Provence, il la donnait à l'Église : c'est l'origine du droit des papes sur le comtat d'Avignon. Lui-même il vint à Paris, s'humilia, reçut la discipline dans l'église de Notre-Dame, et se constitua, pour six semaines, prisonnier à la tour du Louvre. Cette tour, où six comtes avaient été enfermés après Bouvines, d'où le comte de Flandre venait à peine de sortir, où l'ancien comte de Boulogne se tua de désespoir, était devenue le château, la maison de plaisance, où les grands barons logeaient chacun à son tour.

---

1. *App.* 123.

La régente osa alors défier le comte de Bretagne et le somma de comparaître devant les pairs. Ce tribunal des douze pairs, calqué sur le nombre mystique des douze apôtres et sur les traditions poétiques des romans carlovingiens, n'était point une institution fixe et régulière. Rien n'était plus commode pour les rois. Cette fois, les pairs se trouvèrent l'archevêque de Sens, les évêques de Chartres et de Paris, les comtes de Flandre, de Champagne, de Nevers, de Blois, de Chartres, de Montfort, de Vendôme, les seigneurs de Coucy et de Montmorency, et beaucoup d'autres barons et chevaliers.

Leur sentence n'aurait pas fait grand'chose, si Mauclerc eût été mieux soutenu par les Anglais et par les barons. Ceux-ci traitèrent séparément avec la régente. Toute la haine des seigneurs, forcés de céder à Blanche, retomba sur le comte de Champagne; il fut obligé de se réfugier à Paris, et ne rentra dans ses domaines qu'en promettant de prendre la croix en expiation de la mort de Louis VIII; c'était s'avouer coupable.

Tout le mouvement qui avait troublé la France du Nord, s'écoula pour ainsi dire vers le Midi et l'Orient. Les deux chefs opposés, Thibault et Mauclerc, furent éloignés par des circonstances nouvelles, et laissèrent le royaume en paix. Thibault se trouva roi de Navarre par la mort du père de sa femme; il vendit à la régente Chartres, Blois, Sancerre et Châteaudun. Une noblesse innombrable le suivit. Le roi d'Aragon, qui, à la même époque, commençait sa croisade contre

Majorque et Valence, amena aussi beaucoup de chevaliers, surtout un grand nombre de *faidits* provençaux et languedociens ; c'était les proscrits de la guerre des Albigeois. Peu après, Pierre Mauclerc, qui n'était comte de Bretagne que du chef de sa femme, abdiqua le comté, le laissa à son fils, et fut nommé par le pape Grégoire IX général en chef de la nouvelle croisade d'Orient.

Telle était la favorable situation du royaume à l'époque de la majorité de saint Louis (1236). La royauté n'avait rien perdu depuis Philippe-Auguste. Arrêtons-nous un instant ici, et récapitulons les progrès de l'autorité royale et du pouvoir central depuis l'avènement du grand-père de saint Louis.

Philippe-Auguste avait, à vrai dire, fondé ce royaume en réunissant la Normandie à la Picardie. Il avait en quelque sorte fondé Paris, en lui donnant sa cathédrale, sa halle, son pavé, des hôpitaux, des aqueducs, une nouvelle enceinte, de nouvelles armoiries, surtout en autorisant et soutenant son Université. Il avait fondé la juridiction royale en inaugurant l'assemblée des pairs par un acte populaire et humain, la condamnation de Jean et la punition du meurtre d'Arthur. Les grandes puissances féodales s'affaissaient ; la Flandre, la Champagne, le Languedoc, étaient soumis à l'influence royale. Le roi s'était formé un grand parti dans la noblesse ; il avait créé une démocratie dans l'aristocratie, si je puis dire ; je parle des cadets : il fit consacrer en principe qu'ils ne dépendraient plus de leurs aînés.

Le prince dans les mains duquel tombait ce grand héritage, Louis IX, avait vingt et un ans en 1236. Il fut déclaré majeur, mais dans la réalité, il resta longtemps encore dépendant de sa mère, la fière Espagnole qui gouvernait depuis dix ans. Les qualités de Louis n'étaient pas de celles qui éclatent de bonne heure; la principale fut un sentiment exquis, un amour inquiet du devoir, et pendant longtemps le devoir lui apparut comme la volonté de sa mère. Espagnol du côté de Blanche[1], Flamand par son aïeule Isabelle, le jeune prince suça avec le lait une piété ardente, qui semble avoir été étrangère à la plupart de ses prédécesseurs, et que ses successeurs n'ont guère connue davantage.

Cet homme qui apportait au monde un tel besoin de croire, se trouva précisément au milieu de la grande crise, lorsque toutes les croyances étaient ébranlées. Ces belles images d'ordre, que le moyen âge avait rêvées, le Saint-Pontificat et le Saint-Empire, qu'étaient-elles devenues? La guerre de l'empire et du sacerdoce avait atteint le dernier degré de violence, et les deux partis inspiraient presque une égale horreur.

D'un côté, c'était l'empereur, au milieu de son cortège de légistes bolonais et de docteurs arabes, penseur hardi, charmant poëte et mauvais croyant. Il avait des gardes sarrasines, une université sarrasine, des concubines arabes. Le sultan d'Égypte était son meilleur ami[2]. Il avait, disait-on, écrit ce livre horrible

---

1. *App.* 124. — 2. *App.* 125.

dont on parlait tant : *De Tribus impostoribus*, Moïse, Mahomet et Jésus, qui n'a jamais été écrit. Beaucoup de gens soupçonnaient que Frédéric pouvait fort bien être l'Antéchrist.

Le pape n'inspirait guère plus de confiance que l'empereur. La foi manquait à l'un, mais à l'autre la charité. Quelque désir, quelque besoin qu'on eût de révérer encore le successeur des apôtres, il était difficile de le reconnaître sous cette cuirasse d'acier qu'il avait revêtue depuis la croisade des Albigeois. Il semblait que la soif du meurtre fût devenue le génie même du prêtre. Ces hommes de paix ne demandaient que mort et ruine, des paroles effroyables sortaient de leur bouche. Ils s'adressaient à tous les peuples, à tous les princes, ils prenaient tour à tour le ton de la menace et de la plainte : ils demandaient, grondaient, priaient, pleuraient. Que voulaient-ils avec tant d'ardeur? la délivrance de Jérusalem? Aucunement. L'amélioration des Chrétiens, la conversion des Gentils? Rien de tout cela. Eh! quoi donc? Du sang. Une soif horrible de sang semblait avoir embrasé le leur, depuis qu'une fois ils avaient goûté de celui des Albigeois.

La destinée de ce jeune et innocent Louis IX fut d'être l'héritier des Albigeois et de tant d'autres ennemis de l'Église. C'était pour lui que Jean, condamné sans être entendu, avait perdu la Normandie, et son fils Henri le Poitou; c'était pour lui que Montfort avait égorgé vingt mille hommes dans Béziers, et Folquet, dix mille dans Toulouse. Ceux qui avaient péri étaient, il est vrai, des hérétiques, des mécréants, des ennemis de Dieu; il y avait pourtant dans tout cela bien des morts; et dans cette magnifique dépouille, une triste odeur de sang. Voilà, sans doute, ce qui fit l'inquiétude et l'indécision de saint Louis. Il avait grand besoin de croire et de s'attacher à l'Église, pour se justifier à lui-même son père et son aïeul, qui avait accepté de tels dons. Position critique pour une âme timorée; il ne pouvait restituer sans déshonorer son père et indigner la France. D'autre part, il ne pouvait garder, ce semble, sans consacrer tout ce qui s'était fait, sans accepter tous les excès, toutes les violences de l'Église.

Le seul objet vers lequel une telle âme pouvait se tourner encore, c'était la croisade, la délivrance de Jérusalem. Cette grande puissance, bien ou mal acquise, qui se trouvait dans ses mains, c'était là, sans doute, qu'elle devait s'exercer et s'expier. De ce côté, il y avait tout au moins la chance d'une mort sainte.

Jamais la croisade n'avait été plus nécessaire et plus légitime. Agressive jusque-là, elle allait devenir défensive. On attendait dans tout l'Orient un grand et terrible événement; c'était comme le bruit des grandes eaux avant le déluge, comme le craquement des digues, comme le premier murmure des cataractes du ciel. Les Mongols s'étaient ébranlés du Nord, et peu à peu descendaient par toute l'Asie. Ces pasteurs, entraînant les nations, chassant devant eux l'humanité avec leurs troupeaux, semblaient décidés à effacer de la terre toute ville, toute construction, toute trace de culture, à refaire du globe un désert, une libre prairie, où l'on pût désormais errer sans obstacle. Ils délibérèrent s'ils ne traiteraient pas ainsi toute la Chine septentrionale, s'ils ne rendraient pas cet empire, par l'incendie de cent villes et l'égorgement de plusieurs millions d'hommes, à cette beauté primitive des solitudes du monde naissant. Où ils ne pouvaient détruire les villes sans grand travail, ils se dédommageaient du moins par le massacre des habitants; témoin ces pyramides de têtes de morts qu'ils firent élever dans la plaine de Bagdad[1].

Toutes les sectes, toutes les religions qui se partageaient l'Asie, avaient également à craindre ces barbares, et nulle chance de les arrêter. Les sunnites et les schyytes, le calife de Bagdad et le calife du Caire, les Assassins, les chrétiens de terre sainte, attendaient le Jugement. Toute dispute allait être finie, toute haine réconciliée; les Mongols s'en chargeaient. De là, sans doute, ils passeraient en Europe, pour accorder le pape et l'empereur, le roi d'Angleterre et le roi de France. Alors, ils n'auraient plus qu'à faire manger l'avoine à leurs chevaux sur l'autel de Saint-Pierre de Rome, et le règne de l'Antéchrist allait commencer.

Ils avançaient, lents et irrésistibles, comme la vengeance de Dieu; déjà ils étaient partout présents par l'effroi qu'ils inspiraient. En l'an 1238, les gens de la Frise et du Danemark n'osèrent pas quitter leurs femmes épouvantées pour aller pêcher le hareng selon

---

1. Tamerlan, après avoir ruiné Damas de fond en comble, fit frapper des monnaies portant un mot arabe dont le sens était : DESTRUCTION.

leur usage sur les côtes d'Angleterre [1]. En Syrie, on s'attendait d'un moment à l'autre à voir apparaître les grosses têtes jaunes et les petits chevaux échevelés. Tout l'Orient était réconcilié. Les princes mahométans, entre autres le Vieux de la Montagne, avaient envoyé une ambassade suppliante au roi de France, et l'un des ambassadeurs passa en Angleterre.

D'autre part, l'empereur latin de Constantinople venait exposer à saint Louis son danger, son dénuement et sa misère. Ce pauvre empereur s'était vu obligé de faire alliance avec les Comans, et de leur jurer amitié, la main sur un chien mort. Il en était à n'avoir plus pour se chauffer que les poutres de son palais. Quand l'impératrice vint, plus tard, implorer de nouveau la pitié de saint Louis, Joinville fut obligé, pour la présenter, de lui donner une robe. L'empereur offrait à saint Louis de lui céder à bon compte un inestimable trésor, la vraie couronne d'épines qui avait ceint le front du Sauveur. La seule chose qui embarrassait le roi de France, c'est que ce commerce de reliques avait bien l'air d'être un cas de simonie; mais il n'était pas défendu pourtant de faire un présent à celui qui faisait un tel don à la France. Le présent fut de cent soixante mille livres, et de plus saint Louis donna le produit d'une confiscation faite sur les Juifs, dont il se faisait scrupule de profiter lui-même. Il alla pieds nus recevoir les saintes reliques jusqu'à Vincennes, et plus tard, fonda pour elles la Sainte-Chapelle de Paris.

---

1. *App.* 126.

La croisade de 1235 n'était pas faite pour rétablir les affaires d'Orient. Le roi champenois de Navarre, le duc de Bourgogne, le comte de Montfort, se firent battre. Le frère du roi d'Angleterre n'eut d'autre gloire que celle de racheter les prisonniers. Mauclerc seul y gagna quelque chose. Cependant, le jeune roi de France ne pouvait quitter encore son royaume, et réparer ces malheurs. Une vaste ligue se formait contre lui; le comte de Toulouse, dont la fille avait épousé le frère du roi, Alphonse de Poitiers, voulait tenter encore un effort pour garder ses États, s'il n'avait pu garder ses enfants. Il s'était allié aux rois d'Angleterre, de Navarre, de Castille et d'Aragon. Il voulait épouser ou Marguerite de la Marche, sœur utérine d'Henri III, ou Béatrix de Provence. Par ce dernier mariage, il eût réuni la Provence au Languedoc, déshérité sa fille au profit des enfants qu'il eût eus de Béatrix, et réuni tout le Midi. La précipitation fit avorter ce grand projet. Dès 1242, les inquisiteurs furent massacrés à Avignon; l'héritier légitime de Nîmes, Béziers et Carcassonne, le jeune Trencavel, se hasarda à reparaître. Les confédérés agirent l'un après l'autre, Raymond était réduit quand les Anglais prirent les armes. Leur campagne en France fut pitoyable; Henri III avait compté sur son beau-père, le comte de la Marche, et les autres seigneurs qui l'avaient appelé. Quand ils se virent et se comptèrent, alors commencèrent les reproches et les altercations. Les Français n'avançaient pas moins; ils auraient tourné et pris l'armée anglaise au pont de Taillebourg, sur la Charente, si Henri n'eût obtenu une trêve par l'intercession de son frère Richard, en qui Louis révéra le héros de la dernière croisade, celui qui avait racheté et rendu à l'Europe tant de chrétiens[1]. Henri profita de ce répit pour décamper et se retirer vers Saintes. Louis le serra de près ; un combat acharné eut lieu dans les vignes, et le roi d'Angleterre finit par s'enfuir dans la ville, et de là vers Bordeaux (1242).

Une épidémie, dont le roi et l'armée languirent également, l'empêcha de poursuivre ses succès. Mais le combat de Taillebourg n'en fut pas moins le coup mortel pour ses ennemis, et en général pour la féodalité. Le comte de Toulouse n'obtint grâce que comme cousin de la mère de saint Louis. Son vassal, le comte de Foix, déclara qu'il voulait dépendre immédiatement du roi. Le comte de la Marche et sa femme, l'orgueilleuse Isabelle de Lusignan, veuve de Jean et mère d'Henri III, furent obligés de céder. Ce vieux comte, faisant hommage au frère du roi, Alphonse, nouveau comte de Poitiers, un chevalier parut, qui se disait mortellement offensé par lui, et demandait à le combattre par-devant son suzerain. Alphonse insistait durement pour que le vieillard fît raison au jeune homme. L'événement n'était pas douteux, et déjà Isabelle, craignant de périr après son mari, s'était réfugiée au couvent de Fontevrault. Saint Louis s'interposa et ne permit point ce combat inégal. Telle fut pourtant l'humiliation du comte de la Marche que

---

1. Math. Paris.

son ennemi, qui avait juré de laisser pousser ses cheveux jusqu'à ce qu'il eût vengé son outrage, se les fit couper solennellement devant tous les barons, et déclara qu'il en avait assez.

En cette occasion, comme en toutes, Louis montrait la modération d'un saint et d'un politique. Un baron n'ayant voulu se rendre qu'après en avoir obtenu l'autorisation de son seigneur, le roi d'Angleterre, Louis lui en sut gré, et lui remit son château sans autre garantie que son serment [1]. Mais afin de sauver de la tentation du parjure ceux qui tenaient des fiefs de lui et d'Henri, il leur déclara, aux termes de l'Évangile, qu'on ne pouvait servir deux maîtres, et leur permit d'opter librement [2]. Il eût voulu, pour ôter toute cause de guerre, obtenir d'Henri la cession expresse de la Normandie ; à ce prix, il lui eût rendu le Poitou.

Telles étaient la prudence et la modération du roi. Il n'imposa pas à Raymond d'autres conditions que celles du traité de Paris, qu'il avait signé quatorze ans auparavant.

Cependant la catastrophe tant redoutée avait lieu en Orient. Une aile de la prodigieuse armée des Mongols avait poussé vers Bagdad (1258); une autre entrait en Russie, en Pologne, en Hongrie. Les Karismiens, précurseurs des Mongols, avaient envahi la terre sainte; ils avaient remporté à Gaza, malgré l'union des chrétiens et des musulmans, une sanglante victoire.

---

1. Math. Paris. — 2. Id.

Cinq cents templiers y étaient restés; c'était tout ce que l'ordre avait alors de chevaliers à la terre sainte; puis les Mongols avaient pris Jérusalem abandonnée de ses habitants; ces barbares, par un jeu perfide, mirent partout des croix sur les murs; les habitants, trop crédules, revinrent et furent massacrés.

Saint Louis était malade, alité, et presque mourant, quand ces tristes nouvelles parvinrent en Europe. Il était si mal qu'on désespérait de sa vie, et déjà une des dames qui le gardaient voulait lui jeter le drap sur le visage, croyant qu'il avait passé. Dès qu'il alla un peu mieux, au grand étonnement de ceux qui l'entouraient, il fit mettre la croix rouge sur son lit et sur ses vêtements. Sa mère eût autant aimé le voir mort. Il promettait, lui faible et mourant, d'aller si loin, outre-mer, sous un climat meurtrier, donner son sang et celui des siens dans cette inutile guerre qu'on poursuivait depuis plus d'un siècle. Sa mère, les prêtres eux-mêmes le pressaient d'y renoncer. Il fut inflexible; cette idée qu'on lui croyait si fatale fut, selon toute apparence, ce qui le sauva; il espéra, il voulut vivre, et vécut en effet. Dès qu'il fut convalescent, il appela sa mère, l'évêque de Paris, et leur dit : « Puisque vous croyez que je n'étais pas parfaitement en moi-même quand j'ai prononcé mes vœux, voilà ma croix que j'arrache de mes épaules, je vous la rends... Mais à présent, continua-t-il, vous ne pouvez nier que je ne sois dans la pleine jouissance de toutes mes facultés; rendez-moi donc ma croix; car celui qui sait toute chose sait aussi qu'aucun aliment n'entrera dans ma bouche jusqu'à ce j'aie été marqué de nouveau de son signe. — C'est le doigt de Dieu, s'écrièrent tous les assistants; ne nous opposons plus à sa volonté. » Et personne, dès ce jour, ne contredit son projet.

Le seul obstacle qui restât à vaincre, chose triste et contre nature, c'était le pape. Innocent IV remplissait l'Europe de sa haine contre Frédéric II. Chassé de l'Italie, il assembla contre lui un grand concile à Lyon[1]. Cette ville impériale tenait pourtant à la France, sur le territoire de laquelle elle avait son faubourg au delà du Rhône. Saint Louis, qui s'était inutilement porté pour médiateur, ne consentit pas sans répugnance à recevoir le pape. Il fallut que tous les moines de Cîteaux vinssent se jeter aux pieds du roi, et il laissa attendre le pape quinze jours pour savoir sa détermination. Innocent, dans sa violence, contrariait de tout son pouvoir la croisade d'Orient; il eût voulu tourner les armes du roi de France contre l'empereur ou contre le roi d'Angleterre, qui était sorti un moment de sa servilité à l'égard du saint-siège. Déjà, en 1239, il avait offert la couronne impériale à saint Louis pour son frère, Robert d'Artois; en 1245, il lui offrit la couronne d'Angleterre. Étrange spectacle, un pape n'oubliant rien pour entraver la délivrance de Jérusalem, offrant tout à un croisé pour lui faire violer son vœu[2].

---

1. Math. Paris. — « Écrasons d'abord le dragon, disait-il, et nous écraserons bientôt ces vipères de roitelets. »

2. « Les barons anglais n'osaient passer à la terre sainte, craignant les pièges de la cour de Rome (muscipulas Romanæ curiæ formidantes). » (Math. Paris.)

Louis ne songeait guère à acquérir. Il s'occupait bien plutôt à légitimer les acquisitions de ses pères. Il essaya inutilement de se réconcilier l'Angleterre par une restitution partielle. Il interrogea même les évêques de Normandie pour se rassurer sur le droit qu'il pouvait avoir à la possession de cette province. Il dédommagea par une somme d'argent le vicomte Trencavel, héritier de Nimes et Béziers. Il l'emmena à la croisade, avec tous les faidits, les proscrits de la guerre des Albigeois, tous ceux que l'établissement des compagnons de Montfort avait privés de leur patrimoine. Ainsi il faisait de la guerre sainte une expiation, une réconciliation universelle.

Ce n'était pas une simple guerre, une expédition, que saint Louis projetait, mais la fondation d'une grande colonie en Égypte. On pensait alors, non sans vraisemblance, que pour conquérir et posséder la terre sainte, il fallait avoir l'Égypte pour point d'appui. Aussi il avait emporté une grande quantité d'instruments de labourage et d'outils de toute espèce [1]. Pour faciliter les communications régulières, il voulut avoir un port à lui sur la Méditerranée; ceux de Provence étaient à son frère Charles d'Anjou : il fit creuser celui d'Aigues-Mortes.

Il cingla d'abord vers Chypre, où l'attendaient d'immenses approvisionnements [2]. Là il s'arrêta, et

---

1. « Ligones, tridentes, trahas, vomeres, aratra, etc. » (Math. Paris.)
2. Joinville : « Et quant on les véoit il sembloit que ce fussent montaingnes; car la pluie qui avoit batu les blez de lonc-temps, les avoit fait germer par desus, si que il n'i paroit que l'erbe vert. »

longtemps, soit pour attendre son frère Alphonse qui lui amenait sa réserve, soit peut-être pour s'orienter dans ce monde nouveau. Il y fut amusé par les ambassadeurs des princes d'Asie, qui venaient observer le grand roi des Francs. Les chrétiens vinrent d'abord, de Constantinople, d'Arménie, de Syrie; les musulmans ensuite, entre autres les envoyés de ce Vieux de la Montagne dont on faisait tant de récits[1]. Les Mongols mêmes parurent. Saint Louis, qui les crut favorables au christianisme d'après leur haine pour les autres mahométans, se ligua avec eux contre les deux papes de l'islamisme, les califes de Bagdad et du Caire.

Cependant les Asiatiques revenaient de leurs premières craintes; ils se familiarisaient avec l'idée de la grande invasion des Francs. Ceux-ci, dans l'abondance, s'énervaient sous la séduction d'un climat corrupteur. Les prostituées venaient placer leurs tentes autour même de la tente du roi et de sa femme, la chaste reine Marguerite, qui l'avait suivi.

Il se décida enfin à partir pour l'Égypte. Il avait à choisir entre Damiette et Alexandrie. Un coup de vent l'ayant poussé vers la première ville[2], il eut hâte d'attaquer; lui-même il se jeta dans l'eau l'épée à la main. Les troupes légères des Sarrasins, qui étaient en bataille sur le rivage, tentèrent une ou deux charges, et, voyant les Francs inébranlables, elles s'enfuirent à toute bride. La forte ville de Damiette, qui pouvait résister, se rendit dans le premier effroi. Maître d'une

---

1. *App.* 127. — 2. *App.* 128.

telle place, il fallait se hâter de saisir Alexandrie ou le Caire. Mais la même foi qui inspirait la croisade faisait négliger les moyens humains qui en auraient assuré le succès. Le roi d'ailleurs, roi féodal, n'était sans doute pas assez maître pour arracher ses gens au pillage d'une riche ville; il en fut comme à Chypre, ils ne se laissèrent emmener que lorsqu'ils furent las eux-mêmes de leurs excès. Il y avait d'ailleurs une excuse; Alphonse et la réserve se faisaient attendre. Le comte de Bretagne, Mauclerc, déjà expérimenté dans la guerre d'Orient, voulait qu'on s'assurât d'abord d'Alexandrie; le roi insista pour le Caire. Il fallait donc s'engager dans ce pays coupé de canaux, et suivre la route qui avait été si fatale à Jean de Brienne. La marche fut d'une singulière lenteur; les chrétiens, au lieu de jeter des ponts, faisaient une levée dans chaque canal. Ils mirent ainsi un mois pour franchir les dix lieues qui sont de Damiette à Mansourah[1]. Pour atteindre cette dernière ville, ils entreprirent une digue qui devait soutenir le Nil et leur livrer passage. Cependant ils souffraient horriblement des feux grégeois que leur lançaient les Sarrasins, et qui les brûlaient sans remède, enfermés dans leurs armures[2]. Ils restèrent ainsi cinquante jours, au bout desquels ils apprirent qu'ils auraient pu s'épargner tant de

---

1. Bonaparte pensait que si saint Louis avait manœuvré comme les Français en 1798, il aurait pu, en partant de Damiette le 8 juin, arriver le 12 à Mansourah, et le 26 au Caire.

2. « Toutes les fois que nostre saint roi ooit que il nous getoient le feu grejois, il se vestoit en son lit, et tendoit ses mains vers notre Seigneur, et disoit en plourant : Biau Sire Diex, gardez-moy ma gent. » (Joinville.)

peine et de travail. Un Bédouin leur indiqua un gué (8 février).

L'avant-garde, conduite par Robert d'Artois, passa avec quelque difficulté. Les templiers, qui se trouvaient avec lui, l'engageaient à attendre que son frère le rejoignît. Le bouillant jeune homme les traita de lâches et se lança, tête baissée, dans la ville dont les portes étaient ouvertes. Il laissait mener son cheval par un brave chevalier, qui était sourd, et qui criait à tue-tête : « Sus! sus! à l'ennemi[1]! » Les templiers n'osèrent rester derrière; tous entrèrent, tous périrent. Les mameluks, revenus de leur étonnement, barrèrent les rues de pièces de bois, et des fenêtres ils écrasèrent les assaillants.

Le roi, qui ne savait rien encore, passa, rencontra les Sarrasins; il combattit vaillamment. « Là, où j'étois à pied avec mes chevaliers, dit Joinville, aussi blessé vint le roi avec toute sa bataille, avec grand bruit et grande noise de trompes, de nacaires, et il s'arrêta sur un chemin levé; mais oncques si bel homme armé ne vis, car il paraissait dessus toute sa gent des épaules en haut, un haume d'or à son chef, une épée d'Allemagne en sa main. » Le soir on lui annonça la mort du comte d'Artois, et le roi répondit « que Dieu en feust adoré de ce que il li donnoit; et lors li choient les larmes des yex moult grosses ». Quelqu'un vint lui demander des nouvelles de son

---

1. Joinville : « Le bon comte de Soissons se moquoit à moy, et me disoit : « Seneschal, lessons huer cette chiennaille, que, par la quoife Dieu, encore « en parlerons-nous de ceste journée es chambres des dames. »

frère : « Tout ce que je sais, dit-il, c'est qu'il est en paradis[1]. »

Les mameluks revenant de tous côtés à la charge, les Français défendirent leurs retranchements jusqu'à la fin de la journée. Le comte d'Anjou, qui se trouvait le premier sur la route du Caire, était à pied au milieu de ses chevaliers; il fut attaqué en même temps par deux troupes de Sarrasins, l'une à pied, l'autre à cheval; il était accablé par le feu grégeois, et on le tenait déjà pour déconfit. Le roi le sauva en s'élançant lui-même à travers les musulmans. La crinière de son cheval fut toute couverte de feu grégeois. Le comte de Poitiers fut un moment prisonnier des Sarrasins; mais il eut le bonheur d'être délivré par les bouchers, les vivandiers et les femmes de l'armée. Le sire de Briançon ne put conserver son terrain qu'à l'aide des machines du duc de Bourgogne, qui tiraient au travers de la rivière. Gui de Mauvoisin, couvert de feu grégeois, n'échappa qu'avec peine aux flammes. Les bataillons du comte de Flandre, des barons d'outre-mer que commandait Gui d'Ibelin, et de Gauthier de Châtillon, conservèrent presque toujours l'avantage sur les ennemis. Ceux-ci sonnèrent enfin la retraite, et Louis rendit grâces à Dieu, au milieu de toute l'armée, de l'assistance qu'il en avait reçue; c'était, en effet, un miracle d'avoir pu défendre, avec des gens à pied et presque tous blessés, un camp attaqué par une redoutable cavalerie.

Il devait bien voir que le succès était impossible, et

1. Joinville.

se hâter de retourner vers Damiette; mais il ne pouvait s'y décider. Sans doute, le grand nombre de blessés qui se trouvaient dans le camp rendait la chose difficile; mais les malades augmentaient chaque jour. Cette armée, campant sur les vases de l'Égypte, nourrie principalement des barbots du Nil, qui mangeaient tant de cadavres, avait contracté d'étranges et hideuses maladies. Leur chair gonflait, pourrissait autour de leurs gencives, et pour qu'ils avalassent, on était obligé de la leur couper; ce n'était par tout le camp que des cris douloureux comme de femmes en mal d'enfant; chaque jour augmentait le nombre des morts. Un jour, pendant l'épidémie, Joinville malade, et entendant la messe de son lit, fut obligé de se lever et de soutenir son aumônier prêt à s'évanouir. « Ainsi soutenu, il acheva son sacrement, parchanta la messe tout entièrement : ne oncques plus ne chanta. »

Ces morts faisaient horreur; chacun craignait de les toucher et de leur donner la sépulture; en vain le roi, plein de respect pour ces martyrs, donnait l'exemple et aidait à les enterrer de ses propres mains. Tant de corps abandonnés augmentaient le mal chaque jour; il fallut songer à la retraite pour sauver au moins ce qui restait. Triste et incertaine retraite d'une armée amoindrie, affaiblie, découragée. Le roi, qui avait fini par être malade comme les autres, eût pu se mettre en sûreté, mais il ne voulut jamais abandonner son peuple[1]. Tout mourant qu'il était, il entreprit

---

1. « Le roi de France eût pu échapper aux mains des Égyptiens, soit à cheval, soit dans un bateau; mais ce prince généreux ne voulut jamais aban-

d'exécuter sa retraite par terre, tandis que les malades étaient embarqués sur le Nil. Sa faiblesse était telle, qu'on fut bientôt obligé de le faire entrer dans une petite maison et de le déposer sur les genoux d'une *bourgeoise de Paris*, qui se trouvait là.

Cependant les chrétiens s'étaient vus bientôt arrêtés par les Sarrasins, qui les suivaient par terre et les attendaient dans le fleuve. Un immense massacre commença; ils déclarèrent en vain qu'ils voulaient se rendre; les Sarrasins ne craignaient autre chose que le grand nombre des prisonniers; ils les faisaient donc entrer dans un clos, leur demandaient s'ils voulaient renier le Christ. Un grand nombre obéit, entre autres tous les mariniers de Joinville.

Cependant le roi et les prisonniers de marque avaient été réservés. Le sultan ne voulait pas les délivrer, à moins qu'ils ne rendissent Jérusalem; ils objectèrent que cette ville était à l'empereur d'Allemagne, et offrirent Damiette avec quatre cent mille besans d'or. Le sultan avait consenti, lorsque les mameluks, auxquels il devait sa victoire, se révoltent et l'égorgent au pied des galères où les Français étaient détenus. Le danger était grand pour ceux-ci;

---

donner ses troupes. » (Aboul-Mahassen.) — En revenant de l'île de Chypre, le vaisseau de saint Louis toucha sur un rocher, et trois toises de la quille furent emportées. On conseilla au roi de le quitter. « A ce respondi le roy : Seigneurs, je vois que se je descens de ceste nef, que elle sera de refus, et voy que il a céans huit cents personnes et plus; et pour ce que chascun aime autretant sa vie comme je fais la moie, n'oseroit nulz demourez en ceste nef, ainçois demourroient en Cypre; parquoy, se Dieu plait, je ne mettrai ja tant de gent comme il a céans en péril de mort; ainçois demourrai céans pour mon peuple sauver. » (Joinville.)

les meurtriers pénétrèrent en effet jusqu'auprès du roi. Celui même qui avait arraché le cœur au soudan vint au roi, sa main tout ensanglantée, et lui dit : « Que me donneras-tu, que je t'aie occi ton ennemi, qui t'eût fait mourir s'il eût vécu? » Et le roi ne lui répondit oncques rien. Il en vint bien trente, les épées toutes nues et les haches danoises aux mains dans notre galère, continue Joinville. Je demandai à monseigneur Beaudoin d'Ibelin, qui savoit bien le sarrasinois, ce que ces gens disoient, et il me répondit qu'ils disoient qu'ils nous venoient les têtes trancher. Il y avoit tout plein de gens qui se confessoient à un frère de la Trinité, qui étoit au comte Guillaume de Flandre; mais, quant à moi, je ne me souvins oncques de péché que j'eusse fait. Ainçois me pensai que plus je me défendrois ou plus je me gauchirois, pis me vaudroit. Et lors me signai et m'agenouillai aux pieds de l'un d'eux qui tenoit une hache danoise à charpentier, et dis : « Ainsi mourut sainte Agnès. » Messire Gui d'Ibelin, connétable de Chypre, s'agenouilla à côté de moi, et je lui dis : « Je vous absous de tel pouvoir « comme Dieu m'a donné. » Mais quand je me levai d'illec, il ne me souvint oncques de chose qu'il m'eût dite ni racontée [1]. »

Il y avait trois jours que Marguerite avait appris la captivité de son mari, lorsqu'elle accoucha d'un fils nommé Jean, et qu'elle surnomma Tristan. Elle faisait coucher au pied de son lit, pour se rassurer, un vieux

---

1. Joinville. *App.* 129.

chevalier âgé de quatre-vingts ans. Peu de temps avant d'accoucher, elle s'agenouilla devant lui et lui requit un don, et le chevalier le lui octroya par son serment, et elle lui dit : « Je vous demande, par la foi que vous m'avez baillée, que si les Sarrasins prennent cette ville, que vous me coupiez la tête avant qu'ils me prennent », et le chevalier répondit : « Soyez certaine que je le ferai volontiers, car je l'avois bien pensé que je vous occirois avant qu'ils vous eussent pris [1]. »

Rien ne manquait au malheur et à l'humiliation de saint Louis. Les Arabes chantèrent sa défaite, et plus d'un peuple chrétien en fit des feux de joie. Il resta pourtant un an à la terre sainte pour aider à la défendre, au cas que les mameluks poursuivissent leur victoire hors de l'Égypte. Il releva les murs des villes, fortifia Césarée, Jaffa, Sidon, Saint-Jean d'Acre, et ne se sépara de ce triste pays que lorsque les barons de la terre sainte lui eurent eux-mêmes assuré que son séjour ne pouvait plus leur être utile. Il venait d'ailleurs de recevoir une nouvelle qui lui faisait un devoir de retourner au plus tôt en France. Sa mère était morte : malheur immense pour un tel fils qui, pendant si longtemps, n'avait pensé que par elle, qui l'avait quittée malgré elle pour cette désastreuse expédition, où il devait laisser sur la terre infidèle un de ses frères, tant de loyaux serviteurs, les os de tant de martyrs. La vue de la France elle-même ne put le consoler : « Si j'endurais seul la honte et le malheur,

---

1. *App.* 129.

disait-il à un évêque, si mes péchés n'avaient pas tourné au préjudice de l'Église universelle, je me résignerais. Mais, hélas! toute la chrétienté est tombée par moi dans l'opprobre et la confusion [1]. »

L'état où il retrouvait l'Europe n'était pas propre à le consoler. Le revers qu'il déplorait était encore le moindre des maux de l'Église ; c'en était un bien autre que cette inquiétude extraordinaire qu'on remarquait dans tous les esprits. Le mysticisme, répandu dans le peuple par l'esprit des croisades, avait déjà porté son fruit, l'enthousiasme sauvage de la liberté politique et religieuse. Ce caractère révolutionnaire du mysticisme, qui devait se produire nettement dans les jacqueries des siècles suivants, particulièrement dans la révolte des paysans de Souabe, en 1525, et des anabaptistes, en 1538, il apparut déjà dans l'insurrection des *Pastoureaux*[2], qui éclata pendant l'absence de saint Louis. C'étaient les plus misérables habitants des campagnes, des bergers surtout, qui, entendant dire que le roi était prisonnier, s'armèrent, s'attroupèrent, formèrent une grande armée, déclarèrent qu'ils voulaient aller le délivrer. Peut-être fut-ce un simple prétexte, peut-être l'opinion que le pauvre peuple s'était déjà formée de Louis, lui avait-elle donné un immense et vague espoir de soulagement et de délivrance. Ce qui est certain, c'est que ces bergers se montraient partout ennemis des prêtres et les massacraient ; ils conféraient eux-mêmes les sacrements. Ils reconnaissaient

---

1. Math. Paris. — 2. *App.* 130.

pour chef un homme imconnu, qu'ils appelaient le grand maître de Hongrie[1]. Ils traversèrent impunément Paris, Orléans, une grande partie de la France. On parvint cependant à dissiper et détruire ces bandes[2].

Saint Louis de retour sembla repousser longtemps toute pensée, toute ambition étrangère; il s'enferma avec un scrupule inquiet dans son devoir de chrétien, comprenant toutes les vertus de la royauté dans les pratiques de la dévotion, et s'imputant à lui-même comme péché tout désordre public. Les sacrifices ne lui coûtèrent rien pour satisfaire cette conscience timorée et inquiète. Malgré ses frères, ses enfants, ses barons, ses sujets, il restitua au roi d'Angleterre le Périgord, le Limousin, l'Agénois, et ce qu'il avait en Quercy et en Saintonge, à condition qu'Henri renonçât à ses droits sur la Normandie, la Touraine, l'Anjou, le Maine et le Poitou (1258). Les provinces cédées ne le lui pardonnèrent jamais, et quand il fut canonisé, elles refusèrent de célébrer sa fête.

Cette préoccupation excessive des choses de la conscience aurait ôté à la France toute action extérieure. Mais la France n'était pas encore dans la main du roi. Le roi se resserrait, se retirait en soi. La France débordait au dehors.

D'une part, l'Angleterre gouvernée par des Poite-

---

1. Il prétendait avoir à la main une lettre de la Vierge Marie, qui appelait les bergers à la terre sainte, et pour accréditer cette fable il tenait cette main constamment fermée.
2. « Quasi canes rabidi passim detruncati. » (Math. Paris.)

vins, par des Français du Midi, s'affranchit d'eux par le secours d'un Français du Nord, Simon de Montfort, comte de Leicester, second fils du fameux Montfort, chef de la croisade des Albigeois. De l'autre côté, les Provençaux sous Charles d'Anjou, frère de saint Louis, conquirent le royaume des Deux-Siciles, et consommèrent en Italie la ruine de la maison de Souabe.

Le roi d'Angleterre, Henri III, avait porté la peine des fautes de Jean. Son père lui avait légué l'humiliation et la ruine. Il n'avait pu se relever qu'en se mettant sans réserve entre les mains de l'Église ; autrement les Français lui prenaient l'Angleterre, comme ils avaient pris la Normandie. Le pape usa et abusa de son avantage ; il donna à des Italiens tous les bénéfices d'Angleterre, ceux même que les barons normands avaient fondés pour les ecclésiastiques de leur famille. Les barons ne souffraient pas patiemment cette tyrannie de l'Église, et s'en prenaient au roi qu'ils accusaient de faiblesse. Serré entre ces deux partis, et recevant tous les coups qu'ils portaient, à qui le roi pouvait-il se fier ? à nul autre qu'à nos Français du Midi, aux Poitevins surtout, compatriotes de sa mère.

Ces méridionaux, élevés dans les maximes du droit romain, étaient favorables au pouvoir monarchique, et naturellement ennemis des barons. C'était l'époque où saint Louis accueillait les traditions du droit impérial, et introduisait, bon gré, mal gré, l'esprit de Justinien dans la loi féodale. En Allemagne, Frédéric II s'efforçait de faire prévaloir les mêmes doctrines. Ces tentatives eurent un sort différent ; elles contribuèrent à l'élévation de la royauté en France, et la ruinèrent en Angleterre et en Allemagne.

Pour imposer à l'Angleterre l'esprit du Midi, il eût fallu des armées permanentes, des troupes mercenaires, et beaucoup d'argent. Henri III ne savait où en prendre ; le peu qu'il obtenait, les intrigants qui l'environnaient mettaient la main dessus. Il ne faut pas oublier d'ailleurs une chose importante, c'est la disproportion qui se trouvait nécessairement alors entre les besoins et les ressources. Les besoins étaient déjà grands ; l'ordre administratif commençait à se constituer ; on essayait des armées permanentes. Les ressources étaient faibles, ou nulles ; la production industrielle, qui alimente la prodigieuse consommation du fisc dans les temps modernes, avait à peine commencé. C'était encore l'âge du privilège ; les barons, le clergé, tout le monde, avaient à alléguer tel ou tel droit pour ne rien payer. Depuis la Grande Charte surtout, une foule d'abus lucratifs ayant été supprimés, le gouvernement anglais semblait n'être plus qu'une méthode pour faire mourir le roi de faim.

La Grande Charte ayant posé l'insurrection en principe et constitué l'anarchie, une seconde crise était nécessaire pour asseoir un ordre régulier, pour introduire entre le roi, le pape et le baronnage un élément nouveau, le peuple, qui peu à peu les mit d'accord. A une révolution il faut un homme ; ce fut Simon de Montfort ; ce fils du conquérant du Languedoc était destiné à poursuivre sur les ministres poitevins d'Henri III la guerre héréditaire de sa famille contre les hommes du Midi. Marguerite de Provence, femme de saint Louis, haïssait ces Montfort, qui avaient fait tant de mal à son pays. Simon pensa qu'il ne gagnerait rien à rester à la cour de France, et passa en Angleterre. Les Montfort, comtes de Leicester, appartenaient aux deux pays. Le roi Henri combla Simon ; il lui donna sa sœur, et l'envoya en Guyenne réprimer les troubles de ce pays. Simon s'y conduisit avec tant de dureté qu'il fallut le rappeler. Alors il tourna contre le roi. Ce roi n'avait jamais été plus puissant en apparence, ni plus faible en réalité. Il s'imaginait qu'il pourrait acheter pièce à pièce les dépouilles de la maison de Souabe. Son frère, Richard de Cornouailles, venait d'acquérir, argent comptant, le titre d'empereur, et le pape avait concédé à son fils celui de roi de Naples. Cependant toute l'Angleterre était pleine de troubles. On n'avait su d'autre remède à la tyrannie pontificale que d'assassiner les courriers, les agents du pape ; une association s'était formée dans ce but [1]. En 1258, un *Parlement* fut assemblé à Oxford ; c'est la première fois que les assemblées prennent ce titre. Le roi y avait de nouveau juré la Grande Charte, et s'était mis en tutelle entre les mains de vingt-quatre barons. Au bout de six ans de guerres, les deux partis invoquèrent l'arbitrage de saint Louis. Le pieux roi, également inspiré de la Bible et du droit romain, décida qu'*il fallait obéir aux puissances*, et annula les statuts d'Oxford, déjà cassés par le pape. Le roi Henri

---

[1]. *App.* 131.

devait rentrer en possession de toute sa puissance, sauf les chartes et louables coutumes du royaume d'Angleterre antérieures aux statuts d'Oxford (1264).

Aussi les confédérés ne prirent cette sentence arbitrale que comme un signal de guerre. Simon de Montfort eut recours à un moyen extrême. Il intéressa les villes à la guerre, en introduisant leurs représentants dans le Parlement. Étrange destinée de cette famille ! Au douzième siècle, un des ancêtres de Montfort avait conseillé à Louis-le-Gros, après la bataille de Brenneville, d'armer les milices communales. Son père, l'exterminateur des Albigeois, avait détruit les municipes du midi de la France. Lui, il appela les communes d'Angleterre à la participation des droits politiques, essayant toutefois d'associer la religion à ses projets, et de faire de cette guerre une croisade [1].

Quelque consciencieuse et impartiale que fût la décision de saint Louis, elle était téméraire, ce semble ; l'avenir devait juger ce jugement. C'était la première fois qu'il sortait de cette réserve qu'il s'était jusqu'alors imposée. Sans doute, à cette époque, l'influence du clergé d'une part, de l'autre celle des légistes, le préoccupaient de l'idée du droit absolu de la royauté. Cette grande et subite puissance de la France, pendant les discordes et l'abaissement de l'Angleterre et de l'Empire, était une tentation. Elle portait Louis à quitter peu à peu le rôle de médiateur

1. La veille de la bataille de Lewes, il ordonna à chaque soldat de s'attacher une croix blanche sur la poitrine et sur l'épaule, et d'employer le soir suivant à des actes de religion.

pacifique qu'il s'était contenté autrefois de jouer entre le pape et l'empereur. L'illustre et infortunée maison de Souabe était abattue; le pape mettait à l'encan ses dépouilles. Il les offrait à qui en voudrait, au roi d'Angleterre, au roi de France. Louis refusa d'abord pour lui-même, mais il permit à son frère Charles d'accepter. C'était mettre un royaume de plus dans sa maison, mais aussi sur sa conscience le poids d'un royaume. L'Église, il est vrai, répondait de tout. Le fils du grand Frédéric II, Conrad, et le bâtard Manfred, étaient, disait-on, des impies, des ennemis du pape, des princes plus mahométans que chrétiens. Cependant, tout cela suffisait-il pour qu'on leur prît leur héritage? et si Manfred était coupable, qu'avait-il fait le fils de Conrad, le pauvre petit Corradino, le dernier rejeton de tant d'empereurs? Il avait à peine trois ans.

Ce frère de saint Louis, ce Charles d'Anjou, dont son admirateur Villani a laissé un portrait si terrible, cet *homme noir, qui dormait peu*[1], fut un démon tentateur pour saint Louis. Il avait épousé Béatrix, la dernière des quatre filles du comte de Provence. Les trois

---

[1]. « Ce Charles fut sage et prudent dans les conseils, preux dans les armes, sévère, et fort redouté de tous les rois du monde, magnanime, et de hautes pensées qui l'égalaient aux plus grandes entreprises; inébranlable dans l'adversité, ferme et fidèle dans toutes ses promesses, parlant peu et agissant beaucoup, ne riant presque jamais, décent comme un religieux, zélé catholique, âpre à rendre justice, féroce dans ses regards. Sa taille était grande et nerveuse, sa couleur olivâtre, son nez fort grand. Il paraissait plus fait qu'aucun autre seigneur pour la majesté royale. Il ne dormait presque point. Il fut prodigue d'armes envers ses chevaliers; mais avide d'acquérir, de quelque part que ce fût, des terres, des seigneuries et de l'argent pour fournir à ses entreprises. Jamais il ne prit de plaisir aux mimes, aux troubadours et aux gens de cour. » (Villani.)

aînées étaient reines[1], et faisaient asseoir Béatrix sur un escabeau à leurs pieds. Celle-ci irritait encore l'âme violente et avide de son mari; il lui fallait aussi un trône à elle, et n'importe à quel prix. La Provence, comme l'héritière de Provence, devait souhaiter une consolation pour l'hymen odieux qui la soumettait aux Français ; si les vaisseaux de Marseille assujettie portaient le pavillon de France, il fallait qu'au moins ce pavillon triomphât sur les mers, et humiliât ceux des Italiens.

Je ne puis raconter la ruine de cette grande et malheureuse maison de Souabe, sans revenir sur ses destinées, qui ne sont autres que la lutte du sacerdoce et de l'empire. Qu'on m'excuse de cette digression. Cette famille périt ; c'est la dernière fois que nous devons en parler.

La maison de Franconie et de Souabe, d'Henri IV à Frédéric-Barberousse, de celui-ci à Frédéric II, et jusqu'à Corradino en qui elle devait s'éteindre, présenta, au milieu d'une foule d'actes violents et tyranniques, un caractère qui ne permet pas de rester indifférent à son sort : ce caractère est l'héroïsme des affections privées. C'était le trait commun de tout le parti gibelin : le dévouement de l'homme à l'homme. Jamais, dans leurs plus grands malheurs, ils ne manquèrent d'amis prêts à combattre et mourir volontiers pour eux. Et ils le méritaient par leur magnanimité. C'est à Godefroi de Bouillon, au fils des ennemis hérédi-

---

[1]. Femmes des rois de France et d'Angleterre, et de l'empereur Richard de Cornouailles.

taires de sa famille qu'Henri IV remit le drapeau de l'Empire ; on sait comment Godefroi reconnut cette confiance admirable. Le jeune Corradino eut son Pylade dans le jeune Frédéric d'Autriche, enfants héroïques que le vainqueur ne sépara pas dans la mort. La patrie elle-même, que les Gibelins d'Italie troublèrent tant de fois, elle leur était chère, alors même qu'ils l'immolaient. Dante a placé dans l'enfer le chef des Gibelins de Florence, Farinata degli Uberti. Mais, de la façon dont il en parle, il n'est point de noble cœur qui ne voudrait place à côté d'un tel homme sur la couche de feu. « Hélas ! dit l'ombre héroïque, je n'étais pas seul à la bataille où nous vainquîmes Florence, mais au conseil où les vainqueurs proposaient de la détruire, je parlai seul, et la sauvai. »

Un tout autre esprit semble avoir dominé chez les Guelfes. Ceux-ci, vrais Italiens, amis de l'Église tant qu'elle le fut de la liberté, sombres niveleurs, voués au raisonnement sévère et prêts à immoler le genre humain à une idée. Pour juger ce parti, il faut l'observer, soit dans l'éternelle tempête qui fut la vie de Gênes, soit dans l'épuration successive par où Florence descendit, comme dans les cercles d'un autre enfer de Dante, des Gibelins aux Guelfes, des Guelfes blancs aux Guelfes noirs, puis de ceux-ci sous la terreur de la *Société guelfe*. Là, elle demanda, comme remède, le mal même qui lui avait fait horreur dans les Gibelins, la tyrannie ; tyrannie violente, et puis tyrannie douce, quand le sentiment s'émoussa.

Ce dur esprit guelfe, qui n'épargna pas même Dante, qui fit sa route et par l'alliance de l'Église et par celle de la France, crut atteindre son but dans la proscription des nobles. On rasa leurs châteaux hors des villes ; dans les villes, on prit leurs maisons fortes ; on les mit si bas, ces Uberti de Florence, ces Doria de Gênes, que dans cette dernière ville on anoblissait pour dégrader, et que pour récompenser un noble, on l'élevait à la dignité de plébéien. Alors les marchands furent contents et se crurent forts. Ils dominèrent les campagnes à leur tour, comme avaient fait les citoyens des villes antiques. Toutefois, que substituèrent-ils à la noblesse, au principe militaire qu'ils avaient détruit ? des soldats de louage qui les trompèrent, les rançonnèrent et devinrent leurs maîtres, jusqu'à ce que les uns et les autres furent accablés par l'invasion des étrangers.

Telle fut, en deux mots, l'histoire du vrai parti italien, du parti guelfe. Quant au parti gibelin ou allemand, il périt ou changea de forme dès qu'il ne fut plus allemand et féodal. Il subit une métamorphose hideuse, devint tyrannie pure, et renouvela, par Eccelino et Galéas Visconti, tout ce que l'antiquité avait raconté ou inventé des Phalaris et des Agathocle.

L'acquisition du royaume de Naples qui, en apparence, élevait si haut la maison de Souabe, fut justement ce qui la perdit. Elle entreprit de former le plus bizarre mélange d'éléments ennemis, d'unir et de mêler les Allemands, les Italiens et les Sarrasins. Elle amena ceux-ci à la porte de l'Église ; et par ses colonies mahométanes de Luceria et de Nocéra[1], elle constitua la papauté en état de siège. Alors devait commencer un duel à mort. D'autre part, l'Allemagne ne s'accommoda pas mieux d'un prince tout Sicilien, qui voulait faire prévaloir chez elle le droit romain, c'est-à-dire, le nivellement de l'ancien Empire; la seule loi de succession, en rendant les partages égaux entre les frères, eût divisé et abaissé toutes les grandes maisons. La dynastie de Souabe fut haïe en Allemagne comme italienne, en Italie comme allemande ou comme arabe; tout se retira d'elle. Frédéric II vit son beau-père, Jean de Brienne, saisir le temps où il était à la terre sainte, pour lui enlever Naples. Son propre fils, Henri, qu'il avait désigné son héritier, renouvela contre lui la révolte d'Henri V contre son père, tandis que son autre fils, le bel Enzio, était enseveli pour toujours dans les prisons de Bologne[2]. Enfin, son chancelier, son ami le plus cher, Pierre des Vignes, tenta de l'empoisonner. Après ce dernier coup, il ne restait plus qu'à se voiler la tête, comme César aux ides de mars. Frédéric abjura toute ambition, demanda à résigner tout pour se retirer à la terre sainte; il voulait, du moins, mourir en paix. Le pape ne le permit pas.

Alors le vieux lion s'enfonça dans la cruauté; au siège de Parme, il faisait chaque jour décapiter quatre de ses prisonniers. Il protégea l'horrible Eccelino, lui

---

1. 1223, 1247. Nocéra fut surnommée *Nocera de' Pagani*.
2. A la mort de Corradino il voulut s'échapper, enfermé dans un tonneau; mais une boucle de ses cheveux le trahit. « Ah! il n'y a que le roi Enzio qui puisse avoir de si beaux cheveux blonds!.... »

donna le vicariat de l'Empire, et l'on vit par toute l'Italie mendier leur pain des hommes, des femmes, mutilés, qui racontaient les vengeances du vicaire impérial.

Frédéric mourut à la peine[1], et le pape en poussa des cris de joie. Son fils Conrad n'apparut dans l'Italie que pour mourir aussi[2]. Alors l'Empire échappa à cette maison; le frère du roi d'Angleterre et le roi de Castille se crurent tous deux empereurs. Le fils de Conrad, le petit Corradino, n'était pas en âge de disputer rien à personne; mais le royaume de Naples resta au bâtard Manfred, au vrai fils de Frédéric II, brillant, spirituel, débauché, impie comme son père, homme à part, que personne n'aima ni ne haït à demi. Il se faisait gloire d'être bâtard, comme tant de héros et de dieux païens[3]. Tout son appui était dans les Sarrasins, qui lui gardaient les places et les trésors de son père. Il ne se fiait guère qu'à eux; il en avait appelé neuf mille encore de Sicile, et dans sa dernière bataille c'est à leur tête qu'il chargeait l'ennemi[4].

On prétend que Charles d'Anjou dut sa victoire à l'ordre déloyal qu'il donna aux siens, *de frapper aux chevaux*. C'était agir contre toute chevalerie. Au reste, ce moyen était peu nécessaire; la gendarmerie fran-

---

1. *App.* 132.
2. Au printemps de l'an 1254. Il n'avait que vingt-six ans. — 3. *App.* 133.
4. Dans sa fuite, en 1254, il ne trouva de refuge qu'à Luceria. Les Sarrasins l'y accueillirent avec des transports de joie. Avant la bataille, Manfred envoya des ambassadeurs pour négocier. Charles répondit : « Va dire au sultan de Nocéra que je ne veux que bataille, et qu'aujourd'hui même je le mettrai en enfer, ou il me mettra en paradis. »

çaise avait trop d'avantage sur une armée composée principalement de troupes légères. Quand Manfred vit les siens en fuite, il voulut mourir et attacha son casque, mais il tomba par deux fois. *Hoc est signum Dei*, dit-il; il se jeta à travers les Français et y trouva la mort. Charles d'Anjou voulait refuser la sépulture au pauvre excommunié; mais les Français eux-mêmes apportèrent chacun une pierre, et lui dressèrent un tombeau [1].

Cette victoire facile n'adoucit pas davantage le farouche conquérant de Naples. Il lança par tout le pays une nuée d'agents avides qui, fondant comme des sauterelles, mangèrent le fruit, l'arbre et presque la terre [2]. Les choses allèrent si loin que le pape lui-même, qui avait appelé le fléau, se repentit, et fit des remontrances à Charles d'Anjou. Les plaintes retentissaient dans toute l'Italie, et au delà des Alpes. Tout le parti gibelin de Naples, de Toscane, Pise surtout, implorait le secours du jeune Corradino. La mère de l'héroïque enfant le retint longtemps, inquiète de le voir si jeune encore entrer dans cette funèbre Italie, où toute sa famille avait trouvé son tombeau. Mais dès qu'il eut quinze ans, il n'y eut plus moyen de le retenir. Son jeune ami, Frédéric d'Autriche, dépouillé comme lui de son héritage, s'associa à sa fortune. Ils

---

1. Le légat du pape le fit déterrer, et jeter sur les confins du royaume de Naples et de la campagne de Rome.

2. A tous les emplois qui existaient dans l'ancienne administration, Charles avait joint tous les emplois correspondants qu'il connaissait en France, en sorte que le nombre des fonctionnaires était plus que doublé.

passèrent les Alpes avec une nombreuse chevalerie. Parvenus à peine dans la Lombardie, le duc de Bavière s'alarma, et laissa le jeune fils des empereurs poursuivre son périlleux voyage, avec trois ou quatre mille hommes d'armes seulement. Quand ils passèrent devant Rome, le pape qu'on en avertit dit seulement : « Laissons aller ces victimes. »

Cependant la petite troupe avait grossi : outre les Gibelins d'Italie, des nobles espagnols réfugiés à Rome avaient pris parti pour lui, comme dans un duel ils auraient tiré l'épée pour le plus faible. Il y avait une grande ardeur dans cette armée. Lorsqu'ils rencontrèrent, derrière le Tagliacozzo, l'armée de Charles d'Anjou, ils passèrent hardiment le fleuve et dispersèrent tout ce qu'ils trouvèrent devant eux. Ils croyaient la victoire gagnée, lorsque Charles, qui, sur l'avis d'un vieux et rusé chevalier, s'était retiré derrière une colline avec ses meilleurs gendarmes, vint tomber sur les vainqueurs fatigués et dispersés. Les Espagnols seuls se rallièrent et furent écrasés.

Corradino était pris, l'héritier légitime, le dernier rejeton de cette race formidable ; grande tentation pour le féroce vainqueur. Il se persuada, sans doute par une interprétation forcée du droit romain, qu'un ennemi vaincu pouvait être traité comme criminel de lèse-majesté ; et d'ailleurs l'ennemi de l'Église n'était-il pas hors de tout droit ? On prétend que le pape le confirma dans ce sentiment et lui écrivit : *Vita Corradini mors Caroli*[1]. Charles nomma parmi ses créatures

1. Giannonne.

des juges pour faire le procès à son prisonnier. Mais la chose était si inouïe qu'entre ses juges mêmes il s'en trouva pour défendre Corradino ; les autres se turent. Un seul condamna, et il se chargea de lire la sentence sur l'échafaud. Ce ne fut pas impunément. Le propre gendre de Charles d'Anjou, Robert de Flandre, sauta sur l'échafaud, et tua le juge d'un coup d'épée, en disant : « Il ne t'appartient pas, misérable, de condamner à mort si noble et si gentil seigneur ! »

Le malheureux enfant n'en fut pas moins décapité avec son inséparable ami, Frédéric d'Autriche. Il ne laissa échapper aucune plainte : « O ma mère, quelle dure nouvelle on va vous rapporter de moi ! » Puis il jeta son gant dans la foule ; ce gant, dit-on, fidèlement ramassé, fut porté à la sœur de Corradino, à son beau-frère le roi d'Aragon. On sait les Vêpres siciliennes.

Un mot encore, un dernier mot sur la maison de Souabe. Une fille en restait, qui avait été mariée au duc de Saxe, quand toute l'Europe était aux pieds de Frédéric II. Lorsque cette famille tomba, lorsque les papes poursuivirent par tout le monde ce qui restait *de cette race de vipères*[1], le Saxon se repentit d'avoir pris pour femme la fille de l'empereur. Il la frappa brutalement ; il fit plus, il la blessa au cœur en plaçant à côté d'elle, dans son propre château et à sa table, une odieuse concubine, à laquelle il voulait la forcer de rendre hommage. L'infortunée, jugeant bien que bientôt il voudrait son sang, résolut de fuir. Un fidèle

---

1. « De vipereo semine Frederici secundi. »

serviteur de sa maison lui amena un bateau sur l'Elbe, au pied de la roche qui dominait le château. Elle devait descendre par une corde, au péril de sa vie. Ce n'était pas le péril qui l'arrêtait; mais elle laissait un petit enfant. Au moment de partir, elle voulut le voir encore et l'embrasser, endormi dans son berceau. Ce fut là un déchirement!... Dans le transport de la douleur maternelle, elle ne l'embrassa pas, elle le mordit. Cet enfant vécut; il est connu dans l'histoire sous le nom de Frédéric-*le-Mordu;* ce fut le plus implacable ennemi de son père.

Jusqu'à quel point saint Louis eut-il part à cette barbare conquête de Charles d'Anjou, il est difficile de le déterminer. C'est à lui que le pape s'était adressé pour avoir vengeance de la maison de Souabe, « comme à son défenseur, comme à son bras droit [1] ». Nul doute qu'il n'ait du moins autorisé l'entreprise de son frère. Le dernier et le plus sincère représentant du moyen âge devait en épouser aveuglément la violence religieuse. Cette guerre de Sicile était encore une croisade. Faire la guerre aux Hohenstaufen, alliés des Arabes, c'était encore combattre les infidèles; c'était une œuvre pieuse d'enlever à la maison de Souabe cette Italie du Midi qu'elle livrait aux Arabes de Sicile, de fermer l'Europe à l'Afrique, la chrétienté au mahométisme. Ajoutez que le principe du moyen âge, déjà attaqué de tout côté, devenait plus âpre et plus violent dans les âmes qui lui restaient fidèles. Personne ne

---

1. Nangis.

veut mourir, pas plus les systèmes que les individus.
Ce vieux monde, qui sentait la vie lui échapper tout à
l'heure, se contractait et devenait plus farouche. Commençant lui-même à douter de soi, il n'en était que
plus cruel pour ceux qui doutaient. Les âmes les plus
douces éprouvaient sans se l'expliquer le besoin de se
confirmer dans la foi par l'intolérance.

Croire et frapper, se donner bien de garde de raisonner et de discourir, fermer les yeux pour anéantir
la lumière, combattre à tâtons, telle était la pensée
enfantine du moyen âge. C'est le principe commun
des persécutions religieuses et des croisades. Cette
idée s'affaiblissait singulièrement dans les âmes au
treizième siècle. L'horreur pour les Sarrasins avait
diminué [1]; le découragement était venu et la lassitude.
L'Europe sentait confusément qu'elle avait peu de
prise sur cette massive Asie. On avait eu le temps, en
deux siècles, d'apprendre à fond ce que c'était que ces
effroyables guerres. Les croisés qui, sur la foi de nos
poèmes chevaleresques, avaient été chercher des
empires de Trébizonde, des paradis de Jéricho, des
Jérusalem d'émeraudes et de saphirs, n'avaient trouvé
qu'âpres vallées, cavalerie de vautours, tranchant acier
de Damas, désert aride, et la soif sous le maigre
ombrage du palmier. La croisade avait été ce fruit
perfide des bords de la mer Morte, qui aux yeux offrait
une orange, et qui dans la bouche n'était plus que
cendre. L'Europe regarda de moins en moins vers

---

1. *App.* 134.

l'Orient. On crut avoir assez fait, on négligea la terre sainte, et quand elle fut perdue, c'est à Dieu qu'on s'en prit de sa perte : « Dieu a donc juré, dit un troubadour, de ne laisser vivre aucun chrétien, et de faire une mosquée de Sainte-Marie de Jérusalem? Et puisque son Fils, qui devrait s'y opposer, le trouve bon, il y aurait de la folie à s'y opposer. Dieu dort, tandis que Mahomet fait éclater son pouvoir. Je voudrais qu'il ne fût plus question de croisade contre les Sarrasins, puisque Dieu les protège contre les chrétiens [1]. »

Cependant la Syrie nageait dans le sang. Après les Mongols, et contre eux, arrivèrent les mameluks d'Égypte; cette féroce milice, recrutée d'esclaves et nourrie de meurtres, enleva aux chrétiens les dernières places qu'ils eussent alors en Syrie; Césarée, Arzuf, Saphet, Japha, Belfort, enfin la grande Antioche tombèrent successivement. Il y eut je ne sais combien d'hommes égorgés pour n'avoir pas voulu renier leur foi; plusieurs furent écorchés vifs. Dans la seule Antioche, dix-sept mille furent passés au fil de l'épée, cent mille vendus en esclavage.

A ces terribles nouvelles il y eut en Europe tristesse et douleur, mais aucun élan. Saint Louis seul reçut la plaie dans son cœur. Il ne dit rien, mais il écrivit au pape qu'il allait prendre la croix. Clément IV, qui était un habile homme et plus légiste que prêtre, essaya de l'en détourner; il semblait qu'il

---

[1]. Le Chevalier du Temple, ap. Raynouard, *Choix des poésies des Troubadours*.

jugeât la croisade de notre point de vue moderne, qu'il comprît que cette dernière entreprise ne produirait rien encore. Mais il était impossible que l'homme du moyen âge, son vrai fils, son dernier enfant abandonnât le service de Dieu, qu'il reniât ses pères, les héros des croisades, qu'il laissât au vent les os des martyrs, sans entreprendre de les inhumer. Il ne pouvait rester assis dans son palais de Vincennes, pendant que le mameluk égorgeait les chrétiens, ou tuait leurs âmes en leur arrachant leur foi. Saint Louis entendait de la Sainte-Chapelle les gémissements des mourants de la Palestine, et les cris des vierges chrétiennes. Dieu renié en Asie, maudit en Europe pour les triomphes de l'infidèle, tout cela pesait sur l'âme du pieux roi. Il n'était d'ailleurs revenu qu'à regret de la terre sainte. Il en avait emporté un trop poignant souvenir; la désolation d'Égypte, les merveilleuses tristesses du désert, l'occasion perdue du martyre, c'étaient là des regrets pour l'âme chrétienne.

Le 25 mai 1267, ayant convoqué ses barons dans la grande salle du Louvre, il entra au milieu d'eux tenant dans ses mains la sainte couronne d'épines. Tout faible qu'il était et maladif par suite de ses austérités, il prit la croix, il la fit prendre à ses trois fils, et personne n'osa faire autrement. Ses frères, Alphonse de Poitiers, Charles d'Anjou l'imitèrent bientôt, ainsi que le roi de Navarre, comte de Champagne, ainsi que les comtes d'Artois, de Flandre, le fils du comte de Bretagne, une foule de seigneurs; puis les rois de Castille, d'Aragon, de Portugal et les deux fils du roi d'Angleterre. Saint Louis s'efforçait d'entraîner tous ses voisins à la croisade, il se portait pour arbitre de leurs différends, il les aidait à s'équiper. Il donna soixante-dix mille livres tournois aux fils du roi d'Angleterre. En même temps, pour s'attacher le Midi, il appelait pour la première fois les représentants des bourgeois aux assemblées des sénéchaussées de Carcassonne et de Beaucaire. C'est le commencement des États du Languedoc.

La croisade était si peu populaire que le sénéchal de Champagne, Joinville, malgré son attachement pour le saint roi, se dispensa de le suivre. Ses paroles, à ce sujet, peuvent être données comme l'expression de la pensée du temps :

« Avint ainsi comme Dieu voult que je me dormis à matines, et me fu avis en dormant que je véoie le roy devant un autel à genoillons, et m'estoit avis que plusieurs prélas revestus le vestoient d'une chesuble vermeille de sarge de Reins. » Le chapelain de Joinville lui expliqua que ce rêve signifiait que le roi se croiserait, et que la serge de Reims voulait dire que la croisade « serait de petit esploit ». — « Je entendi que touz ceulz firent peché mortel, qui li loèrent l'allée. » — « De la voie que il fist à Thunes ne weil-je riens conter ne dire, pource que je n'i fu pas, la merci Dieu[1]. »

Cette grande armée, lentement rassemblée, découragée d'avance et partant à regret, traîna deux mois

---

1. Joinville.

dans les environs malsains d'Aigues-Mortes. Personne ne savait encore de quel côté elle allait se diriger. L'effroi était grand en Égypte. On ferma la bouche pélusiaque du Nil, et depuis elle est restée comblée. L'empereur grec, qui craignait l'ambition de Charles d'Anjou, envoya offrir la réunion des deux Églises.

Cependant l'armée s'embarqua sur des vaisseaux génois. Les Pisans, Gibelins et ennemis de Gênes, craignirent pour la Sardaigne, et fermèrent leurs ports. Saint Louis obtint à grand'peine que ses malades, déjà fort nombreux, fussent reçus à terre. Il y avait plus de vingt jours qu'on était en mer. Il était impossible, avec cette lenteur, d'atteindre l'Égypte ou la terre sainte. On persuada au roi de cingler vers Tunis. C'était l'intérêt de Charles d'Anjou, souverain de la Sicile. Il fit croire à son frère que l'Égypte tirait de grands secours de Tunis [1]; peut-être s'imagina-t-il, dans son ignorance, que de l'une il était facile de passer dans l'autre. Il croyait d'ailleurs que l'apparition d'une armée chrétienne déciderait le soudan de Tunis à se convertir. Ce pays était en relations amicales avec la Castille et la France. Naguère saint Louis faisant baptiser à Saint-Denis un juif converti, il voulut que les ambassadeurs de Tunis assistassent à la cérémonie, et il leur dit ensuite : « Rapportez à votre maître que je désire si fort le salut de son âme, que je voudrais être dans les prisons des Sarrasins pour le reste de ma vie et ne jamais revoir la lumière du jour, si je pouvais, à

---

1. De plus, les pirates de Tunisie nuisaient beaucoup aux navires chrétiens.

ce prix, rendre votre roi et son peuple chrétiens comme cet homme. »

Une expédition pacifique qui eût seulement intimidé le roi de Tunis et l'eût décidé à se convertir, n'était pas ce qu'il fallait aux Génois, sur les vaisseaux desquels saint Louis avait passé ; la plupart des croisés aimaient mieux la violence. On disait que Tunis était une riche ville, dont le pillage pouvait les dédommager de cette dangereuse expédition. Les Génois, sans égard aux vues de saint Louis, commencèrent les hostilités en s'emparant des vaisseaux qu'ils rencontrèrent devant Carthage. Le débarquement eut lieu sans obstacle ; les Maures ne paraissaient que pour provoquer, se faire poursuivre et fatiguer les chrétiens. Après avoir langui quelques jours sur la plage brûlante, les chrétiens s'avancèrent vers le château de Carthage. Ce qui restait de la grande rivale de Rome se réduisait à un fort gardé par deux cents soldats. Les Génois s'en emparèrent ; les Sarrasins, réfugiés dans les voûtes ou les souterrains, furent égorgés ou suffoqués par la fumée ou la flamme. Le roi trouva ces ruines pleines de cadavres, qu'il fit ôter pour y loger avec les siens [1]. Il devait attendre à Carthage son frère, Charles d'Anjou, avant de marcher sur Tunis. La plus grande partie de l'armée resta sous le soleil d'Afrique, dans la profonde poussière du sable soulevé par les vents, au milieu des cadavres et de la puanteur des morts. Tout autour rôdaient les Maures qui

---

1. Joinville.

enlevaient toujours quelqu'un. Point d'arbres, point de nourriture végétale; pour eau, des mares infectes, des citernes pleines d'insectes rebutants. En huit jours la peste avait éclaté; les comtes de Vendôme, de la Marche, de Viane, Gaultier de Nemours, maréchal de France; les sires de Montmorency, de Piennes, de Brissac, de Saint-Briçon, d'Apremont, étaient déjà morts. Le légat les suivit bientôt. N'ayant plus la force de les ensevelir, on les jetait dans le canal, et les eaux en étaient couvertes. Cependant le roi et ses fils étaient eux-mêmes malades : le plus jeune mourut sur son vaisseau, et ce ne fut que huit jours après que le confesseur de saint Louis prit sur lui de le lui apprendre. C'était le plus chéri de ses enfants; sa mort, annoncée à un père mourant, était pour celui-ci une attache de moins à la terre, un appel de Dieu, une tentation de mourir. Aussi, sans trouble et sans regret, accomplit-il cette dernière œuvre de la vie chrétienne, répondant les litanies et les psaumes, dictant pour son fils une belle et touchante instruction, accueillant même les ambassadeurs des Grecs, qui venaient le prier d'intervenir en leur faveur auprès de son frère Charles d'Anjou, dont l'ambition les menaçait. Il leur parla avec bonté, il leur promit de s'employer avec zèle, s'il vivait, pour leur conserver la paix; mais, dès le lendemain, il entra lui-même dans la paix de Dieu.

Dans cette dernière nuit, il voulut être tiré de son lit et étendu sur la cendre. Il y mourut, tenant toujours les bras en croix. « Et el jour, le lundi, li benoiez rois tendi ses mains jointes au ciel, et dist : Biau sire Diex, aies merci de ce pueple qui ici demeure, et le condui en son pais, que il ne chiée en la main de ses anemis, et que il ne soit contreint renier ton saint nom.

« En la nuit devant le jour que il trespassast, endementières (tandis) que il se reposoit, il souspira et dit bassement : « O Jérusalem ! ô Jérusalem[1] ! »

La croisade de saint Louis fut la dernière croisade. Le moyen âge avait donné son idéal, sa fleur et son fruit : il devait mourir. En Philippe-le-Bel, petit-fils de saint Louis, commencent les temps modernes ; le moyen âge est souffleté en Boniface VIII, la croisade brûlée dans la personne des Templiers.

L'on parlera longtemps encore de croisade, ce mot sera souvent répété : c'est un mot sonore, efficace pour lever des décimes et des impôts. Mais les grands et les papes savent bien entre eux ce qu'ils doivent en penser[2]. Quelque temps après (1327), nous voyons le Vénitien Sanuto proposer au pape une croisade commerciale : « Il ne suffisait pas, disait-il, d'envahir l'Égypte, il fallait la ruiner. » Le moyen qu'il propo-

---

1. Petri de Condeto epist.
2. Pétrarque raconte qu'une fois on délibérait à Rome sur le chef que l'on donnerait à une croisade. Don Sanche, fils d'Alphonse, roi de Castille, fut choisi. Il vint à Rome, et fut admis au consistoire, où l'élection devait se faire. Comme il ignorait le latin, il fit entrer avec lui un de ses courtisans pour lui servir d'interprète. Don Sanche ayant été proclamé roi d'Égypte, tout le monde applaudit à ce choix. Le prince, au bruit des applaudissements, demanda à son interprète de quoi il était question. « Le pape, lui dit l'interprète, vient de vous créer roi d'Égypte. — Il ne faut pas être ingrat, répondit don Sanche, lève-toi et proclame le saint-père calife de Bagdad. »

sait, c'était de rouvrir au commerce de l'Inde la route de la Perse, de sorte que les marchandises ne passassent plus par Alexandrie et Damiette[1]. Ainsi s'annonce de loin l'esprit moderne ; le commerce, et non la religion, va devenir le mobile des expéditions lointaines.

Que l'âge chrétien du monde ait eu sa dernière expression en un roi de France, ce fut une grande chose pour la monarchie et la dynastie. C'est là ce qui rendit les successeurs de saint Louis si hardis contre le clergé. La royauté avait acquis, aux yeux des peuples, l'autorité religieuse et l'idée de la sainteté. Le vrai roi, juste et pieux, équitable juge du peuple, s'était rencontré. Quelle put être sur les consciencieuses déterminations de cette âme pure et candide, l'influence des légistes, des modestes et rusés conseillers qui, plus tard, se firent si bien connaître ? c'est ce que personne ne pouvait apprécier encore.

L'intérêt de la royauté n'étant alors que celui de l'ordre, le pieux roi se voyait sans cesse conduit à lui sacrifier les droits féodaux, que par conscience et désintéressement il eût voulu respecter. Tout ce que ses habiles conseillers lui dictaient pour l'agrandissement du pouvoir royal, il le prononçait pour le bien de la justice. Les subtiles pensées des légistes étaient acceptées, promulguées par la simplicité d'un saint. Leurs décisions, en passant par une bouche si pure, prenaient l'autorité d'un jugement de Dieu.

« Maintes foiz avint que en esté, il aloit seoir au

---

1. Voy. t. III, *App.* 144 et 145.

boiz de Vinciennes après sa messe, et se acostoioit à un chesne et nous fesoit seoir entour li ; et tout ceulz qui avoient à faire venoient parler à li ; sans destourbier de huissier ne d'autre. Et lors il leur demandoit de sa bouche : A yl ci nullui qui ait partie? Et cil se levoient qui partie avoient; et lors il disoit : Taisiez vous touz, et en vous délivrera l'un après l'autre. Et lors il appeloit monseigneur Pierre des Fontaines et monseigneur Geoffroy de Villette, et disoit à l'un d'eulz: Délivrez moi ceste partie. Et quant il véoit aucune chose à amender en la parole de ceulz qui parloient pour autrui, il meisme l'amendoit de sa bouche. Je le vi aucune fois en esté, que pour délivrer sa gent, il venoit ou jardin de Paris, une cote de chamelot vestue, un seurcot de tyreteinne sanz manches, un mentel de cendal noir entour son col, moult bien pigné et sanz coife, et un chapel de paon blanc sur sa teste, et fesoit estendre tapis pour nous seoir entour li.

« Et tout le peuple qui avoit à faire par devant li, estoit entour li en estant (debout), et lors il les faisoit délivrer, en la manière que je vous ai dit devant du bois de Vinciennes[1]. »

En 1256 ou 1257, il rendit un arrêt contre le seigneur de Vesnon, par lequel il le condamna à dédommager un marchand, qui en plein jour avait été volé dans un chemin de sa seigneurie. Les seigneurs étaient obligés de faire garder les chemins depuis le soleil levant jusqu'au soleil couché.

1. Joinville.

Enguerrand de Coucy, ayant fait pendre trois jeunes gens qui chassaient dans ses bois, le roi le fit prendre et juger; tous les grands vassaux réclamèrent et appuyèrent la demande qu'il faisait du combat. Le roi dit : « Que aux fèz des povres, des églises, ne des personnes dont on doit avoir pitié, l'on ne devoit pas ainsi aler avant par gage de bataille, car l'on ne trouveroit pas de legier (facilement) aucun qui se vousissent combatre pour teles manières de persones contre barons du royaume... »

« Quand les barons (dit-il à Jean de Bretagne), qui de vous tenoient tout nu à nu sanz autre moien, aportèrent devant nos lor compleinte de vos méesmes, et ils offroient à prouver lor entencion en certains cas par bataille contre vos; ainçois respondistes devant nos, que vos ne deviez pas aler avant par bataille, mès par enquestes en tele besoigne; et disiez encore *que bataille n'est pas voie de droit*[1]. » Jean Thourot, qui avait pris vivement la défense d'Enguerrand de Coucy, s'écria ironiquement : « Si j'avais été le roi, j'aurais fait pendre tous les barons; car un premier pas fait, le second ne coûte plus rien. » Le roi qui entendit ce propos le rappela : « Comment, Jean, vous dites que je devrais faire pendre mes barons? Certainement je ne les ferai pas pendre, mais je les châtierai s'ils méfont. »

Quelques gentilshommes qui avaient pour cousin

---

1. Le Confesseur. — Entre autres peines que saint Louis infligea à Enguerrand, il lui ôta toute haute justice de bois et de viviers, et le droit de faire emprisonner ou mettre à mort.

un mal homme et qui ne se vouloit chastier, demandèrent à Simon de Nielle, leur seigneur, et qui avait haute justice en sa terre, la permission de le tuer, de peur qu'il ne fût pris de justice et pendu à la honte de la famille. Simon refusa, mais en référa au roi ; le roi ne le voulut pas permettre ; « car il voloit que toute justice fut fète des malféteurs par tout son royaume en apert et devant le pueple, et que nule justice ne fut fète en report (secret)[1]. »

Un homme étant venu se plaindre à saint Louis de son frère Charles d'Anjou, qui voulait le forcer à lui vendre une propriété qu'il possédait dans son comté, le roi fit appeler Charles devant son conseil : « et li benoiez rois commanda que sa possession lui fust rendue, et que il ne li feist d'ore en avant nul ennui de la possession puisque il ne la voloit vendre ne eschangier[2]. »

Ajoutons encore deux faits remarquables qui prouvent également que, pour se soumettre volontiers aux avis des prêtres ou des légistes, cette âme admirable conservait un sens élevé de l'équité qui, dans les circonstances douteuses, lui faisait immoler la lettre à l'esprit.

Regnault de Trie apporta une fois à saint Louis une lettre par laquelle le roi avait donné aux héritiers de la comtesse de Boulogne le comté de Dammartin. Le sceau était brisé, et il ne restait que les jambes de l'image du roi. Tous les conseillers de saint Louis lui

1. Le Confesseur. — 2. Id.

dirent qu'il n'était pas tenu à l'exécution de sa promesse. Mais il répondit : « Seigneurs, veez ci séel, de quoi je usoy avant que je alasse outremer, et voit-on cler par ce séel que l'empreinte du séel brisé est semblable au séel entier; par quoy je n'oseroie en bonne conscience ladite contée retenir[1]. »

Un vendredi saint, tandis que saint Louis lisait le psautier, les parents d'un gentilhomme détenu au Châtelet vinrent lui demander sa grâce, lui représentant que ce jour était un jour de pardon.

Le roi posa le doigt sur le verset où il en était : « *Beati qui custodiunt judicium, et justitiam faciunt in omni tempore.* » Puis il ordonna de faire venir le prévôt de Paris, et continua sa lecture. Le prévôt lui apprit que les crimes du détenu étaient énormes. Sur cela saint Louis lui ordonna de conduire sur-le-champ le coupable au gibet.

Saint Louis s'entourait de Franciscains et de Dominicains. Dans les questions épineuses il consultait saint Thomas. Il envoyait des Mendiants pour surveiller les provinces, à l'imitation des *missi dominici* de Charlemagne[2]. Cette Église mystique le rendait fort contre l'Église épiscopale et pontificale; elle lui donna le courage de résister au pape en faveur des évêques, et aux évêques eux-mêmes.

Les prélats du royaume s'assemblèrent un jour, et l'évêque d'Auxerre dit en leur nom à saint Louis : « Sire, ces seigneurs qui ci sont, arcevesques, eves-

---

1. Joinville. — 2. *App.* 135.

ques, m'ont dit que je vous deisse que la crestienté se périt entre vos mains. » Le roi se seigna et dist : « Or me dites comment ce est? » — « Sire, fist-il, c'est pour ce que on prise si peu les excommeniemens hui et le jour, que avant se lessent les gens mourir excommenies, que il se facent absodre, et ne veulent faire satisfaction à l'Esglise. Si vous requièrent, sire, pour Dieu et pour ce que faire le devez, que vous commandez à vos prévoz et à vos baillifs, que touz ceulz qui se soufferront escommeniez an et jour, que on les contreingne par la prise de leurs biens à ce que il se facent absoudre. » — « A ce respondi le roys que il leur commanderoit volentiers de touz ceulz dont on le feroit certein que il eussent tort... Et le roy dist que il ne le feroit autrement; car ce seroit contre Dieu et contre raison, se il contreignoit, la gent à eulz absoudre, quant les clercs leur feroient tort [1]. »

La France, si longtemps dévouée au pouvoir ecclésiastique, prenait au treizième siècle un esprit plus libre. Ce royaume, allié du pape et guelfe contre les empereurs, devenait d'esprit gibelin. Il y eut toujours néanmoins une grande différence. Ce fut par les formes légales qu'elle poussa, cette opposition, qui n'en fut que plus redoutable. Dès le commencement du treizième siècle, les seigneurs avaient vivement soutenu Philippe-Auguste contre le pape et les évêques. En 1225, ils déclarent qu'ils laisseront leurs terres, ou prendront les armes si le roi ne remédie aux empiète-

1. Joinville.

ments du pouvoir ecclésiastique ; l'Église, acquérant toujours et ne lâchant rien, eût en effet tout absorbé à la longue. En 1246, le fameux Pierre Mauclerc forme, avec le duc de Bourgogne et les comtes d'Angoulême et de Saint-Pol, une ligue à laquelle accède une grande partie de la noblesse. Les termes de cet acte sont d'une extraordinaire énergie. La main des légistes est visible ; on croirait lire déjà les paroles de Guillaume de Nogaret[1].

Saint Louis s'associa, dans la simplicité de son cœur, à cette lutte des légistes et des seigneurs contre les prêtres, qui devait tourner à son profit[2] ; il s'associait avec la même bonne foi à celle des juristes contre les seigneurs. Il reconnut au suzerain le droit de retirer une terre donnée à l'Église.

Plongé à cette époque dans le mysticisme, il lui en

---

1. « Attendu que la superstition des clercs (oubliant que c'est par la guerre et le sang répandu, sous Charlemagne et d'autres, que le royaume de France a été converti de l'erreur des gentils à la foi catholique) absorbe tellement la juridiction des princes séculiers, que ces fils de serfs jugent selon leur loi les libres et fils de libres, bien que, suivant la loi des premiers conquérants, ce soient eux plutôt que nous devrions juger.... Nous tous grands du royaume, considérant attentivement que ce n'est pas par le droit écrit, ni par l'arrogance cléricale, mais par les sueurs guerrières qu'a été conquis le royaume... nous statuons que personne, clerc ou laïc, ne traîne à l'avenir qui que ce soit devant le juge ordinaire ou délégué, sinon pour hérésie, pour mariage et pour usure, à peine pour l'infracteur de la perte de tous ses biens et de la mutilation d'un membre ; nous avons envoyé à cet effet nos mandataires, afin que notre juridiction revive et respire enfin, et que ces hommes enrichis de nos dépouilles soient réduits à l'état de l'Église primitive, qu'ils vivent dans la contemplation, tandis que nous mènerons, comme nous le devons, la vie active, et qu'ils nous fassent voir des miracles que depuis si longtemps notre siècle ne connaît plus. » *App.* 136.

2. En 1240, le pape ayant manifesté le projet de rompre les trêves conclues entre lui et Frédéric II, saint Louis, pour l'en empêcher, fait arrêter les subsides qu'il avait fait lever sur son clergé de France par son légat.

coûtait moins, sans doute, d'exprimer une opposition si solennelle à l'autorité ecclésiastique. Les revers de la croisade, les scandales dont le siècle abondait, les doutes qui s'élevaient de toutes parts, l'enfonçaient d'autant plus dans la vie intérieure. Cette âme tendre et pieuse, blessée au dehors dans tous ses amours[1], se retirait au dedans et cherchait en soi. La lecture et la contemplation devinrent toute sa vie. Il se mit à lire l'Écriture et les Pères, surtout saint Augustin. Il fit copier des manuscrits[2], se forma une bibliothèque : c'est de ce faible commencement que la Bibliothèque Royale devait sortir. Il se faisait faire des lectures pieuses pendant le repas, et le soir au moment de s'endormir. Il ne pouvait rassasier son cœur d'oraisons et de prières. Il restait souvent si longtemps prosterné, qu'en se relevant, dit l'historien, il était saisi de vertige et disait tout bas aux chambellans : « Où suis-je ? » Il craignait d'être entendu de ses chevaliers[3].

Mais la prière ne pouvait suffire au besoin de son cœur. « Li beneoiz rois désirroit merveilleusement grâce de lermes, et se compleignoit à son confesseur de ce que lermes li défailloient, et li disoit débonnèrement, humblement et privéement, que quant l'en disoit en la létanie ces moz : Biau sire Diex, nous te

---

1. *App.* 137.
2. « Il aimoit mieux faire copier les manuscrits que de se les faire donner par les couvents, afin de multiplier les livres. » (Gaufred. de Bello loco.) — Les manuscrits palimpsestes (c'est-à-dire grattés et regrattés par les moines copistes) furent comme une Saint-Barthélemy des chefs-d'œuvre de l'antiquité. Voir *Renaiss.*, Introd. — 3. Le Confesseur.

prions que tu nous doignes fontaine de lermes, li sainz rois disoit dévotement : O sire Diex, je n'ose requerre fontaine de lermes ; ainçois me soufisissent petites goutes de lermes à arouser la secherèce de mon cuer... Et aucune foiz reconnut-il à son confesseur privéement, que aucune foiz li donna à notre sires lermes en oroison : lesqueles, quant il les sentoit courre par sa face souef (doucement), et entrer dans sa bouche, eles li sembloient si savoureuses et très douces, non pas seulement au cuer, mès à la bouche[1]. »

Ces pieuses larmes, ces mystiques extases, ces mystères de l'amour divin, tout cela est dans la merveilleuse petite église de saint Louis, dans la Sainte-Chapelle. Église toute mystique, toute arabe d'architecture, qu'il fit bâtir au retour de la croisade par Eudes de Montreuil, qu'il y avait mené avec lui. Un monde de religion et de poésie, tout un Orient chrétien est en ces vitraux, dans cette fragile et précieuse peinture. Mais la Sainte-Chapelle n'était pas encore assez retirée, et pas même Vincennes, dans ses bois alors si profonds. Il lui fallait la Thébaïde de Fontainebleau, ses déserts de grès et de silex ; cette dure et pénitente nature, ces rocs retentissants, pleins d'apparitions et de légendes. Il y bâtit un ermitage dont les murs ont servi de base à ce bizarre labyrinthe, à ce sombre palais de volupté, de crime et de caprice, où triomphe encore la fantaisie italienne des Valois.

Saint Louis avait élevé la Sainte-Chapelle pour rece-

---

1. Le Confesseur.

voir la sainte couronne d'épines venue de Constantinople. Aux jours solennels, il la tirait lui-même de la châsse et la montrait au peuple. A son insu, il habituait le peuple à voir le roi se passer des prêtres. Ainsi David prenait lui-même sur la table les pains de proposition. On montre encore, au midi de la petite église, une étroite cellule qu'on croit avoir été l'oratoire de saint Louis.

Dès le vivant de saint Louis, ses contemporains, dans leur simplicité, s'étaient doutés *qu'il était déjà saint*, et plus saint que les prêtres. « Tant com il vivoit, une parole pooit estre dite de li, qui est escrite de saint Hylaire : « O quant très parfèt homme lai, duquel « les prestres méesmes désirrent à s'ensivre la vie! » Car mout de prestres et de prélaz desirroient estre semblables au beneoit roi en ses vertuz et en ses meurs; car l'on croit méesmement que il fust saint dès que il vivoit[1]. »

Tandis que saint Louis enterrait les morts, « iluecques estoient présens tous revestu, li arcevesques de Sur et li évesques de Damiète, et leur clergié, qui disoient le service des mors; mès ils estoupoient leur nez pour la puour; mais onques ne fu veu au bon roy Loys estouper le sien, tant le faisoit fermement et dévotement[2]. »

Joinville raconte qu'un grand nombre d'Arméniens

---

1. Le Confesseur. — « Il fesait fère le service Dieu si solempnellement et si par loisir, que il ennuioit ausi comme à touz les autres pour la longueur de l'ofice. »
2. Guill. de Nangis.

qui allaient en pèlerinage à Jérusalem, vinrent lui demander de leur faire voir le *saint roy*; — « Je alai au roy là où il se séoit en un paveillon, apuié à l'estache (colonne) du paveillon, et séoit ou sablon sanz tapiz et sanz nulle autre chose dezouz li. Je li dis : « Sire, il a là
« hors un grant peuple de la grant Herménie qui vont
« eu Jérusalem, et me proient, sire, que je leur face
« monstrer le *saint roy;* més je ne bée jà à baisier vos
« (cependant je ne désire pas encore avoir à baiser
« vos reliques). » Et il rist moult clèrement, et me dit que je les alasse querre; et si fis-je. Et quant ils orent veu le roy, ils le commandèrent à Dieu et le roy eulz [1]. »

Cette sainteté apparaît d'une manière bien touchante dans les dernières paroles qu'il écrivit pour sa fille : « Chière fille, la mesure par laquele nous devons Dieu amer, est amer le sanz mesure [2]. »

Et dans l'instruction à son fils Philippe :

« Se il avient que aucune querele qui soit meue entre riche et povre viegne devant toi, sostien la querele de l'estrange devant ton conseil, ne montre pas que tu aimmes mout ta querele, jusques à tant que tu connoisses la vérité, car cil de ton conseil pourroient estre cremetus (craintifs) de parler contre toi, et ce ne dois tu pas vouloir. Et se tu entens que tu tiegnes nule chose à tort, ou de ton tens, ou du tens à tes ancesseurs, fai le tantost rendre, combien que la chose soit grant, ou en terre, ou en deniers, ou en

---

1. Joinville. — 2. Le Confesseur.

autre chose¹. » — « L'amour qu'il avoit à son peuple parut à ce qu'il dit à son aisné filz en une moult grant maladie que il ot à Fontene Bliaut. « Biau fils, fit-il, « je te pri que tu te faces amer au peuple de ton « royaume ; car vraiement je aimeraie miex que un « Escot venist d'Escosse et gouvernast le peuple du « royaume bien et loïalement, que tu le gouvernasses « mal apertement². »

Belles et touchantes paroles ! il est difficile de les lire sans être ému.

1. Le Confesseur. — 2. Joinville.

ÉCLAIRCISSEMENTS

LUTTE DES MENDIANTS ET DE L'UNIVERSITÉ. — SAINT THOMAS. — DOUTES DE SAINT LOUIS. — LA PASSION, COMME PRINCIPE D'ART AU MOYEN AGE.

L'éternel combat de la grâce et de la loi fut encore combattu au temps de saint Louis, entre l'Université et les Ordres Mendiants. Voici l'histoire de l'Université : au douzième siècle, elle se détache de son berceau, de l'école du parvis Notre-Dame, elle lutte contre l'évêque de Paris; au treizième, elle guerroie contre les Mendiants agents du pape; au quatorzième contre le pape lui-même. Ce corps formait une rude et forte démagogie, où quinze ou vingt mille jeunes gens de toute nation se formaient aux exercices dialectiques, cité sauvage dans la cité qu'ils troublaient de leurs violences et scandalisaient de leurs mœurs[1]. C'était là toutefois depuis quelque temps la grande gymnastique intellectuelle du monde. Dans le treizième siècle seulement, il en sortit sept papes[2] et une foule de cardinaux et d'évêques. Les plus illustres étrangers, l'Espagnol Raymond Lulle et l'Italien Dante, venaient à trente et quarante ans s'asseoir au pied de la chaire de Duns Scot. Ils tenaient à honneur d'avoir disputé à

---

1. Jacques de Vitri : « Meretrices publicæ ubique cleros transeuntes quasi per violentiam pertrahebant. In una autem et eadem domo scholæ erant superius, prostibula inferius. »

2. L'antipape Anaclet, Innocent II, Célestin II (disciple d'Abailard), Adrien IV, Alexandre III, Urbain III et Innocent III.

Paris. Pétrarque fut aussi fier de la couronne que lui décerna notre Université que de celle du Capitole. Au seizième siècle, encore, lorsque Ramus rendait quelque vie à l'Université en attendant la Saint-Barthélemy, nos écoles de la rue du Fouarre furent visitées de Torquato Tasso. Pur raisonnement toutefois, vaine logique, subtile et stérile chicane [1], nos *artistes* (les dialecticiens de l'Université se donnaient ce nom) devaient être bientôt primés.

Les vrais artistes du peuple au treizième siècle, orateurs, comédiens, mimes, bateleurs enthousiastes, c'étaient les Mendiants. Ceux-ci parlaient d'amour et au nom de l'amour. Ils avaient repris le texte de saint Augustin : « Aimez et faites ce que vous voudrez. » La logique, qui avait eu de si grands effets au temps d'Abailard, ne suffisait plus. Le monde, fatigué dans ce rude sentier, eût mieux aimer se reposer avec saint François et saint Bonaventure sous les mystiques ombrages du Cantique des Cantiques, ou rêver avec un autre saint Jean une foi nouvelle et un nouvel Évangile.

Ce titre formidable : *Introduction à l'Évangile éternel*, fut mis en effet en tête d'un livre par Jean de Parme [2], général des Franciscains. Déjà l'abbé Joachim de Flores, le maître des mystiques, avait annoncé que la fin des temps était venue. Jean

---

1. Pierre-le-Chantre et d'autres écrivains contemporains rapportent le trait suivant : « En 1171, maître Silo, professeur de philosophie, pria un de ses disciples mourant de revenir lui faire part de l'état où il se trouverait dans l'autre monde. Quelques jours après sa mort, l'écolier lui apparut revêtu d'une chape toute couverte de thèses, « de sophismatibus descripta et flammā ignis tota confecta. » Il lui dit qu'il venait du purgatoire, et que cette chape lui pesait plus qu'une tour : « Et est mihi data ut eam portem pro gloria quam in sophismatibus habui. » En même temps il laissa tomber une goutte de sa sueur sur la main du maître ; elle la perça d'outre en outre. Le lendemain Silo dit à ses écoliers :

Linquo coax ranis, cras corvis, vanaque vanis ;
Ad logicen pergo, quæ mortis non timet ergo,

et il alla s'enfermer dans un monastère de Cîteaux. » (Bulæus.)

2. Le pape avait écrit à l'évêque de Paris de faire détruire ce livre sans bruit. Mais l'Université, déjà en querelle avec les Ordres Mendiants, le fit brûler publiquement au parvis Notre-Dame. Jean de Parme se démit du généralat ; saint Bonaventure, qui lui succéda, commença une enquête contre lui, et fit jeter en prison deux de ses adhérents. L'un y passsa dix-huit ans, l'autre y mourut.

professa que, de même que l'ancien Testament avait cédé la place au nouveau, celui-ci avait aussi fait son temps ; que l'Évangile ne suffisait pas à la perfection, qu'il avait encore six ans à vivre, mais qu'alors un Évangile plus durable allait commencer, un Évangile d'intelligence et d'esprit; jusque-là l'Église n'avait que la lettre[1].

Ces doctrines, communes à un grand nombre de Franciscains, furent acceptées aussi par plusieurs religieux de l'ordre de Saint-Dominique. C'est alors que l'Université éclata. Le plus distingué de ses docteurs était un esprit fin et dur, un Franc-Comtois, un homme du Jura, Guillaume de Saint-Amour. Le portrait de cet intrépide champion de l'Université s'est vu longtemps sur une vitre de la Sorbonne[2]. Il publia contre les Mendiants une suite de pamphlets éloquents et spirituels, où il s'efforçait de les confondre avec les Béghards et autres hérétiques, dont les prédicateurs étaient de même vagabonds et mendiants : *Discours sur le publicain et le pharisien; Question sur la mesure de l'aumône et sur le mendiant valide; Traité sur les périls prédits à l'Église pour les derniers temps,* etc. Sa force est dans l'Écriture, qu'il possède et dont il fait un usage admirable; ajoutez le piquant d'une satire, qui s'exprime à demi-mot. Il est trop visible que l'auteur a un autre motif que l'intérêt de l'Église. Il y avait entre les Universitaires et les Mendiants concurrence littéraire et jalousie de métier. Les Mendiants avaient obtenu une chaire à Paris, en 1230, époque où l'Université, blessée de la dureté de la régente, se retira à Orléans et à Angers. Ils l'avaient gardée cette chaire, et l'Université se trouvait en lutte avec deux ordres, dont le savant était Albert-le-Grand et le logicien saint Thomas[3].

Ce grand procès fut débattu à Anagni par-devant le pape. Guillaume de Saint-Amour eut pour adversaire le dominicain Albert-le-Grand, archevêque de Mayence, et saint Bonaventure, général des Franciscains[4]. Saint Thomas recueillit de mémoire toute la discussion, et en fit un livre. Le pape condamna Guillaume de Saint-Amour, mais en même temps il censura le livre

---

1. Hermann Cornerus.
2. Ce portrait a été gravé en tête de ses œuvres. (Constance, 1732, in-4°.)
3. MM. Jourdain et Hauréau ont démontré sur quel terrain peu solide nos deux grands scolastiques ont cheminé (1860). — Voir *Renaissance*, Introd.
4. *App.* 138.

de Jean de Parme, frappant également les raisonneurs et les mystiques, les partisans de la lettre et ceux de l'esprit[1].

Ce milieu si difficile à tenir, où l'Église essaya de s'établir et de s'arrêter sans glisser à droite ni à gauche, il fut cherché par saint Thomas. Venu à la fin du moyen âge, comme Aristote à la fin du monde grec, il fut l'Aristote du christianisme, en dressa la législation, essayant d'accorder la logique et la foi pour la suppression de toute hérésie. Le colossal monument qu'il a élevé ravit le siècle en admiration. Albert-le-Grand déclara que saint Thomas avait fixé la règle qui durerait jusqu'à la consommation des temps[2]. Cet homme extraordinaire fut absorbé par cette tâche terrible, rien autre ne s'est placé dans sa vie; vie toute abstraite, dont les seuls événements sont des idées. Dès l'âge de cinq ans, il prit en main l'Écriture, et ne cessa plus de méditer. Il était du pays de l'idéalisme, du pays où fleurirent l'école de Pythagore et l'école d'Élée, du pays de Bruno et de Vico. Aux écoles, ses camarades l'appelaient le grand bœuf muet de Sicile[3]. Il ne sortait de ce silence que pour dicter, et quand le sommeil fermait les yeux du corps, ceux de l'âme restaient ouverts, et il continuait de dicter encore. Un jour, étant sur mer, il ne s'aperçut pas d'une horrible tempête; une autre fois, sa préoccupation était si forte, qu'il ne lâcha point une chandelle allumée qui brûlait dans ses doigts. Saisi du danger de l'Église, il y rêvait toujours et même à la table de saint Louis. Il lui arriva un jour de frapper un grand coup sur la table, et de s'écrier : « Voici un argument invincible contre les Manichéens. » Le roi ordonna qu'à l'instant cet argument fût écrit. Dans sa lutte avec le manichéisme, saint Thomas était soutenu par saint Augustin; mais dans la question de la grâce, il s'écarte visiblement de ce docteur; il fait part au libre arbitre. Théologien de l'Église, il fallait qu'il soutînt l'édifice de la hiérarchie et du gouvernement ecclésiastiques. Or, si l'on n'admet le libre arbitre, l'homme est incapable d'obéissance, il n'y a plus de gouvernement possible. Et pourtant s'écarter de saint Augustin, c'était ouvrir une large porte à celui qui voudrait entrer en ennemi dans l'Église. C'est par cette porte qu'est entré Luther.

---

1. Il condamna publiquement Guillaume de Saint-Amour, et Jean de Parme avec moins d'éclat. (Bulæus.)

2. *App.* 139.

3. Ce mot est significatif pour qui a présente la figure rêveuse et monumentale des grands bœufs de l'Italie du sud.

Tel est donc l'aspect du monde au treizième siècle. Au sommet, *le grand bœuf muet de Sicile*, ruminant la question. Ici, l'homme et la liberté; là, Dieu, la grâce, la prescience divine, la fatalité; à droite, l'observation qui proteste de la liberté humaine; à gauche, la logique qui pousse invinciblement au fatalisme. L'observation distingue, la logique identifie; si on laisse faire celle-ci, elle résoudra l'homme en Dieu, Dieu en la nature; elle immobilisera l'univers en une indivisible unité, où se perdent la liberté, la moralité, la vie pratique elle-même. Aussi le législateur ecclésiastique se roidit sur la pente, combattant par le bon sens sa propre logique, qui l'eût emporté. Il s'arrêta, ce ferme génie, sur le tranchant du rasoir entre les deux abîmes, dont il mesurait la profondeur. Solennelle figure de l'Église, il tint la balance, chercha l'équilibre et mourut à la peine. Le monde qui le vit d'en bas, distinguant, raisonnant, calculant dans une région supérieure, n'a pas su tous les combats qui purent avoir lieu au fond de cette abstraite existence.

Au-dessous de cette région sublime, battaient le vent et l'orage. Au-dessous de l'ange il y avait l'homme, la morale sous la métaphysique, sous saint Thomas saint Louis. En celui-ci, le treizième siècle a sa Passion : Passion de nature exquise, intime, profonde, que les siècles antérieurs avaient à peine soupçonnée. Je parle du premier déchirement que le doute naissant fit dans les âmes; quand toute l'harmonie du moyen âge se troubla, quand le grand édifice dans lequel on s'était établi commença à branler, quand les saints criant contre les saints, le droit se dressant contre le droit, les âmes les plus dociles se virent condamnées à juger, à examiner elles-mêmes. Le pieux roi de France, qui ne demandait qu'à se soumettre et croire, fut de bonne heure forcé de lutter, de douter, de choisir. Il lui fallut, humble qu'il était et défiant de soi, résister d'abord à sa mère; puis se porter pour arbitre entre le pape et l'empereur, juger le juge spirituel de la chrétienté, rappeler à la modération celui qu'il eût voulu pouvoir prendre pour règle de sainteté. Les Mendiants l'avaient ensuite attiré par leur mysticisme; il entra dans le tiers-ordre de Saint-François, il prit parti contre l'Université. Toutefois le livre de Jean de Parme, accepté d'un grand nombre de Franciscains, dut lui donner d'étranges défiances. On aperçoit dans les questions naïves qu'il adressait à Joinville toute l'inquiétude qui l'agitait. L'homme auquel le saint roi se confiait peut être pris pour le type de l'*honnête homme* au treizième siècle. C'est un curieux dialogue entre le mondain loyal et sincère, et l'âme pieuse et candide, qui s'avance d'un pas dans le doute, puis recule, et s'obstine dans la foi.

Le roi faisait manger à sa table Robert de Sorbon et Joinville : « Quant le roi estoit en joie, si me disoit : Seneschal, or me dites les raisons pourquoy preudomme vaut mieux que beguin (dévot). Lors si encommençoit la noise de moy et de maistre Robert. Quant nous avions grant pièce desputé, si rendoit sa sentence et disoit ainsi : « Maistre Robert, je vourroie avoir le nom de preudomme, mès que je le feusse, et tout le remenant vous demourast : car *preudomme* est si grant chose et si bonne chose, que ucis au nommer emplist-il la bouche [1]. »

« Il m'appela une foiz et me dit : Je n'ose parler à vous pour le soutil sens dont vous estes, de chose qui touche à Dieu ; et pour ce ai-je appelé ces frères qui ci sont, que je vous weil faire une demande : la demande fut tele : Seneschal, fit-il, quel chose est Dieu, etc... [2] »

Saint Louis raconte à Joinville, qu'un chevalier assistant à une discussion entre des moines et des juifs, posa une question à un des docteurs juifs, et sur sa réponse, lui donna sur la tête un coup de son bâton qui le renversa. — « Aussi vous di je, fist li roys, que nul, se il n'est très bon clerc, ne doit desputer à eulz ; mès l'omme lay, quant il ot mesdire de la loy crestienne, ne doit pas défendre la loy crestienne, sinon de l'épée, de quoi il doit donner parmi le ventre dedens, tant comme elle y peut entrer [3]. »

Saint Louis disait à Joinville qu'au moment de la mort, le diable s'efforce d'ébranler la foi de l'agonisant : « Et pour ce se doit on garder et en tele manière deffendre de cest agait

---

1. Joinville.
2. Joinville. Il demanda ensuite à Joinville lequel il aimerait mieux d'avoir commis un péché mortel ou d'être lépreux. Joinville répond qu'il aimerait mieux avoir fait trente péchés mortels. — « Et quand les frères s'en furent partis, il m'appela tout seul, et me fit seoir à ses piez, et me dit : « Comment « me deistes vous hier ce ? » Et je li dis que encore li disoie-je, et il me dit : « Vous deistes comme hastiz musarz ; car nulle si laide mezelerie n'est « comme d'estre en péché mortel, etc. »
3. Id. « En la doctrine que il lessa au roi Phelipe, son fiuz.... il y avoit une clause contenue, qui est tele : « Fai à ton pooir les bougres et les autres mal genz chacier de ton royaume, si que la terre soit de ce bien purgée. » (Le Confesseur.)

(piège), que en die à l'ennemi quand il envoie tele temptacion, Va t'en, doit on dire à l'ennemi : tu ne ne me tempteras jà à ce que je ne croie fermement touz les articles de la foy, etc...[1] »

Il disoit que foy et créance estoit une chose où nous devions bien croire fermement, encore n'en feussions nous certeins mez que par oir dire[2]. »

Il raconta à Joinville qu'un docteur en théologie vint trouver un jour l'évêque Guillaume de Paris, et lui exposa en pleurant qu'il ne pouvait « son cœur à hurter à croire au sacrement de l'autel. » L'évêque lui demanda si lorsque le diable lui envoyait cette tentation, il s'y complaisait : le théologien répondit qu'elle le chagrinait fort, et qu'il se ferait hacher plutôt que de rejeter l'Eucharistie. L'évêque alors le consola en lui assurant qu'il avait plus de mérite que celui qui n'a point de doutes[3].

Quelques légers que paraissent ces signes, ils sont graves, ils méritent attention. Lorsque saint Louis lui-même était troublé, combien d'âmes devaient douter et souffrir en silence! ce qu'il y avait de cruel, de poignant dans cette première défaillance de la foi, c'est qu'on hésitait à se l'avouer. Aujourd'hui nous sommes habitués, endurcis aux tourments du doute, les pointes en sont émoussées. Mais il faut se reporter au premier moment où l'âme, tiède de foi et d'amour, sentit glisser en soi le froid acier. Il y eut déchirement, mais il y eut surtout horreur et surprise. Voulez-vous savoir ce qu'elle éprouva, cette âme candide et croyante? Rappelez-vous vous-même le moment où la foi vous manqua dans l'amour, où s'éleva en vous le premier doute sur l'objet aimé.

Placer sa vie sur une idée, la suspendre à un amour infini, et voir que cela vous échappe! Aimer, douter, se sentir haï pour ce doute, sentir que le sol fuit, qu'on s'abîme dans son impiété, dans cet enfer de glace où l'amour divin ne luit jamais... et cependant se raccrocher aux branches qui flottent sur le gouffre, s'efforcer de croire qu'on croit encore, craindre d'avoir peur, et douter de son doute... Mais si le doute est

1. Joinville.
2. Id. — Villani. « On vint un jour lui dire que la figure du Christ avait apparu dans une hostie : « Que ceux qui doutent aillent le voir; pour moi, « je le vois dans mon cœur. »
3. Joinville.

incertain, si la pensée n'est pas sûre de la pensée, cela n'ouvre-t-il pas au doute une région nouvelle, un enfer sous l'enfer!... Voilà la tentation des tentations; les autres ne sont rien à côté. Celle-ci resta obscure, elle eut honte d'elle-même, jusqu'au quinzième et au seizième siècle. Luther est là-dessus un grand maître; personne n'a eu une plus horrible expérience de ces tortures de l'âme : « Ah! si saint Paul vivait aujourd'hui, que je voudrais savoir de lui-même quel genre de tentation il a éprouvé. Ce n'était pas l'aiguillon de la chair, ce n'était point la bonne Thécla, comme le rêvent les papistes... Jérôme et les autres Pères n'ont pas connu les plus hautes tentations; ils n'en ont senti que de puériles, celles de la chair, qui pourtant ont bien aussi leurs ennuis. Augustin et Ambroise ont eu la leur; *ils ont tremblé devant le glaive...* Celle-là, c'est quelque chose de plus haut que le désespoir causé par les péchés... lorsqu'il est dit : Mon Dieu, mon Dieu, pourquoi m'as-tu délaissé; c'est comme s'il disait : Tu m'es ennemi sans cause. Ou le mot de Job : Je suis juste et innocent. »

Le Christ lui-même a connu cette angoisse du doute, cette nuit de l'âme, où pas une étoile n'apparaît plus sur l'horizon. C'est là le dernier terme de la Passion, le sommet de la croix.

Dans cet abîme est la pensée du moyen âge. Cet âge est contenu tout entier dans le christianisme, le christianisme dans la Passion. La littérature, l'art, les divers développements de l'esprit humain, du troisième siècle au quinzième, tout est suspendu à ce mystère.

Éternel mystère, qui pour avoir eu au moyen âge son idéal au Calvaire, n'en continue pas moins encore. Oui, le Christ est encore sur la croix, et il n'en descendra point. La Passion dure et durera. Le monde a la sienne, et l'humanité dans sa longue vie historique, et chaque cœur d'homme dans ce peu d'instants qu'il bat. A chacun sa croix et ses stigmates.

Toutes les âmes héroïques, qui osèrent de grandes choses pour le genre humain, ont connu ces épreuves. Toutes ont approché plus ou moins de cet idéal de douleur. C'est dans un tel moment que Brutus s'écriait : « Vertu, tu n'es qu'un nom. » C'est alors que Grégoire VII disait : « J'ai suivi la justice et fui l'iniquité. Voilà pourquoi je meurs dans l'exil. »

Mais d'être délaissé de Dieu, d'être abandonné à soi, à sa force, à l'idée du devoir contre le choc du monde, c'était là une redoutable grandeur. C'était là apprendre le vrai mot de l'homme, c'était goûter cette divine amertume du fruit de la science, dont il était dit au commencement du monde : « Vous saurez que vous êtes des dieux, vous deviendrez des dieux. »

Voilà tout le mystère du moyen âge, le secret de ses larmes intarissables, et son génie profond. Larmes précieuses, elles ont coulé en limpides légendes, en merveilleux poëmes, et s'amoncelant vers le ciel, elles se sont cristallisées en gigantesques cathédrales qui voulaient monter au Seigneur!

Assis au bord de ce grand fleuve poétique du moyen âge, j'y distingue deux sources diverses à la couleur de leurs eaux. Le torrent épique, échappé jadis des profondeurs de la nature païenne, pour traverser l'héroïsme grec et romain, roule mêlé et trouble des eaux du monde confondues. A côté coule plus pur le flot chrétien qui jaillit du pied de la croix.

Deux poésies, deux littératures : l'une chevaleresque, guerrière, amoureuse; celle-ci est de bonne heure aristocratique; l'autre religieuse et populaire.

La première aussi est populaire à sa naissance. Elle s'ouvre par la guerre contre les infidèles, par Charlemagne et Roland. Qu'il ait existé chez nous, dès lors et même avant, des poëmes d'origine celtique où les dernières luttes de l'Occident contre les Romains et les Allemands aient été célébrées par les noms de Fingal ou d'Arthur, je le crois volontiers. Mais il ne faudrait pas s'exagérer l'importance du principe indigène, de l'élément celtique. Ce qui est propre à la France, c'est d'avoir peu en propre, d'accueillir tout, de s'approprier tout, d'être la France, et d'être le monde. Notre nationalité est bien puissamment attractive, tout y vient bon gré mal gré; c'est la nationalité la moins exclusivement nationale, la plus humaine. Le fond indigène a été plusieurs fois submergé, fécondé par les alluvions étrangères. Toutes les poésies du monde ont coulé chez nous en ruisseaux, en torrents. Tandis que des collines de Galles et de Bretagne distillaient les traditions celtiques, comme la pluie murmurante dans les chênes verts de mes Ardennes, la cataracte des romans carlovingiens tombait des Pyrénées. Il n'est pas jusqu'aux monts de la Souabe et de l'Alsace qui ne nous aient versé par l'Ostrasie un flot des Niebelungen. La poésie érudite d'Alexandre et de Troie débordait, malgré les Alpes, du vieux monde classique. Et cependant du lointain Orient, ouvert par la croisade, coulaient vers nous, en fables, en contes, en paraboles, les fleuves retrouvés du paradis.

L'Europe se sut Europe en combattant l'Afrique et l'Asie : de là Homère et Hérodote; de là nos poëmes carlovingiens, avec les guerres saintes d'Espagne, la victoire de Charles-Martel, et la mort de Roland[1]. La littérature est d'abord la conscience d'une nationalité. Le peuple est unifié en un homme. Roland meurt aux passages solennels des montagnes qui séparent l'Europe de l'africaine Espagne. Comme les Philènes divinisés à Carthage, il consacre de son tombeau la limite de la patrie. Grande comme la lutte, haute comme l'héroïsme, est la tombe du héros, son gigantesque *tumulus;* ce sont les Pyrénées elles-mêmes. Mais le héros qui meurt pour la chrétienté est un héros chrétien, un Christ guerrier, barbare; comme Christ, il est vendu avec ses douze compagnons; comme Christ, il se voit abandonné, délaissé. De son calvaire pyrénéen, il crie, il sonne de ce cor qu'on entend de Toulouse à Saragosse. Il sonne, et le traître Ganelon de Mayence, et l'insouciant Charlemagne, ne veulent point entendre. Il sonne, et la chrétienté, pour laquelle il meurt, s'obstine à ne pas répondre. Alors il brise son épée, il veut mourir. Mais il ne mourra ni du fer sarrasin, ni de ses propres armes. Il enfle le son accusateur, les veines de son col se gonflent, elles crèvent, son noble sang s'écoule; il meurt de son indignation, de l'injuste abandon du monde.

Le retentissement de cette grande poésie devait aller s'affaiblissant de bonne heure, comme le son du cor de Roland, à mesure que la croisade, s'éloignant des Pyrénées, fut transférée des montagnes au centre de la Péninsule, à mesure que le démembrement féodal fit oublier l'unité chrétienne et impériale qui domine encore les poèmes carlovingiens. La poésie chevaleresque, éprise de la force individuelle, de l'orgueil héroïque, qui fut l'âme du monde féodal, prit en haine la royauté, la loi, l'unité. La dissolution de l'Empire, la résistance des seigneurs au pouvoir central sous Charles-le-Chauve et les derniers Carlovingiens, fut célébrée dans *Gérard de Roussillon*, dans les *Quatre fils Aymon*, galopant à quatre sur un même coursier: pluralité significative. Mais l'idéal ne se pluralise pas; il est placé dans un seul, dans Renaud, Renaud de *Montauban*[2], le héros sur sa montagne, sur sa tour; dans la plaine les assiégeants, roi et peuple, innombrables contre un seul, et à peine rassurés. Le roi, cet homme-peuple, fort par le nombre, et représentant l'idée du nombre, ne peut être compris de cette poésie féodale; il lui apparaît comme un lâche[3]. Déjà Charlemagne a fait une triste

---

1. Voy. sur la *Chanson de Roland*, par Génin, *Renaissance*, Introd.
2. *Alban, Alp.*, mont. — 3. *App.* 140.

figure dans l'autre cycle. Il a laissé périr Roland. Ici, il poursuit lâchement Renaud, Gérard de Roussillon, il prévaut sur eux par la ruse. Il joue le rôle du légitime et indigne Eurysthée, persécutant Hercule et le soumettant à de rudes travaux.

Cette contradiction apparente entre l'autorité et l'équité, qui n'est ici, après tout, que la haine de la loi, la révolte de l'individuel contre le général, elle est mal soutenue par Renaud, par Gérard, par l'épée féodale. Le roi, quoi qu'ils en disent, est plus légitime; il représente une idée plus générale, plus divine. Il ne peut être dépossédé que par une idée plus générale encore. Le roi prévaudra sur le baron, et sur le roi le peuple. Cette dernière idée est déjà implicitement dans un drame satirique qui, de l'Asie à la France, a été accueilli, traduit de toute nation; je parle du dialogue de Salomon et de Morolf. Morolf est un Ésope, un bouffon grossier, un rustre, un *vilain;* mais tout vilain qu'il est, il embarrasse par ses subtilités, il humilie sur son trône le bon roi Salomon. Celui-ci, doté à plaisir de tous les dons, beau, riche, tout-puissant, surtout savant et sage, se voit vaincu par ce rustre malin[1]. Contre l'autorité, contre le roi et la loi écrite, l'arme du féodal Renaud, c'est l'épée, c'est la force; celle du bouffon populaire, tout autrement perçante, c'est le raisonnement et l'ironie.

Le roi doit vaincre le baron, non seulement en puissance, mais en popularité. L'épopée des résistances féodales doit perdre de bonne heure tout caractère populaire, et se confiner dans la sphère bornée de l'aristocratie. Elle doit pâlir surtout dans le Midi, où la féodalité ne fut jamais qu'une importation odieuse, où domina toujours dans les cités l'existence municipale, reste vivace de l'antiquité.

La pensée commune des deux cycles de Roland et de Renaud, c'est la guerre, l'héroïsme : la guerre extérieure, la guerre intérieure. Mais l'idée de l'héroïsme veut se compléter, elle tend à l'infini. Elle étend son horizon; l'inconnu poétique qui flottait d'abord aux deux frontières, aux Ardennes, aux Pyrénées, recule vers l'Orient, comme celui des anciens poussa vers l'Occident avec leur Hespérie, de l'Italie à l'Espagne, et de l'Espagne à l'Atlantide. Après les Iliades viennent les Odyssées. La poésie s'en va cherchant aux terres lointaines. — Que cherche-t-elle? L'infini, la beauté infinie, la conquête infinie. On se souvient alors qu'un Grec, un Romain, ont conquis le monde. Mais l'Oc-

---

1. *Le Dit Marcoul et Salomon,* n° 7218, et fonds de Notre-Dame N., n° 2.

cident n'adopte Alexandre et César qu'à condition qu'ils deviennent Occidentaux. On leur confère l'ordre de chevalerie. Alexandre devient un paladin; les Macédoniens, les Troyens sont aïeux des Français; les Saxons descendent des soldats de César, les Bretons de Brutus. La parenté des peuples indogermaniques que la science devait démontrer de nos jours, la poésie l'entrevoit dans sa divine prescience.

Cependant le héros n'est pas complet encore. En vain, pour y atteindre, le moyen âge s'est exhaussé sur l'antiquité, en vain pour compléter la conquête du monde, Aristote devenu magicien a conduit par l'air et l'Océan l'Alexandre chevaleresque[1]. L'élément étranger ne suffisant pas, on remonte au vieil élément indigène jusqu'au dolmen celtique, jusqu'au tombeau d'Arthur[2]. Arthur revient, non plus ce petit chef de clan, aussi barbare que les Saxons ses vainqueurs; non, un Arthur épuré par la chevalerie. Il est bien pâle, il est vrai, ce roi des preux, avec sa reine Geneviève et ses douze paladins autour de la Table-Ronde. Ceux-ci, qu'apportent-ils au monde, après ce long sommeil où la femme assoupit Merlin? Ils rapportent l'amour de la femme; la femme, ce symbole de la nature, qui promet la joie infinie, et qui tient le deuil et les pleurs. Qu'ils aillent donc, tristes amants, dans les forêts, à l'aventure, faibles et agités, tournant dans leur interminable épopée, comme dans ce cercle de Dante où flottent les victimes de l'amour au gré d'un vent éternel.

Que servaient ces formes religieuses, ces initiations, cette Table des douze, ces agapes chevaleresques à l'image de la Cène? Un effort est tenté pour transfigurer tout cela, pour corriger cette poésie mondaine, et l'amener à la pénitence. A côté de la chevalerie profane qui cherchait la femme et la gloire, une autre est érigée. On lui permet à celle-ci les guerres et les courses aventureuses. Mais l'objet est changé. On lui laisse Arthur et ses preux, mais pourvu qu'ils s'amendent. La nouvelle poésie les achemine, dévots pèlerins, au mystérieux Temple où se garde le trésor sacré. Ce trésor, ce n'est point la femme; ce n'est point la coupe profane de Dschemschid, d'Hypérion, d'Hercule. Celle-ci est la chaste coupe de Joseph et de Salomon, la coupe où Notre-Seigneur fit la Cène, où Joseph d'Arimathie recueillit son précieux sang. La simple vue de cette coupe, où

---

1. Voy. le poème d'*Alexandre*, par Lambert-le-Court et Alexandre de Paris, né à Bernay. — 2. *App.* 141.

Graal prolonge la vie de Titurel pendant cinq cents années. Les gardiens de la coupe et du temple, les Templistes, doivent rester purs. Ni Arthur, ni Parceval ne sont dignes de la toucher. Pour en avoir approché, l'amoureux Lancelot reste comme sans vie pendant trente-quatre jours. La nouvelle chevalerie du Graal est conférée par des prêtres; c'est un évêque qui fait Titurel chevalier. Cette poésie sacerdotale place si haut son idéal qu'il en est stérile et impuissant. Elle a beau exalter les vertus du Graal, il reste solitaire; les enfants de Parceval, de Lancelot et de Gauvin, peuvent seuls en approcher. Et quand on veut enfin réaliser le vrai chevalier, le digne gardien du Graal, on est obligé de prendre un sir Galahad, parfait de tout point, saint dès son vivant, mais fort ignoré. Ce héros obscur, mis au monde tout exprès, n'a pas grande influence.

Telle fut l'impuissance de la poésie chevaleresque. Chaque jour plus sophistique et plus subtile, elle devint la sœur de la scolastique, une scolastique d'amour comme de dévotion. Dans le Midi, où les jongleurs la colportaient en petits poèmes par les cours et les châteaux, elle s'éteignit dans les raffinements de la forme, dans les entraves de la versification la plus artificielle et la plus laborieuse qui fût jamais. Au Nord, elle tomba de l'épopée au roman, du symbole à l'allégorie, c'est-à-dire au vide. Décrépite, elle grimaça encore pendant le quatorzième siècle dans les tristes imitations du triste *Roman de la Rose*, tandis que par-dessus s'élevait peu à peu la voix de la dérision populaire dans les contes et les fabliaux.

La poésie chevaleresque devait se résigner à mourir. Qu'avait-elle fait de l'humanité pendant tant de siècles? L'homme qu'elle s'était plu dans sa confiance à prendre simple, ignorant encore, muet comme Parceval, brutal comme Roland et Renaud, elle avait promis de l'amener par les degrés de l'initiation chevaleresque à la dignité de héros chrétien, et elle le laissait faible, découragé, misérable. Du cycle de Roland à celui du Graal, sa tristesse a toujours augmenté. Elle l'a mené errant par les forêts, à la poursuite des géants et des monstres, à la recherche de la femme. Ce sont les courses de l'Hercule antique, et aussi ses faiblesses.

La poésie chevaleresque a peu développé son héros; elle l'a retenu à l'état d'enfant, comme la mère imprévoyante de Parceval, qui prolonge pour son fils l'imbécillité du premier âge. Aussi la laisse-t-il là, cette mère. De même que Gérard de Roussillon a quitté la chevalerie et s'est fait charbonnier,

Renaud de Montauban se fait maçon, et porte des pierres sur son dos pour aider à la construction de la cathédrale de Cologne.

L'épopée chevaleresque, aristocratique, était la poésie de l'amour, de la passion humaine, des prétendus heureux du monde. Le drame ecclésiastique, autrement dit le culte, est la poésie du peuple, la poésie de ceux qui pâtissent, des patients, la Passion divine.

L'église était alors le domicile du peuple. La maison de l'homme, cette misérable masure où il revenait le soir, n'était qu'un abri momentané. Il n'y avait qu'une maison, à vrai dire, la maison de Dieu. Ce n'est pas en vain que l'Église avait droit d'asile[1]; c'était alors l'asile universel, la vie sociale s'y était réfugiée tout entière. L'homme y priait, la commune y délibérait, la cloche était la voix de la cité. Elle appelait aux travaux des champs[2], aux affaires civiles, quelquefois aux batailles de la liberté. En Italie, c'est dans les églises que le peuple souverain s'assemblait. C'est à Saint-Marc que les députés de l'Europe vinrent demander une flotte pour la quatrième croisade. Le commerce se faisait autour des églises : les pèlerinages étaient des foires. Les marchandises étaient bénites. Les animaux, comme aujourd'hui encore à Naples, étaient amenés à la bénédiction; l'Église ne la refusait point; elle laissait *approcher ces petits*. Naguère, à Paris, les jambons de Pâques étaient vendus au parvis Notre-Dame, et chacun, en les emportant, les faisait bénir. Autrefois, on faisait mieux, on mangeait dans l'église même, et après le repas venait la danse. L'Église se prêtait à ces joies enfantines.

> ... Pandentemque sinus et tota veste vocantem
> Cæruleum in gremium.

Le culte était un dialogue tendre entre Dieu, l'Église et le peuple, exprimant la même pensée. Elle et lui, sur un ton grave et passionné tour à tour, mêlaient la vieille langue sacrée

---

1. Ainsi à Paris, Saint-Jacques-la-Boucherie et Sainte-Geneviève, etc. L'abbé Lebeuf a remarqué sur la façade de cette dernière église un énorme anneau de fer où passaient leur bras ceux qui venaient demander asile. — C'était encore dans l'église qu'on venait déposer les malades, en particulier ceux qui étaient atteints du *mal des ardents*.

2. La *cloche d'argent*, à Reims, sonnait le 1er mars, pour annoncer la reprise des travaux agricoles.

et la langue du peuple. La solennité des prières était rompue, dramatisée de chants pathétiques, comme ce dialogue des Vierges folles et des Vierges sages qui nous a été conservé. Le peuple élevait la voix, non pas le peuple fictif qui parle dans le chœur, mais le vrai peuple venu du dehors, lorsqu'il entrait, innombrable, tumultueux, par tous les vomitoires de la cathédrale, avec sa grande voix confuse, géant enfant, comme le saint Christophe de la légende, brut, ignorant, passionné, mais docile, implorant l'initiation, demandant à porter le Christ sur ses épaules colossales. Il entrait, amenant dans l'église le hideux dragon du péché; il le traînait, soûlé de victuailles, aux pieds du Sauveur, sous le coup de la prière qui doit l'immoler[1]. Quelquefois aussi, reconnaissant que la bestialité était en lui-même, il exposait dans des extravagances symboliques sa misère, son infirmité. C'est ce qu'on appelait la fête des Fous, *fatuorum*[2]. Cette imitation de l'orgie païenne, tolérée par le christianisme, comme l'adieu de l'homme à la sensualité qu'il abjurait, se reproduisait aux fêtes de l'enfance du Christ, à la Circoncision, aux Rois, aux Saints-Innocents, et aussi aux jours où l'humanité, sauvée du démon, tombait dans l'ivresse de la joie, à Noël et à Pâques. Le clergé lui-même y prenait part. Ici les chanoines jouaient à la balle dans l'église, là on traînait outrageusement l'odieux hareng du carême[3]. La bête comme l'homme était réhabilitée. L'humble témoin de la naissance du Sauveur, le fidèle animal qui de son haleine le réchauffa tout petit dans la crèche, qui le porta avec sa mère en Égypte, qui l'amena triomphant dans Jérusalem, il avait sa part de la joie[4]. Sobriété,

---

1. Voy. *App.* 31.
2. Le légat, Pierre de Capoue, défendit en 1198 la célébration de cette fête dans le diocèse de Paris. Mais elle ne cessa guère en France que vers 1444. On la trouve en Angleterre en 1530. — En 1671, les enfants de chœur de la Sainte-Chapelle prétendaient encore commander le jour des Saints-Innocents, et occupaient les premières stalles, avec la chape et le bâton cantoral. — A Bayeux, le jour des Innocents, les enfants de chœur, ayant à leur tête un petit évêque qui faisait l'office, occupaient les stalles hautes et les chanoines les basses.
3. Voy. *App.* 36.
4. A Beauvais, à Autun, etc., on célébrait la fête de l'Ane. — Ducange : « In fine missæ sacerdos versus ad populum vice : Ite, missa est, ter hinhannabit; populus vero vice : Deo gratias, ter respondebit : *Hinham, hinham, hinham.* » *App.* 142.

patience, ferme résignation, le moyen âge distinguait en l'âne je ne sais combien de vertus chrétiennes. Pourquoi eût-on rougi de lui? Le Sauveur n'en avait pas rougi[1]... Quel mal en tout cela? Tout n'est-il pas permis à l'enfant? Plus tard, l'Église imposa silence au peuple, l'éloigna, le tint à distance. Mais aux premiers siècles du moyen âge, l'Église s'effarouchait si peu de ces drames populaires qu'elle en reproduisait sur ses murailles les traits les plus hardis. A Rouen[2], un cochon joue du violon; à Chartres, c'est un âne[3]; à Essonne, un évêque tient une marotte[4]. Ailleurs, ce sont les images des vices et des péchés sculptés dans la licence d'un pieux cynisme[5]. L'artiste n'a pas reculé devant l'inceste de Loth, ni les infamies de Sodome[6].

Il y avait alors un merveilleux génie dramatique, plein de hardiesse et de bonhomie, souvent empreint d'une puérilité touchante. Personne ne riait en Allemagne quand le nouveau curé, au milieu de sa messe d'installation, allait prendre sa mère par la main et dansait avec elle. Si elle était morte, elle était sauvée sans difficulté; il mettait *sous le chandelier l'âme de sa mère*. L'amour de la mère et du fils, de Marie et de Jésus, était pour l'Église une riche source de pathétique. Aujourd'hui encore à Messine, le jour de l'Assomption, la Vierge, portée par toute la ville, cherche son fils comme la Cérès de la Sicile antique cherchait Proserpine; enfin, quand elle est au moment d'entrer dans la grande place, on lui présente tout à coup

---

1.   Nostri nec pœnitet illas,
      Nec te pœniteat pecoris, divine poeta.
                                        (Virg.)

2. Au portail septentrional de la cathédrale (portail des Libraires).

3. Sur un contrefort du clocher vieux.

4. A l'église de Saint-Guenault, des rats rongent le globe du monde. — Aristote n'échappe pas à ce rire universel. A Rouen, il est représenté courbé, les mains à terre, et portant une femme sur son dos.

5. Voy. les stalles de Notre-Dame de Rouen, de Notre-Dame d'Amiens, de Saint-Guenault d'Essonne, etc. Dans l'église de l'Épine, petit village près Châlon, il se trouve des sculptures très remarquables, mais aussi très obscènes. Saint Bernard écrit vers 1125, à Guillaume de Saint-Thierry; « A quoi bon tous ces monstres grotesques en peinture ou en bosse qu'on met dans les cloîtres à la vue des gens qui pleurent leurs péchés? A quoi sert cette belle difformité, ou cette beauté difforme? Que signifient ces singes immondes, ces lions furieux, ces centaures monstrueux? »

6. C'était le sujet d'un bas-relief extérieur de la cathédrale de Reims, que l'on a fait effacer.

l'image du Sauveur; elle tressaille et recule de surprise, et douze oiseaux qui s'envolent de son sein portent à Dieu l'effusion de la joie maternelle.

A la Pentecôte, des pigeons blancs étaient lâchés dans l'église parmi des langues de feu ; les fleurs pleuvaient, les galeries intérieures étaient illuminées [1]. A d'autres fêtes, l'illumination était au dehors [2]. Qu'on se représente l'effet des lumières sur ces prodigieux monuments, lorsque le clergé, circulant par les rampes aériennes, animait de ses processions fantastiques les masses ténébreuses, passant et repassant le long des balustrades, sous ces ponts dentelés, avec les riches costumes, les cierges et les chants; lorsque la lumière et la voix tournaient de cercle en cercle, et qu'en bas, dans l'ombre, répondait l'océan du peuple. C'était là pour ce temps le vrai drame, le vrai mystère, la représentation du voyage de l'humanité à travers les trois mondes, cette intuition sublime que Dante reçut de la réalité passagère pour la fixer et l'éterniser dans la *Divina Commedia*.

Ce colossal théâtre du drame sacré est rentré, après sa longue fête du moyen âge, dans le silence et dans l'ombre. La faible voix qu'on y entend, celle du prêtre, est impuissante à remplir des voûtes dont l'ampleur était faite pour embrasser et contenir le tonnerre de la voix du peuple. Elle est veuve, elle est vide, l'église. Son profond symbolisme, qui parlait alors si haut, il est devenu muet. C'est maintenant un objet de curiosité scientifique, d'explications philosophiques, d'interprétations alexandrines. L'église est un musée gothique que visitent les habiles : ils tournent autour, regardent irrévérencieusement, et louent au lieu de prier. Encore savent-ils bien ce qu'ils louent? Ce qui trouve grâce devant eux, ce qui leur plaît dans l'église, ce n'est

---

[1]. A la Sainte-Chapelle on voyait descendre de la voûte la figure d'un ange tenant un biberon d'argent, avec lequel il envoyait de l'eau sur les mains du célébrant. — A Reims, le jour de la Dédicace, on plaçait un cierge allumé entre chaque arcade.

[2]. « Sur la galerie de la Vierge, à Notre-Dame de Paris, était une Vierge et deux anges portant des chandeliers; après Laudes de la Sexagésime, le chevecier y mettait deux cierges. » (Gilbert.) — Dans certaines églises, le prêtre représentait au portail l'Ascension de Notre-Seigneur. — Quelquefois même le clergé devait être obligé d'accomplir la cérémonie dans les parties les plus élevées de l'église; par exemple, lorsqu'on scellait des reliques sous la flèche, comme on l'avait fait à celle de Notre-Dame de Paris.

pas l'église elle-même ; ce sera le travail délicat de ses ornements, la frange de son manteau, sa dentelle de pierre, quelque ouvrage laborieux et subtil du gothique en décadence.

Il y a ici quelque chose de grand, quel que soit le sort de telle ou telle religion. L'avenir du christianisme n'y fait rien. Touchons ces pierres avec précaution, marchons légèrement sur ces dalles. Un grand mystère s'est passé ici. Je n'y vois plus que la mort, et je suis tenté de pleurer. Le moyen âge, la France du moyen âge, ont exprimé dans l'architecture leur plus intime pensée. Les cathédrales de Paris, de Saint-Denis, de Reims, en disent plus que de longs récits. La pierre s'anime et se spiritualise sous l'ardente et sévère main de l'artiste. L'artiste en fait jaillir la vie. Il est fort bien nommé au moyen âge : « Le maître des pierres vives », *Magister de vivis lapidibus* [1].

On sait que l'Église chrétienne n'est primitivement que la basilique du tribunal romain. L'Église s'empare du prétoire même où Rome l'a condamnée. Le tribunal s'élargit, s'arrondit et forme le chœur. Cette église, comme la cité romaine, est encore restreinte, exclusive ; elle ne s'ouvre pas à tous. Elle prétend au mystère, elle veut une initiation. Elle aime encore les ténèbres des Catacombes où elle naquit ; elle se creuse de vastes cryptes qui lui rappellent son berceau. Les catéchumènes ne sont pas admis dans l'enceinte sacrée, ils attendent encore à la porte. Le baptistère est au dehors, au dehors le cimetière ; la tour elle-même, l'organe et la voix de l'église, s'élève à côté. La pesante arcade romane scelle de son poids l'église souterraine, ensevelie dans ses mystères. Il en va ainsi tant que le christianisme est en lutte, tant que dure la tempête des invasions, tant que le monde ne croit pas à sa durée. Mais lorsque l'ère fatale de l'an 1000 a passé, lorsque la hiérarchie ecclésiastique se trouve avoir conquis le monde, qu'elle s'est complétée, couronnée, fermée dant le pape, lorsque la chrétienté, enrôlée dans l'armée de la croisade, s'est aperçue de son unité, alors l'Église secoue son étroit vêtement, elle se dilate pour embrasser le monde, elle sort des cryptes ténébreuses. Elle monte, elle soulève ses voûtes, elle les dresse en crêtes hardies, et dans l'arcade romaine reparaît l'ogive orientale.

Voilà un prodigieux entassement, une œuvre d'Encelade.

---

1. Surnom d'un des architectes que Ludovic Sforza fit venir d'Allemagne pour fermer les voûtes de la cathédrale de Milan. (Gaet. Franchetti.)

Pour soulever ces rocs à quatre, à cinq cents pieds dans les airs[1], les géants, ce semble, ont sué... Ossa sur Pélion, Olympe sur Ossa... Mais non, ce n'est pas là une œuvre de géants, ce n'est pas un confus amas de choses énormes, une agrégation inorganique... Il y a eu là quelque chose de plus fort que le bras des Titans... Quoi donc? le souffle de l'esprit. Ce léger souffle qui passa devant la face de Daniel, emportant les royaumes et brisant les empires; c'est lui encore qui a gonflé les voûtes, qui a soufflé les tours au ciel. Il a pénétré d'une vie puissante et harmonieuse toutes les parties de ce grand corps, il a suscité d'un grain de sénevé la végétation du prodigieux arbre. L'esprit est l'ouvrier de sa demeure. Voyez comme il travaille la figure humaine dans laquelle il est enfermé, comme il imprime la physionomie, comme il en forme et déforme les traits; il creuse l'œil de méditations, d'expérience et de douleurs, il laboure le front de rides et de pensées, les os mêmes, la puissante charpente du corps, il la plie et la courbe au mouvement de la vie intérieure. De même, il fut l'artisan de son enveloppe de pierre, il la façonna à son usage, il la marqua au dehors, au dedans de la diversité de ses pensées; il y dit son histoire, il prit bien garde que rien n'y manquât de la longue vie qu'il avait vécue; il y grava tous ses souvenirs, toutes ses espérances, tous ses regrets, tous ses amours. Il y mit, sur cette froide pierre, son rêve, sa pensée intime. Dès qu'une fois il eut échappé des catacombes, de la crypte mystérieuse où le monde païen l'avait tenu[2], il la lança au ciel cette crypte; d'autant plus profondément elle descendit, d'autant plus haut elle monta; la flèche flamboyante échappa comme le profond soupir d'une poitrine oppressée depuis mille ans. Et si puissante était la respiration, si fortement battait ce cœur du genre humain, qu'il fit jour de toutes parts dans son enveloppe; elle éclata d'amour pour recevoir le regard de Dieu. Regardez l'orbite amaigri et profond

---

1. Cette hauteur de cinq cents pieds semblerait avoir été l'idéal auquel aspirait l'architecture allemande. Ainsi les tours de la cathédrale de Cologne devaient, d'après les plans qui subsistent encore, s'élever à cinq cents pieds allemands (quatre cent quarante-trois pieds de Paris); la flèche de Strasbourg est haute de cinq cents pieds de Strasbourg (quatre cent quarante-cinq pieds de Paris).

2. A peine pourrait-on citer quelques exemples de cryptes postérieures au douzième siècle. (Caumont.) C'est au douzième et au treizième siècle qu'a lieu le grand élan de l'architecture ogivale.

de la croisée gothique, de cet *œil ogival*[1], quand il fait effort pour s'ouvrir, au douzième siècle. Cet œil de la croisée gothique est le signe par lequel se classe la nouvelle architecture. L'art ancien, adorateur de la matière, se classait par l'appui matériel du temple, par la colonne, colonne toscane, dorique, ionique. L'art moderne, fils de l'âme et de l'esprit, a pour principe, non la forme, mais la physionomie, mais l'œil; non la colonne, mais la croisée; non le plein, mais le vide. Au douzième et au treizième siècle, la croisée, enfoncée dans la profondeur des murs, comme le solitaire de la Thébaïde dans une grotte de granit, est toute retirée en soi; elle médite et rêve. Peu à peu elle avance du dedans au dehors; elle arrive à la superficie extérieure du mur. Elle rayonne en belles roses mystiques, triomphantes de la gloire céleste. Mais le quatorzième siècle est à peine passé que ces roses s'altèrent; elles se changent en figures flamboyantes; sont-ce des flammes, des cœurs ou des larmes? Tout cela peut-être à la fois.

Même progrès dans l'agrandissement successif de l'Église. L'esprit, quoi qu'il fasse, est toujours mal à l'aise dans sa demeure; il a beau l'étendre[2], la varier, la parer, il n'y peut tenir, il étouffe. Non, tant belle soyez-vous, merveilleuse cathédrale, avec vos tours, vos saints, vos fleurs de pierre, vos forêts de marbre, vos grands christs dans leurs auréoles d'or, vous ne pouvez me contenir. Il faut qu'autour de l'église nous bâtissions de petites églises, qu'elle rayonne de chapelles[3]. Au delà de l'autel, dressons un autel, un sanctuaire derrière le sanctuaire; cachons derrière le chœur la chapelle de la Vierge; il me semble que là nous respirerons mieux; là il y aura des genoux de femme pour que l'homme y pose sa tête qu'il ne peut plus soutenir, un voluptueux repos par delà la croix, l'amour par delà la mort... Mais que cette chapelle est petite encore, comme ces murs font obstacle!... Faudra-t-il donc que le sanctuaire échappe du sanctuaire, que l'arche se replace sous les tentes, sous le pavillon du ciel?

---

1. On donne pour racine au mot *ogive* le mot allemand *aug*, œil; les angles curvilignes ressemblent aux coins de l'œil. (Gilbert.)

2. Au treizième siècle, le chœur devint plus long qu'il n'était comparativement à la nef. On prolongea les collatéraux autour du sanctuaire, et ils furent toujours bordés de chapelles.

3. Ce fut surtout au onzième siècle qu'on employa généralement cette disposition.

Le miracle, c'est que cette végétation passionnée de l'esprit, qui semblait devoir lancer au hasard le caprice de ses jets luxurieux, elle se développa dans une loi régulière. Elle dompta son exubérante fécondité au nombre, au rythme d'une géométrie savante. La géométrie et l'art, le vrai et le beau se rencontrèrent. C'est ainsi qu'on a calculé dans les derniers temps que la courbe la plus propre à faire une voûte solide était justement celle que Michel-Ange avait choisie comme la plus belle, pour le dôme de Saint-Pierre.

Cette géométrie de la beauté éclate dans le type de l'architecture gothique, dans la cathédrale de Cologne[1]; c'est un corps régulier qui a crû dans la proportion qui lui était propre, avec la régularité des cristaux. La croix de l'église normale est strictement déduite de la figure par laquelle Euclide construit le triangle équilatéral[2]. Ce triangle, principe de l'ogive normale, peut s'inscrire à l'arc des voûtes; il tient ainsi l'ogive également éloignée et de la disgracieuse maigreur des fenêtres aiguës du Nord, et du lourd aplatissement des arcades byzantines. Le nombre dix et le nombre douze, avec leurs subdiviseurs et leurs multiples, dominent tout l'édifice. Dix est le nombre humain, celui des doigts; douze le nombre divin, le nombre astronomique; ajoutez-y sept, en l'honneur des sept planètes. Dans les tours[3] et dans tout l'édifice, les parties inférieures dérivent du carré et se subdivisent en octogone; les supérieures, dominées par le triangle, s'exfolient en hexagone, en dodécagone[4]. La colonne a dans le rapport de son diamètre à la hauteur les proportions de l'ordre dorique[5]. La hauteur égale à la largeur de l'arcade, conformément au principe de Vitruve et de Pline. Ainsi dans ce type de l'architecture gothique subsistent les traditions de l'antiquité.

L'arcade jetée d'un pilier à l'autre est large de cinquante

---

1. *App.* 143.

2. Nous empruntons cette observation, et généralement tous les détails qui suivent, à la description de la cathédrale de Cologne, par Boisserée (franç. et allem.), 1823.

3. Les églises métropolitaines avaient des tours; les églises inférieures, seulement des clochers. Ainsi la hiérarchie se conservait jusque dans la forme extérieure de l'église.

4. De plus, le chœur est terminé par cinq côtés d'un dodécagone, et chaque chapelle par trois côtés d'un octogone.

5. Ce rapport est celui de 1 à 6, et de 1 à 7.

pieds. Ce nombre se répète dans tout l'édifice. C'est la mesure de la hauteur des colonnes. Les bas-côtés ont la moitié de la largeur de l'arcade, la façade en a le triple. La longueur totale de l'édifice a trois fois la largeur totale, autrement dit neuf fois la largeur de l'arcade. La largeur du tout est égale à la longueur du chœur et de la nef[1], égale à la hauteur du milieu de la voûte[2]. La longueur est à la hauteur comme deux est à cinq. Enfin l'arcade, les bas-côtés, se reproduisent au dehors dans les contre-forts et les arcs-boutants qui soutiennent l'édifice. Le nombre sept, le nombre des sept dons du Saint-Esprit, des sept sacrements, est aussi celui des chapelles du chœur; deux fois sept, celui des colonnes qui le soutiennent.

Cette prédilection pour les nombres mystiques se retrouve dans toutes les églises. Celle de Reims a 7 entrées; celle de Reims et de Chartres 7 chapelles autour du chœur. Le chœur de Notre-Dame de Paris a 7 arcades. La croisée est longue de 144 pieds (16 fois 9), large de 42 (6 fois 7); c'est aussi la largeur d'une des tours, et le diamètre d'une des grandes roses; les tours de la même église ont 216 pieds (17 fois 12). On y compte 297 colonnes ($297:3=99$, qui, divisé par $3=33$, qui, divisé par $3=11$), et 45 chapelles (5×9). Le clocher qui en surmontait la croisée avait 104 pieds comme la voûte principale. Notre-Dame de Reims a dans son œuvre 408 pieds ($:2$ donne 204, hauteur des tours de Notre-Dame de Paris; $204:17=12$)[3]. Chartres 396 pieds ($:6=66$, qui divisé par $2=33=3\times11$). Les nefs de Saint-Ouen de Rouen et des cathédrales de Strasbourg et de

---

1. Le porche, le carré de la transversale, les chapelles avec le bas-côté qui les sépare du chœur, sont chacun égaux à la largeur de l'arcade principale, et en somme égaux à la largeur totale. La largeur de la transversale, ou croisée, est, avec sa longueur totale, dans le rapport de 2 à 5, et avec la largeur du chœur et de la nef, dans le rapport de 2 à 3.

2. La hauteur des voûtes latérales égale $\frac{2}{5}$ de la largeur totale, c'est-à-dire 2 fois $\frac{150}{5}$ ou 60 pieds. — Pour la voûte du milieu, la largeur dans l'œuvre est à la hauteur dans le rapport de 2 à 7, et pour les voûtes latérales, dans le rapport de 1 à 3. A l'extérieur, la largeur principale de l'église égale la hauteur totale. La longueur est à la hauteur dans le rapport de 2 à 5. Même rapport entre la hauteur de chaque étage et celle de l'ensemble.

3. La longueur extérieure est de 348 p. 8 p.; 438 est divisible par 3, par 2, par 4, par 12; divisé par 12, il donne 365,5, le nombre des jours de l'année plus une fraction, ce qui est un degré encore d'exactitude. — Il y a 36 piliers-butants extérieurs, 34 intérieurs. — L'arcade du milieu est large de 35 pieds; 35 statues, 21 arcades latérales.

Chartres sont toutes les trois de longueur égale (244 pieds). La Sainte-Chapelle de Paris est haute de 110 pieds (110 : 10 = 11), longue de 110, large de 27 (3º puissance de 3)[1].

A qui appartenait cette science des nombres, cette mathématique sacrée ? Au clergé seul ? On l'a cru d'abord. Mais des travaux récents (Vitet, Église de Noyon, etc.) ont établi ce fait très-important, que l'*architecture ogivale*, celle qu'on dit improprement gothique, est due tout entière aux laïques, au génie mystique des maçons. L'*architecture romane*, celle des prêtres, finit au douzième siècle.

Les maçons, cette vaste et obscure association partout répandue, eurent leurs loges principales à Cologne et à Strasbourg. Leur signe aussi ancien que la Germanie, c'était le marteau de Thor. Du marteau païen, sanctifié dans leurs mains chrétiennes, ils continuaient par le monde le grand ouvrage du Temple nouveau, renouvelé du Temple de Salomon. Avec quel soin ils ont travaillé, obscurs qu'ils étaient et perdus dans l'association, avec quelle abnégation d'eux-mêmes, il faut, pour le savoir, parcourir les parties les plus reculées, les plus inaccessibles des cathédrales. Élevez-vous dans ces déserts aériens, aux dernières pointes de ces flèches où le couvreur ne se hasarde qu'en tremblant, vous rencontrerez souvent, solitaires sous l'œil de Dieu, aux coups du vent éternel, quelque ouvrage délicat, quelque chef-d'œuvre d'art et de sculpture, où le pieux ouvrier a usé sa vie. Pas un nom, pas un signe, une lettre : il eût cru voler sa gloire à Dieu. Il a travaillé pour Dieu seul, *pour le remède de son âme*. Un nom qu'ils ont pourtant conservé par une gracieuse préférence, c'est celui d'une vierge qui travailla pour Notre-Dame de Strasbourg ; une partie des sculptures qui couronnnent la prodigieuse flèche, y fut placée par sa faible main [2]. Ainsi dans la légende, le roc que tous les efforts des hommes n'avaient pu ébranler, roule sous le pied d'un enfant [3]. C'est aussi une vierge que la patronne des *maçons*, sainte Catherine, qu'on voit avec sa roue géométrique, sa rose mystérieuse, sur le plan de la

---

1. Nous sommes revenus sur ce point de vue dans l'Introduction du volume sur la *Renaissance*.

2. Sabine de Steinbach, fille d'Erwin de Steinbach qui commença les tours en 1277. (1833.) Il est établi maintenant que la flèche est de 1439. (1860.)

3. C'est la légende du Mont Saint-Michel.

cathédrale de Cologne. Une autre vierge, sainte Barbe, s'y appuie sur sa tour, percée d'une trinité de fenêtres.

Sorti du libre élan mystique, le gothique, comme on l'a dit sans le comprendre, est le genre libre. Je dis libre, et non arbitraire. S'il s'en fût tenu au même type [1], s'il fût resté assujetti par l'harmonie géométrique, il eût péri de langueur. En diverses parties de l'Allemagne, en France, en Angleterre, moins dominé par le calcul et l'idéalisme religieux, il a reçu davantage l'empreinte variée de l'histoire. Nos artistes ont marqué nos églises de leur ardente personnalité [2]; on lit leur nom sur les murs de Notre-Dame de Paris, sur les tombeaux de Rouen [3], sur les pierres tumulaires et les méandres de l'église de Reims [4], L'inquiétude du nom et de la gloire, la rivalité des efforts poussa ces artistes à des actes désespérés. A Caen, à Rouen, on retrouve l'histoire de Dédale tuant son neveu par envie. Vous voyez dans une église de cette dernière ville, sur la même pierre, les figures hostiles et menaçantes d'Alexandre de Berneval et de son disciple poignardé par lui. Leurs chiens, couchés à leurs pieds, se menacent encore. L'infortuné jeune homme, dans la tristesse d'un destin inaccompli, porte sur sa poitrine l'incomparable rose où il eut le malheur de surpasser son maître [5].

Comment compter nos belles églises du treizième siècle ? Je voulais du moins parler de Notre-Dame de Paris [6]. Mais quelqu'un a marqué ce monument d'une telle griffe de lion, que personne désormais ne se hasardera d'y toucher. C'est sa chose

---

1. La voûte du chœur est seule achevée; elle a deux cents pieds de hauteur. M. Boisserée a ajouté à sa *Description* un projet de restauration et d'achèvement, d'après les plans primitifs des architectes qui ont été retrouvés, il y a peu années.

2. On voit Ingelramme diriger les travaux à Notre-Dame de Rouen, et construire le Bec en 1214; Robert de Luzarche bâtir, en 1220, la cathédrale d'Amiens; Pierre de Montereau, l'abbaye de Long-Pont, en 1227; Hugues Lebergier, Saint-Nicaise de Reims, en 1229; Jean Chelle, le portail latéral sud de Notre-Dame, en 1257, etc.

3. Le tombeau de Marcdargent à Saint-Ouen. — 4 *App.* 144.

5. Berneval acheva, vers le commencement du quinzième siècle, la croisée de Saint-Ouen, et fit en 1439 la rose du midi. Son élève fit celle du nord, et surpassa son maître. Berneval le tua, et fut pendu.

6. Alexandre III posa la première pierre de Notre-Dame de Paris, en 1163. La façade principale fut achevée au plus tard en 1223. La nef est également du commencement du treizième siècle.

désormais, c'est son fief, c'est le majorat de Quasimodo. Il a bâti, à côté de la vieille cathédrale, une cathédrale de poésie, aussi ferme que les fondements de l'autre, aussi haute que ses tours. Si je regardais cette église, ce serait comme livre d'histoire, comme le grand registre des destinées de la monarchie. On sait que son portail, autrefois chargé des images de tous les rois de France, est l'œuvre de Philippe-Auguste ; le portail sud-est de saint Louis[1], le septentrional de Philippe-le-Bel[2] ; celui-ci fut fondé de la dépouille des Templiers, pour détourner sans doute la malédiction de Jacques Molay[3]. Ce portail funèbre a dans sa porte rouge le monument de Jean-sans-Peur[4], l'assassin du duc d'Orléans. La grande et lourde église, toute fleurdelisée, appartient à l'histoire plus qu'à la religion. Elle a peu d'élan, peu de ce mouvement d'ascension si frappant dans les églises de Strasbourg et de Cologne. Les bandes longitudinales qui coupent Notre-Dame de Paris, arrêtent l'élan ; ce sont plutôt les lignes d'un livre. Cela raconte au lieu de prier.

Notre-Dame de Paris est l'église de la monarchie ; Notre-Dame de Reims, celle du sacre. Celle-ci est achevée, contre l'ordinaire des cathédrales. Riche, transparente, pimpante dans sa coquetterie colossale, elle semble attendre une fête ; elle n'en est que plus triste, la fête ne revient plus. Chargée et surchargée de sculptures, couverte plus qu'aucune autre des emblèmes du sacerdoce, elle symbolise l'alliance du roi et du prêtre. Sur les rampes extérieures de la croisée batifolent les diables, ils se laissent glisser aux pentes rapides, ils font la moue à la ville, tandis qu'au pied du Clocher-à-l'Ange le peuple est pilorié.

Saint-Denis est l'église des tombeaux ; non pas une sombre et triste nécropole païenne, mais glorieuse et triomphante, toute brillante de foi et d'espoir, large et sans ombre, comme l'âme de saint Louis qui l'a bâtie ; simple au dehors, belle au dedans ; élancée et légère, comme pour moins peser sur les morts. La nef s'élève au chœur par un escalier qui semble attendre le cortège des générations qui doivent monter, descendre, avec la dépouille des rois.

A l'époque où nous sommes parvenus, l'architecture gothique avait atteint sa plénitude, elle était dans la beauté sévère de la

---

1. Il fut commencé en 1257.
2. Il fut commencé en 1312 ou 1313.
3. C'est au Parvis Notre-Dame qu'on le brûla.
4. 1404-19.

virginité, moment court, moment adorable, où rien ne peut rester ici-bas. Au moment de la beauté pure, il en succède un autre que nous connaissons bien aussi. Vous savez, cette seconde jeunesse, quand la vie a déjà pesé, quand la science du bien et du mal perce dans un triste sourire, qu'un pénétrant regard s'échappe des longues paupières ; alors ce n'est pas trop de toutes les fêtes pour donner le change aux troubles du cœur. C'est le temps de la parure et des riches ornements. Telle fut l'église gothique à ce second âge ; elle porta dans sa parure une délicieuse coquetterie. Riches croisées coiffées de triangles imposants [1], charmants tabernacles appendus aux portes, aux tours, comme des chatons de diamants, fine et transparente dentelle de pierre filée au fuseau des fées ; elle alla ainsi de plus en plus ornée et triomphante, à mesure qu'au dedans le mal augmentait. Vous avez beau faire, souffrante beauté, le bracelet flotte autour d'un bras amaigri ; vous savez trop, la pensée vous brûle, vous languissez d'amour impuissant.

L'art s'enfonça chaque jour davantage dans cet amaigrissement. Il s'acharna sur la pierre, s'en prit à elle de la vie qui tarissait, il la creusa, la fouilla, l'amincit, la subtilisa. L'architecture devint la sœur de la scolastique. Elle divisa et subdivisa. Son procédé fut aristotélique, sa méthode celle de saint Thomas. Ce fut comme une série de syllogismes de pierre qui n'atteignaient pas leur conclusion. On trouve de la froideur dans ces raffinements du gothique, dans les subtilités de la scolastique, dans la scolastique d'amour des troubadours et de Pétrarque. C'est ne pas savoir ce que c'est que la passion, combien elle est ingénieuse, opiniâtre, acharnée, subtile et aiguë dans ses poursuites ardentes. Altérée de l'infini dont elle a entrevu la fugitive lueur, elle donne aux sens une vivacité extraordinaire, elle devient un verre grossissant, qui distingue et exagère les moindres détails. Elle le poursuit, cet infini, dans l'imperceptible bulle d'air où flotte un rayon du ciel, elle le cherche dans l'épaisseur d'un beau cheveu blond, dans la dernière fibre d'un cœur palpitant. Divise, divise, scalpel acéré, tu peux percer, déchirer, tu peux fendre le cheveu et trancher l'atome, tu n'y trouveras pas ton Dieu.

En poussant chaque jour plus avant cette ardente poursuite,

---

1. Ces triangles sont l'ornement de prédilection du quatorzième siècle. On les ajouta alors à beaucoup de portes et de croisées du treizième. Voyez celles de Notre-Dame de Paris.

ce que l'homme rencontra, ce fut l'homme même. La partie humaine et naturelle du christianisme se développa de plus en plus et envahit l'Église. La végétation gothique, lassée de monter en vain, s'étendit sur la terre et donna ses fleurs. Quelles fleurs ? des images de l'homme, des représentations peintes et sculptées du christianisme, des saints, des apôtres. La peinture et la sculpture, les arts matérialistes qui reproduisent le fini, étouffèrent peu à peu l'architecture[1] ; celle-ci, l'art abstrait, infini, silencieux, ne put tenir contre ses sœurs plus vives et plus parlantes. La figure humaine varia, peupla la sainte nudité des murs. Sous prétexte de piété, l'homme mit partout son image ; elle y entra comme Christ, comme apôtre ou prophète ; puis en son propre nom, humblement couchée sur les tombeaux ; qui eût refusé l'asile du temple à ces pauvres morts ? Ils se contentèrent d'abord d'une simple dalle, où l'image était gravée ; puis la dalle se souleva, la tombe s'enfla, l'image devint une statue ; puis la tombe fut un mausolée, un catafalque de pierre qui emplit l'église, que dis-je ? ce fut une chapelle, une église elle-même. Dieu, resserré dans sa maison, fut heureux de garder lui-même une chapelle[2].

La puissante colonne grecque, également groupée, porte à son aise un léger fronton ; le faible porte sur le fort ; cela est logique et humain. L'art gothique est surnaturel, surhumain. Il est né de la croyance au miraculeux, au poétique, à l'absurde. Ceci n'est pas une dérision ; j'emprunte le mot de saint Augustin : *Credo quia absurdum*. La maison divine, par cela qu'elle est divine, n'a pas besoin de fortes colonnes ; si elle accepte un appui matériel, c'est pure condescendance ; il lui suffisait du souffle de Dieu. Ces appuis, elle les réduira à rien, s'il est possible. Elle aimera à placer des masses énormes sur de fines colonnettes. Le miracle est évident. Là est pour l'architecture gothique le principe de vie : c'est l'architecture du miracle. Mais c'est aussi son principe de mort. Le jour où l'amour manquera, l'étrangeté, la bizarrerie des formes, ressortiront à loisir, et le

---

1. La peinture sur vitres commence au onzième siècle. *App.* 145.
2. Le croirait-on, Dieu n'a pas eu un seul temple, un seul autel, une seule image du premier au douzième siècle ? Il s'agit, bien entendu, de Dieu le Père, du Créateur. Le moindre moine qui passait saint avait son culte, sa fête, son église. Dieu apparaît pour la première fois à côté du Fils au commencement du treizième siècle et ne siège à la première place qu'en 1360. Voy. *Renaissance*, Introduction. (1860.)

sentiment du beau sera choqué, tout aussi bien que la logique [1].

L'art au service d'une religion de la mort, d'une morale qui prescrit l'annihilation de la chair, doit rencontrer et chérir le laid. La laideur volontaire est un sacrifice, la laideur naturelle une occasion d'humilité. La pénitence est laide, le vice plus laid. Le dieu du péché, le hideux dragon, le diable, est dans l'église, vaincu, humilié; mais enfin il y est. Le génie grec divinise souvent la bête; les lions de Rome, les coursiers du Parthénon sont restés des dieux. Le gothique bestialise l'homme, pour le faire rougir de lui-même, avant de le diviniser. Voilà la laideur chrétienne. Où est la beauté chrétienne ? Elle est dans cette tragique image de macérations et de douleur, dans ce pathétique regard, dans ces bras ouverts pour embrasser le monde. Beauté effrayante, laideur adorable que nos vieux peintres n'ont pas craint d'offrir à l'âme sanctifiée.

Dans tout le gothique, sculpture, architecture, il y avait, avouons-le, quelque chose de complexe, de vieux, de pénible. La masse énorme de l'église s'appuie sur d'innombrables contre-forts [2], laborieusement dressée et soutenue, comme le Christ sur la croix. On fatigue à la voir entourée d'étais innombrables qui donnent l'idée d'une vieille maison qui menace, ou d'un bâtiment inachevé.

Oui, la maison menaçait, elle ne pouvait s'achever. Cet art, attaquable dans sa forme, défaillait aussi dans son principe social. La société d'où il est sorti, était trop inégale et trop injuste. Le régime des castes, si peu atténué qu'il était par le christianisme [3], subsistait encore. L'Église sortie du peuple eut,

---

[1]. L'architecture tomba de la poésie au roman, du merveilleux à l'absurde, lorsqu'elle adopta les culs-de-lampe au quinzième siècle, lorsque les formes pyramidales dirigèrent leurs pointes de haut en bas. Voir les clochers de Saint-Pierre de Caen, qui semblent prêts à vous écraser.

[2]. Ces béquilles architecturales exigent un continuel raccommodage. Ces cathédrales sont d'immenses décorations qu'on ne soutient debout que par des efforts constamment renouvelés. Elles durent parce qu'elles changent pièce à pièce. C'est le vaisseau de Thésée. Voy. *Renaissance*, Introduction. (1860.)

[3]. Qui a supprimé l'esclavage? Personne, car il dure encore. Le christianisme a-t-il transformé l'esclave en serf à la chute de l'empire romain? Non, puisque le servage existait dans l'empire même sous le nom de colonat. Les chrétiens eurent des esclaves tant que cette forme de travail resta la plus productive. Ils en ont encore dans les colonies. Le christianisme prêche la résignation à l'esclave et est l'allié du maître. Voy. *Renaissance*, Introduction. (1860.)

de bonne heure, peur du peuple ; elle s'en éloigna, elle fit alliance avec la féodalité, sa vieille ennemie, puis avec la royauté victorieuse de la féodalité. Elle s'asocia aux tristes victoires de la royauté sur les communes qu'elle-même avait aidées à leur naissance. La cathédrale de Reims porte au pied d'un de ses clochers l'image des bourgeois du quinzième siècle, punis d'avoir résisté à l'établissement d'un impôt[1]. Cette figure du peuple pilorié est un stigmate pour l'Église elle-même. La voix des suppliciés s'élevait avec les chants. Dieu acceptait-il volontiers un tel hommage ? Je ne sais ; mais il semble que des églises bâties par corvées, élevées des dîmes d'un peuple affamé, toutes blasonnées de l'orgueil des évêques et des seigneurs, toutes remplies de leurs insolents tombeaux, devaient chaque jour moins lui plaire. Sous ces pierres il y avait trop de pleurs.

Le moyen âge ne pouvait suffire au genre humain. Il ne pouvait soutenir sa prétention orgueilleuse d'être le dernier mot du monde, la *consommation*. Le temple devait s'élargir. L'humanité devait reconnaître le Christ en soi-même. Cette intuition mystique d'un Christ éternel, renouvelé sans cesse dans l'humanité, elle se représente partout au moyen âge, confuse, il est vrai, et obscure, mais chaque jour acquérant un nouveau degré de clarté. Elle y est spontanée et populaire, étrangère, souvent contraire à l'influence ecclésiastique. Le peuple, tout en obéissant au prêtre, distingue fort bien du prêtre le saint, le Christ de Dieu. Il cultive d'âge en âge, il élève, il épure cet idéal dans la réalité historique. Ce Christ de douceur et de patience, il apparaît dans Louis-le-Débonnaire conspué par les évêques ; dans le bon roi Robert, excommunié par le pape ; dans Godefroi de Bouillon, homme de guerre et gibelin, mais qui meurt vierge à Jérusalem, simple *baron* du Saint-Sépulcre. L'idéal grandit encore dans Thomas de Kenterbury, délaissé de l'Église et mourant pour elle. Il atteint un nouveau degré de pureté en saint Louis, roi prêtre et roi homme. Tout à l'heure l'idéal généralisé va s'étendre dans le peuple ; il va se réaliser au quinzième siècle, non seulement dans l'homme du peuple, mais dans la femme, dans Jeanne-la-Pucelle. Celle-ci, en qui le peuple meurt pour le peuple, sera la dernière figure du Christ au moyen âge.

---

1. Ce sont huit figures de taille gigantesque servant de cariatides. L'un des bourgeois tient une bourse d'où il tire de l'argent, un autre porte des marques de flétrissure ; d'autres, percés de coups, présentent des rôles d'impôts lacérés.

Cette transfiguration du genre humain qui reconnut l'image de son Dieu en soi, qui généralisa ce qui avait été individuel, qui fixa dans un présent éternel ce qu'on avait cru temporaire et passé, qui mit sur la terre un ciel, elle fut la rédemption du monde moderne, mais elle parut la mort du christianisme et de l'art chrétien. Satan poussa sur l'église inachevée un rire d'immense dérision ; ce rire est dans les grotesques du quinzième et du seizième siècle. Il crut avoir vaincu ; il n'a jamais pu apprendre, l'insensé, que son triomphe apparent n'est jamais qu'un moyen. Il ne vit point que Dieu n'est pas moins Dieu, pour s'être fait humanité ; que le temple n'est pas détruit, pour être devenu grand comme le monde.

En attendant, il faut que le vieux monde passe, que la trace du moyen âge achève de s'effacer, que nous voyions mourir tout ce que nous aimions, ce qui nous allaita tout petit, ce qui fut notre père et notre mère, ce qui nous chantait si doucement dans le berceau. C'est en vain que la vieille église gothique élève toujours au ciel ses tours suppliantes, en vain que ses vitraux pleurent, en vain que ses saints font pénitence dans leurs niches de pierre... « Quand le torrent des grandes eaux déborderait, elles n'arriveront pas jusqu'au Seigneur... » Ce monde condamné s'en ira avec le monde romain, le monde grec, le monde oriental. Il mettra sa dépouille à côté de leur dépouille. Dieu lui accorde tout au plus, comme à Ézéchias, un tour de cadran. (1833.)

J'ai tiré ce volume, en grande partie, des Archives nationales. Un mot seulement sur ces Archives, sur les fonctions qui ont fait à l'auteur un devoir d'approfondir l'histoire de nos antiquités, sur le paisible théâtre de ses travaux, sur le lieu qui les a inspirés. Son livre, c'est sa vie.

Le noyau des Archives est le Trésor des chartes et la collection des registres du Parlement. Le Trésor des chartes, et la partie de beaucoup la plus considérable des Archives (section historique, domaniale et topographique, législative et administrative), occupent au Marais le triple hôtel de Clisson, Guise et Soubise; antiquité dans l'antiquité, histoire dans l'histoire. Une tour du quatorzième siècle garde l'entrée de la royale colonnade du palais des Soubise. On s'explique en entrant la fière devise des Rohan, leurs aïeux : « Roi ne puis, prince ne daigne, Rohan suis. »

Le *Trésor des chartes* contient dans ses registres la suite des actes du gouvernement depuis le treizième siècle, dans ses chartes, les actes diplomatiques du moyen âge, entre autres ceux qui ont amené la réunion des diverses provinces, les titres d'acquisition de la monarchie, ce qui constituait, comme on le disait, *les droits du roi*. C'était le vieil arsenal dans lequel nos rois prenaient des armes pour battre en brèche la féodalité. Fixé à Paris par Philippe-Auguste, ce dépôt fut confié tantôt au garde des sceaux, tantôt à un simple clerc du roi, à un chanoine de la Sainte-Chapelle, en dernier lieu au procureur général. Parmi ces *trésoriers des chartes*, il faut citer un Budé, deux de Thou[1]. Les destinées de ce précieux dépôt ne furent autres que

---

1. Voir la notice du Du Puy, sur l'*Histoire du Trésor des chartes*, manuscrit in-4° de la bibliothèque du Roi; imprimé à la fin de son livre sur les *Droits du Roy*. (1655.) Voy. aussi Bonamy, dans les *Mémoires de l'Académie des Inscriptions*.

celles de la monarchie. Chaque fois que l'autorité royale prit plus de nerf et de ressort, on s'inquiéta du Trésor des chartes; véritable trésor, en effet, où l'on trouvait des titres à exploiter, où l'on pêchait des terres, des châteaux, mainte fois des provinces. Les fils de Philippe-le-Bel, cette génération avide, firent faire le premier inventaire. Charles V, bon clerc et vrai prud'homme, quand la France, après les guerres des Anglais, se cherchait elle-même, visita le Trésor et s'affligea de la confusion qui s'y était mise (1371); le trésor était comme la France. Sous Louis XI, nouvel inventaire, autre sous Charles VIII. Sous Henri III, le désordre est au comble. De savants hommes y aident : Brisson et du Tillet, *qui travaillent pour le roi*, emportent et dissipent les pièces. Du Tillet écrivait alors son grand ouvrage de la *France ancienne*, dont il a imprimé diverses parties. Mais cet inventaire des droits de la monarchie ne fut fait que sous Richelieu. Personne ne sut comme lui enrichir et exploiter les Archives : par toute la France il rasait les châteaux et il rassemblait les titres; ce fut un grand et admirable collecteur d'antiquités en ce genre. Les limiers qu'il employa à cette chasse de diplomatique, les Du Puy, les Godefroi, les Galand, les Marca, poursuivirent infatigablement son œuvre, réunissant, cataloguant, interprétant. Un des principaux fruits de ce travail est le livre des *Droits du roy*, de Pierre Du Puy. C'est un savant et curieux livre, étonnant d'érudition et de servilisme intrépide. Vous verrez là que nos rois sont légitimes souverains de l'Angleterre, qu'ils ont toujours possédé la Bretagne; que la Lorraine, dépendance originaire du royaume *français* d'Austrasie et de Lotharingie, n'a passé aux empereurs que par usurpation, etc. Une telle érudition était précieuse pour le ministre déterminé à compléter la centralisation de la France. Du Puy allait, fouillant les archives, trouvant des titres inconnus, colorant les acquisitions plus ou moins légitimes; l'archiviste conquérant marchait devant les armées. Ainsi quand on voulut mettre la main sur la Lorraine, Du Puy fut envoyé aux archives des Trois-Évêchés; puis le duc fut sommé de montrer ses titres. Le Languedoc fut de même défié par Galand de prouver par écrit son droit de franc-aleu, de propriété libre. On alléguait en vain les droits anciens, la tradition, la possession immémoriale; nos archivistes voulaient des écrits.

Ce magasin de procès politiques, ce dépôt de tant de droits douteux, notre Trésor des chartes était environné d'un formidable mystère. Il fallait une lettre de cachet au trésorier des chartes pour avoir droit de le consulter, et cette charge de trésorier finit par être réunie à celle de procureur général au Parlement de Paris. M. d'Aguesseau provoqua le bannissement à trente lieues de Paris contre un homme qui était parvenu à se procurer quelques copies de pièces déposées au Trésor des chartes et qui en faisait trafic [1].

La confiscation monarchique avait fait le Trésor des chartes; la confiscation révolutionnaire a fait nos archives telles que nous les avons aujourd'hui. Au vieux Trésor des chartes, prescrit désormais, sont venus se joindre ses frères, les trésors de Saint-Denis, de Saint-Germain-des-Prés et de tant d'autres monastères. Les vénérables et fragiles papyri, qui portent encore les noms de Childebert, de Clotaire, sont sortis de leur asile ecclésiastique et sont venus comparaître à cette grande revue des morts. Dans cette concentration violente et rapide de tant de titres, beaucoup périrent, beaucoup furent détruits : les parchemins eurent aussi leur tribunal révolutionnaire sous le titre de *Bureau du triage des titres*. La confiscation révolutionnaire ne s'appuyant pas sur l'autorité des textes, des titres écrits, comme la confiscation monarchique, n'avait que faire de ces parchemins. Son titre unique était le *Contrat social*, comme le *Coran* pour celui qui brûla la bibliothèque d'Alexandrie.

Si la Révolution servit peu la science par l'examen et la critique des monuments, elle la servit beaucoup par l'immense concentration qu'elle opéra. Elle secoua vivement toute cette poussière : monastères, châteaux, dépôts de tout genre, elle vida tout, versa tout sur le plancher, réunit tout. Le dépôt du Louvre, par exemple, était comble de papiers, les fenêtres mêmes étaient obstruées, tandis que l'archiviste louait plusieurs pièces à l'Académie. Si l'on voulait faire des recherches, il fallait de la chandelle en plein midi. La Révolution, une fois pour toutes, y porta le jour.

Les Du Puy, les Marca de cette seconde époque (je parle seulement de la science) furent deux députés de la Convention : MM. Camus et Daunou. M. Camus, gallican comme son prédécesseur Du Puy, servit la république avec la même passion que Du Puy la monarchie. M. Daunou, successeur de M. Camus, fut, à proprement parler, le fondateur des Archives, et à cette époque les archives de France devenaient celles du monde. Cette prodi-

---

[1] Voir les lettres originales de d'Aguesseau, en tête d'une copie de l'inventaire du Trésor des chartes, à la Bibliothèque du Roi, fonds de Clairambault.

gieuse classification lui appartient. C'était alors un glorieux temps pour les Archives. Pendant que M. Daru ouvrait, pour la première fois, les mystérieux dépôts de Venise, M. Daunou recevait les dépouilles du Vatican. D'autre part du Nord et du Midi, arrivaient à l'hôtel Soubise les archives d'Allemagne, d'Espagne et de Belgique; deux de nos collègues étaient allés chercher celles de Hollande.

Aujourd'hui les Archives de la France ne sont plus celles de l'Europe. On distingue encore sur les portes de nos salles la trace des inscriptions qui nous rappellent nos pertes : Bulles, Daterie, etc. Toutefois, il nous reste encore environ cent cinquante mille cartons. Quoique les provinces refusent de laisser réunir leurs archives, quoique même plusieurs ministères continuent de garder les leurs, l'encombrement finira par les décider à se dessaisir. Nous vaincrons, car nous sommes la mort, nous en avons l'attraction puissante; toute révolution se fait à notre profit. Il nous suffit d'attendre : « Patiens, quia æternus. »

Nous recevons tôt ou tard les vaincus et les vainqueurs. Nous avons la monarchie bel et bien enclose de l'alpha à l'oméga; la charte de Childebert à côté du testament de Louis XVI; nous avons la République dans notre armoire de fer, clefs de la Bastille[1], minute des Droits de l'homme, urne des députés, et la grande machine républicaine, le coin des assignats. Il n'y a pas jusqu'au pontificat qui ne nous ait laissé quelque chose; le pape nous a repris ses archives, mais nous avons gardé par représailles les brancards sur lesquels il fut porté au sacre de l'empereur. A côté de ces jouets sanglants de la Providence, est placé l'immuable étalon des mesures que chaque année l'on vient consulter. La température est invariable aux Archives.

Pour moi, lorsque j'entrai la première fois dans ces catacombes manuscrites, dans cette admirable nécropole des monuments nationaux, j'aurais dit volontiers, comme cet Allemand entrant au monastère de Saint-Vannes : « Voici l'habitation que j'ai choisie et mon repos aux siècles des siècles ! »

Toutefois je ne tardai pas à m'apercevoir, dans le silence apparent de ces galeries, qu'il y avait un mouvement, un murmure qui n'était pas de la mort. Ces papiers, ces parchemins

---

1. Ces divers objets ont été déposés aux Archives en vertu des décrets de nos Assemblées républicaines.

laissés là depuis longtemps ne demandaient pas mieux que de revenir au jour. Ces papiers ne sont pas des papiers, mais des vies d'hommes, de provinces, de peuples. D'abord, les familles et les fiefs, blasonnés dans leur poussière, réclamaient contre l'oubli. Les provinces se soulevaient, alléguant qu'à tort la centralisation avait cru les anéantir. Les ordonnances de nos rois prétendaient n'avoir pas été effacées par la multitude des lois modernes. Si on eût voulu les écouter tous, comme disait ce fossoyeur au champ de bataille, il n'y en aurait pas eu un de mort. Tous vivaient et parlaient, ils entouraient l'auteur d'une armée à cent langues que faisait taire rudement la grande voie de la République et de l'Empire.

Doucement, messieurs les morts, procédons par ordre, s'il vous plaît. Tous, vous avez droit sur l'histoire. L'individuel est beau comme individuel, le général comme général; le Fief a raison, la Monarchie davantage, encore plus la République!... La province doit revivre; l'ancienne diversité de la France sera caractérisée par une forte géographie. Elle doit reparaître, mais à condition de permettre que, la diversité s'effaçant peu à peu, l'identification du pays succède à son tour. Revive la monarchie, revive la France! Qu'un grand essai de classification serve une fois de fil en ce chaos. Une telle systématisation servira, quoique imparfaite. Dût la tête s'emboîter mal aux épaules, la jambe s'agencer mal à la cuisse, c'est quelque chose de revivre.

Et à mesure que je soufflais sur leur poussière, je les voyais se soulever. Ils tiraient du sépulcre qui la main, qui la tête, comme dans le *Jugement dernier* de Michel-Ange, ou dans la *Danse des morts*. Cette danse galvanique qu'ils menaient autour de moi, j'ai essayé de la reproduire en ce livre. Quelques-uns peut-être ne trouveront cela ni beau ni vrai; ils seront choqués surtout de la dureté des oppositions provinciales que j'ai signalées. Il me suffit de faire observer aux critiques qu'il peut fort bien se faire qu'ils ne reconnaissent point leurs aïeux, que nous avons entre tous les peuples, nous autres Français, ce don que souhaitait un ancien, le don d'oublier. Les chants de Roland et de Renaud, etc., ont certainement été populaires; les fabliaux leur ont succédé; et tout cela était déjà si loin au seizième siècle, que Joachim Du Bellay dit en propres termes : « Il n'y a, dans notre vieille littérature, que le *Roman de la Rose*. » Du temps de Du Bellay, la France a été Rabelais, plus tard Voltaire. Rabelais est maintenant dans le domaine de l'érudition. Voltaire est déjà moins lu. Ainsi va ce peuple se transformant et s'oubliant lui-même.

La France une et identifiée aujourd'hui peut fort bien renier cette vieille France hétérogène que j'ai décrite. Le Gascon ne voudra pas reconnaître la Gascogne, ni le Provençal la Provence. A quoi je répondrai qu'il n'y a plus ni Provence, ni Gascogne, mais une France. Je la donne aujourd'hui, cette France, dans la diversité de ses vieilles originalités de provinces. Les derniers volumes de cette histoire la présenteront dans son unité (1833).

APPENDICE

1 — page 4 — *En latitude, les zones de la France se marquent par leurs produits...*

Arthur Young, *Voyage agronomique*, t. II de la traduction, p. 189 : « La France peut se diviser en trois parties principales, dont la première comprend les vignobles; la seconde, le maïs; la troisième, les oliviers. Ces plants forment les trois districts : 1° du Nord, où il n'y a pas de vignobles; 2° du Centre, où il n'y a pas de maïs; 3° du Midi, où l'on trouve les vignes, les oliviers et le maïs. La ligne de démarcation entre les pays vignobles et ceux où l'on ne cultive pas la vigne, est, comme je l'ai moi-même observé, à Coucy, à trois lieues du nord de Soissons; à Clermont dans le Beauvoisis, à Beaumont dans le Maine, et à Herbignai près Guérande, en Bretagne. » — Cette limitation, peut-être trop rigoureuse, est pourtant généralement exacte.

Le tableau suivant des importations dont le règne végétal s'est enrichi en France, donne une haute idée de la variété infinie de sol et de climat qui caractérise notre patrie :

« Le verger de Charlemagne, à Paris, passait pour unique, parce qu'on y voyait des pommiers, des poiriers, des noisetiers, des sorbiers et des châtaigniers. La pomme de terre, qui nourrit aujourd'hui une si grande partie de la population, ne nous est venue du Pérou qu'à la fin du seizième siècle. Saint Louis nous a apporté la renoncule inodore des plaines de la Syrie. Des ambassadeurs employèrent leur autorité à procurer à la France la renoncule des jardins. C'est à la croisade du trouvère Thibault, comte de Champagne et de Brie, que Provins doit ses jardins de roses. Constantinople nous a fourni le marronnier d'Inde au commencement du dix-septième siècle. Nous avons longtemps envié à la Turquie la tulipe, dont nous possédons maintenant neuf cents espèces plus belles que celles des autres pays. L'orme était à peine connu en France avant François Ier, et l'artichaut avant le seizième siècle. Le mûrier n'a été planté dans nos climats qu'au milieu du quatorzième siècle. Fontainebleau est redevable de ses chasselas délicieux à l'île de Chypre. Nous sommes allés chercher le saule pleureur aux environs de Babylone; l'acacia dans la Virginie; le frêne noir et le thuya, au Canada; la belle-de-nuit, au Mexique; l'héliotrope, aux Cordillières; le réséda en Égypte; le millet altier, en Guinée; le ricin et le micocoulier, en Afrique; la grenadille et le topinambour, au Brésil; la gourde et l'agave, en Amérique; le tabac, au Mexique; l'amomon, à Madère; l'angélique, aux montagnes de la Laponie; l'hémérocalle jaune, en Sibérie; la balsamine, dans l'Inde; la tubéreuse, dans l'île de Ceylan; l'épine-vinette et le chou-fleur, dans l'Orient; le raifort, à la Chine; la rhubarbe, en Tartarie; le blé sarrasin, en Grèce; le lin de la Nouvelle-Zélande, dans les terres australes. » Depping (*Description de la France*, t. I, p. 51).— V. aussi de Candolle, sur la *Statistique végétale de la France*, et A. de Humboldt, *Géographie botanique*.

2 — page 7 — *Le génie de la Bretagne*, etc...

Il a percé bien loin sur une ligne droite, sans regarder à droite ni à gauche; et la première conséquence de cet idéalisme qui semblait donner tout à l'homme, fut, comme on le sait, l'anéantissement de l'homme dans la vision de Malebranche et le panthéisme de Spinoza.

3 — page 8 — *Saint-Malo et Nantes*, etc...

Ce sont deux faits que je constate. Mais que ne faudrait-il pas ajouter si l'on voulait rendre justice à ces deux villes, et leur payer tout ce que leur doit la France?

Nantes a encore une originalité qu'il faut signaler : la perpétuité des familles commerçantes, les fortunes lentes et honorables, l'économie et l'esprit de famille; quelque âpreté dans les affaires, parce qu'on veut faire honneur à ses engagements. Les jeunes gens s'y observent, et les mœurs y valent mieux que dans aucune ville maritime.

4 — page 11, note 3 — *Dans les Hébrides et autres îles*, etc...

V. Tolland's Letters, p. 2-3 et Martin's Hebrides, etc. Naguère encore, le paysan qui voulait se marier demandait femme au lord de Barra, qui régnait dans ces îles depuis trente-cinq générations. Solin, c. XXII, assure déjà que le roi des Hébrides n'a point de femmes à lui, mais qu'il use de toutes.

5 — page 14 et note — *Superstitions bretonnes...*
D'autres se découvrent quand l'étoile de Vénus se lève (Cambry, I, 193). — Le respect des lacs et des fontaines s'est aussi conservé : ils y apportent à certain jour du beurre et du pain. (Cambry, III, 35. Voy. aussi Depping, I, 76.) — Jusqu'en 1788, à Lesneven, on chantait solennellement, le premier jour de l'an : Guy-na-né. (Cambry, II, 26.) — Dans l'Anjou, les enfants demandaient leurs étrennes, en criant : Ma guillanneu (Bodin, *Recherches sur Saumur*). — Dans le département de la Haute-Vienne en criant : Gui-gne-leu. — Il y a peu d'années que dans les Orcades la fiancée allait au temple de la Lune, et y invoquait Woden (? Logan, II, 360.) — La fête du Soleil se célébrerait encore dans un village du Dauphiné, selon M. Champollion-Figeac (*Sur les Dialectes du Dauphiné*, p. 11). — Aux environs de Saumur, on allait, à la Trinité, voir paraître *trois soleils*. — A la Saint-Jean, on allait voir danser le soleil levant. (Bodin, *loco citato.*) — Les Angevins appelaient le soleil *Seigneur*, et la lune *Dame*. (Idem, *Recherches sur l'Anjou*, I, 86.)

6 — page 16 — *Un mot profond a été dit sur la Vendée*, etc...
Témoignage de M. le capitaine Galleran, à la cour d'assises de Nantes, octobre 1832.

7 — page 18 — *Le dolmen de Saumur...*
C'est une espèce de grotte artificielle de quarante pieds de long sur dix de large et huit de haut, le tout formé de onze pierres énormes. Ce dolmen, placé dans la vallée, semble répondre à un autre qu'on aperçoit sur une colline. J'ai souvent remarqué cette disposition dans les monuments druidiques, par exemple, à Carnac.

8 — page 21 — *L'abbaye de Fontevrault...*
En 1821, il restait de l'abbaye trois cloîtres, soutenus de colonnes et de pilastres, cinq grandes églises, et plusieurs statues, entre autres celle de Henri II. Le tombeau de son fils, Richard Cœur-de-Lion, avait disparu.

9 — page 22 — *Le Poitou, le pays du mélange, des mulets...*
Les mules du Poitou sont recherchées par l'Auvergne, la Pro-

vence, le Languedoc, l'Espagne même. — La naissance d'une mule est plus fêtée que celle d'un fils. — Vers Mirebeau, un âne étalon vaut jusqu'à 3,000 francs. (Dupin, *Statistique des Deux-Sèvres*.)

Des vipères...

Les pharmaciens en achetaient beaucoup dans le Poitou. — Poitiers envoyait autrefois ses vipères jusqu'à Venise. (*Stat. de la Vendée*, par l'ingénieur La Bretonnière.)

10 — page 25 — *Vers La Rochelle, une petite Hollande, etc...*

Le marais méridional est tout entier l'ouvrage de l'art. La difficulté à vaincre, c'était moins le flux de la mer que les débordements de la Sèvre. — Les digues sont souvent menacées. — Les *cabaniers* (habitants de fermes appelées *cabanes*) marchent avec des bâtons de douze pieds pour sauter les fossés et les canaux. — Le *Marais mouillé*, au delà des digues, est sous l'eau tout l'hiver. (La Bretonnière.) — Noirmoutiers est à douze pieds au-dessous du niveau de la mer, et on trouve des digues artificielles sur une longueur de onze mille toises. — Les Hollandais desséchèrent le *marais du Petit-Poitou*, par un canal appelé *Ceinture des Hollandais*. (*Statistique* de Peuchet et Chanlaire. Voyez aussi la *Description de la Vendée*, par M. Cavoteau, 1812.)

11 — page 26 — *Le pape protégea La Rochelle contre les seigneurs...*

Raymond Perraud, né à La Rochelle, évêque et cardinal, homme actif et hardi, obtint en 1502, pour les Rochellois, des bulles qui défendent à tout juge forain de les citer à son tribunal.

12 — page 27 — *La Vendée qui a quatorze rivières, et pas une navigable...*

Voy. *Statist. du départ. de la Vienne*, par le préfet Cochon, an X. — Dès 1537, on proposa de rendre la Vienne navigable jusqu'à Limoges; depuis, de la joindre à la Corrèze qui se jette dans la Dordogne; elle eût joint Bordeaux et Paris par la Loire; mais la Vienne a trop de rochers. — On pourrait rendre le Clain navigable jusqu'à Poitiers, de manière à continuer la navigation de la Vienne. Châtellerault s'y est opposé par jalousie contre Poitiers. — Si la Charente devenait navigable jusqu'au-dessus de Civray, cette navigation, unie au Clain par un canal, ferait communiquer en temps de guerre Rochefort, la Loire et Paris. — Voy. aussi Texier, *Haute-Vienne;* et La Bretonnière, *Vendée.*

N'était ni plus religieuse ni plus royaliste que bien d'autres provinces frontières...

J'ai déjà cité le mot remarquable de M. le capitaine Galleran. — Genoude, *Voyage en Vendée*, 1821 : « Les paysans disent : Sous le règne de M. Henri (de Larochejaquelein). » — Ils appelaient *patauds* ceux des leurs qui étaient républicains. Pour dire le bon français, ils disaient *le parler noblat*. — Les prêtres avaient peu de propriétés dans la Vendée ; toutes les forêts nationales, dit La Bretonnière (p. 6), proviennent du comte d'Artois ou des émigrés ; une seule, de cent hectares, appartenait au clergé.

13 — page 29 — *Dans les montagnes d'Auvergne...*

L'hiver, ils vivent dans l'étable, et se lèvent à huit ou neuf heures. (Legrand d'Aussy, p. 283.) Voy. divers détails de mœurs, dans les *Mémoires* de M. le comte de Montlosier, 1ᵉʳ vol. — Consulter aussi l'élégant tableau du Puy-de-Dôme par M. Duché ; les curieuses Recherches de M. Gonod sur les antiquités de l'Auvergne ; Delarbre, etc.

14 — page 31 — *Le Rouergue...*

C'est, je crois, le premier pays de France qui ait payé au roi (Louis VII) un droit pour qu'il y fît cesser les guerres privées. Voy. le *Glossaire* de Laurière, t. I, p. 164, au mot *Commun de paix*, et la Décrétale d'Alexandre III sur le premier canon du concile de Clermont, publié par Marca. — Sur le Rouergue, voyez Peuchet et Chanlaire, *Statistique de l'Aveyron*, et surtout l'estimable ouvrage de M. Monteil.

15 — page 34 — *Dans les Landes les troupeaux de moutons noirs*, etc...

Millin, t. IV, p. 347. — On trouve aussi beaucoup de moutons noirs dans le Roussillon (Voy. Young, t. II, p. 59) et en Bretagne. Cette couleur n'est pas rare dans les taureaux de la Camargue.

Vous les rencontrez montant des plaines, etc...

Arthur Young, t. III, p. 83. — En Provence, l'émigration des moutons est presque aussi grande qu'en Espagne. De la Crau aux montagnes de Gap et de Barcelonnette, il en passe un million, par troupeaux de dix mille à quarante mille. La route est de vingt à trente jours. (Darluc, *Hist. nat. de Provence*, 1782, p. 303, 329.) — *Statistique de la Lozère*, par M. Jerphanion, préfet de ce département, an X, p. 31 : « Les moutons quittent les basses Cévennes et les plaines du Languedoc vers la fin de floréal, et arrivent sur les montagnes de la Lozère et de la Margéride, où ils vivent pendant l'été. Ils regagnent le bas Languedoc au retour des frimas. » — Laboulinière, I, 245 : Les troupeaux des Pyrénées émigrent l'hiver jusque dans les landes de Bordeaux.

En Espagne, sous la protection de la compagnie de la Mesta, etc...

A year in Spain, by an American, 1832 : Au seizième siècle, les troupeaux de la *Mesta* se composaient d'environ sept millions de têtes. Tombés à deux millions et demi au commencement du dix-septième, ils remontèrent sur la fin à quatre millions, et maintenant ils s'élèvent à cinq millions, à peu près la moitié de ce que l'Espagne possède de bétail. — Les bergers sont plus redoutés que les voleurs même ; ils abusent sans réserve du droit de traduire tout citoyen devant le tribunal de l'association, dont les décisions ne manquent jamais de leur être favorables. La *Mesta* emploie des *alcades*, des *entregadors*, des *achagueros*, qui, au nom de la corporation, harcèlent et accablent les fermiers.

16 — page 36 — *L'escalier colossal des Pyrénées*, etc...

Dralet, I, 5, — Ramond : « Au midi tout s'abaisse tout d'un coup et à la fois. C'est un précipice de mille à onze cents mètres, dont le fond est le sommet des plus hautes montagnes de cette partie de l'Espagne. Elles dégénèrent bientôt en collines basses et arrondies, au delà desquelles s'ouvre l'immense perspective des plaines de l'Aragon. Au nord, les montagnes primitives s'enchaînent étroitement et forment une bande de plus de quatre myriamètres d'épaisseur... Cette bande se compose de sept ou huit rangs, de hauteur graduellement décroissante. » Cette description, contredite par M. Laboulinière, est confirmée par M. Élie de Beaumont. L'axe granitique des Pyrénées est du côté de la France.

17 — page 38 — *Comparez les deux versants*, etc...

Dralet, II, p. 197 : « Le territoire espagnol, sujet à une évaporation considérable, a peu de pâturages assez gras pour nourrir les bêtes à cornes ; et comme les ânes, les mules et mulets se contentent d'une pâture moins succulente que les autres animaux destinés aux travaux de l'agriculture, ils sont généralement employés par les Espagnols pour le labourage et le transport des denrées. Ce sont nos départements limitrophes et l'ancienne province de Poitou qui leur fournissent ces animaux ; et la quantité en est considérable. Quant aux animaux destinés aux boucheries, c'est nous qui en approvisionnons aussi les provinces septentrionales, particulièrement la Catalogne et la Biscaye. La ville seule de Barcelone traite avec des fournisseurs français pour lui fournir chaque jour cinq cents moutons, deux cents brebis, trente bœufs, cinquante boucs châtrés, et elle reçoit en outre plus de six mille cochons qui partent de nos départements méridionaux pendant l'automne de chaque année. Ces fournitures coûtent à la ville de Barcelone deux millions huit cent mille francs par an, et l'on peut évaluer à une pareille somme celles que nous faisons aux autres villes de la Catalogne. La Catalogne paie en piastres et quadruples, en huile et lièges, en bouchons. » Les choses ont dû, toutefois, changer beaucoup depuis l'époque où écrivait Dralet (1812).

18 — page 38 — *Aux foires de Tarbes*, etc...

Arthur Young, t. I, p. 57 et 116 : « Nous rencontrâmes des montagnards *qui me rappelèrent ceux d'Écosse;* nous avions commencé par en voir à Montauban. Ils ont des bonnets ronds et plats, et de grandes culottes. » — « On trouve des flûteurs, des bonnets bleus, et de la farine d'avoine, dit sir James Stewart, en Catalogne, en Auvergne et en Souabe, ainsi qu'à Lochabar. » — Toutefois, indépendamment de la différence de race et de mœurs, il y en a une autre essentielle entre les montagnards d'Écosse et ceux des Pyrénées : c'est que ceux-ci sont plus riches, et sous quelques rapports plus policés que les diverses populations qui les entourent.

Le Béarnais et le Basque...

Iharce de Bidassouet, Cantabres et Basques, 1825, in-8° : « Le peuple basque, qui a conservé avec ses pâturages le moyen d'amender ses champs, et avec ses chênes celui de nourrir une multitude infinie de cochons, vit dans l'abondance, tandis que dans la majeure partie des Pyrénées... » — Laboulinière, t. III, p. 416 :

> Bearnes
> Faus et courtes.
> Bigordan
> Pir que can.

« Le Béarnais est réputé avoir plus de finesse et de courtoisie que le Bigordan, qui l'emporterait pour la franchise et la simple droiture mêlée d'un peu de rudesse. » — Dralet, I, 170 : « Ces deux peuples *ont d'ailleurs peu de ressemblance*. Le Béarnais, forcé par les neiges de mener ses troupeaux dans les pays de plaine, y polit ses mœurs et perd de sa rudesse naturelle. Devenu fin, dissimulé et curieux, il conserve néanmoins sa fierté et son amour de l'indépendance... Le Béarnais est irascible et vindicatif autant que spirituel;

mais la crainte de la flétrissure et de la perte de ses biens le fait recourir aux moyens judiciaires pour satisfaire ses ressentiments. Il en est de même des autres peuples des Pyrénées, depuis le Béarn jusqu'à la Méditerranée : tous sont plus ou moins processifs, et l'on ne voit nulle part autant d'hommes de loi que dans les villes du Bigorre, du Comminges, du Conserans, du comté de Foix et du Roussillon, qui sont bâties le long de cette chaîne de montagnes. »

19 — page 41 — *Quantité de hameaux ont quitté les hautes vallées faute de bois de chauffage...*

Dralet, II, 105. Les habitants allaient voler du bois jusqu'en Espagne. — Il y a de fortes amendes pour quiconque couperait une branche d'arbre dans une grande forêt qui domine Cauterets, et la défend des neiges. — Diodore de Sicile disait déjà (lib. II) : « Pyrénées vient du mot grec *pur* (feu), parce qu'autrefois, le feu ayant été mis par les bergers, toutes les forêts brûlèrent. » — Procès-verbal du 8 mai 1670 : « Il n'y a aucune forêt qui n'ait été incendiée à diverses reprises par la malice des habitants, ou pour faire convertir les bois en prés ou terrains labourables. »

20 — page 43, note 2 — *Le Cers, etc...*

Senec. Quæst. natur. l. III, c. xi : « Infestat..... Galliam Circius : cui ædificia quassanti, tamen incolæ gratias agunt, tanquam salubritatem cœli sui debeant ei. Divus certe Augustus templum illi, quum in Gallia moraretur, et vovit et fecit. »

21 — page 45 — *Les deux Chénier...*

Les deux Chénier naquirent à Constantinople, où leur père était consul général ; mais leur famille était de Limoux, et leurs aïeux avaient occupé longtemps la place d'inspecteur des mines de Languedoc et de Roussillon.

22 — page 48 — *Ils ont préféré les figues fiévreuses de Fréjus...*

Millin, II, 487. Sur l'insalubrité d'Arles, id., III, 645. — Papon, I, 20, proverbe : Avenio ventosa, sine vento venenosa, cum vento fastidiosa. — En 1213, les évêques de Narbonne, etc., écrivent à Innocent III qu'un concile provincial ayant été convoqué à Avignon, « multi ex prælatis, quia generalis corruptio aeris ibi erat, nequivimus colloquio interesse ; sicque factum est ut necessario negotium differetur. » (Epist. Innoc. III, éd. Baluze, II, 762.) Il y eut des lépreux à Martigues jusqu'en 1731 ; à Vitrolles, jusqu'en 1807.

En général, les maladies cutanées sont communes en Provence. (Millin, IV, 35.)

Les marais pontins de la Provence...

Il y a quatre cent mille arpents de marais.(Peuchet et Chanlaire, *Statistique des Bouches-du-Rhône.*) Voy. aussi la *Grande Statistique* de M. de Villeneuve, 4 vol. in-4°. — Les marais d'Hyères rendent cette ville inhabitable l'été; on respire la mort avec les parfums des fruits et des fleurs. De même à Fréjus. (*Statistique du Var,* par Fauchet, préfet, an IX, p. 52, sqq.)

23 — page 49 — *Le Rhône symbole de la contrée...*

On trouve le long de tout le cours du Rhône des traces du culte sanguinaire de Mithra. On voit à Arles, à Tain et à Valence des autels tauroboliques; un autre à Saint-Andéol. A la Bâtie-Mont-Saléon, ensevelie par la formation d'un lac, et déterrée en 1804, on a trouvé un groupe mithriaque. — A Fourvières, on a trouvé un autel mithriaque consacré à Adrien ; il y en a encore un autre à Lyon consacré à Septime-Sévère. (Millin, *passim.*)

Page 52 et note 1 — *Le drac, la tarasque...*

Millin, III, 453. Cette fête se retrouve, je crois, en Espagne. — L'Isère est surnommée le *serpent*, comme le Drac le *dragon ;* tous deux menacent Grenoble :

> Le serpent et le dragon
> Mettront Grenoble en savon.

— A Metz, on promène le jour des Rogations un dragon qu'on nomme le *graouilli ;* les boulangers et les pâtissiers lui mettent sur la langue des petits pains et des gâteaux. C'est la figure d'un monstre dont la ville fut délivrée par son évêque, saint Clément. — A Rouen, c'est un mannequin d'osier, la *gargouille*, à qui on remplissait autrefois la gueule de petits cochons de lait. Saint Romain avait délivré la ville de ce monstre, qui se tenait dans la Seine, comme saint Marcel délivra Paris du monstre de la Bièvre, etc.

24 — page 51 — *Fréjus...*

« Cette ville devient plus déserte chaque jour, et les communes voisines ont perdu, depuis un demi-siècle, neuf dixièmes de leur population. » (Fauchet, an IX, *loc. cit.*)

25 — page 52 et note 1 — *Fidélité du peuple provençal aux vieux usages...*

Millin, III, 346. La fête patronale de chaque village s'appelle

Romna-Vagi, et par corruption *Romerage*, parce qu'elle précédait souvent un voyage de Rome que le seigneur faisait ou faisait faire (?) — Millin, III, 336. C'est à Noël qu'on brûle le *caligneau* ou *calandeau*; c'est une grosse bûche de chêne qu'on arrose de vin et d'huile. On criait autrefois en la plaçant : *Calene ven, tout ben ven*, calende vient, tout va bien. C'est le chef de la famille qui doit mettre le feu à la bûche; la flamme s'appelle *caco fuech*, feu d'amis. On trouve le même usage en Dauphiné. (Champollion-Figeac, p. 124.) On appelle *chalendes* le jour de Noël. De ce mot on a fait *chalendal*, nom que l'on donne à une grosse bûche que l'on met au feu la veille de Noël au soir, et qui reste allumée jusqu'à ce qu'elle soit consumée. Dès qu'elle est placée dans le foyer, on répand dessus un verre de vin en faisant le signe de la croix, et c'est ce qu'on appelle : *batisa la chalendal*. Dès ce moment cette bûche est pour ainsi dire sacrée, et l'on ne peut pas s'asseoir dessus sans risquer d'en être puni, au moins par la gale. — Millin, III, 339. On trouve l'usage de manger des pois chiches à certaines fêtes, non seulement à Marseille, mais en Italie, en Espagne, à Gênes et à Montpellier. Le peuple de cette dernière ville croit que, lorsque Jésus-Christ entra dans Jérusalem, il traversa une *sesierou*, un champ de pois chiches, et que c'est en mémoire de ce jour que s'est perpétué l'usage de manger des *sesés*. — A certaines fêtes, les Athéniens mangeaient aussi des pois chiches (aux Panepsies.)

26 — page 52, note 2 — *Procession du bon roi René à Aix*, etc...
Millin, II, 299. On y voyait le duc d'Urbin (le malheureux général du roi René) et la duchesse d'Urbin montés sur des ânes; on y voyait une âme que se disputaient deux diables; les chevaux *frux* ou fringants, en carton; le roi Hérode, la reine de Saba, le temple de Salomon, et l'étoile des Mages au bout d'un bâton, ainsi que la Mort, l'*abbé de la jeunesse* couvert de poudre et de rubans, etc., etc.

27 — page 56 — *Ces hommes de la frontière, raisonneurs et intéressés...*
On trouve dans les habitudes de langage des Dauphinois des traces singulières de leur vieil esprit processif. « Les propriétaires qui jouissent de quelque aisance parlent le français d'une manière assez intelligible, mais ils y mêlent souvent les termes de l'ancienne pratique, que le barreau n'ose pas encore abandonner. Avant la Révolution, quand les enfants avaient passé un an ou deux chez un procureur, à mettre au net des exploits et des appointements, leur

éducation était faite, et ils retournaient à la charrue. » (Champollion-Figeac, *Patois du Dauphiné*, p. 67.)

28 — page 60 — *Metz, Toul et Verdun...*
Sur les mœurs des habitants des Trois-Évêchés et de la Lorraine en général, voyez le Mémoire manuscrit de M. Turgot, qui se trouve à la bibliothèque publique de Metz : *Description exacte et fidèle du pays Messin*, etc. — Les trois évêques étaient princes du Saint-Empire. — Le comté de Créange et la baronnie de Fenestrange étaient deux francs-alleus de l'Empire.

29 — page 61 — *On portait l'épée devant l'abbesse de Remiremont...*
Piganiol de la Force, XIII. Elle était pour moitié dans la justice de la ville, et nommait, avec son chapitre, des députés aux états de Lorraine. — La doyenne et la sacristaine disposaient chacune de quatre cures. La *sonzier*, ou receveuse, partageait avec l'abbesse la justice de Valdajoz (val-de-joux), consistant en dix-neuf villages ; tous les essaims d'abeilles qui s'y trouvaient lui appartenaient de droit. L'abbaye avait un grand prévôt, un grand et un petit chancelier, un grand *sonzier*, etc.

30 — page 62 — *Les légendes du Rhin...*
Un duc d'Alsace et de Lorraine, au septième siècle, souhaitait un fils ; il n'eut qu'une fille aveugle, et la fit exposer. Un fils lui vint plus tard, qui ramena la fille au vieux duc, devenu farouche et triste, solitairement retiré dans le château d'Hohenbourg. Il la repoussa d'abord, puis se laissa fléchir, et fonda pour elle un monastère, qui depuis s'appela de son nom, sainte Odile. On découvre de la hauteur Baden et l'Allemagne. De toutes parts les rois y venaient en pèlerinage : l'empereur Charles IV, Richard Cœur-de-Lion, un roi de Danemark, un roi de Chypre, un pape... Ce monastère reçut la femme de Charlemagne et celle de Charles-le-Gros. — A Winstein, au nord du Bas-Rhin, le diable garde dans un château taillé dans le roc de précieux trésors. — Entre Haguenau et Wissembourg, une flamme fantastique sort de la *fontaine de la poix* (Pechelbrunnen) ; cette flamme, c'est le *chasseur*, le fantôme d'un ancien seigneur qui expie sa tyrannie, etc. — Le génie musical et enfantin de l'Allemagne commence avec ses poétiques légendes. Les ménétriers d'Alsace tenaient régulièrement leurs assemblées. Le sire de Rapolstein s'intitulait le *Roi des Violons*. Les violons

d'Alsace dépendaient d'un seigneur, et devaient se présenter, ceux de la Haute-Alsace à Rapolstein, ceux de la Basse à Bischwiller.

31 — page 70 — *Les Segusii lyonnais étaient une colonie d'Autun...*
Gallia Christiana, t. IV. — Dans un diplôme de l'an 1189, Philippe-Auguste reconnaît que Lyon et Autun ont l'une sur l'autre, quand l'un des sièges vient à vaquer, le droit de régale et d'administration. — L'évêque d'Autun était de droit président des états de Bourgogne. — On se rappelle les liaisons qui existaient entre saint Léger, le fameux évêque d'Autun, et l'évêque de Lyon.

32 — page 70 — *En vain Autun déposa sa divinité...*
Inscription trouvée à Autun :

DEAE BIBRACTI
P. CAPRIL PACATUS
I̅ I̅I̅ I VIR AUGUSTA.
V. S. L. M.

MILLIN, I, 337.

Et se fit de plus en plus romaine...
Il semble que l'aristocratie se livra entièrement à Rome, tandis que le parti druidique et populaire chercha à ressaisir l'indépendance. « Le sage gouvernement d'Autun, dit Tacite, comprima la révolte des bandes fanatiques de Maricus, Boïe de la lie du peuple, qui se donnait pour un dieu et pour le libérateur des Gaules. » (*Annal.*, l. II, c. LXI.) On a vu, au Ier vol., la révolte de Sacrovir. — Enfin les Bagaudes saccagèrent deux fois Autun. Alors furent fermées les écoles Mœniennes, que le Grec Eumène rouvrit sous le patronage de Constance Chlore. — François Ier visita Autun en 1521, et la nomma « sa Rome française ». Autun avait été appelée la sœur de Rome, selon Eumène, ap. Scr. fr. I, 712, 716, 717.

Toutes les grandes guerres des Gaules, etc... :
Elle fut presque ruinée par Aurélien, au temps de sa victoire sur Tétricus, qui y faisait frapper ses médailles. — Saccagée par les Allemands en 280, par les Bagaudes sous Dioclétien, par Attila en 451, par les Sarrasins en 732, par les Normands en 886 et 895. En 924, on ne put en éloigner les Hongrois qu'à prix d'argent. (*Histoire d'Autun*, par Joseph de Rosny, 1802.)

33 — page 71 — *En Bourgogne les villes mettent des pampres dans leurs armes...*
Un bas-relief de Dijon représente les triumvirs tenant chacun un

gobelet. Ce trait est local. — La culture de la vigne, si ancienne dans ce pays, a singulièrement influé sur le caractère de son histoire, en multipliant la population dans les classes inférieures. Ce fut le principal théâtre de la guerre des Bagaudes. En 1630, les vignerons se révoltèrent sous la conduite d'un ancien soldat, qu'ils appelaient le roi Machas.

Pays de bons vivants, etc...

La *Fête des Fous* se célébra à Auxerre jusqu'en 1407. — Les chanoines jouaient à la balle (*pelota*), jusqu'en 1538, dans la nef de la cathédrale. Le dernier chanoine fournissait la balle, et la donnait au doyen; la partie finie, venaient les danses et le banquet. (Millin, I.)

34 — page 72 — *L'aimable sentimentalité de la Bourgogne*, etc...

N'oublions pas non plus la pittoresque et mystique petite ville de Paray-le-Monial, où naquit la dévotion du Sacré-Cœur, où mourut madame de Chantal. Il y a certainement un souffle religieux sur le pays du traducteur de la *Symbolique* et de l'auteur de l'*Histoire de la Liberté de conscience*, MM. Guigniaut et Dargaud.

35 — page 74 — *La coutume de Troyes déclare que « le ventre anoblit »*...

Cette noblesse de mère se trouve ailleurs aussi en France, et même sous la première race (Voy. Beaumanoir). Charles V (15 novembre 1370) assujettit les nobles de mère au droit de franc fief. A la deuxième rédaction de la Coutume de Chaumont, les nobles de pères réclament contre; Louis XII ordonne que la chose reste en suspens. — La Coutume de Troyes consacrait l'égalité de partage entre les enfants; de là l'affaiblissement de la noblesse. Par exemple, Jean, sire de Dampierre, vicomte de Troyes, décéda, laissant plusieurs enfants qui partagèrent entre eux la vicomté. Par l'effet des partages successifs, Eustache de Conflans en posséda un tiers, qu'il céda à un chapitre de moines. Le second tiers fut divisé en quatre parts, et chaque part en douze lots, lesquels se sont divisés entre diverses maisons et les domaines de la ville et du roi.

36 — page 76 — *Les histoires allégoriques et satiriques de Renard et Isengrin*...

L'esprit railleur du nord de la France éclate dans les fêtes populaires.

En Champagne et ailleurs, *roi de l'aumône* (bourgeois élu pour délivrer deux prisonniers, etc.); *roi de l'éteuf* (ou de la balle) (Dupin, Deux-Sèvres); *roi des arbalétriers* avec ses chevaliers (Cambry, Oise, II); *roi des guétifs* ou pauvres, encore en 1770 (almanach d'Artois, 1770; *roi des rosiers* ou des jardiniers, aujourd'hui encore en Normandie, Champagne, Bourgogne, etc. — A Paris, *fêtes des sous-diacres* ou *diacres soûls*, qui faisaient un évêque des fous, l'encensaient avec du cuir brûlé; on chantait des chansons obscènes; on mangeait sur l'autel. — A Évreux, le 1er mai, le jour de Saint-Vital, c'était la *fête des cornards;* on se couronnait de feuillages, les prêtres mettaient leur surplis à l'envers, et se jetaient les uns aux autres du son dans les yeux; les sonneurs lançaient des *casse-museau* (galettes). — A Beauvais, on promenait une fille et un enfant sur un âne... à la messe, le refrain chanté en chœur était *hihan!* — A Reims, les chanoines marchaient sur deux files, traînant chacun un hareng, chacun marchant sur le hareng de l'autre... — A Bouchain, fête du *prévôt des étourdis;* à Chalon-sur-Saône, des *gaillardons;* à Paris, des *enfants sans-souci*, du *régiment de la calotte*, et de la *confrérie de l'aloyau.* — A Dijon, procession de la *mère folle.* — A Harfleur, au mardi gras, *fête de la scie.* (Dans les armes du président Cossé-Brissac, il y avait une scie.) Les magistrats baisent les dents de la scie. Deux masques portent le *bâton friseux* (montants de la scie). Puis on porte le *bâton friseux* à un époux qui bat sa femme. — Dès le temps de la conquête de Guillaume existait l'association de la *chevalerie d'Honfleur*.

37. — page 81 — *Plus on avance au nord dans cette grasse Flandre*, etc...

Voy. les *Coutumes du comté de Flandre*, traduites par Legrand, Cambrai, 1719, 1er vol. Coutume de Gand, p. 149, rub. 26 : Niemandt en sal bastaerdi wesen van de mœder : *Personne ne sera bâtard de la mère;* mais ils succéderont à la mère avec les autres légitimes (non au père). Ceci montre bien que ce n'est pas le motif religieux ou moral qui les exclut de la succession du père, mais le doute de la paternité. Dans cette Coutume, il y a communauté, partage égal dans les successions, etc.

La Flandre est une Lombardie prosaïque...

Vous y retrouvez la prédilection pour le cygne, qui, selon Virgile, était l'ornement du Mincius et des autres fleuves de Lombardie. Dès l'entrée de l'ancienne Belgique, Amiens, la petite Venise, comme l'appelait Louis XIV, nourrissait sur la Somme les cygnes du roi. En Flandre, une foule d'auberges ont pour enseigne le cygne.

38 — page 84 et note 1 — *Cette frontière des races et des langues...*

La Marche, ou marquisat d'Anvers, créée par Othon II, fut donnée par Henri IV au plus vaillant homme de l'Empire, à Godefroi de Bouillon. — C'est au Sas de Gand qu'Othon fit creuser, en 980, un fossé qui séparait l'Empire de la France. A Louvain, dit un voyageur, la langue est germanique, les mœurs hollandaises et la cuisine française. — Avec l'idiome germanique commencent les noms astronomiques (*Al-ost*, *Ost-ende*); en France, comme chez toutes les nations celtiques, les noms sont empruntés à la terre (Lille, *l'île*).

Les hommes poussent vite, multiplient à étouffer...

Avant l'émigration des tisserands, en Angleterre, vers 1382, il y avait à Louvain cinquante mille tisserands. (Forster, I, 364.) A Ypres (sans doute en y comprenant la banlieue), il y en avait deux cent mille en 1342. — En 1380, « ceux de Gand sortirent avec trois armées. (Oudegherst, *Chronique de Flandre*, folio 301.) — Ce pays humide est dans plusieurs parties aussi insalubre que fertile. Pour dire un homme blême, on disait : « Il ressemble à la mort d'Ypres. » — Au reste, la Belgique a moins souffert des inconvénients naturels de son territoire que des révolutions politiques. Bruges a été tuée par la révolte de 1492; Gand, par celle de 1540; Anvers, par le traité de 1648, qui fit la grandeur d'Amsterdam en fermant l'Escaut.

39 — page 90 — ... *dans les chefs-lieux des clans galliques, Bourges*, etc...

Bourges était aussi un grand centre ecclésiastique. L'archevêque de Bourges était patriarche, primat des Aquitaines, et métropolitain. Il étendait sa juridiction comme patriarche sur les archevêques de Narbonne et de Toulouse, comme primat sur ceux de Bordeaux et d'Auch (métropolitain de la 2me et 3me Aquitaine); comme métropolitain, il avait anciennement onze suffragants, les évêques de Clermont, Saint-Flour, le Puy, Tulle, Limoges, Mende, Rodez, Vabres, Castres, Cahors. Mais l'érection de l'évêché d'Albi en archevêché ne lui laissa sous sa juridiction que les cinq premiers de ces sièges.

40 — page 91 — *La tour des Coucy...*

La tour de Coucy a cent soixante-douze pieds de haut, et trois cent cinq de circonférence. Les murs ont jusqu'à trente-deux pieds d'épaisseur. Mazarin fit sauter la muraille extérieure en 1652, et, le

18 septembre 1692, un tremblement de terre fendit la tour du haut en bas. — Un ancien roman donne à l'un des ancêtres des Coucy neuf pieds de hauteur. Enguerrand VII, qui combattit à Nicopolis, fit placer aux Célestins de Soissons son portrait et celui de sa première femme, de grandeur colossale. — Parmi les Coucy, citons seulement : Thomas de Marle, auteur de la *Loi de Vervins* (législation favorable aux vassaux), mort en 1130; Raoul I*er*, le trouvère, l'amant, vrai ou prétendu, de Gabriel de Vergy, mort à la croisade en 1191.; Enguerrand VII, qui refusa l'épée de connétable et la fit donner à Clisson, mort en 1397. — On a prétendu à tort qu'Enguerrand III, en 1228, voulut s'emparer du trône pendant la minorité de saint Louis. (*Art de vérifier les dates*, XII, 219, sqq.)

41 — page 92 et note 3 — *L'Artois...*

Arras est la patrie de l'abbé Prévost. Le Boulonnais a donné en un même homme un grand poète et un grand critique, je parle de Sainte-Beuve.

42 — page 103 — *Le monde devait finir avec l'an 1000...*

Concil. Troslej., ann. 909 (Mansi, XVIII, p. 266) : « Dum jamjamque adventus imminet illius in majestate terribili, ubi omnes cum gregibus suis venient pastores in conspectum pastoris æterni, etc. » — Trithemii Chronic., ann. 960 : « Diem jamjam imminere dicebat (Bernhardus, eremita Thuringiæ) extremum, et mundum in brevi consummandum. » — Abbas Floriacensis, ann. 990 (Gallandius, XIV, 141) : « De fine mundi coram populo sermonem in ecclesia Parisiorum audivi, quod statim finito mille annorum numero Antechristus adveniret, et non longo post tempore universale judicium succederet. » — Will. Godelli chronic., ap. Scr. fr. X, 262 : « Ann. Domini MX, in multis locis per orbem tali rumore audito, timor et mœror corda plurimorum occupavit, et suspicati sunt multi finem sæculi adesse. » — Rad. Glaber, l. IV, ibid. 49 : « Æstimabatur enim ordo temporum et elementorum præterita ab initio moderans secula in chaos decidisse perpetuum, atque humani generis interitum. »

43 — page 104 — *Le diable lui disait :* « *Tu es damné !* »...

Raoul Glaber, l. V, c. 1 : « Astitit mihi ex parte pedum lectuli forma homunculi teterrimæ speciei. Erat enim statura mediocris, collo gracili, facie macilenta, oculis nigerrimis, fronte rugosa et contracta, depressis naribus, os exporrectum, labellis tumentibus, mento subtracto ac perangusto, barba caprina, aures hirtas et præacutas, capillis stantibus et incompositis, dentibus caninis, occipitio acuto, pectore tumido, dorso gibbato, clunibus agitantibus, vestibus sordidis, conatu æstuans, ac toto corpore præceps; arripiensque summitatem strati in quo cubabam, totum terribiliter concussit lectum..... »

44 — page 105 — *Calamités qui précèdent l'an 1000...*
Translatio S. Genulfi, ap. Scr. fr. X, 361. — Chronic. Ademari Cabannens, ibid. 147.

Page 106 — *Plusieurs tirant de la craie du fond de la terre, etc...*
Chronic. Virdunense, ap. Scr. fr. X, 209. On sait que les sauvages de l'Amérique du Sud et les nègres de Guinée mangent habituellement de la glaise ou de l'argile pendant une partie de l'année. On la vend frite sur les marchés de Java. — Alex. de Humboldt, *Tableaux de la Nature*, trad. par Eyriès (1808), I, 200.

45 — page 107 — *La paix ou la trêve de Dieu...*
Glaber, l. V, c. 1 : « On vit bientôt aussi les peuples d'Aquitaine et toutes les provinces des Gaules, à leur exemple, cédant à la crainte ou à l'amour du Seigneur, adopter successivement une mesure qui leur était inspirée par la grâce divine. On ordonna que, depuis le mercredi soir jusqu'au matin du lundi suivant, personne n'eût la témérité de rien enlever par la violence, ou de satisfaire quelque vengeance particulière, ou même d'exiger caution; que celui qui oserait violer ce décret public payerait cet attentat de sa vie, ou serait banni de son pays et de la société des chrétiens. Tout le monde convint aussi de donner à cette loi le nom de *treugue* (trêve) *de Dieu*. »

46 — page 113 — *Capet...*
Quelques-uns ont cru que le mot de Capet était une injure, et venait de *Capito*, grosse tête. On sait que la grosseur de la tête est souvent un signe d'imbécillité. Une chronique appelle *Capet* Charles-le-Simple (Karolus Stultus vel Capet. Chron. saint Florent., ap. Scr. fr. IX, 55). — Mais il est évident que Capet est pris pour *Chapet*, ou *Cappatus*. — Plusieurs chroniques françaises, écrites longtemps après, ont traduit *Hue Chapet* ou *Chappet*. (Scr. fr. X, 293, 303, 313.) — Chronic. S. Medard. Suess., ibid. IX, 56 : Hugo, cognominatus *Chapet*. Voy. aussi Richard de Poitiers, ibid. 24, et Chronic. Andegav., X, 272, etc. Alberic. Tr.-Font. IX, 286 : Hugo *Cappatus*, et plus loin : *Cappet*. — Guill. Nang. IX, 82 : Hugo

Capucii. — Chron. Sith., VII, 269. — Chron. Strozz. X, 273 : Hugo *Caputius*. — Cette dernière chronique ajoute que le fils d'Hugues, le pieux Robert, chantait les vêpres revêtu d'une chape. — L'ancien étendard des rois de France était la chape de saint Martin ; c'est de là, dit le moine de Saint-Gall, qu'ils avaient donné à leur oratoire le nom de *Chapelle* : « Capella, quo nomine Francorum reges propter cappam S. Martini quam secum ob sui tuitionem et hostium oppressionem jugiter ad bella portabant, Sancta sua appellare solebant. » (L. I, c. IV.)

47 — page 114 — *La lettre où Gerbert appelle tous les princes au nom de la cité sainte...*
Gerberti epist. 107, ap. Scr. fr. X, 426 : « Ea quæ est Hierosolymis, universali Ecclesiæ sceptris regnorum imperanti : « Cum bene vigeas, immaculata sponsa Domini, cujus membrum esse me fateor, spes mihi maxima per te caput attollendi jam pene attritum. An quicquam diffiderem de te, rerum domina, si me recognoscis tuam ? Quisquamne tuorum famosam cladem illatam mihi putare debebit ad se minime pertinere, utque rerum infima abhorrere ? Et quamvis nunc dejecta, tamen habuit me orbis terrarum optimam sui partem : penes me Prophetarum oracula, Patriarcharum insignia ; hinc clara mundi lumina prodierunt Apostoli ; hinc Christi fidem repetit orbis terrarum, apud me redemptorem suum invenit. Etenim quamvis ubique sit divinitate, tamen hic humanitate natus, passus, sepultus, hinc ad cœlos elatus. Sed cum Propheta dixerit : « Erit sepulchrum ejus gloriosum », paganis loca cuncta subvertentibus, tentat Diabolus reddere inglorium. Enitere ergo, miles Christi, esto signifer et compugnator, et quod armis nequis, consilii et opum auxilio subveni. Quid est quod das, aut cui das ? Nempe ex multo modicum, et ei qui omne quod habes gratis dedit, nec tamen gratis recipit ; et hic eum multiplicat et in futuro remunerat ; per me benedicit tibi, ut largiendo crescas ; et peccata relaxat, ut secum regnando vivas. » — « Les Pisans partirent sur cette lettre, et massacrèrent, dit-on, un nombre prodigieux d'infidèles en Afrique. » (Scr. fr. X, 426.)

Ce Gerbert n'était pas moins qu'un magicien...
Guill. Malmsbur., l. II, ap. Scr. fr. X, 243 : « Non absurdum, si litteris mandemus quæ per omnium ora volitant..... Divinationibus et incantationibus more gentis familiari studentes ad Saracenos Gerbertus perveniens, desiderio satisfecit..... Ibi quid cantus et volatus avium portendit, didicit ; ibi excire tenues ex inferno figuras..... Per incantationes Diabolo accersito, perpetuum pacis-

citur hominium. » — Fr. Andreæ chronic., ibid. 289 : « A quibusdam etiam nigromancia arguitur..... a Diabolo enim percussus dicitur obiisse. » — Chronic. reg. Francorum, ibid., 301..... « Gerbertum monachum philosophum, quin potius nigromanticum. »

48 — page 117 — *Les traditions romanesques du moyen âge*, etc...

Dans le panégyrique allemand d'Hannon, archevêque de Cologne, César, exécutant les ordres du Sénat, envahit la Germanie, bat les Souabes, les Bavarois, les Saxons, anciens soldats d'Alexandre. Il rencontre enfin les Francs, descendus comme lui des Troyens, les gagne, les ramène en Italie, chasse de Rome Caton et Pompée, et fonde la monarchie barbare. (Schilter, t. I.)

49 — page 118 — *Une reine qui a un pied d'oie...*

P. Damiani epist., t. II, ap. Scr. fr. X, 492 : « Ex qua suscepit filium, anserinum per omnia collum et caput habentem. Quos etiam, virum scilicet et uxorem, omnes fere Galliarum episcopi communi simul excommunicavere sententia. Cujus sacerdotalis edicti tantus omnem undique populum terror invasit, ut ab ejus universi societate recederent, etc. » — Voy. la Dissertation de Bullet sur la reine *Pédauque* (pied-d'oie).

50 — page 120 — *Constance, fille du comte de Toulouse*, etc...

Fragment historique, ap. Scr. fr. X, 211. — Will. Godellus, ibid. 262. « Cognomento, ob suæ pulchritudinis immensitatem, Candidam. » (Rad. Glaber, l. III, c. II.) — Guillaume Taille-Fer l'avait eue d'Arsinde, fille de Geoffroi Grise-Gonelle, comte d'Anjou, et sœur de Foulques.

Hugues de Beauvais fut tué impunément sous les yeux du roi Robert...

Rad. Glaber, l. III, c. II : « Missi a Fulcone..... Hugonem ante regem trucidaverunt. Ipse vero rex, licet aliquanto tempore tali facto tristis effectus, postea tamen, ut decebat, concors reginæ fuit.»

51 — page 131 — *Ces prêtres imposent des pénitences avec la masse d'armes*, etc...

Voy. un chant suisse inséré dans le *Des Knaben Wunderhorn*. — V. aussi *Actes du concile de Vernon*, en 845, article 8. (Baluze, II, 17.) — Dithmar. chron., l. II, 34 : « Un évêque de Ratisbonne accompagna les princes de Bavière dans une guerre contre les Hongrois. Il y perdit une oreille et fut laissé parmi les morts. Un Hongrois voulut l'achever. « Tunc ipse confortatus in Domino post' longum mutui agonis luctamen victor hostem prostravit; et inter multas itineris asperitates incolumis notos pervenit ad fines. Inde gaudium gregi suo exoritur, et omni Christum cognoscenti. Excipitur ab omnibus miles bonus in clero, et servatur optimus pastor in populo, et fuit ejusdem mutilatio non ad dedecus sed ad honorem magis. » — Gieseler, Kirchengeschichte, t. II, p. 197.

52 — page 132 — *Il ne manquait à ces vaillants prêtres*, etc...
Nicol. a Clemangis, de præsul., simon., p. 165 : « Denique laïci usque adeo persuasum habent nullos cælibes esse, ut in plerisque parochiis non aliter velint presbyterum tolerare, nisi concubinam habeat, quo vel sic suis sit consultum uxoribus, quæ nec sic quidem usquequaque sunt extra periculum. — Voy. aussi Muratori, VI, 335. On avait déclaré que les enfants nés d'un prêtre et d'une femme libre seraient serfs de l'Église ; ils ne pouvaient être admis dans le clergé, ni hériter selon la loi civile, ni être entendus comme témoins. (Schroeckh, Kirchengeschichte, p. 22, ap. Voigt, Hildebrand, als Papst Gregorius der siebente, und sein Zeitalter, 1815.)

Rex immortalis ! quam longo tempore talis
Mundit risus erunt, quos presbyteri genuerunt ?
Carmen pro nothis, ap. Scr. fr. XI, 444.

Page 132 et note 2 — *Les prêtres mariés au moyen âge*...
D. Lobineau, 110. D. Morice, Preuves, I, 463, 542. — Il en était de même en Normandie, d'après les biographes des bienheureux Bernard de Tiron et Harduin, abbé du Bec. « Per totam Normanniam hoc erat ut presbyteri publice uxores ducerent, filios ac filias procrearent, quibus hereditatis jure ecclesias relinquerent et filias suas nuptui traductas, si alia deesset possessio, ecclesiam dabant in dotem. »

53 — page 133 — *Les cloîtres se peuplaient de fils de serfs*...
Le clergé de Laon reprocha un jour à son évêque d'avoir dit au roi : « Clericos non esse reverendos, quia pene omnes ex regia forent servitute progeniti. » (Guibertus Novigentinus, de *Vita sua*, l. III, c. VIII.) — Voy. plus haut comment l'Église se recrutait sous Charlemagne et Louis-le-Débonnaire. L'archevêque de Reims, Ebbon, était fils d'un serf. — Voy. un passage de Thégan, App. 162, au 1er volume.

54 — p. 137 — *L'adultère et la simonie du roi de France*...

Gregor. VII. epist. ad episc : « Francorum Rex vester qui non rex, sed tyrannus dicendus est, omnem ætatem suam flagitiis et facinoribus polluit... Quod si vos audire noluerit, per universam Franciam omne divinum officium publice celebrari interdicite. » — Bruno, de Bello Sax., p. 121, ibid. : « Quod si in his sacris canonibus noluisset rex obediens existere... se eum velut putre membrum anathematis gladio ab unitate S. Matris Ecclesiæ minabatur abscindere. »

55 — page 137 — *Sur la terre il y a le pape, et l'empereur qui est le reflet du pape*, etc...

Gregorii VII epist. ad reg. Angl., ibid. 6 : « Sicut ad mundi pulchritudinem oculis carneis diversis temporibus repræsentandam, Solem et Lunam omnibus aliis eminentiora disposuit (Deus) luminaria, sic... » — V. aussi Innoc. III, l. I, epist. 401. — Bonifacii VIII epist., ibid. 197 : « Fecit Deus duo luminaria magna, scilicet Solem, id est, ecclesiasticam potestatem, et Lunam, hoc est, temporalem et imperialem. Et sicut Luna nullum lumen habet nisi quod recipit a Sole, sic... » — La glose des Décrétales fait le calcul suivant : « Cum terra sit septies major luna, sol autem octies major terra, restat ergo ut pontificatus dignitas quadragies septies sit major regali dignitate. » — Laurentius va plus loin : « ... Papam esse millies septingenties quater imperatore et regibus sublimiorem. » (Gieseler, II.)

56 — page 141 — *Les Normands parlaient français dès la troisième génération*, etc...

Guill. Gemetic., l. III, c. VIII : « Quem (Richard I) confestim pater Baiocas mittens... ut ibi lingua eruditus danica suis exterisque hominibus sciret aperte dare responsa. » — Voy. Depping, *Hist. des expéditions normandes*, t. II ; Estrup, *Remarques faites dans un voyage en Normandie*, Copenhague, 1821 ; et *Antiquités des Ango-Normands*. — On trouve aux environs de Bayeux *Saon* et *Saonet*. Plusieurs familles portent le nom de *Saisne*, *Sesne*. Un capitulaire de Charles-le-Chauve (Scr. fr. VII, 616) désigne le canton de Bayeux par le mot d'*Otlingua Saxonia*. — Le nom de Caen est saxon aussi : *Cathim*, maison du conseil. (*Mém. de l'Acad. des Inscript.*, t. XXXI, p. 242.) — Beaucoup de Normands m'ont assuré que dans leur province on ne rencontrait guère le blond prononcé et le roux que dans le pays de Bayeux et de Vire.

Page 142 — *Les Allemands se moquaient de leur petite taille...*
Guill. Apulus, l. II, ap. Muratori, V, 259.

> Corpora derident Normannica, quæ breviora
> Esse videbantur.

Dans leur guerre contre les Grecs et les Véniliens, se montrent peu marins...
Gibbon, XI, 151.
Rasés comme les prêtres...
Guill. Malmsbur., ap. Scr. fr. XI, 183.
Il leur fallait aller gaaignant par l'Europe...
Gaufred. Malaterra, l. I, c. III : « Est gens astutissima, injuriarum ultrix; spe alias plus lucrandi, patrios agros vilipendens, quæstus et dominationis avida, cujuslibet rei simulatrix : inter largitatem et avaritiam quoddam modium habens. » — Guill. Malmsb., ap. Scr. fr. XI, 185 : « Cum fato ponderare perfidiam, cum nummo mutare sententiam. » — Guill. Apulus, l. II, ap. Muratori, 259.

> Audit... quia gens semper Normannica prona
> Est id avaritiam; plus, qui plus præbet, amatur.

— « Ceux qui ne pouvaient faire fortune dans leur pays, ou qui venaient à encourir la disgrâce de leur duc, partaient aussitôt pour l'Italie. » (Guill. Gemetic., l. VII, XIX, XXX.) — Guill. Apul., l. I, p. 259.

57 — page 144 — *Les fils de Tancrède de Hauteville...*
Chronic. Malleac., ap. Scr. fr. XI, 644 : « Wiscardus... cum generis esset ignoti et pauperculi. » — Richard. Cluniac. : « Robertus Wiscardi, vir pauper, miles tamen. » — Alberic. ap. Leibnitzii Access. histor., p. 124 : « Mediocri parentela. »
Ils s'en allèrent sans argent, etc...
Gaufred. Malaterra, l. I, c. v : « Per diversa loca militariter lucrum quærentes. »
Le gouverneur (ou Kata pan)...
Κατὰ πᾶν, commandant général. C'est ce que Guillaume de Pouille exprime par ce vers :

> Quod *Catapan* Græci, nos *juxta* dicimus omne.
> L. I, p. 254.

Cette république de condottieri, etc...
Chacun des douze comtes y avait à part son quartier et sa maison :

> Pro numero comitum bis sex statuere plateas,
> Atque domus comitum totidem fabricantur in urbe.
>
> Id., *ibid.*, p. 256.

58 — page 147 — *Guillaume-le-Bâtard (il s'intitule ainsi lui-même).*

« Ego Guillelmus, cognomento Bastardus... » Voy. une charte citée au douzième volume du *Recueil des Historiens de France*, p. 568. — Ce nom de Bâtard n'était sans doute pas une injure en Normandie. On lit dans Raoul Glaber, l. IV, c. vi (ap. Scr. fr., X, 51) : « Robertus ex concubinâ Willelmum genuerat... cui... universos sui ducaminis principes militaribus adstrinxit sacramentis... Fuit enim usui a primo adventu ipsius gentis in Gallias, ex hujusmodi concubinarum commixtione illorum principes extitisse. »

Page 156 — *C'était un gros homme chauve*, etc...

Will. Malmsb., l. III, ap. Scr. fr. XI, 190 : « Justæ fuit staturæ, immensæ corpulentiæ : facie fera, fronte capillis nuda, roboris ingentis in lacertis, magnæ dignitatis sedens et stans, quanquam obesitas ventris nimium protensa. »

59 — page 148, note 1 — *En 1003, Ethelred avait envoyé une expédition contre les Normands...*

« Quand ses hommes revinrent, il leur demanda s'ils amenaient le duc de Normandie : « Nous n'avons point vu le duc, répondirent-ils, mais nous avons combattu pour notre perte, avec la terrible population d'un seul comté. Nous n'y avons pas seulement trouvé de vaillants gens de guerre, mais des femmes belliqueuses, qui cassent la tête avec leurs cruches aux plus robustes ennemis. » A ce récit, le roi, reconnaissant sa folie, rougit, plein de douleur. » (Will. Gemetic., l. V, c. iv, ap. Scr. fr. X, 186.) En 1034, le roi Canut, par crainte de Robert de Normandie, aurait offert de rendre aux fils d'Ethelred moitié de l'Angleterre. (Id., l. V, c. xii; ibid., XI, 37.)

60 — page 149 — *L'Église saxonne, comme le peuple, semble avoir été grossière et barbare...*

« Les Anglo-Saxons, dit Guillaume de Malmesbury, avaient, longtemps avant l'arrivée des Normands, abandonné les études des lettres et de la religion. Les clercs se contentaient d'une instruction tumultuaire ; à peine balbutiaient-ils les paroles des sacrements, et ils s'émerveillaient tous si l'un d'eux savait la grammaire. Ils buvaient tous ensemble, et c'était là l'étude à laquelle ils consacraient les jours et les nuits. Ils mangeaient leurs revenus à table, dans de petites et misérables maisons. Bien différents des Français et des Normands, qui, dans leurs vastes et superbes édifices, ne font que très peu de dépense. De là tous les vices qui accompagnent l'ivrognerie, qui efféminent le cœur des hommes. Aussi, après avoir combattu Guillaume avec plus de témérité et d'aveugle fureur que de science militaire, vaincus sans peine en une seule bataille, ils tombèrent eux et leur patrie dans un dur esclavage. — Les habits des Anglais leur descendaient alors jusqu'au milieu du genou; ils portaient des cheveux courts, et la barbe rasée; leurs bras étaient chargés de bracelets d'or, leur peau était relevée par des peintures et des stigmates colorés; leur gloutonnerie allait jusqu'à la crapule, leur passion pour la boisson jusqu'à l'abrutissement. Ils communiquèrent ces deux derniers vices à leurs vainqueurs ; et, à d'autres égards, ce furent eux qui adoptèrent les mœurs des Normands. De leur côté, les Normands étaient et sont encore (au milieu du douzième siècle, époque où écrivait Guillaume de Malmesbury) soigneux dans leurs habits jusqu'à la recherche, délicats dans leur nourriture, mais sans excès, accoutumés à la vie militaire et ne pouvant vivre sans guerre; ardents à l'attaque, ils savent, lorsque la force ne suffit pas, employer également la ruse et la corruption. Chez eux, comme je l'ai dit, ils font de grands édifices et une dépense modérée pour la table. Ils sont envieux de leurs égaux ; ils voudraient dépasser leurs supérieurs, et, tout en dépouillant leurs inférieurs, ils les protègent contre les étrangers. Fidèles à leurs seigneurs, la moindre offense les rend pourtant infidèles. Ils savent peser la perfidie avec la fortune, et vendre leur serment. Au reste, de tous les peuples ils sont les plus susceptibles de bienveillance; ils rendent aux étrangers autant d'honneur qu'à leurs compatriotes, et ils ne dédaignent point de contracter des mariages avec leurs sujets. » (Willelm. Malmesburiensis, de Gestis regum Anglorum, l. III, ap. Scr. fr. XI, 185.) — Math. Paris (éd. 1644), p. 4 : « Optimates (Saxonum)... more christiano ecclesiam mane non petebant, sed in cubiculis et inter uxorios amplexus matutinarum solemnia ac missarum a presbytero festinantes auribus tantum prælibabant... Clerici... ut esset stupori qui grammaticam didicisset. » — Order. Vital, l. IV, ap. Scr. fr. XI, 242 : « Anglos agrestes et pene illiteratos invenerunt Normanni. »

61 — page 150 — *Harold livré à Guillaume...*
Guill. Pictav., ap. Scr. fr. XI, 87: « Heraldus ei fidelitatem sancto ritu Christianorum juravit... Se in curia Edwardi, quamdiu supe-

resset, ducis Guillelmi vicarium fore, enisurum... ut anglica monarchia post Edwardi decessum in ejus manu confirmaretur; traditurum interim... castrum Doveram. » (Voy. aussi Guill. Malmsb., ibid. 176, etc.). — Suivant les uns, dit Wace (*Roman de Rou*, ap. Scr. fr. XIII, 223), le roi Édouard détourna Harold de ce voyage, lui disant que Guillaume le haïssait et lui jouerait quelque tour. (Voy. aussi Eadmer, XI, 192.) Suivant les autres, il l'envoya pour confirmer au duc la promesse du trône d'Angleterre :

> N'en sai mie voire ocoison,
> Mais l'un et l'autre escrit trovons.

Guillaume de Jumièges (ap. Scr. XI, 49), Ingulf de Croyland (ibid., 154), Orderic Vital (ibid., 234), la *Chronique de Normandie* (XIII, 222), affirment qu'Édouard avait désigné Guillaume pour son successeur. Eadmer même ne le nie point (XI, 192). — Au lit de mort, Edward, obsédé par les amis d'Harold, rétracta sa promesse. (Roger de Hoved., ap. Scr. fr. XI, 312, *Roman de Rou* et *Chronique de Normandie*, t. XIII, p. 224.)

62 — page 156 — *Le conquérant essaya même d'apprendre l'anglais...*
Order. Vital, ap. Scr. fr. XI, 243. « Anglicam locutionem plerumque sategit ediscere... Ast a perceptione hujusmodi durior ætas illum compescebat. » — Il avait commencé par réprimer par des règlements sévères la licence de ses mercenaires. Guill. Pictav., ibid., 101 : « Tutæ erant a vi mulieres ; etiam illa delicta quæ fierent consensu impudicarum... vetabantur. Potare militem in tabernis non multum concessit... seditiones interdixit, cædem et omnem rapinam, etc. Portus et quælibet itinera negotiatoribus patere, et nullam injuriam fieri jussit. » Ce passage du panégyriste de Guillaume a été copié par le consciencieux Orderic Vital, ibid., 238. — « L'homme faible et sans armes, dit encore Guillaume de Poitiers, s'en allait chantant sur son cheval, partout où il lui plaisait, sans trembler à la vue des escadrons des chevaliers. » — « Une fille chargée d'or, dit Huntingdon, eût impunément traversé tout le royaume. » — (Scr. fr. XI, 211.) Plus tard, la résistance des Anglo-Saxons irrita Guillaume, et le poussa à ces violences dont retentissent toutes les Chroniques.

63 — page 168 — *La chair maudite par l'islamisme...*
« Chez les musulmans les mots « femmes » et « objet défendu

par la religion » peuvent se dire l'un pour l'autre. (*Bibl. des Croisades*, t. IV, p. 169.)

Ils se battent depuis mille ans pour Fatema...

Fatema entrera dans le Paradis la première après Mahomet; les musulmans l'appellent la Dame du Paradis. — Quelques Schyytes (sectateurs d'Ali) soutiennent qu'en devenant mère Fatema n'en est pas moins restée vierge, et que Dieu s'est incarné dans ses enfants. (*Description des Monuments musulmans* du cabinet de M. de Blacas, par M. Reinaud, II, 130, 202.)

Ils proclament l'incarnation d'Ali...

Aujourd'hui encore des provinces entières, en Perse et en Syrie, sont dans la même croyance. « Ceux mêmes des Schyytes qui n'ont pas osé dire qu'*Ali était Dieu* ont été persuadés que peu s'en fallait, et les Persans disent souvent : « Je ne pense pas qu'Ali soit Dieu; mais je ne crois pas qu'il en soit loin. » — Les Schyytes disent à ce sujet que tel était l'éclat qui reluisait sur la personne d'Ali, qu'il était impossible de soutenir ses regards. Dès qu'il paraissait, le peuple lui criait : *Tu es Dieu!* — A ces mots, Ali les faisait mourir; ensuite il les ressuscitait, et eux de crier encore plus fort : Tu es Dieu, tu es Dieu! De là ils l'ont surnommé le Dispensateur des lumières; et, quand ils peignent sa figure, il lui couvrent le visage. (Reinaud, II, 163.)

Mahomet est la lumière incréée...

Suivant quelques docteurs, au moment de la création, l'idée de Mahomet était sous l'œil de Dieu, et cette idée, substance à la fois spirituelle et lumineuse, jeta trois rayons : du premier, Dieu créa le ciel; du second, la terre; du troisième, Adam et toute sa race. Ainsi la Trinité rentre dans l'islamisme, comme l'incarnation. — Les Occidentaux crurent y voir aussi la hiérarchie chrétienne. « Ces nations, dit Guibert de Nogent, ont leur pape comme nous. » (L. V, ap. Bongars, p. 312-13.)

64 — 169 — *Les Fatémites fondèrent au Caire la loge ou maison de la sagesse...*

Hammer, *Histoire des Assassins*, p. 4. — La *maison de la sagesse* n'est peut-être qu'une même chose avec ce palais du Caire dont Guillaume de Tyr nous a laissé une si pompeuse description. La progression de richesses et de grandeur semblerait correspondre à des degrés d'initiation. Quoi qu'il en soit, nous donnons la traduction de ce précieux monument :

« Hugues de Césarée et Geoffroi, de la milice du Temple, entrèrent dans la ville du Caire, conduits par le soudan, pour s'acquitter de leur mission ; ils montèrent au palais, appelé *Casher* dans la langue du pays, avec une troupe nombreuse d'appariteurs qui marchaient en avant, l'épée à la main et à grand bruit; on les conduisit à travers des passages étroits et privés de jour, et à chaque porte des cohortes d'Éthiopiens armés rendaient leurs hommages au soudan par des saluts répétés. Après avoir franchi le premier et le second poste, introduits dans un local plus vaste, où pénétrait le soleil, et exposé au grand jour, ils trouvent des galeries en colonnes de marbre, lambrissées d'or et enrichies de sculptures en relief, pavées en mosaïque, et dignes dans toute leur étendue de la magnificence royale ; la richesse de la matière et des ouvrages retenait involontairement les yeux, et le regard avide, charmé par la nouveauté de ce spectacle, avait peine à s'en rassasier. Il y avait aussi des bassins remplis d'une eau limpide ; on entendait les gazouillements variés d'une multitude d'oiseaux inconnus à notre monde, de forme et de couleur étranges, et pour chacun d'eux une nourriture diverse et selon le goût de son espèce. Admis plus loin encore, sous la conduite du chef des eunuques, ils trouvent des édifices aussi supérieurs aux premiers en élégance que ceux-ci l'emportaient sur la plus vulgaire maison. Là était une étonnante variété de quadrupèdes, telle qu'en imagine le caprice des peintres, telle qu'en peuvent décrire les mensonges poétiques, telle qu'on en voit en rêve, telle enfin qu'on en trouve dans les pays de l'Orient et du Midi, tandis que l'Occident n'a rien vu et presque jamais rien ouï de pareil. — Après beaucoup de détours et de corridors qui auraient pu arrêter les regards de l'homme le plus occupé, on arriva au palais même, où des corps plus nombreux d'hommes armés et de satellites proclamaient par leur nombre et leur costume la magnificence incomparable de leur maître ; l'aspect des lieux annonçait aussi son opulence et ses richesses prodigieuses. Lorsqu'ils furent entrés dans l'intérieur du palais, le soudan, pour honorer son maître selon la coutume, se prosterna deux fois devant lui, et lui rendit en suppliant un culte qui ne semblait dû qu'à lui, une espèce d'adoration. Tout à coup s'écartèrent avec une merveilleuse rapidité les rideaux, tissus de perles et d'or, qui pendaient au milieu de la salle et voilaient ainsi le trône; la face du calife fut alors révélée : il apparut sur un trône d'or, vêtu plus magnifiquement que les rois, entouré d'un petit nombre de domestiques et d'eunuques familiers. » Willelm. (Tyrens., l. XIX, c. XVII.)

Ils menaient par neuf degrés de la religion au mysticisme...

Ce mysticisme des Alides leur a souvent fait appliquer à la dévotion le langage de l'amour, comme il leur a donné une tendance à s'élever de l'amour du réel à celui de l'idéal.

Un poète persan dit en s'adressant à Dieu :

« C'est votre beauté, ô Seigneur! qui, toute cachée qu'elle est derrière un voile, a fait un nombre infini d'amants et d'amantes;

« C'est par l'attrait de vos parfums que Leyla ravit le cœur de Medjnoun; c'est par le désir de vous posséder que Vamek poussa tant de soupirs pour celle qu'il adorait. » (Reinaud, I, 52.)

Du mysticisme à l'absolue indifférence...

Le principe de la doctrine ésotérique était : *Rien n'est vrai et tout est permis.* (Hammer, p. 87.) Un imam célèbre écrivit contre les Hassanites un livre intitulé : *De la Folie des partisans de l'indifférence en matière de religion.*

65 — page 178 — *Pierre-l'Ermite...*

Guibert. Nov., l. II, c. VIII : « Le petit peuple, dénué de ressources, mais fort nombreux, s'attacha à un certain Pierre-l'Ermite, et lui obéit comme à son maître, du moins tant que les choses se passèrent dans notre pays. J'ai découvert que cet homme, originaire, si je ne me trompe, de la ville d'Amiens, avait mené d'abord une vie solitaire sous l'habit de moine, dans je ne sais quelle partie de la Gaule supérieure. Il partit de là, j'ignore par quelle inspiration; mais nous le vîmes alors parcourant les villes et les bourgs, et prêchant partout : le peuple l'entourait en foule, l'accablait de présents, et célébrait sa sainteté par de si grands éloges, que je ne me souviens pas que l'on ait jamais rendu à personne de pareils honneurs. Il se montrait fort généreux dans la distribution de toutes les choses qui lui étaient données. Il ramenait à leurs maris les femmes prostituées, non sans y ajouter lui-même des dons, et rétablissait la paix et la bonne intelligence entre ceux qui étaient désunis, avec une merveilleuse autorité. En tout ce qu'il faisait ou disait, il semblait qu'il y eût en lui quelque chose de divin; en sorte qu'on allait jusqu'à arracher les poils de son mulet, pour les garder comme reliques : ce que je rapporte ici, non comme louable, mais pour le vulgaire qui aime toutes les choses extraordinaires. Il ne portait qu'une tunique de laine, et, par-dessus, un manteau de bure qui lui descendait jusqu'aux talons : il avait les bras et les pieds nus, ne mangeait point ou presque point de pain, et se nourrissait de vin et de poissons. »

66 — page 180 — *Tous ensemble descendirent la vallée du Danube...*

Les environs du Rhin prirent peu de part à la croisade. — Orientales Francos, Saxones, Thoringos, Bavarios, Alemannos, propter schisma quod tempore inter regnum et sacerdotium fuit, hæc expeditio minus permovit. (Albéric., ap. Leibnit. Acces., p. 119.) — Voyez Guibert, l. II, c. I.

67 — page 181 — *Le comte de Toulouse, Raymond de Saint-Gilles...*
Willelm. Tyr., l. VIII, c. VI, 9, 10. — Guibert. Novig., l. VII, c. VIII : Au siège de Jérusalem « il fit crier dans toute l'armée, par les hérauts, que quiconque apporterait trois pierres pour combler le fossé recevrait un denier de lui. Or il fallut, pour achever cet ouvrage, trois jours et trois nuits. » — Radulph. Cadom., c. XV, ap. Muratori, V, 291 : « Il fut tout d'abord un des principaux chefs, et plus tard, lorsque l'argent des autres s'en fut allé, le sien arriva et lui donna le pas. C'est qu'en effet toute cette nation est économe et non point prodigue, ménageant plus son avoir que sa réputation ; effrayée de l'exemple des autres, elle travaillait non comme les Francs à se ruiner, mais à s'engraisser de son mieux. » — Raymond reçut aussi force présents d'Alexis (... quibus de die in diem de domo regis augebatur. Albert. Aq., l. II, c. XXIV, ap. Bongars, p. 205). Godefroi en reçut également, mais il distribua tout au peuple et aux autres chefs. (Willelm. Tyr., l. II, c. XII.)

Ces gens du Midi, commerçants, industrieux, etc...
Guibert. Nov., l. II, c. XVIII : « L'armée de Raymond ne le cédait à aucune autre, si ce n'est à cause de l'éternelle loquacité de ces Provençaux. » — Radulph. Cadom., c. LXI : « Autant la poule diffère du canard, autant les Provençaux différaient des Francs par les mœurs, le caractère, le costume, la nourriture ; gens économes, inquiets et avides, âpres au travail ; mais pour ne rien taire, peu belliqueux... Leur prévoyance leur fut bien plus en aide pendant la famine que tout le courage du monde à bien des peuples plus guerriers ; pour eux, faute de pain, ils se contentaient de racines, ne faisant pas fi des cosses de légumes ; ils portaient à la main un long fer avec lequel ils cherchaient leur vie dans les entrailles de la terre : de là ce dicton que chantent encore les enfants : « Les Francs à la bataille, les Provençaux à la victuaille. » Il y avait une chose qu'ils commettaient souvent par avidité, et à leur grande honte ; ils vendaient aux autres nations du chien pour du lièvre, de l'âne pour de la chèvre ; et, s'ils pouvaient s'approcher sans témoin de quelque cheval ou de quelque mulet bien gras, ils lui faisaient pénétrer dans les entrailles une blessure mortelle, et la

bête mourait. Grande surprise de tous ceux qui, ignorant cet artifice, avaient vu naguère l'animal gras, vif, robuste et fringant : nulle trace de blessure, aucun signe de mort. Les spectateurs, effrayés de ce prodige, se disaient : Allons-nous-en, l'esprit du démon a soufflé sur cette bête. Là-dessus, les auteurs du meurtre approchaient sans faire semblant de rien savoir, et comme on les prévenait de n'y pas toucher : Nous aimons mieux, disaient-ils, mourir de cette viande que de faim. Ainsi celui qui supportait la perte s'appitoyait sur l'assassin, tandis que l'assassin se moquait de lui. Alors s'abattant tous comme des corbeaux sur ce cadavre, chacun arrachait son morceau, et l'envoyait dans son ventre ou au marché. »

68 — page 183 — *Bohémond...*
Guibert, l. III, c. I : « Lorsque cette innombrable armée, composée des peuples venus de presque toutes les contrées de l'Occident, eut débarqué dans la Pouille, Bohémond, fils de Robert Guiscard, ne tarda pas à en être informé. Il assiégeait alors Amalfi. Il demanda le motif de ce pèlerinage, et apprit qu'ils allaient enlever Jérusalem, ou plutôt le sépulcre du Seigneur et les lieux saints, à la domination des Gentils. On ne lui cacha pas non plus combien d'hommes, et de noble race et de haut parage, abandonnant, pour ainsi dire, l'éclat de leurs honneurs, se portaient à cette entreprise avec une ardeur inouïe. Il demanda s'ils transportaient des armes, des provisions, quelles enseignes ils avaient adoptées pour ce nouveau pèlerinage ; enfin quels étaient leurs cris de guerre. On lui répondit qu'ils portaient leurs armes à la manière française ; qu'ils faisaient coudre à leurs vêtements, sur l'épaule ou partout ailleurs, une croix de drap ou de toute autre étoffe, ainsi que cela leur avait été prescrit ; qu'enfin, renonçant à l'orgueil des cris d'armes, ils s'écriaient tous humbles et fidèles : Dieu le veut ! »

69 — page 190 — *Un matin les Francs virent flotter sur la ville le drapeau de l'empereur, etc...*
« Il envoya en même temps de grands présents aux chefs, sollicitant leur bienveillance par ses lettres et par la voix de ses députés ; il leur rendit mille actions de grâces pour ce loyal service, et pour l'accroissement qu'ils venaient de donner à l'empire. » Willelm. Tyr., l. III, c. XII. — Il envoya, dit Guibert, l. III, c. IX, des dons infinis aux princes, et aux plus pauvres d'abondantes aumônes ; il jetait ainsi des germes de haine parmi ceux de condi-

70 — page 192 — *Un homme du peuple, averti par une vision*, etc...

Raymond. de Agil., p. 155 : « Vidi ego hæc quæ loquor, et Dominicam lanceam ibi (in pugna) ferebam. » — Foulcher de Chartres s'écrie : *Audite fraudem et non fraudem!* et ensuite : *Invenit lanceam, fallaciter occultatam forsitan*, c. x.

71 — page 193 — *Antioche resta à Bohémond, malgré les efforts de Raymond*, etc...

« Tancrède, dit son historien Raoul de Caen, eut d'abord grande envie de tomber sur les Provençaux ; mais il se souvint qu'il est est défendu de verser le sang chrétien ; il aima mieux recourir aux expédients de Guiscard. Il fit entrer ses hommes pendant la nuit, et, lorsqu'ils furent en nombre, ils tirèrent leurs épées et chassèrent les soldats de Raymond, avec force soufflets. — L'origine de cette haine, ajoute-t-il, c'était une querelle pour du fourrage, au siège d'Antioche. Des fourrageurs des deux nations s'étaient trouvés ensemble au même endroit, et s'étaient battus à qui aurait le blé. — Depuis lors, chaque fois qu'ils se rencontraient, ils déposaient leurs fardeaux et se chargeaient d'une grêle de coups de poing ; le plus fort emportait la proie. » C. 98, 99, p. 316. — Ensuite Raymond et les siens soutinrent l'authenticité de la sainte lance ; « parce que les autres nations, dans leur simplicité, y apportaient des offrandes ; ce qui enflait la bourse de Raymond. Mais le rusé Bohémond (*non imprudens, multividus*, Rad. Cad., p. 317 ; Robert. Mon., ap. Bongars, p. 40) découvrit tout le mensonge. Cela envenima la querelle. » C. 101, 102.

72 — page 196 — *Le nom de Francs devint le nom commun des Occidentaux*...

Guibert, l. II, c. I : « L'année dernière je m'entretenais avec un archidiacre de Mayence au sujet de la rébellion des siens, et je l'entendais villipender notre roi et le peuple, uniquement parce que le roi avait bien accueilli et bien traité partout le seigneur pape Pascal, ainsi que ses princes : il se moquait des Français à cette occasion, jusqu'à les appeler par dérision *Francons*. Je lui dis alors : « Si vous tenez les Français pour tellement faibles ou lâches que vous croyiez pouvoir insulter par vos plaisanteries à un nom dont la célébrité s'est étendue jusqu'à la mer indienne, dites-moi donc à qui le pape Urbain s'adressa pour demander du secours contre les Turcs? N'est-ce pas aux Français? » — Id., l. IV, c. III : « Nos princes, ayant tenu conseil, résolurent alors de construire un fort sur le sommet d'une montagne qu'ils avaient appelée *Malreguard*, pour s'en faire un nouveau point de défense contre les agressions des Turcs. » La langue française dominait donc dans l'armée des croisés. Voyez aussi les suites de la quatrième croisade.

Le roi de France n'en était pas moins appelé par les Grecs : ὁ βασιλεὺς τῶν βασιλέων, καὶ ἀρχηγὸς τοῦ Φραγγικοῦ στρατοῦ.

Mathieu Paris (ad ann. 1254) et Froissart (t. IV, p. 207) donnent au roi de France le titre de *Rex regum*, et de chef de tous les rois chrétiens. — Les Turcs eux-mêmes voulurent descendre des Francs : « Dicunt se esse de Francorum generatione, et quia nullus homo naturaliter debet esse miles nisi Turci et Franci. » Gesta Francorum, ap. Bongars, p. 7.

73 — page 198 — *Godefroi languit et mourut...*
Guibert. Nov., l. VII, 22 : « Un prince d'une tribu voisine de Gentils lui envoya des présents infectés d'un poison mortel. Godefroi s'en servit sans défiance, tomba tout à coup malade, s'alita, et mourut bientôt après. Selon d'autres, il mourut de mort naturelle. »

74 — page 198 — *Le langage des contemporains avant la croisade...*
Raym. d'Agiles, ap. Bongars, p. 149 : « Jocundum spectaculum tandem post multa tempora nobis factum... Accidit ibi quoddam satis nobis jocundum atque delectabile. » — Il raconte encore que le comte de Toulouse fit un jour arracher les yeux, couper les pieds, les mains et le nez à ses prisonniers, et il ajoute : « Quanta ibi fortitudine et consilio comes claruerit non facile referendum est. »

75 — page 200 — *Les chrétiens de la croisade ont essayé de valoir mieux qu'eux-mêmes...*
Guib. Nov., l. IV, c. XV : « Unde fiebat, ut nec mentio scorti, nec nomen prostibuli toleraretur haberi : præsertim cum pro hoc ipso scelere, gladiis Deo judice vererentur addici. Quod si gravidam inveniri constitisset aliquam earum mulierum quæ probabantur carere maritis, atrocibus tradebatur cum suo lenone suppliciis. » — « Les mœurs sensuelles des Turcs contrastaient avec cette chasteté chrétienne. Après la grande bataille d'Antioche, on trouva dans les champs et les bois des enfants nouveau-nés dont les femmes tur-

ques étaient accouchées pendant le cours de l'expédition. » Guibert, l. V.

76 — page 201 — *Avant l'an 1000 les paysans de la Normandie s'étaient ameutés...*

Will. Gemetic., l. V, ap. Scr. fr. X, 185 : « Rustici unanimes per diversos totius normannicæ patriæ plurima agentes conventicula, juxta suos libitus vivere decernebant ; quatenus tam in silvarum compendiis quam in aquarum commerciis, nullo obsistente ante statuti juris obice, legibus uterentur suis... Truncatis manibus ac pedibus, inutiles suis remisit... His rustici expertis, festinato concionibus omissis, ad sua aratra sunt reversi. »

77 — page 203 — *Ils se dirent avec le poète du douzième siecle...*

Rob. Wace, *Roman de Rou*, vers 5979-6038 :

Li païsan e li vilain
Cil del boscage et cil del plain,
Ne sai par kel entichement,
Ne ki les meu primierement ;
Par vinz, par trentaines, par cenz
Unt tenuz plusurs parlemenz...
Privéement ont porparlè
E plusurs l'ont entre els juré
Ke jamez, par lur volonté,
N'arunt seingnur ne avoé.
Seingnur ne lur font se mal nun ;
Ne poent aveir od els raisun,
Ne lur gaainz, ne lur laburs ;
Chescun jur vunt a grant dolurs...
Tute jur sunt lur bestes prises
Pur aïes e pur servises...

« Pur kei nus laissum damagier !
« Metum nus fors de lor dangier ;
« Nus sumes homes cum il sunt,
« Tex membres avum cum il unt,
« Et altresi grans cors avum,
« Et altretant sofrir poum.
« Ne nus faut fors cuer sulement ;
« Alium nus par serement,
« Nos aveir e nus defendum,
« E tuit ensemble nus tenum.
« Es nus voilent guerreier,
« Bien avum, contre un chevalier,
« Trente u quarante païsanz
« Maniables e cumbatans. »

78 — page 218 — *Abailard était un beau jeune homme...*

Epistola I, Heloissæ ad Abel. (Abel. et Hel. opera, edid. Duchesne) : « Quod enim bonum animi vel corporis tuam non exornabat adolescentiam ? » — Abelardi Liber Calamitatum mearum, p. 10 : « Juventutis ei formæ gratia. »

Personne ne faisait comme lui des vers d'amour en langue vulgaire, etc...

Abel. Liber Calam., p. 12 : « Jam (à l'époque de son amour) si qua invenire licebat carmina, erant amatoria, non philosophiæ secreta. Quorum etiam carminum pleraque, adhuc in multis, sicut et ipse nosti, frequentantur et decantantur regionibus, ab his maxime quos vita simul oblectabat. » — Heloissæ epist. I* : « Duo autem, fateor, tibi specialiter inerant quibus feminarum quarumlibet animos statim allicere poteras : dictandi videlicet, et cantandi gratia. Quæ cæteros minime philosophos assecutos esse novimus. Quibus quidem quasi ludo quodam laborem exerciti recreans philosophici, pleraque amatorio metro vel rhythmo composita reliquisti carmina, quæ præ nimia suavitate tam dictaminis quam cantus sæpius frequentata, tuum in ore omnium nomen incessanter tenebant : ut etiam illiteratos melodiæ dulcedo tui non sineret immemores esse. Atque hinc maxime in amorem tuum feminæ suspirabant. Et cum horum pars maxima carminum nostros decantaret amores, multis me regionibus brevi tempore nunciavit, et multarum in me feminarum accendit invidiam. »

Page 218 — *Il avait renoncé à l'escrime des tournois, par amour pour les combats de la parole...*
Liber Calam., p. 4 : « Et quoniam dialecticorum rationum armaturam omnibus philosophiæ documentis prætuli, his armis alia commutavi et trophæis bellorum conflictus prætuli disputationum. Præinde diversas disputando perambulans provincias... »
Les seigneurs l'encourageaient...
Liber. Calam., p. 5 : « Quoniam de potentibus terræ nonnullos ibidem habebat (Guillelmus Campellensis) æmulos, fretus eorum auxilio, voti mei compos extiti. »

79 — page 219 — *Le hardi jeune homme simplifiait, expliquait, popularisait, humanisait...*
« De là l'enivrement des laïques et la stupéfaction des docteurs. Nouveau Pierre-l'Ermite d'une croisade intellectuelle, il entraînait après lui une jeunesse tourmentée de l'inextinguible soif de savoir, aventureuse et militante, impatiente de s'élancer vers un autre Orient inconnu, et d'y conquérir, non pas le tombeau du Christ, mais le Verbe éternellement vivant et Dieu lui-même. De l'Europe entière accouraient par milliers ces jeunes et ardents pèlerins de la pensée, tout bardés de logique et tout hérissés de syllogismes. « Rien ne les arrêtait, dit un contemporain, ni la distance, ni la profondeur des vallées, ni la hauteur des montagnes, ni la peur des brigands, ni la mer et ses tempêtes. La France, la Bretagne, la Normandie, le Poitou, la Gascogne, l'Espagne l'Angleterre, la Flandre, les Teutons et les Suédois célébraient ton génie, t'envoyaient leurs enfants ; et Rome, cette maîtresse des sciences, mon-

trait en te passant ses disciples que ton savoir était encore supérieur au sien. » (Foulques, prieur de Deuil.) « Lui seul, ajoute un autre de ses admirateurs, savait tout ce qu'il est possible de savoir. » De son école, où cinq mille auditeurs ordinairement venaient acheter sa doctrine à prix d'or, sortirent successivement un pape (Célestin II), dix-neuf cardinaux, plus de cinquante évêques ou archevêques, une multitude infinie de docteurs, et avec eux une espèce de régénération intérieure de l'Église d'Occident. » Les *Réformateurs au douzième siècle*, par M. N. Peyrat, p. 128, 1860.

80 — page 220 — *Cette philosophie passa en un instant la mer et les Alpes...*
Guill. de S. Theodor. epist. ad. S. Bern. (ap. S. Bernardi opera, t. I, p. 302) : « Libri ejus transeunt maria, transvolant Alpes. » — Saint Bernard écrit en 1140, aux cardinaux de Rome : « Legite, si placet, librum Petri Abelardi, quem dicit Theologiæ ; ad manum enim est, cum, sicut gloriatur, a pluribus lectitetur in Curia. »

Partout on discourait sur les mystères...
Les évêques de France écrivaient au pape, en 1140 : « Cum per totam fere Galliam, in civitatibus, vicis et castellis, a scholaribus, non solum inter scholas, sed etiam triviatim, nec a litteratis aut provectis tantum, sed a pueris et simplicibus, aut certe stultis, de S. Trinitate, quæ Deus est, disputaretur... » S. Bernardi opera, I, 309. — S. Bern. epist. 88 ad Cardinales : « Irridetur simplicium fides, eviscerantur arcana Dei, quæstiones de altissimis rebus temerarie ventilantur. »

81 — page 224, note 1 — *Abailard voulut réformer les mœurs de l'abbaye de Saint-Denis...*
« Sciebam in hoc regii consilii esse, ut quo minus regularis abbatia illa esset, magis regi esset subjecta et utilis, quantum videlicet ad lucra temporalia. » Liber Calamit., p. 27.

82 — page 226 — *Saint Bernard vint avec répugnance au concile de Sens...*
S. Bern. epist. 189 : « Abnui, tum quia puer sum, et ille vir bellator ab adolescentia : tum quia judicarem indignum rationem fidei humanis committi ratiunculis agitandam. »

Innocent II haïssait Abailard dans son disciple Arnaldo de Brescia...
S. Bern. epist. ad papam, p. 182 : « Procedit Golias (Abælardus.) ... antecedente quoque ipsum ejus armigero, Arnoldo de

Brixia. Squama squamæ conjungitur, et nec spiraculum incedit per eas. Si quidem sibilavit apis, quæ erat in Francia, api de Italia, et venerunt in unum adversus Dominum. » — Epist. ad episc. Constant. p. 187 : « Utinam tam sanæ esset doctrinæ quam districtæ est vitæ! Et si vultis scire, homo est neque manducans, neque bihens, solo cum diabolo esuriens et sitiens sanguinem animarum. » — Epist. ad Guid., p. 188 : « Cui caput columbæ, cauda scorpionis est; quem Brixia evomuit, Roma exhorruit, Francia repulit, Germania abominatur, Italia non vult recipere. » — Il avait eu aussi pour maître Pierre de Brueys. Bulæus, *Hist. Universit. Paris.*, II, 155. Platina dit qu'on ne sait s'il fut prêtre, moine ou ermite. — Trithemius rapporte qu'il disait en chaire, en s'adressant aux cardinaux : « Scio quod me brevi clam occidetis?... Ego testem invoco cœlum et terram quod annuntiaverim vobis ea quæ mihi Dominus præcepit. Vos autem contemnitis me et creatorem vestrum. Nec mirum si hominem me peccatorem vobis veritatem annuntiantem morti tradituri estis, cum etiam si S. Petrus hodie resurgeret, ei vitia vestra quæ nimis multiplicia sunt, reprehenderet, et minime parceretis. » Ibid., 106.

83 — page 231 — *Robert d'Arbrissel bâtit aux femmes Fontevrault*, etc...

L'ordre de Fontevrault eut trente abbayes en Bretagne. — Fondé vers 1100, il comptait déjà, selon Suger, en 1145, près de cinq mille religieuses. — Les femmes étaient cloîtrées, chantaient et priaient; les hommes travaillaient. — Malade, il appelle ses moines, et leur dit : « Deliberate vobiscum, dum adhuc vivo, utrum permanere velitis in vestro proposito; ut scilicet, pro animarum vestrarum salute, obediatis ancillarum Christi præcepto. Scitis enim quia quæcumque, Deo cooperante, alicubi ædificavi, earum potentatui atque dominatui subdidi... Quo audito, pene omnes unanimi voce dixerunt : Absit hoc, etc. » Avant de mourir il voulut donner un chef aux siens. « Scitis, dilectissimi mei, quod quidquid in mundo ædificavi, ad opus sanctimonialium nostrarum feci : eisque potestatem omnem facultatum mearum præbui : et quod his majus est, et me et meos discipulos, pro animarum nostrarum salute, earum servitio submisi. Quamobrem disposui abbatissam ordinare. » Considérant qu'une vierge élevée dans le cloître, ne connaissant que les choses spirituelles et la contemplation, ne saurait gouverner les affaires extérieures, et se reconnaître au milieu du tumulte du monde, il nomme une femme veuve et lui recommande que jamais on ne prenne pour abbesse une des femmes élevées dans le cloître. — Il recommande aussi de parler peu, de ne point manger de chair, de se vêtir grossièrement.

Il enseignait la nuit et le jour au milieu d'une foule de disciples des deux sexes, etc...

Lettre de Marbodus, évêque de Rennes, à Robert d'Arbrissel : « Mulierum cohabitationem, in quo genere quondam peccasti, diceris plus amare... Has ergo non solum communi mensa per diem, sed et communi occubitu per noctem digeris, ut referunt, accubante simul et discipulorum grege, ut inter utrosque medius jaceas, utrique sexui vigiliarum et somni leges præfigas. » D. Morice, I, 499. « Feminarum quasdam, ut dicitur, nimis familiariter tecum habitare permittis et cum ipsis etiam et inter ipsas noctu frequenter cubare non erubescis. Hoc si modo agis, vel aliquando egisti, novum et inauditum, sed infructuosum martyrii genus invenisti... Mulierum quibusdam, sicut fama sparsit, et nos ante diximus, sæpe privatim loqueris earum accubitu novo martyrii genere cruciaris. » Lettre de Geoffroi, abbé de Vendôme, à Robert d'Arbrissel, publiée par le P. Sirmond (Daru, *Histoire de Bretagne*, I, 320) : « Taceo de juvenculis quas sine examine religionem professas, mutata veste, per diversas cellulas protinus inclusisti. Hujus igitur facti temeritatem miserabilis exitus probat; aliæ enim, urgente partu, fractis ergastulis, elapsæ sunt; aliæ in ipsis ergastulis pepererunt. » Clypeus nascentis ordinis Fontebraldensis, t. I, p. 69.

84 — page 232 et note 1 — *Louis VII reconnaît expressément aux femmes le droit de siéger comme juges...*

Voy. dans Duchesne, t. IV, la réponse du roi... « apud vos deciduntur negotia legibus imperatorum; benignior longe est consuetudo regni nostri, ubi si melior sexus defuerit, mulieribus succedere et hæreditatem administrare conceditur. »

85 — page 236, note 1 — *Sur les sceaux, le roi de France est toujours assis...*

Si Louis VII est quelquefois représenté à cheval (1137, 1138, *Archives du Royaume*, K. 40), c'est comme *Dux Aquitanorum*. L'exception confirme la règle.

86 — page 236 — *Le descendant de Guillaume-le-Conquérant, quel qu'il soit, etc...*

On sait l'énorme grosseur de Guillaume-le-Conquérant (Voy. plus haut). « Quand donc accouchera ce gros homme? » disait le roi de France. Lorsqu'il fallut l'enterrer, la fosse se trouva trop étroite et le corps creva. Il dépensait pour sa table des sommes énormes (Gazas ecclesiasticas conviviis profusioribus insumebat, Guill. Malmsb., l. III, ap. Scr. fr. XI, 188). Les auteurs de l'*Art de vérifier les Dates* (XIII, 15) rapportent de lui, d'après une chronique manuscrite, un trait de violence singulière. Lorsque Baudoin de Flandre lui refusa sa fille Mathilde, « il passa jusques en la chambre de la comtesse; il trouva la fille au comte, si la prist par les trèces, si la traisna parmi la chambre et défoula à ses piés. » — Son fils aîné Robert était surnommé *Courte-Heuse*, ou *Bas-Court* (Order. Vit., ap. Scr. fr. XII, 596: ... facie obesa, corpore pingui, brevique statura, unde vulgo *Gambaron* cognominatus est, et *Brevis-ocrea*); il se laissait ruiner par les histrions et les prostituées (ibid., p. 602: Histrionibus et parasitis ac meretricibus; item, p. 681). — Le second fils du Conquérant, Guillaume-le-Roux, était de petite taille et fort replet; il avait les cheveux blonds et plats, et le visage couperosé (Lingard, t. II de la trad., p. 167). « Quand il mourut, dit Orderic Vital, ce fut la ruine des routiers, des débauchés et des filles publiques, et bien des cloches ne sonnèrent pas pour lui, qui avaient retenti longtemps pour des indigents ou de pauvres femmes » (Scr. rer. fr. XII, 679). — Ibid. « Legitimam conjugem nunquam habuit; sed obscœnis fornicationibus et frequentibus mœchiis inexplebiliter inhæsit. » P. 635: « Protervus et lascivus. » P. 624: « Erga Deum et ecclesiæ frequentationem cultumque frigidus extitit. » — Suger, ibid., p. 12: « Lasciviæ et animi desideriis deditus..... Ecclesiarum crudelis exactor, etc. » — Huntingd., p. 216: « Luxuriæ scelus tacendum exercebat, non occulte, sed ex impudentia coram sole, etc. » — Henri Beauclerc, son jeune frère, eut de ses nombreuses maîtresses plus de quinze bâtards. Suivant plusieurs écrivains, sa mort fut causée par sa voracité en mangeant un plat de lamproies (Lingard, II, 241). Ses fils, Guillaume et Richard, se souillaient des plus infâmes débauches. (Huntingd., p. 218: « Sodomitica tabe dicebantur, et erant irretiti. » Gervas., p. 1339: « Luxuriæ et libidinis omni tabe maculati.) » Glaber (ap. Scr. fr. X, 51) remarque que dès leur arrivée dans les Gaules, les Normands eurent presque toujours pour princes des bâtards. — Les Plantagenets semblèrent continuer cette race souillée. Henri II était roux, défiguré par la grosseur énorme de son ventre, mais toujours à cheval et à la chasse. (Petr. Bles., p. 98.) Il était, dit son secrétaire, plus violent qu'un lion (Leo et leone truculentior, dum vehementius excandescit, p. 75); ses yeux bleus se remplissaient alors de sang, son teint s'animait, sa voix tremblait d'émotion (Girald. Cambr., ap. Camden, p. 783). Dans un accès de rage, il mordit un page à l'épaule. Humet, son favori, l'ayant un jour contredit, il le poursuivit jusque sur l'escalier, et ne pouvant l'atteindre, il rongeait de colère la paille qui couvrait le plancher. « Jamais, disait un cardinal, après une longue conversation avec Henri, je n'ai vu d'homme mentir si hardiment (Ep. S. Thom., p. 566). Sur ses successeurs, Richard et Jean, voyez plus bas. — L'idéal, c'est Richard III, le Richard III de Shakespeare, comme celui de l'histoire.

87 — page 238 — *Tous vrais saints quoique l'Église n'ait canonisé que le dernier...*
Encore Louis VII est-il saint lui-même, suivant quelques auteurs. On lit dans une chronique française, insérée au douzième volume du *Recueil des historiens de France*, p. 226 : « Il fu mors...; sains est, bien le savons » ; et dans une chronique latine (ibid.) : « ..... Et sanctus reputatur, prout alias in libro vitæ suæ legimus. »

88 — page 239 — *Louis VII avait été élevé dans le cloître de Notre-Dame...*
Voy. une charte de Louis VII, ap. Scr. fr. XII, 90... « Ecclesiam parisiensem, in cujus claustro, quasi in quodam maternali gremio, incipientis vitæ et pueritiæ nostræ exegimus tempora. »

89 — page 241 — *Saint Bernard refusa d'aller lui-même à la croisade...*
En 1128, il détourne un abbé du pèlerinage de Jerusalem. (Operum, t. I, p. 85 ; voy. aussi p. 323.) — En 1129, il écrit à l'évêque de Lincoln, au sujet d'un Anglais nommé Philippe, qui, parti pour la terre sainte, s'était arrêté à Clairvaux et y avait pris l'habit : « Philippus vester volens proficisci Jerosolymam, compendium viæ invenit, et cito pervenit quo volebat... Stantes sunt jam pedes ejus in atriis Jerusalem, et quem audierat in Euphrata, inventum in campis silvæ libenter adorat in loco ubi steterunt pedes ejus. Ingressus est sanctam civitatem... Factus est ergo non curiosus tantum spectator, sed et devotus habitator, et civis conscriptus Jerusalem, non autem terrenæ hujus, cui Arabiæ mons Sina conjunctus est, quæ servit cum filiis suis, sed liberæ illius quæ est sursum mater nostra. Et si vultis scire, Claræ-Vallis est » (p. 64). — Voici un passage d'un auteur arabe, qui offre, avec les idées exprimées par saint Bernard, une remarquable analogie : « Ceux qui volent à la recherche de la Caaba, quand ils ont enfin atteint le but de leurs

fatigues, voient une maison de pierre, haute, révérée, au milieu d'une vallée sans culture ; ils y entrent, afin d'y voir Dieu ; ils le cherchent longtemps et ne le voient point. Quand avec tristesse ils ont parcouru la maison, ils entendent une voix au-dessus de leurs têtes : O adorateurs d'une maison ! pourquoi adorer de la pierre et de la boue ? Adorez l'autre maison, celle que cherchent les élus ! » (Ce beau fragment, dû à un jeune orientaliste, M. Ernest Fouinet, a été inséré par M. Victor Hugo dans les notes de ses *Orientales*, p. 416 de la première édition.)

90 — page 254 — *Les jurisconsultes appelés par Frédéric-Barberousse, etc...*

Radevicus, II, c. iv, ap. Giesler, Kirchengeschichte, II, P. 2, p. 72. « Scias itaque omne jus populi in condendis legibus tibi concessum, tua voluntas jus est, sicuti dicitur : « Quod principi placuit, legis habet vigorem, cum populus et in eum omne suum imperium et potestatem concesserit. » — Le conseiller de Henri II, le célèbre Ranulfe de Glanville, répète cette maxime (de leg. et consuet. reg. anglic., in proem.).

91 — page 257 — *Becket conduisait en son propre nom, etc...*
Newbridg., II, 10. Chron. Norm. Lingard, II, 325. — Lingard, p. 321 : « Le lecteur verra sans doute avec plaisir dans quel appareil le chancelier voyageait en France. Quand il entrait dans une ville, le cortège s'ouvrait par deux cent cinquante jeunes gens chantant des airs nationaux ; ensuite venaient ses chiens, accouplés. Ils étaient suivis de huit chariots, traînés chacun par cinq chevaux, et menés par cinq cochers en habit neuf. Chaque chariot était couverts de peaux, et protégé par deux gardes et par un gros chien, tantôt enchaîné, tantôt en liberté. Deux de ces chariots étaient chargés de tonneaux d'ale pour distribuer à la populace ; un autre portait tous les objets nécessaires à la chapelle du chancelier, un autre encore le mobilier de sa chambre à coucher, un troisième celui de sa cuisine, un quatrième portait sa vaisselle d'argent et sa garde-robe ; les deux autres étaient destinés à l'usage de ses suivants. Après eux venaient douze chevaux de somme sur chacun desquels était un singe, avec un valet (groom) derrière, sur ses genoux ; paraissaient ensuite les écuyers portant les boucliers et conduisant les chevaux de bataille de leurs chevaliers ; puis encore d'autres écuyers, des enfants de gentilshommes, des fauconniers, les officiers de la maison, les chevaliers et les ecclésiastiques, deux à deux et à cheval, et le dernier de tous enfin, arrivait le chance-

lier lui-même, conversant avec quelques amis. Comme il passait, on entendait les habitants du pays s'écrier : « Quel homme doit « donc être le roi d'Angleterre, quand son chancelier voyage en tel « équipage? » Steph., 20, 2.

Page 258 — *Un second lui-même...*

Le prédécesseur de Becket, au siège de Kenterbury, lui écrivait : « In aure et in vulgis sonat vobis esse cor unum et animam unam (Bles. epist. 78). — Petrus Cellensis : Secundum post regem in quatuor regnis quis te ignorat? » (Marten. Thes. anecd. III.) — Le clergé anglais écrit à Thomas : « In familiarem gratiam tam lata vos mente suscepit, ut dominationis suæ loca quæ boreali Oceano ad Pyrenæum usque porrecta sunt, potestati vestræ cuncta subjecerit, ut in his solum hos beatos reputarit opinio, qui in vestris poterant oculis complacere. » Epist. S. Thom., p. 190.

92 — page 259 — *Depuis le fameux Dunstan...*

S. Dunstan, archev. de Kenterbury, fit des remontrances à Edgar, et lui fit faire pénitence. Il ajouta deux clauses à leur traité de réconciliation : 1° qu'il publierait un code de lois qui apportât plus d'impartialité dans l'administration de la justice; 2° qu'il ferait passer à ses propres frais dans les différentes provinces des copies des saintes Écritures pour l'instruction du peuple. — Et même, selon Lingard, le véritable texte d'Osbern doit être : « ... Justas legum rationes sanciret, *sancitas conscriberet, scriptas* per omnes fines imperii sui populis custodiendas mandaret au lieu de *sanctas conscriberet scripturas*. — Lingard, *Antiquités de l'Église anglosaxonne*, I, p. 489.

93 — page 265 — *La lutte de Becket fut imitée par l'évêque de Poitiers...*

Henri II lui avait adressé par deux de ses justiciers des instructions plus dures encore que les coutumes de Clarendon. Voy. la lettre de l'évêque ap. Scr. fr. XVI, 216. — Voyez aussi (ibid., 572, 575, etc.) les lettres que Jean de Salisbury lui écrit pour le tenir au courant de l'état des affaires de Thomas Becket. — En 1166, l'évêque de Poitiers céda, et fit sa paix avec Henri II. Joann. Saresber. epist., ibid., 523.

94 — page 273 — *Becket se retira fort abattu...*

Mais Louis se repentit d'avoir abandonné Becket; peu de jours après, il le fit appeler. Becket vint avec quelques-uns des siens;

pensant qu'on allait lui intimer l'ordre de quitter la France. — « Invenerunt regem tristi vultu sedentem, nec, ut solebat, archiepiscopo assurgentem. Considerantibus autem illis, et diutius facto silentio, rex tandem, quasi invitus abeundi daret licentiam, subito mirantibus cunctis prosiliens, obortis lacrymis projecit se ad pedes archiepiscopi, cum singultu dicens : « Domine mi pater, tu solus vidisti. » Et congeminans cum suspirio : « Vere, ait, tu solus vidisti. Nos omnes cæci sumus... Pœniteo, pater, ignosce, rogo, et ab hac culpa me miserum absolve : regnum meum et meipsum ex hac ora tibi offero. » Gervas. Cantuar., ap. Scr. fr. XIII, 33. *Vit. quadrip.*, p. 96.

95 — page 280 — *Jean de Salisbury...*

Salisbury fait partie du pays de Kent, mais non du comté de ce nom. Du temps de l'archevêque Thibaut, ce fut Jean de Salisbury qu'on accusa de toutes les tentatives de l'Église de Kenterbury pour reconquérir ses privilèges. Il écrit, en 1159 : « Regis tota in me incanduit indignatio... Quod quis nomen romanum apud nos invocat, mihi imponunt; quod in electionibus celebrandis, in causis ecclesiasticis examinandis, vel umbram libertatis audet sibi Anglorum ecclesia vindicare, mihi imputatur, ac si dominum Cantuariensem et alios episcopos quid facere oporteat solus instruam... » J. Sareber. epist., ap. Scr. fr. XVI, 496. — Dans son Policraticus (Leyde, 1639, p. 206), il avance qu'il est bon et juste de flatter le tyran pour le tromper, et de le tuer (Aures tyranni mulcere... tyrannum occidere... æquum et justum.). — Dans l'affaire de Thomas Becket, sa correspondance trahit un caractère intéressé (il s'inquiète toujours de la confiscation de ses propriétés, Scr. fr. XVI, 508, 512, etc.), irrésolu et craintif, p. 509 : il fait souvent intercéder pour lui auprès de Henri II, p. 514, etc., et donne à Becket de timides conseils, p. 510, 527, etc. Il ne semble guère se piquer de conséquence. Ce défenseur de la liberté n'accorde au libre arbitre de pouvoir que pour le mal (Policrat., p. 97). Il ne faut pas se hâter de rien conclure de ce qu'il reçut les leçons d'Abailard ; il vante saint Bernard et son disciple Eugène III. (Ibid., p. 311.)

96 — page 287 — *Henri II déclara l'Angleterre fief du saint-siège...*

« Præterea ego et major filius meus rex, juramus quod a domino Alexandro papa et catholicis ejus successoribus recipiemus et tenebimus regnum Angliæ. » Baron. Annal., XII, 637. — A la fin de la même année il écrivait encore au pape : « Vestræ jurisdictionis est regnùm Angliæ, et quantum at feudatirii juris obligationem, vobis duntaxat teneor et astringor. » Petr. Bles., epist., ap. Scr. fr. XVI, 650.

97 — page 300 — *Philippe Ier, couronné à sept ans, lut lui-même le serment qu'il devait prêter...*
Coronatio Phil. I, ap. Scr. fr. XI, 32 : Ipse legit, dum adhuc septennis esset : « Ego... defensionem exhibebo, sicut rex in suo regno unicuique episcopo et ecclesiæ sibi commissæ... debet. »

98 — page 302 — *Philippe II à quatorze ans malade de peur*, etc...
Chronica reg. Franc., ibid., 214 : « .... Remansit in silva sine societate Philippus; unde stupefactus concepit timorem, et tandem per carbonarium fuit reductus Compendium ; et ex hoc timore sibi contigit infirmitas, quæ distulit coronationem. »
Il chasse et dépouille les Juifs...
Ibid... « Fecit spoliari omnes una die... Recesserunt omnes qui baptizari noluerunt. » « Il donnèrent pour se racheter 15.000 marcs. » Rad. de Diceto, ap. Scr. fr. XIII, 204. — Rigordus, *Vita Phil. Aug.*, ap. Scr. fr. XVII. Philippe remit aux débiteurs des Juifs toutes leurs dettes, à l'exception d'un cinquième qu'il se réserva. Voy. aussi la chronique de Mailros, ap. Scr. fr. XIX, 250.
Les hérétiques furent impitoyablement livrés à l'Église...
Guillelmi Britonis Philippidos, l. I : « Dans tout son royaume il ne permit pas de vivre à une seule personne qui contredît les lois de l'Église, qui s'écartât d'un seul des points de la foi catholique, ou qui niât les sacrements. »

99 — page 306 et note 1 — *Un messie paraît dans Anvers...*
Bulæus, *Historia Universit. Pariensis*, II, 98. — Per matronas et mulierculas... errores suos spargere. » — « Veluti rex, stipatus satellitibus, vexillum et gladium præferentibus... declamabat. » Epistol. Trajectens. eccles. ap. Gieseler, II, IIe partie, p. 479.

100 — page 306 et note 2 — *En Bretagne, Eon de l'Étoile...*
Guill. Neubrig., l. I : « Eudo, natione Brito, agnomen habens de Stella, illiteratus et idiota... sermone gallico Eon ;... eratque per diabolicas præstigias potens ad capiendas simplicium animas... ecclesiarum maxime ac monasteriorum infestator. » Voy. aussi Othon de Freysingen, c. LIV, LV, Robert du Mont, Guibert de

Nogent; Bulæus, 11, 241, D. Morice, p. 100, Roujoux, *Histoire des ducs de Bretagne*, t. II.

101 — page 306 — *Amaury de Chartres et David de Dinan*, etc...
Rigord., ibid., p. 375 : « ... Quod quilibet Christianus teneatur credere se esse membrum Christi. » — Concil. Paris, ibid. : « Omnia unum, quia quidquid est, est Deus, Deus visibilibus indutus instrumentis. — Filius incarnatus, i. e. visibili formæ subjectus. — Filius usque nunc operatus est, sed Spiritus sanctus ex hoc nunc usque ad mundi consummationem inchoat operari. »

102 — page 307 — *Aristote prend place presque au niveau de Jésus-Christ*...
Averroès, ap. Gieseler, II° partie, p. 378 : « Aristoteles est exemplar, quod natura invenit ad demonstrandam ultimam perfectionem humanam. » Corneille Agrippa disait, au quatorzième siècle : « Aristoteles fuit præcursor Christi in naturalibus; sicut Joannes Baptista... in gratuitis. » Ibid.

103 — page 314 — *Les évêques de Maguelonne et de Montpellier faisaient frapper des monnaies sarrasines*...
Epistola papæ Clementis IV, episc. Maglonensi, 1266; in Thes. novo anecd., t. II, p. 403 : « Sane de moneta Miliarensi quam in tua diœcesi facis cudi miramur plurimum cujus hoc agis consilio... Quis enim catholicus monetam debet cudere cum titulo Machometi?... Si consuetudinem forsan allegas, in adulterino negotio te et prædecessores tuos accusas. » — En 1268, saint Louis écrit à son frère Alfonse, comte de Toulouse, pour lui faire reproche de ce que dans son comtat Venaissin, on bat monnaie avec une inscription mahométane : « In cujus (monetæ) superscriptione sit mentio de nomine perfidi Mahometi, et dicatur ibi esse propheta Dei; quod est ad laudem et exaltationem ipsius, et detestationem et contemptum fidei et nominis christiani; rogamus vos quatinus ab hujusmodi opere faciatis cudentes cessare. » — Cette lettre, selon Bonamy (ac. des Inscr., XXX, 725), se trouverait dans un registre longtemps perdu, et restitué au Trésor des Chartes en 1748. Cependant ce registre n'y existe point aujourd'hui, comme je m'en suis assuré.

104 — page 315 — *Le bourgeois paraissait dans les tournois*...
Dans les *Preuves de l'Histoire générale du Languedoc*, t. III, p. 607, on trouve une attestation de plusieurs *Damoisels* (Domi-

celli), chevaliers, juristes, etc. « Quod usus et consuetudo sunt et fuerunt longissimis temporibus observati, et tanto tempore quod in contrarium memoria non existitit in senescallia Belliquadri et in Provincia, quod Burgenses consueverunt a nobilibus et baronibus et etiam ab archiepiscopis et episcopis, sine principis auctoritate et licentia, impune cingulum militare assumere, et signa militaria habere et portare, et gaudere privilegio militari. » — Chron. Languedoc. ap. D. Vaissète, *Preuves de l'Histoire du Languedoc* : « Ensuite parla un autre baron appelé Valats, et il dit au comte : « Seigneur, ton frère te donne un bon conseil (le conseil d'épargner les Toulousains), et si tu me veux croire, tu feras ainsi qu'il t'a dit et montré ; car, seigneur, tu sais bien que la plupart sont gentilshommes, et par honneur et noblesse, tu ne dois pas faire ce que tu as délibéré. »

105 — page 315 — *Les cours d'Amour...*

Raynouard, *Poésies des troubadours*, II, p. 122. La cour d'Amour était organisée sur le modèle des tribunaux du temps. Il en existait encore une sous Charles VI, à la cour de France ; on y distinguait des auditeurs, des maîtres des requêtes, des conseillers, des substituts du procureur général, etc., etc. ; mais les femmes n'y siégeaient pas.

106 — page 319 — *Dans les récits de leurs ennemis, on impute aux Albigeois des choses contradictoires, etc...*

Selon les uns, Dieu a créé ; selon d'autres, c'est le Diable (Mansi ap. Gieseler). Les uns veulent qu'on soit sauvé par les œuvres (Ébrard), et les autres par la foi (Pierre de Vaux-Cernay). Ceux-là prêchent un Dieu matériel ; ceux-ci pensent que Jésus-Christ n'est pas mort en effet, et qu'on n'a crucifié qu'une ombre. D'autre part, ces novateurs disent prêcher pour tous, et plusieurs d'entre eux excluent les femmes de la béatitude éternelle (Ébrard). Ils prétendent simplifier la loi, et prescrivent cent génuflexions par jour (Heribert). La chose dans laquelle ils semblent s'accorder, c'est la haine du Dieu de l'Ancien Testament. « Ce Dieu qui promet et qui ne tient pas, disent-ils, c'est un jongleur. Moïse et Josué étaient des routiers à son service. »

« D'abord il faut savoir que les hérétiques reconnaissaient deux créateurs : l'un, des choses invisibles, qu'ils appelaient le bon Dieu ; l'autre, du monde visible, qu'ils nommaient le Dieu méchant. Ils attribuaient au premier le Nouveau Testament, et au second l'Ancien, qu'ils rejetaient absolument, hors quelques passages transportés de l'Ancien dans le Nouveau, et que leur respect pour ce dernier leur faisait admettre.

« Ils disaient que l'auteur de l'Ancien Testament était un menteur, parce qu'il est dit dans la Genèse : « En quelque jour que vous mangiez de l'arbre de la science du bien et du mal, vous mourrez de mort » ; et pourtant, disaient-ils, après en avoir mangé, ils ne sont pas morts. Ils le traitaient aussi d'homicide, pour avoir réduit en cendres ceux de Sodome et de Gomorrhe, et détruit le monde par les eaux du déluge, pour avoir enseveli sous la mer Pharaon et les Égyptiens. Ils croyaient damnés tous les pères de l'Ancien Testament, et mettaient saint Jean-Baptiste au nombre des grands démons. Ils disaient même entre eux que ce Christ qui naquit dans la Bethléem terrestre et visible et fut crucifié à Jérusalem, n'était qu'un faux Christ; que Marie-Madeleine avait été sa concubine, et que c'était là cette femme surprise en adultère dont il est parlé dans l'Évangile. Pour le Christ, disaient-ils, jamais il ne mangea ni ne but, ni ne revêtit de corps réel, et ne fut jamais en ce monde que spirituellement au corps de saint Paul.

« D'autres hérétiques disaient qu'il n'y a qu'un créateur, mais qu'il eut deux fils, le Christ et le Diable. Ceux-ci disaient que toutes les créatures avaient été bonnes, mais que ces filles dont il est parlé dans l'Apocalypse les avaient toutes corrompues.

« Tous ces infidèles, membres de l'Antechrist, premiers-nés de Satan, semence de péché, enfants de crime, à la langue hypocrite, séduisant par des mensonges le cœur des simples, avaient infecté du venin de leur perfidie toute la province de Narbonne. Ils disaient que l'Église romaine n'était guère qu'une caverne de voleurs, et cette prostituée dont parle l'Apocalypse. Ils annulaient les sacrements de l'Église à ce point qu'ils enseignaient publiquement que l'onde du sacré baptême ne diffère point de l'eau des fleuves, et que l'hostie du très saint corps du Christ n'est rien de plus que le pain laïque; insinuant aux oreilles des simples ce blasphème horrible, que le corps du Christ, fût-il aussi grand que les Alpes, il serait depuis bien longtemps consommé et réduit à rien par tous ceux qui en ont mangé. La confirmation, la confession étaient choses vaines et frivoles; le saint mariage une prostitution, et nul ne pouvait être sauvé dans cet état en engendrant fils et filles. Niant aussi la résurrection de la chair, ils forgeaient je ne sais quelles fables inouïes, disant que nos âmes sont ces esprits angéliques qui, précipités du ciel pour leur présomptueuse apostasie, laissèrent dans l'air leurs corps glorieux, et que ces âmes, après avoir passé successivement sur la terre par sept corps quelconque, retournent, l'expiation ainsi terminée, reprendre leurs premiers corps.

« Il faut savoir en outre que quelques-uns de ces hérétiques s'appelaient *Parfaits* ou *Bons Hommes;* les autres s'appelaient les *Croyants.* Les Parfaits portaient un habillement noir, feignaient de garder la chasteté, repoussaient avec horreur l'usage des viandes, des œufs, du fromage; ils voulaient passer pour ne jamais mentir, tandis qu'ils débitaient, sur Dieu principalement, un mensonge perpétuel; ils disaient encore que pour aucune raison on ne devait jurer. On appelait Croyants ceux qui, vivant dans le siècle, et sans chercher à imiter la vie des Parfaits, espéraient pourtant être sauvés dans la foi de ceux-ci; ils étaient divisés par le genre de vie, mais unis dans la foi et l'infidélité. Les Croyants étaient livrés à l'usure, au brigandage, aux homicides et aux plaisirs de la chair, aux parjures et à tous les vices. En effet, ils péchaient avec toute sécurité et toute licence, parce qu'ils croyaient que sans restitution du bien mal acquis, sans confession ni pénitence, ils pouvaient se sauver, pourvu qu'à l'article de la mort ils pussent dire un *Pater,* et recevoir de leurs maîtres l'imposition des mains. Les hérétiques prenaient parmi les Parfaits des magistrats qu'ils appelaient diacres et évêques; les Croyants pensaient ne pouvoir se sauver s'ils ne recevaient d'eux en mourant l'imposition des mains. S'ils imposaient les mains à un mourant, quelque criminel qu'il fût, pourvu qu'il pût dire un *Pater,* ils le croyaient sauvé, et, selon leur expression, consolé; sans faire aucune satisfaction et sans autre remède, il devait s'envoler tout droit au ciel.

« ..... Certains hérétiques disaient que nul ne pouvait pécher depuis le nombril et plus bas. Ils traitent d'idolâtrie les images qui sont dans les églises, et appelaient les cloches les trompettes du démon. Ils disaient encore que ce n'était pas un plus grand péché de dormir avec sa mère ou sa sœur qu'avec toute autre. Une de leurs plus grandes folies, c'était de croire que si quelqu'un des Parfaits péchait mortellement en mangeant, par exemple, tant soit peu de viande, ou de fromage, ou d'œufs, ou de toute autre chose défendue, tous ceux qu'il avait consolés perdaient l'Esprit-Saint, et il fallait les reconsoler; et ceux mêmes qui étaient sauvés, le péché du consolateur les faisait tomber du ciel.

« Il y avait encore d'autres hérétiques appelés Vaudois, du nom d'un certain Valdus, de Lyon. Ceux-ci étaient mauvais, mais bien moins mauvais que les autres; car ils s'accordaient avec nous en beaucoup de choses, et ne différaient que sur quelques-unes. Pour ne rien dire de la plus grande partie de leurs infidélités, leur erreur consistait principalement en quatre points : en ce qu'ils portaient des sandales à la manière des apôtres; qu'ils disaient qu'il n'était permis en aucune façon de jurer ou de tuer; et en cela surtout que le premier venu d'entre eux pouvait au besoin, pourvu qu'il portât des sandales, et sans avoir reçu les ordres de la main de l'évêque, consacrer le corps de Jésus-Christ.

« Qu'il suffise de ce peu de mots sur les sectes des hérétiques. — Lorsque quelqu'un se rend aux hérétiques, celui qui le reçoit lui dit : « Ami, si tu veux être des nôtres, il faut que tu renonces à toute la foi que tient l'Église de Rome. Il répond : J'y renonce. — Reçois donc des Bons Hommes le Saint-Esprit. Et alors il lui souffle sept fois dans la bouche. Il lui dit encore : — Renonces-tu à cette croix que le prêtre t'a faite, au baptême, sur la poitrine, les épaules et la tête, avec l'huile et le chrême? — J'y renonce. — Crois-tu que cette eau opère ton salut? — Je ne le crois pas. — Renonces-tu à ce voile qu'à ton baptême le prêtre t'a mis sur la tête? — J'y renonce. C'est ainsi qu'il reçoit le baptême des hérétiques et renie celui de l'Église. Alors tous lui imposent les mains sur la tête et lui donnent un baiser, le revêtent d'un vêtement noir, et dès lors il est comme un d'entre eux. » Petrus Vall. Sarnaii, c. 1, ap. Scr. fr. XIX, 5, 7. Extrait d'un ancien registre de l'Inquisition de Carcassonne. (*Preuves de l'Histoire du Languedoc*, III, 371.)

Un Nicétas de Constantinople avait présidé comme pape, etc...
Voy. Gieseler, II, P. 2ª, p. 494 — Sandii Nucleus hist. eccles., IV, 404 : « Veniens papa Nicetas nomine a Constantinopoli... »
Un certain Ydros...
Steph. de Borb., ap. Gieseler, II, P. 2ª, 508.

107 — page 321 et note 1 — *Innocent III...*
« Fuit... matre Claricia, de nobilibus urbis, exercitatus in cantilena et psalmodia, statura mediocris et decorus aspectu. » Gesta Innoc. III (Baluze, folº), I, p. 1, 2. — Erfurt Chronic. S. Petrin. (1215) : « Nec similem sui scientia, facundia, decretorum et legum peritia, strenuitate judiciorum, nec adhuc visus est habere sequentem. »

108 — page 324 — *Les évêques devaient être nommés, déposés par le pape, etc...*
Decretal. Greg., l. II, tit. 28, c. xi (Alex. III) : « De appellationibus pro causis minimis interpositis volumus te tenere, quod eis, pro quacumque levi causa fiant, non minus est, quam si pro majoribus fierent, deferendum. »

Le pape défaisait les rois et faisait les saints...

Decr. Greg., l. III, tit. 45. c. I (Alex. III) : « ... Etiamsi per eum miracula plurima fierent, non liceret vobis ipsum pro Sancto, absque auctoritate romanæ ecclesiæ publice venerari. » — Conc. Lat. IV, c. LXII : « Reliquias inventas de novo nemo publice venerari præsumat, nisi prius auctoritate romani pontificis fuerint approbatæ. » — Innocent III en vint à dire (l. II, ep. 209) : « Dominus Petro non solum universam ecclesiam, sed totum reliquit seculum gubernandum. »

109 — page 329 — *Zenghi et son fils Nurheddin, deux saints de l'islamisme...*

Extraits des histor. arabes, par M. Reinaud (*Bibl. des Croisades*, III, 242) : « Lorsque Noureddin priait dans le temple, ses sujets croyaient voir un sanctuaire dans un autre sanctuaire. » — Il consacrait à la prière un temps considérable, il se levait au milieu de la nuit, faisait son ablution et priait jusqu'au jour. » — Dans une bataille, voyant les siens plier, il se découvrit la tête, se prosterna et dit tout haut : « Mon Seigneur et mon Dieu, mon souverain maître, je suis Mahmoud, ton serviteur ; ne l'abandonne pas. En prenant sa défense, c'est ta religion que tu défends. Il ne cessa de s'humilier, de pleurer, de se rouler à terre, jusqu'à ce que Dieu lui eût accordé la victoire. » — Il faisait pénitence pour les désordres auxquels on se livrait dans son camp, se revêtant d'un habit grossier, couchant sur la dure, s'abstenant de tout plaisir, et écrivant de tous côtés aux gens pieux pour réclamer leurs prières. Il bâtit beaucoup de mosquées, de khans, d'hôpitaux, etc. Jamais il ne voulut lever de contributions sur les maisons des sophis, des gens de loi, des lecteurs de l'Alcoran. « Son plaisir était de causer avec les chefs des moines, les docteurs de la loi, les Oulamas ; il les embrassait, les faisait asseoir à ses côtés sur son sopha, et l'entretien roulait sur quelque matière de religion. Aussi les dévots accouraient auprès de lui des pays les plus éloignés. Ce fut au point que les émirs en devinrent jaloux. » — Les historiens arabes, ainsi que Guillaume de Tyr, le peignent comme très rusé.

Les esprits forts ou philosophes furent poursuivis avec acharnement...

Bibliothèque des Croisades, p. 370. — On accusait Kilig Arslan d'avoir embrassé cette secte. Noureddin lui fit renouveler sa profession de foi à l'islamisme. « Qu'à cela ne tienne, dit Kilig

Arslan ; je vois bien que Noureddin en veut surtout aux
mécréants. »

Page 330 — *Nuhreddin était un légiste...*
Hist. des Atabeks, ibid. Il avait étudié le droit, suivant la doctrine d'Abou-Hanifa, un des plus célèbres jurisconsultes musulmans ; il disait toujours : Nous sommes les ministres de la loi, notre devoir est d'en maintenir l'exécution ; et quand il avait quelque affaire, il plaidait lui-même devant le cadi. — Le premier il institua une cour de justice, défendit la torture, et y substitua la preuve testimoniale. — Saladin se plaint dans une lettre à Noureddin de la douceur de ses lois. Cependant il dit ailleurs : « Tout ce que nous avons appris en fait de justice, c'est de lui que nous le tenons. » — Saladin lui-même employait son loisir à rendre la justice ; on le surnomma le *Restaurateur de la justice sur la terre.*

Page 330 — *Salaheddin*, etc...
La générosité de Saladin à l'égard des chrétiens est célébrée avec plus d'éclat par les historiens latins, et principalement par le continuateur de G. de Tyr, que par les historiens arabes : on trouve dans ceux-ci quelques passages, obscurs à la vérité, mais qui indiquent que les musulmans avaient vu avec peine les sentiments généreux du sultan. Michaud, *Hist. des Croisades*, II, 346.

110 — page 344 — *En vain Simon de Montfort et plusieurs autres se séparèrent des croisés...*
Guy de Montfort, son frère, Simon de Néauphle, l'abbé de Vaux-Cernay, etc. Villehardouin, p. 171. — A Corfou, un grand nombre de croisés résolurent de rester dans cette île « riche et plenteuroise ». Quand les chefs de l'armée en eurent avis, ils résolurent de les en détourner. « Alons à els et lor crions merci, que il aient por Dieu pitié d'els et de nos, et que il ne se honissent, et que il ne toillent la rescousse d'oltremer. Ensi fu li conseils accordez, et allèrent toz ensemble en une vallée où cil tenoient lor parlemenz, et menèrent avec als le fils l'empereor de Constantinople, et toz les evesques et toz les abbez de l'ost. Et cùm il vindrent là, si descendirent à pié. Et cil cùm il les virent, si descendirent de lor chevaus, et allèrent encontre, et li baron lor cheirent as piez, mult plorant, et distrent que il ne se moveroient tresque cil aroient creancé que il ne se mouroient d'els (avant qu'ils n'eussent promis de ne pas les abandonner). Et quant cil virent ce, si orent mult grant pitié, et plorèrent mult durement. » Ibid., p. 173-177. Lorsque ceux de Zara

vinrent proposer à Dandolo de rendre la place : « Endementières (tandis) que il alla parler as contes et as barons, icèle partie dont vos avez oï arrières, qui voloit l'ost depecier, parlèrent as messages, et distrent lor : Pourquoy volez vos rendre vostre cité, etc. » Ces manœuvres firent rompre la capitulation. — Dans Zara, il y eut un combat entre les Vénitiens et les Français.

111 — page 363 — *Dans le Midi, dédaigneuse opulence...*

« Les princes et les seigneurs provençaux qui s'étaient rendus en grand nombre pendant l'été au château de Beaucaire, y célébrèrent diverses fêtes. Le roi d'Angleterre avait indiqué cette assemblée pour y négocier la réconciliation de Raymond, duc de Narbonne, avec Alphonse, roi d'Aragon ; mais les deux rois ne s'y trouvèrent pas, pour certaines raisons ; en sorte que tout cet appareil ne servit à rien. Le comte de Toulouse y donna cent mille sols à Raymond d'Agout, chevalier, qui, étant fort libéral, les distribua aussitôt à environ dix mille chevaliers qui assistèrent à cette cour. Bertrand Raimbaud fit labourer tous les environs du château, et y fit semer jusques à trente mille sols en deniers. On rapporte que Guillaume Gros de Martel, qui avait trois cents chevaliers à sa suite, fit apprêter tous les mets dans sa cuisine avec des flambeaux de cire. La comtesse d'Urgel y envoya une couronne estimée quarante mille sols. Raimand de Venous fit brûler, par ostentation, trente de ses chevaux devant toute l'assemblée. » *Histoire du Languedoc*, t. III, p. 37. — (D'après Gaufrid. Vos., p. 321.)

112 — page 363 — *Cluny eut bientôt besoin d'une réforme...*

Dans une Apologie adressée à Guillaume de Saint-Thierry, saint Bernard, tout en se justifiant du reproche qu'on lui avait fait d'être le détracteur de Cluny, censure pourtant vivement les mœurs de cet ordre (édit. Mabillon, t. IV, p. 33, sqq.), c. x : « Mentior, si non vidi abbatem sexaginta equos et eo amplius in suo ducere comitatu. » c. xi : « Omitto oratoriorum immensas altitudines..... etc. »

Cîteaux s'éleva à côté de Cluny, etc...

Ceux de Cluny répondaient aux attaques de Cîteaux : « O, ô, Pharisæorum novum genus !... vos sancti, vos singulares... unde et habitum insoliti coloris prætenditis, et ad distinctionem cunctorum totius fere mundi monachorum, inter nigros vos candidos ostentatis. »

113 — page 367 — *Innocent III avait écrit aux princes des paroles de ruine et de sang...*

Innocent III écrit à Guillaume, comte de Forcalquier, une lettre, sans salut, pour l'exhorter à se croiser : « Si ad actus tuos Dominus hactenus secundum meritorum tuorum exigentiam respexisset, posuisset te ut rotam et sicut stipulam ante faciem venti, quinimo multiplicasset fulgura, ut iniquitatem tuam de superficie terræ deleret, et justus lavaret munus suas in sanguine peccatoris. Nos etiam et prædecessores nostri... non solum in te (sicut fecimus) anathematis curassemus sententiam promulgare, imo etiam universos fidelium populos in tuum excidium armassemus. » Epist. Inn. III, t. I, p. 239, anno 1198.

114 — page 368 — *Raymond VI, comte de Toulouse...*
Nous citons le fragment suivant comme un monument de la haine des prêtres.

« D'abord, dès le berceau, il chérit et choya toujours les hérétiques ; et comme il les avait dans sa terre, il les honora de toutes manières. Encore aujourd'hui, à ce que l'on assure, il mène partout avec lui des hérétiques, afin que s'il venait à mourir, il meure entre leurs mains. — Il dit un jour aux hérétiques, je le tiens de bonne source, qu'il voulait faire élever son fils à Toulouse, parmi eux, afin qu'il s'instruisît dans leur foi, disons plutôt dans leur infidélité. — Il dit encore un jour qu'il donnerait bien cent marcs d'argent pour qu'un de ses chevaliers pût embrasser la croyance des hérétiques ; qu'il le lui avait mainte fois conseillé, et qu'il le faisait prêcher souvent. De plus, quand les hérétiques lui envoyaient des cadeaux ou des provisions, il les recevait fort gracieusement, les faisait garder avec soin, et ne souffrait pas que personne en goûtât, si ce n'est lui et quelques-uns de ses familiers. Souvent aussi, comme nous le savons de science certaine, il adorait les hérétiques en fléchissant les genoux, demandait leur bénédiction et leur donnait le baiser. Un jour que le comte attendait quelques personnes qui devaient venir le trouver, et qu'elles ne venaient point, il s'écria : « On voit bien que c'est le diable qui a « fait ce monde, puisque rien ne nous arrive à souhait. » Il dit aussi au vénérable évêque de Toulouse, comme l'évêque me l'a raconté lui-même, que les moines de Cîteaux ne pouvaient faire leur salut, puisqu'ils avaient des ouailles livrées à la luxure. O hérésie inouïe !

« Le comte dit encore à l'évêque de Toulouse qu'il vînt la nuit dans son palais, et qu'il entendrait la prédication des hérétiques ; d'où il est clair qu'il les entendait souvent la nuit.

« Il se trouvait un jour dans une église où on célébrait la messe ;

or, il avait avec lui un bouffon, qui, comme font les bateleurs de cette espèce, se moquait des gens par des grimaces d'histrion. Lorsque le célébrant se tourna vers le peuple en disant : *Dominus vobiscum*, le scélérat de comte dit à son bouffon de contrefaire le prêtre. — Il dit une fois qu'il aimerait mieux ressembler à un certain hérétique de Castres, dans le diocèse d'Albi, à qui on avait coupé les membres et qui traînait une vie misérable, que d'être roi ou empereur.

« Combien il aima toujours les hérétiques, nous en avons la preuve évidente en ce que jamais aucun légat du siège apostolique ne put l'amener à les chasser de sa terre, bien qu'il ait fait, sur les instances de ces légats, je ne sais combien d'abjurations.

« Il faisait si peu de cas du sacrement de mariage, que toutes les fois que sa femme lui déplut, il la renvoya pour en prendre une autre ; en sorte qu'il eut quatre épouses, dont trois vivent encore. Il eut d'abord la sœur du vicomte de Béziers, nommée Béatrix ; après elle, la fille du duc de Chypre ; après elle, la sœur de Richard, roi d'Angleterre, sa cousine au troisième degré ; celle-ci étant morte, il épousa la sœur du roi d'Aragon, qui était sa cousine au quatrième degré. Je ne dois pas passer sous silence que lorsqu'il avait sa première femme, il l'engagea souvent à prendre l'habit religieux. Comprenant ce qu'il voulait dire, elle lui demanda exprès s'il voulait qu'elle entrât à Cîteaux ; il dit que non. Elle lui demanda encore s'il voulait qu'elle se fît religieuse à Fontevrault ; il dit encore que non. Alors elle lui demanda ce qu'il voulait donc : il répondit que si elle consentait à se faire solitaire, il pourvoirait à tous ses besoins ; et la chose se fit ainsi.....

« Il fut toujours si luxurieux et si lubrique, qu'il abusait de sa propre sœur au mépris de la religion chrétienne. Dès son enfance, il recherchait ardemment les concubines de son père et couchait avec elles ; et aucune femme ne lui plaisait guère s'il ne savait qu'elle eût couché avec son père. Aussi son père, tant à cause de son hérésie que pour ce crime énorme, lui prédisait souvent la perte de son héritage. Le comte avait encore une merveilleuse affection pour les routiers, par les mains desquels il dépouillait les églises, détruisait les monastères, et dépossédait tant qu'il pouvait tous ses voisins. C'est ainsi que se comporta toujours ce membre du diable, ce fils de perdition, ce premier-né de Satan, ce persécuteur acharné de la croix et de l'Église, cet appui des hérétiques, ce bourreau des catholiques, ce ministre de perdition, cet apostat couvert de crimes, cet égout de tous les péchés.

« Le comte jouait un jour aux échecs avec un certain chapelain, et tout en jouant il lui dit : « Le Dieu de Moïse, en qui vous « croyez, ne vous aiderait guère à ce jeu », et il ajouta : « Que « jamais ce Dieu ne me soit en aide ! » — Une autre fois, comme le comte devait aller de Toulouse en Provence, pour combattre quelque ennemi, se levant au milieu de la nuit, il vint à la maison où étaient rassemblés les hérétiques toulousains, et leur dit : « Mes « seigneurs et mes frères, la fortune de la guerre est variable ; « quoi qu'il m'arrive, je remets en vos mains mon corps et mon « âme. » Puis il emmena avec lui deux hérétiques en habit séculier, afin que s'il venait à mourir il mourût entre leurs mains. — Un jour que ce maudit comte était malade dans l'Aragon, le mal faisant beaucoup de progrès, il se fit faire une litière, et dans cette litière se fit transporter à Toulouse ; et comme on lui demandait pourquoi il se faisait transporter en si grande hâte, quoique accablé par une grave maladie, il répondit, le misérable ! « Parce qu'il n'y « a pas de Bons Hommes dans cette terre, entre les mains de qui je « puisse mourir. » Or, les hérétiques se font appeler Bons Hommes par leurs partisans. Mais il se montrait hérétique par ses signes et ses discours, bien plus clairement encore ; car il disait : « Je sais « que je perdrai ma terre pour ces Bons Hommes ; eh bien ! la « perte de ma terre, et encore celle de la tête, je suis prêt à tout « souffrir. »

115 — page 383 — *Le pape fut un instant ébranlé...*

Il reprocha à Montfort « d'étendre des mains avides jusque sur celles des terres de Raymond qui n'étaient nullement infectées d'hérésie, et de ne lui avoir guère laissé que Montauban et Toulouse... » Don Pedro d'Aragon se plaignait qu'on envahît injustement les possessions de ses vassaux les comtes de Foix, de Comminges et de Béarn, et que Montfort lui vînt enlever ses propres terres tandis qu'il combattait les Sarrasins. Epist. Inn. III, 708-10.

116 — page 388 — *Jean se soumit et fit hommage au pape...*

Rymer, t. I, p. 111 : « Johannes Dei gratia rex Angliæ.... libere concedimus Deo et SS. Apostolis, etc., ac domino nostro papæ Innocentio ejusque catholicis successoribus totum regnum Angliæ, et totum regnum Hiberniæ, etc.... illa tanquam feodatarius recipientes. Ecclesia romana mille marcas sterlingorum percipiat annuatim, etc. »

Les barons déclarèrent leur roi dégradé par sa soumission aux prêtres...

Math. Paris, p. 271 : « Tu Johannes lugubris memoriæ pro

futuris sæculis, ut terra tua, ab antiquo libera, ancillaret, excogitasti, factus de rege liberrimo tributarius, firmarius, et vasallus servitutis. »

117 — page 397 — *Innocent III voulut, dit-on, réparer...*

« Quand le saint-père eut entendu tout ce que lui voulurent dire les uns et les autres, il jeta un grand soupir; puis s'étant retiré en son particulier et avec son conseil, lesdits seigneurs se retirèrent aussi en leur logis, attendant la réponse que leur voudrait faire le saint-père.

« Quand le saint-père se fut retiré, vinrent devers lui tous les prélats du parti du légat et du comte de Montfort, qui lui dirent et montrèrent que, s'il rendait à ceux qui étaient venus recourir à lui leurs terres et seigneuries et refusait de les croire eux-mêmes, il ne fallait plus qu'homme du monde se mêlât des affaires de l'Église, ni fît rien pour elle. Quand tous les prélats eurent dit ceci, le saint-père prit un livre, et leur montra à tous comment, s'ils ne rendaient pas lesdites terres et seigneuries à ceux à qui on les avait ôtées, ce serait leur faire grandement tort : car il avait trouvé et trouvait le comte Ramon fort obéissant à l'Église et à ses commandements, ainsi que tous les autres qui étaient avec lui. « Par laquelle raison, dit-il, je leur donne congé et licence de recouvrer leurs terres et seigneuries sur ceux qui les retiennent injustement. » Alors vous auriez vu lesdits prélats murmurer contre le saint-père et les princes, en telle sorte qu'on eût dit qu'ils étaient plutôt gens désespérés qu'autrement, et le saint-père fut tout ébahi de se trouver en tel cas que les prélats fussent émus comme ils l'étaient contre lui.

« Quand le chantre de Lyon d'alors, qui était un des grands clercs que l'on connût dans tout le monde, vit et ouït lesdits prélats murmurer en cette sorte contre le saint-père et les princes, il se leva, prit la parole contre les prélats, disant et montrant au saint-père que tout ce que les prélats disaient et avaient dit n'était autre chose sinon une grande malice et méchanceté combinées contre lesdits princes et seigneurs, et contre toute vérité : « Car, seigneur, dit-il, tu sais bien, en ce qui touche le comte Ramon, qu'il t'a toujours été obéissant, et que c'est une vérité qu'il fut des premiers à mettre ses places en tes mains et ton pouvoir, ou celui de ton légat. Il a été aussi un des premiers qui se sont croisés; il a été au siège de Carcassonne contre son neveu le vicomte de Béziers, ce qu'il fit pour te montrer combien il t'était obéissant, bien que le vicomte fût son neveu, de laquelle chose aussi ont été faites des plaintes. C'est pourquoi il me semble, seigneur, que tu feras grand tort au comte Ramon, si tu ne lui rends et fais rendre ses terres, et tu en auras reproche de Dieu et du monde, et dorénavant, seigneur, il ne sera homme vivant qui se fie en toi ou en tes lettres, et qui y donne foi ni créance, ce dont toute l'Église militante pourra encourir diffamation et reproche. C'est pourquoi je vous dis que vous, évêque de Toulouse, vous avez grand tort, et montrez bien par vos paroles que vous n'aimez pas le comte Ramon, non plus que le peuple dont vous êtes pasteur; car vous avez allumé un tel feu dans Toulouse, que jamais il ne s'éteindra; vous avez été la cause principale de la mort de plus de dix mille hommes, et en ferez périr encore autant, puisque, par vos fausses représentations, vous montrez bien persévérer en les mêmes torts; et par vous et votre conduite la cour de Rome a été tellement diffamée que par tout le monde il en est bruit et renommée, et il me semble, seigneur, que pour la convoitise d'un seul homme tant de gens ne devraient pas être détruits ni dépouillés de leurs biens. »

« Le saint-père pensa donc un peu à son affaire; et quand il eut pensé, il dit : « Je vois bien et reconnais qu'il a été fait grand tort aux seigneurs et princes qui sont venus devers moi; mais toutefois j'en suis innocent, et n'en savais rien; ce n'est pas par mon ordre qu'ont été faits ces torts, et je ne sais aucun gré à ceux qui les ont faits, car le comte Ramon s'est toujours venu rendre vers moi comme véritablement obéissant, ainsi que les princes qui sont avec lui. »

« Alors donc se leva debout l'archevêque de Narbonne. Il prit la parole, et dit et montra au saint-père comment les princes n'étaient coupables d'aucune faute pour qu'on les dépouillât ainsi, et qu'on fît ce que voulait l'évêque de Toulouse, « qui toujours, continua-t-il, nous a donné de très damnables conseils, et le fait encore à présent; car je vous jure la foi que je dois à la sainte Église, que le comte Ramon a toujours été obéissant à toi, saint-père, et à la sainte Église, ainsi que tous les autres seigneurs qui sont avec lui; et s'ils se sont révoltés contre ton légat et le comte de Montfort, il n'ont pas eu tort; car le légat et le comte de Montfort leur ont ôté toutes leurs terres, ont tué et massacré de leurs gens sans nombre, et l'évêque de Toulouse, ici présent, est cause de tout le mal qui s'y fait, et tu peux bien connaître, seigneur, que les paroles dudit évêque n'ont pas vraisemblance; car si les choses étaient comme il le dit et le donne à entendre, le comte Ramon et les seigneurs qui l'accompagnent ne seraient venus vers toi, comme ils l'ont fait, et comme tu le vois. »

« Quand l'archevêque eut parlé, vint un grand clerc appelé maître Théodise, lequel dit et montra au saint-père tout le contraire de ce que lui avait dit l'archevêque de Narbonne. « Tu sais bien, seigneur, lui dit-il, et es averti des très grandes peines que le comte de Montfort et le légat ont prises nuit et jour avec grand danger de leurs personnes, pour réduire et changer le pays des princes dont on a parlé, lequel était tout plein d'hérétiques. Ainsi, seigneur, tu sais bien que maintenant le comte de Montfort et ton légat ont balayé et détruit lesdits hérétiques, et pris en leurs mains le pays; ce qu'ils ont fait avec grand travail et peine, ainsi que chacun le peut bien voir; et maintenant que ceux-ci viennent à toi, tu ne peux rien faire ni user de rigueur contre ton légat. Le comte de Montfort a bon droit et bonne cause pour prendre leurs terres; et si tu les lui ôtais maintenant, tu lui ferais grand tort; car nuit et jour le comte de Montfort se travaille pour l'Église et pour ses droits, ainsi qu'on te l'a dit. »

« Le saint-père ayant ouï et écouté chacun des deux partis, répondit à maître Théodise et à ceux de sa compagnie qu'il savait bien tout le contraire de leur dire, car il avait été bien informé que le légat détruisait les bons et les justes, et laissait les méchants sans punition, et grandes étaient les plaintes qui chaque jour lui venaient de toutes parts contre le légat et le comte de Montfort. Tous ceux donc qui tenaient le parti du légat et du comte de Montfort se réunirent et vinrent devant le saint-père lui dire et le prier qu'il voulût laisser au comte de Montfort, puisqu'il les avait conquis, les pays de Bigorre, Carcassonne, Toulouse, Agen, Quercy, Albigeois, Foix et Comminges : « Et s'il arrive seigneur, lui dirent-ils, que tu lui veuilles ôter lesdits pays et terres, nous te jurons et promettons que tous nous l'aiderons et secourrons envers et contre tous. »

« Quand ils eurent ainsi parlé, le saint-père leur dit et répondit que, ni pour eux, ni pour aucune chose qu'ils lui eussent dite, il ne ferait rien de ce qu'ils voulaient, et qu'homme au monde ne serait dépouillé par lui; car, en pensant que la chose fût ainsi qu'ils le disaient, et que le comte Ramon eût fait tout ce qu'on a dit et exposé, il ne devrait pas pour cela perdre sa terre et son héritage; car Dieu a dit de sa bouche « que le père ne payerait pas l'iniquité du fils, ni le fils celle de son père », et il n'est homme qui ose soutenir et maintenir le contraire; d'un autre côté il était bien informé que le comte de Montfort avait fait mourir à tort et sans cause le vicomte de Béziers pour avoir sa terre : « Car, ainsi que je l'ai reconnu, dit-il, jamais le vicomte de Béziers ne contribua à cette hérésie...

Et je voudrais bien savoir entre vous autres, puisque vous prenez si fort parti pour le comte de Montfort, quel est celui qui voudra charger et inculper le vicomte, et me dire pourquoi le comte de Montfort l'a fait ainsi mourir, a ravagé sa terre et la lui a ôtée de cette sorte? » Quand le saint-père eut ainsi parlé, tous ses prélats lui répondirent que bon gré mal gré, que ce fût bien ou mal, le comte de Montfort garderait les terres et seigneuries, car ils l'aideraient à se défendre envers et contre tous, vu qu'il les avait bien et loyalement conquises.

« L'évêque d'Osma, voyant ceci, dit au saint-père : « Seigneur, ne t'embarrasse pas de leurs menaces, car je te le dis en vérité, l'évêque de Toulouse est un grand vantard, et leurs menaces n'empêcheront pas que le fils du comte Ramon ne recouvre sa terre sur le comte de Montfort. Il trouvera pour cela aide et secours, car il est neveu du roi de France, et aussi de celui de l'Angleterre et d'autres grands seigneurs et princes. C'est pourquoi il saura bien défendre son droit, quoiqu'il soit jeune. »

« Le saint-père répondit : « Seigneurs, ne vous inquiétez pas de l'enfant, car si le comte de Montfort lui retient ses terres et seigneuries, je lui en donnerai d'autres avec quoi il reconquerra Toulouse, Agen et aussi Beaucaire; je lui donnerai en toute propriété le comté de Venaissin, qui a été à l'empereur, et s'il a pour lui Dieu et l'Église, et qu'il ne fasse tort à personne au monde, il aura assez de terres et seigneuries. » Le comte Ramon vint donc devers le saint-père avec tous les princes et seigneurs, pour avoir réponse sur leurs affaires et la requête que chacun avait faite au saint-père, et le comte Ramon lui dit et montra comment ils avaient demeuré un long temps en attendant la réponse de leur affaire et de la requête que chacun lui avait faite. Le saint-père dit donc au comte Ramon que pour le moment il ne pouvait rien faire pour eux, mais qu'il s'en retournât et lui laissât son fils, et quand le comte Ramon eut ouï la réponse du saint-père, il prit congé de lui et lui laissa son fils; et le saint-père lui donna sa bénédiction. Le comte Ramon sortit de Rome avec une partie de ses gens, et laissa les autres à son fils, et entre autres y demeura le comte de Foix, pour demander sa terre et voir s'il la pourrait recouvrer; et le comte Ramon s'en alla droit à Viterbe pour attendre son fils et les autres qui étaient avec lui, comme on l'a dit.

« Tout ceci fait, le comte de Foix se retira devers le saint-père pour savoir si la terre lui reviendrait ou non; et lorsque le saint-père eut vu le comte de Foix, il lui rendit ses terres et seigneuries, lui bailla ses lettres comme il était nécessaire en telle occasion, dont le comte de Foix fut grandement joyeux et allègre, et remercia grandement le saint-père, lequel lui donna sa bénédiction et absolution de toutes choses jusqu'au jour présent. Quand l'affaire du comte de Foix fut finie, il partit de Rome, tira doit à Viterbe devers le comte Ramon, et lui conta toute son affaire, comment il avait eu son absolution, et comment aussi le saint-père lui avait rendu sa terre et seigneurie; il lui montra ses lettres, dont le comte Ramon fut grandement joyeux et allègre; ils partirent donc de Viterbe, et vinrent droit à Gênes, où ils attendirent le fils du comte Ramon.

« Or, l'histoire dit qu'après tout ceci, et lorsque le fils du comte Ramon eut demeuré à Rome l'espace de quarante jours, il se retira un jour devers le saint-père avec ses barons et les seigneurs qui étaient de sa compagnie. Quand il fut arrivé, après salutation faite par l'enfant au saint-père, ainsi qu'il le savait bien faire, car l'enfant était sage et bien morigéné, il demanda congé au saint-père de s'en retourner, puisqu'il ne pouvait avoir d'autre réponse; et quand le saint-père eut entendu et écouté tout ce que l'enfant lui voulut dire et montrer, il le prit par la main, le fit asseoir à côté de lui, et se prit à lui dire : « Fils, écoute, que je te parle, et ce que je veux te dire, si tu le fais, jamais tu ne fauldras en rien.

« Premièrement, que tu aimes Dieu et le serves, et ne prennes rien du bien d'autrui : le tien, si quelqu'un veut te l'ôter, défends-le, en quoi faisant tu auras beaucoup de terres et seigneuries; et afin que tu ne demeures pas sans terres ni seigneuries, je te donne le comté de Venaissin avec toutes ses appartenances, la Provence et Beaucaire, pour servir à ton entretien, jusqu'à ce que la sainte Église ait assemblé son concile. Alors tu pourras revenir deçà les monts pour avoir droit et raison de ce que tu demandes contre le comte de Montfort. »

« L'enfant remercia donc le saint-père de ce qu'il lui avait donné, et lui dit : « Seigneur, si je puis recouvrer ma terre sur le comte de Montfort et ceux qui la retiennent, je te prie, seigneur, que tu ne me saches pas mauvais gré, et ne sois pas courroucé contre moi. » Le saint-père lui répondit : « Quoi que tu fasses, Dieu te permet de bien commencer et mieux achever. »

Nous avons copié mot pour mot une ancienne chronique qui n'est qu'une traduction du *Poème des Albigeois*, sans oublier pourtant que la poésie est fiction, sans fermer les yeux sur ce que présente d'improbable la supposition du poète qui prête au pape l'intention de défaire tout ce qu'il a fait avec tant de peine et une si grande effusion de sang. Voy. la note de la page 397.

118 — page 398 — *Tout le Midi se jeta dans les bras de Philippe-Auguste...*

Raymond VII écrit à Philippe-Auguste (juillet 1222) : « Ad vos, domine, sicut ad meum unicum et principale recurro refugium... humiliter vos deprecans et exorans quatenus mei misereri velitis. » *Preuves de l'Histoire du Langued.*, III, 275. — (Décembre 1222) : « Cum... Amalricus supplicaverit nobis ut dignemini juxta beneplacitum vestrum, terram accipere vobis et hæredibus vestris in perpetuum, quam tenuit vel tenere debuit, ipse, vel pater suus in partibus Albigensibus et sibi vicinis, gaudemus super hoc, desiderantes Ecclesiam et terram illam sub umbra vestri nominis gubernari et rogantes affectuose quantum possumus, quatenus celsæ majestatis vestræ regia potestas, intuitu regis regum, et pro honore sanctæ matris Ecclesiæ ac regni vestri, terram prædictam ad oblationem et resignationem dicti comitis recipiatis ; et invenietis nos et cæteros prælatos paratos vires nostras effundere in hoc negotio pro vobis, et expendere quidquid ecclesia in partibus illis habet, vel est habitura. » *Preuv. de l'Hist. du Langued.*, III, 276. — (1223) : « Dum dudum et diu soli sederemus in Biterris civitate, singulis momentis mortem expectantes, optataque nobis fuit in desiderio, vita nobis existente in supplicium, hostibus fidei et pacis undique gladios suos in capita nostra exerentibus, ecce, rex reverende, intravit kal. Maii cursor ad nos, qui... nuntiavit nobis verbum bonum, verbum consolationis, et totius miseriæ nostræ allevationis, quod videlicet placet celsitudinis vestræ magnificentiæ, convocatis prælatis et baronibus regni vestri apud Melodunum, ad tractandum super remedio et succursu terræ, quæ facta est in horrendam desolationem et in sibilum sempiternum, nisi Dominus ministerio regiæ dexteræ vestræ citius succurratus, super quo, tanto mœrore scalidi, tanta lugubratione defecti respirantes, gratias primum, elevatis oculis ac manibus in cœlum, referimus altissimo, in cujus manu corda regum consistunt, scientes hoc divinitus vobis esse inspiratum, etc... Flexis itaque genibus, reverendissime Rex, lacrymis in torrentem deductis, et singultibus lacerati, regiæ supplicamus majestati quatenus vobis inspiratæ gratiæ Dei non deesse velitis... quod universalis Ecclesiæ imminet subversio in regno vestro, nisi vos occurratis et succurratis, etc... » *Ibid.*, 278.

119 — page 407 — *Le dogme de l'immaculée conception, etc...*

L'Église de Lyon l'avait instituée en 1134. Saint Bernard lui écrivit une longue lettre pour la tancer de cette nouveauté (Epist. 174). Elle fut approuvée par Alain de Lille et par Petrus Cellensis (L. VI, epist 23; IX, 9 et 10). Le concile d'Oxford la condamna en 1222. — Les Dominicains se déclarèrent pour saint Bernard, l'Université pour l'Église de Lyon. Bulæus, *Hist. Univ.* Paris, II, 138, IV, 618, 964. Voyez Duns Scot, Sententiarum liber III, dist. 3, qu. I, et dist. 18, qu. I. Il disputa, dit-on, pour l'immaculée conception, contre deux cents Dominicains, et amena l'Université à décider : « Ne ad ullos gradus scholasticos admitteretur ullus, qui prius non juraret se defensurum B. Virginem a noxa originaria. » Wadding., Ann. Minorum, ann. 1394. Bulæus, IV, p. 71.

« *La Vierge ouvrit son capuchon devant son serviteur Dominique, etc...* »

Acta SS. Theodor. de Appoldia, p. 583. « Totam cœlestem patriam amplexando dulciter continebat. » — Pierre Damiani disait que Dieu lui-même avait été enflammé d'amour pour la Vierge. Il s'écrie dans un sermon (Sermo XI, de Annunt. B. Mar., p. 171) : « O venter diffusior cœlis, terris amplior, capacior elementis! etc. » — Dans un sermon sur la Vierge, de l'archevêque de Kenterbury, Étienne Langton, on trouve ces vers :

> Bele Aliz matin leva,
> Sun cors vesti et para,
> Ens un vergier s'en entra,
> Cink fleurettes y truva;
> Un chapelet fit en a
> De bele rose flurie.
> Pur Dieu trahez vus en là,
> Vus ki ne amez mie;

Ensuite il applique mystiquement chaque vers à la mère du Sauveur, et s'écrie avec enthousiasme :

> Ceste est la belle Aliz,
> Ceste est la flur,
> Ceste est le lis.   Roquefort, *Poésies* du douzième
>   et du treizième siècle.

On a attribué au franciscain saint Bonaventure le Psalterium minus et le Psalterium majus B. Mariæ Virginis. Ce dernier est une sorte de parodie sérieuse où chaque verset est appliqué à la Vierge. Psalm. I : « Universas enim fœminas vincis pulchritudine carnis! »

120 — page 410 — *Vingt-cinq seigneurs et dix-sept archevêques et évêques*, etc...

Voy. la lettre des évêques du Midi à Louis VIII, *Preuves de l'Histoire du Lang.*, p. 289, et les lettres d'Honorius III, ap. Scr. fr. XIX, 699-723.

121 — page 411 — *Le testament de Louis VIII*, etc...

Archives du royaume, J, carton 401, Lettre et témoignage de l'archevêque de Sens et de l'évêque de Beauvais. — J, carton 403, *Testament de Louis VIII*.

122 — page 413 — *La régente empêcha le comte de Champagne d'épouser la fille de Mauclerc...*

Elle lui écrivit, dit-on : « Sire Thibaud de Champaigne, j'ai entendu que vous avez convenancé et promis à prenre à femme la fille au comte Perron de Bretaigne. Partant vous mande que si ne voulez perdre quan que vous avez au royaume de France, que vous ne le faites. Si cher que avez tout tant que amez au dit royaume, ne le faites pas. La raison pourquoy vous sçavez bien. Je n'ai jamais trouvé pis qui mal m'ait voulu faire que luy. » D. Morice, I, 158.

123 — page 414 — *Soumission du comte de Toulouse...*

Voy. les articles du Traité, inséré au tome III des *Preuves de l'Histoire du Languedoc*, p. 329, sqq., et au tome XIX du *Recueil des Historiens de France*, p. 219, sqq.

124 — page 417 — *Saint Louis, Espagnol du côté de Blanche...*

Il était parent par sa mère d'Alphonse X, roi de Castille ; celui-ci lui avait promis des secours pour la croisade ; mais il mourut en 1252, et saint Louis « en fut fort affligé. » Math. Paris, p. 565. — « A son retour, il fit frapper, dit Villani, des monnaies où les uns voient des menottes, en mémoire de sa captivité ; les autres, les tours de Castille. » Ce qui vient à l'appui de cette dernière opinion, c'est que les frères de saint Louis, Charles et Alphonse, mirent les tours de Castille dans leurs armes. Michaud, IV, 445.

125 — page 417 — *Le sultan d'Égypte était le meilleur ami de Frédéric II...*

Extraits d'historiens arabes, par Reinaud (*Bibl. des Croisades*,

IV, 417, sqq.). « L'émir Fakr-Eddin était entré fort avant, dit Yaféi, dans la confiance de l'empereur; ils avaient de fréquents entretiens sur la philosophie, et leurs opinions paraissaient se rapprocher sur beaucoup de points. — Ces étroites relations scandalisèrent beaucoup les chrétiens... « Je n'aurais pas tant insisté, dit-il à Fakr-Eddin, pour qu'on me remît Jérusalem, si je n'avais craint de perdre tout crédit en Occident; mon but n'a pas été de délivrer la ville sainte, ni rien de semblable; j'ai voulu conserver l'estime des Francs. » — « L'empereur était roux et chauve : il avait la vue faible; s'il avait été esclave, on n'en aurait pas donné deux cents drachmes. Ses discours montraient assez qu'il ne croyait pas à la religion chrétienne; quand il en parlait, c'était pour s'en railler... etc... Un moezzin récita près de lui un verset de l'Alcoran qui nie la divinité de Jésus-Christ. Le sultan le voulut punir; Frédéric s'y opposa. » — Il se fâcha contre un prêtre qui était entré dans une mosquée l'Évangile à la main, et jura de punir sévèrement tout chrétien qui y entrerait sans une permission spéciale. — On a vu plus haut quelles relations amicales Richard entretenait avec Salaheddin et Malek-Adhel. — Lorsque Jean de Brienne fut assiégé dans son camp (en 1221), il fut comblé par le sultan de témoignages de bienveillance. « Dès lors, dit un auteur arabe (Makrizi), il s'établit entre eux une liaison sincère et durable, et tant qu'ils vécurent, ils ne cessèrent de s'envoyer des présents et d'entretenir un commerce d'amitié. » Dans une guerre contre les Kharismiens, les chrétiens de Syrie se mirent pour ainsi dire sous les ordres des infidèles. On voyait les chrétiens marcher leurs croix levées; les prêtres se mêlaient dans les rangs, donnaient des bénédictions, et offraient à boire aux musulmans dans leurs calices. Ibid., 445, d'après Ibn-Giouzi, témoin oculaire.

126 — page 420 — *Les Mongols avançaient lents, irrésistibles...*

« Ils avaient, dit Mathieu Paris, ravagé et dépeuplé la grande Hongrie : ils avaient envoyé des ambassadeurs avec des lettres menaçantes à tous les peuples. Leur général se disait envoyé du Dieu très haut pour dompter les nations qui lui étaient rebelles. Les têtes de ces barbares sont grosses et disproportionnées avec leurs corps; ils se nourrissent de chairs crues et même de chair humaine; ce sont des archers incomparables; ils portent avec eux des barques de cuir, avec lesquelles ils passent tous les fleuves; ils sont robustes, impies, inexorables; leur langue est inconnue à tous les peuples qui ont quelque rapport avec nous (quos nostra attingit notitia). Ils sont riches en troupeaux de moutons, de bœufs, de chevaux si rapides qu'ils font trois jours de marche en un jour. Ils portent par devant une bonne armure, mais aucune par derrière, pour n'être jamais tentés de fuir. Ils nomment khan leur chef, dont la férocité est extrême. Habitant la plage boréale, les mers Caspiennes, et celles qui leur confinent, ils sont nommés Tartares, du nom du fleuve Tar. Leur nombre est si grand qu'ils semblent menacer le genre humain de sa destruction. Quoiqu'on eût déjà éprouvé d'autres invasions de la part des Tartares, la terreur était plus grande cette année, parce qu'ils semblaient plus furieux que de coutume; aussi les habitants de la Gothie et de la Frise, redoutant leurs attaques, ne vinrent point cette année, comme ils le faisaient d'ordinaire, sur les côtes d'Angleterre, pour charger leurs vaisseaux de harengs : les harengs se trouvèrent en conséquence tellement abondants en Angleterre, qu'on les vendait presque pour rien ; même dans les endroits éloignés de la mer, on en donnait quarante ou cinquante d'excellents pour une petite pièce de monnaie. Un messager sarrasin, puissant et illustre par sa naissance, qui était venu en ambassade solennelle auprès du roi de France, principalement de la part du Vieux de la Montagne, annonçait ces événements au nom de tous les Orientaux, et il demandait du secours aux Occidentaux, pour réprimer la fureur des Tartares. Il envoya un de ses compagnons d'ambassade au roi d'Anglerre pour lui exposer les mêmes choses, et lui dire que si les musulmans ne pouvaient soutenir le choc de ces ennemis, rien ne les empêcherait d'envahir tout l'Occident. L'évêque de Winchester, qui était présent à cette audience (c'était le favori d'Henri III), et qui avait déjà revêtu la croix, prit d'abord la parole en plaisantant. « Laissons, dit-il, ces chiens se dévorer les uns les autres, pour qu'ils périssent plus tôt. Quand ensuite nous arriverons sur les ennemis du Christ qui resteront en vie, nous les égorgerons plus facilement, et nous en purgerons la surface de la terre. Alors le monde entier sera soumis à l'Église catholique, et il ne restera plus qu'un seul Pasteur et une seule bergerie. » Math. Paris, p. 318.

127 — page 428 — *Les envoyés du Vieux de la Montagne, etc...*
Il envoya demander au roi l'exemption du tribut qu'il payait aux Hospitaliers et aux Templiers. « Darière l'amiral avoit un Bacheler bien atourné, qui tenoit trois coutiaus en son poing, dont l'un

entroit ou manche de l'autre; pour ce que se l'amiral eust été refusé, il eust présenté au roy ces trois coutiaus pour li deffier. Darière celi qui tenoit les trois coutiaus, avoit un autre qui tenoit un bouqueran (pièce de toile de coton) entorteillé entour son bras, que il eust aussi présenté au roi pour li ensevelir, se il eust refusée la requeste au Vieil de la Montaigne. » Joinville, p. 95. — « Quand le viex chevauchoit, dit encore Joinville, il avoit un crieur devant li qui portoit une hache danoise à lonc manche tout couvert d'argent, à tout pleins de coutiaus ferus ou manche et crioit : « Tournés-« vous de devant celi qui porte la mort des rois entre ses mains. » P. 97.

Les Francs dans l'abondance s'énervaient...

Joinville, p. 37 : « Le commun peuple se prist aus foles femmes, dont il avint que le roy donna congié à tout plein de ses gens, quant nous revinmes de prison; et je li demandé pourquoy il avoit ce fait; et il me dit que il avoit trouvé de certein, que au giet d'une pierre menue, entour son paveillon tenoient cil leur bordiaus à qui il avoit donné congié, et ou temps du plus grant meschief que l'ost eust onques eté. » — « Les barons qui deussent garder le leur pour bien emploier en lieu et en tens, se pristrent à donner les grans mangers et les outrageuses viandes. »

128 — page 428 — *Un coup de vent ayant poussé saint Louis vers Damiette...*

« Il est vraisemblable que saint Louis aurait opéré sa descente sur le même point que Bonaparte (à une demi-lieue d'Alexandrie), si la tempête qu'il avait essuyée en sortant de Limisso, et les vents contraires peut-être, ne l'avaient porté sur la côte de Damiette. Les auteurs arabes disent que le soudan du Caire, instruit des dispositions de saint Louis, avait envoyé des troupes à Alexandrie comme à Damiette, pour s'opposer au débarquement. » Michaud, IV, 236.

129 — page 433 — *Saint Louis prisonnier...*

On dit au roi que les amiraux avaient délibéré de le faire soudan de Babylone... « Et il me dit qu'il ne l'eust mie refusé. Et sachiez que il ne demoura (que ce dessein n'échoua) pour autre chose que pource que ils disoient que le Roy estoit le plus ferme crestien que en peust trouver; et cest exemple en monstroient, à ce que quant ils se partoient de la héberge, il prenoit sa croiz à terre et seignoit tout son cors; et disoient que se celle gent fesoient soudanc de li, il les occiroit tous, ou ils deviendroient crestiens. » Joinville, p. 78.

Les Arabes chantèrent sa défaite et plus d'un peuple chrétien, etc...

Suivant M. Rifaut, la chanson qui fut composée à cette occasion se chante encore aujourd'hui. — Reinaud, Extraits d'historiens arabes (*Biblioth. des Croisades*, IV, 475). — Suivant Villani, Florence, où dominaient les Gibelins, célébra par des fêtes le revers des croisés. Michaud, IV, 373.

Sa mère était morte...

Joinville, p. 126 : « A Sayette vindrent les nouvelles au Roy que sa mère estoit morte. Si grand deuil en mena, que de deux jours on ne pot oncques parler à li. Après ce m'envoia querre par un vallet de sa chambre. Quant je ving devant li en sa chambre, là où il estoit tout seul, et il me vit et estandi ses bras et me dit : A! Seneschal! j'ai pardu ma mère. » — Lorsque saint Louis traitait avec le soudan pour sa rançon, il lui dit que s'il voulait désigner une somme raisonnable, il manderait à sa mère qu'elle la payât. « Et ils distrent : Comment est-ce que vous ne nous voulez dire que vous ferez ces choses? et le roy respondi que il ne savoit se la reine le vourroit faire pour ce que elle estoit sa dame. » Ibid., 73.

130 — page 436 — *L'insurrection des Pastoureaux...*

Math. Paris, p. 550, sqq. — « Aux premiers soulèvements du peuple de Sens, les rebelles se créèrent un clergé, des évêques, un pape avec ses cardinaux. » Continuateur de Nangis, 1315. — Les Pastoureaux avaient aussi une espèce de tribunal ecclésiastique. Ibid., 1320. — Les Flamands s'étaient soumis à une hiérarchie, à laquelle ils durent de pouvoir prolonger longtemps leur opiniâtre résistance. Grande Chron. de Flandre, quatorzième siècle. — Les plus fameux routiers avaient pris le titre d'archiprêtres. Froissart, vol. I, ch. CLXXVII. — Les Jacques eux-mêmes avaient formé une monarchie. Ibid., ch. CLXXXIV. — Les Maillotins s'étaient de même classés en dizaines, cinquantaines et centaines. Ibid., ch. CLXXXII-III-IV, Juvén. des Ursins, ann. 1382, et Anon. de Saint-Denis, hist. de Ch. VI; Monteil, t. I, p. 286.

131 — page 440 — *Une association s'était formée*, etc...

A la tête se trouvait Robert Twinge, chevalier du Yorkshire, qu'une provision papale avait privé du droit d'élire à un bénéfice provenant de sa famille. Ces associés, bien qu'ils ne fussent que quatre-vingts, parvinrent, par la célérité et le mystère de leurs mouvements, à persuader au peuple qu'ils étaient en bien plus grand nombre. Ils assassinèrent les courriers du pape, écrivirent des lettres menaçantes aux ecclésiastiques étrangers, etc. Au bout de huit mois, le roi interposa son autorité. Twinge se rendit à Rome, où il gagna son procès, et conféra le bénéfice, etc. Lingard, III, 161.

132 — page 447 — *L'empereur Frédéric II…*

« Frédéric, dit Villani (l. VI, c. 1), fut un homme doué d'une grande valeur et de rares talents ; il dut sa sagesse autant aux études qu'à sa prudence naturelle. Versé en toute chose, il parlait la langue latine, notre langue vulgaire (l'italien), l'allemand, le français, le grec et l'arabe. Abondant en vertus, il était généreux, et à ses dons il joignait encore la courtoisie ; guerrier vaillant et sage, il fut aussi fort redouté. Mais il fut dissolu dans la recherche des plaisirs ; il avait un grand nombre de concubines, selon l'usage des Sarrasins ; comme eux, il était servi par des mameluks ; il s'abandonnait à tous les plaisirs des sens, et menait une vie épicurienne, n'estimant pas qu'aucune autre vie dût venir après celle-ci… Aussi ce fut la raison principale pour laquelle il devint l'ennemi de la sainte Église. »

« Frédéric, dit Nicolas de Jamsila (Hist. Conradi et Manfredi, t. VIII, p. 495), fut un homme d'un grand cœur ; mais la sagesse, qui ne fut pas moins grande en lui, tempérait sa magnanimité, en sorte qu'une passion impétueuse ne déterminait jamais ses actions, mais qu'il procédait toujours avec la maturité de la raison… Il était zélé pour la philosophie ; il la cultiva pour lui-même, il la répandit dans ses États. Avant les temps heureux de son règne, on n'aurait trouvé en Sicile que peu ou point de gens de lettres ; mais l'empereur ouvrit dans son royaume des écoles pour les arts libéraux et pour toutes les sciences ; il appela des professeurs de différentes parties du monde, et leur offrit des récompenses libérales. Il ne se contenta pas de leur accorder un salaire ; il prit sur son propre trésor de quoi payer une pension aux écoliers les plus pauvres, afin que dans toutes les conditions les hommes ne fussent point écartés par l'indigence de l'étude de la philosophie. Il donna lui-même une preuve de ses talents littéraires, qu'il avait surtout dirigés vers l'histoire naturelle, en écrivant un livre sur la nature et le soin des oiseaux, où l'on peut voir combien l'empereur avait fait de progrès dans la philosophie. Il chérissait la justice, et la respectait si fort, qu'il était permis à tout homme de plaider contre l'empereur, sans que le rang du monarque lui donnât aucune faveur auprès des tribunaux, ou qu'aucun avocat hésitât à se charger contre lui de la cause du dernier de ses sujets. Mais, malgré cet amour pour la justice, il en tempérait quelquefois la rigueur par sa clémence. » (Traduction de Sismondi. Remarquez que Villani est guelfe, et Jamsila gibelin.)

133 — page 447 — *Le royaume de Naples resta au bâtard Manfred, au vrai fils de Frédéric II...*
Voici le portrait qu'en font les contemporains, Math. Spinelli, Ricordon, Summonte, Collonueio, etc. Il était doué d'un grand courage, aimait les arts, était généreux et avait beaucoup d'urbanité. Il était bien fait et beau de visage ; mais il menait une vie dissolue ; il déshonora sa sœur, mariée au comte de Caserte ; il ne craignait ni Dieu ni les saints ; il se lia avec les Sarrasins, dont il se servit pour tyranniser les ecclésiastiques, et s'adonna à l'astrologie superstitieuse des Arabes. — Il se vantait de sa naissance illégitime, et disait que les grands naissaient d'ordinaire d'unions défendues. Michaud, V, 43.

134 — page 452 — *L'horreur pour les Sarrasins avait diminué...*
Saint Louis montra pour les Sarrasins une grande douceur. « Il fesait riches moult de Sarrasins que il avait fèt baptizer, et les assembloit par mariages avecque crestiennes... Quand il estoit outre mer, il commanda et fist commander à sa gent que ils n'occìssent pas les femmes ne les enfans des Sarrasins ; ainçois les preissent vis et les amenassent pour fère les baptisier. Ausinc il commandoit en tant come il pooit, que les Sarrasins ne fussent pas ocis, mès fussent pris et tenuz en prizon. Et aucune foiz forfesait l'en en sa court d'escueles d'argent ou d'autres choses de telle manière ; et doncques li benoiez rois le soufroit débonnèrement, et donnoit as larrons aucune somme d'argent, et les envéoit outre mer ; et ce fist-il de plusieurs. Il fut tosjors à autrui moult plein de miséricorde et piteus. » Le Confesseur, p. 302, 388.

135 — page 464 — *Saint Louis envoyait des Mendiants pour surveiller les provinces, etc...*
Math. Paris, ad. ann. 1247, p. 493. — Par son testament (1269), il leur légua ses livres et de fortes sommes d'argent, et institua pour nommer aux bénéfices vacants un conseil composé de l'évêque de Paris, du chancelier, du prieur des Dominicains et du gardien des Franciscains. Bulæus, III, 1269. — Après la première croisade, il

eut toujours deux confesseurs, l'un dominicain, l'autre franciscain. Gaufred., de Bell. loc., ap. Duchesne, V, 451. — Le confesseur de la reine Marguerite rapporte qu'il eut la pensée de se faire dominicain, et que ce ne fut qu'avec peine que sa femme l'en empêcha. — Il eut soin de faire transmettre au pape le livre de Guillaume de Saint-Amour. Le pape l'en remercia, en le priant de continuer aux moines sa protection. Bulæus, III, 313.

136 — page 466 et note 1 — *En 1246, Pierre Mauclerc forme une ligue contre le clergé, etc...*
Trésor des chartes, Champagne, VI, n° 84; et ap. *Preuves des libertés de l'Église gallicane,* I, 29.

1247. Ligue de Pierre de Dreux Mauclerc avec son fils le duc Jean, le comte d'Angoulême et le comte de Saint-Pol, et beaucoup d'autres seigneurs, contre le clergé. — « A tous ceux qui ces lettres verront, nous tuit, de qui le seel pendent en cet présent escript, faisons à sçavoir que nous, par la foy de nos corps, avons fiancez sommes tenu, nous et notre hoir, à tousjours à aider li uns à l'autre, et à tous ceux de nos terres et d'autres terres qui voudront estre de cette compagnie, à pourchacier, à requerre et à défendre nos droits et les leurs en bonne foy envers le clergié. Et pour ce que grieffsve chose seroit, nous tous assembler pour cette besogne, nous avons eleu, par le commun assent et octroy de nous tous, le duc de Bourgogne, le comte Perron de Bretaigne, le comte d'Angolesme et le comte de Sainct-Pol;... et si aucuns de cette compagnie estoient excommuniez, par tort conneu par ces quatre, que le clergié li feist, il ne laissera pas aller son droict ne sa querele pour l'excommuniement, ne pour autre chose que on li face, etc. » *Preuv. des lib. de l'Égl. gallic.,* I, 99. Voy. aussi p. 95, 97, 98.

137 — page 467 — *Cette âme tendre et pieuse, blessée dans tous ses amours, etc...*
Lorsque saint Louis eut résolu de retourner en France « lors me dit robe entre ly et moy sanz plus, et me mist mes deux mains entre les seues, et le légat que je le convoiasse jusques à son hostel. Lors s'enclost en sa garde, commensa à plorer moult durement; et quand il pot parler, si me dit : Seneschal, je sui moult li, si en rent graces à Dieu, de ce que le roy et les autres pèlerins eschapent du grand péril là où vous avez esté en celle terre; et moult sui à mésaise de crier de ce que il me convendra lessier vos saintes com-

paingnies, et aler à la court de Rome, entre cel desloial gent qui y sont. »

138 — page 475 — *Guillaume de Saint-Amour contre les Mendiants...*
Les ordres Mendiants étaient fort effrayés. « Cum prædicto volumini respondere fuisset prædicto doctori (Thomæ), non sine singultu et lacrymis, assignatum, qui de statu ordinis de pugna adversariorum tam gravium dubitabant, Fr. Thomas ipsum volumen accipiens et se fratrum orationibus recommendans... » Guill. de Thoco, vit. S. Thomæ, ap. Acta SS. Martis, I.

139 — page 476 — *Albert-le-Grand déclara que saint Thomas avait fixé la règle...*
Processus de S. Thom. Aquin., ap. Acta SS. Martis, I, p. 714 : « Concludit quod Fr. Thomas in scripturis suis imposuit finem omnibus laborantibus usque ad finem sæculi, et quod omnes deinceps frustra laborarent. » — « Fuit (S. Thomas) magnus in corpore et rectæ staturæ... coloris triticei... magnum habens caput... aliquantulum calvus. Fuit tenerrimæ complexionis in carne. » Acta SS., p. 672. — « Fuit grossus. » Processus de S. Thom., ibid.

140 — page 482 — *Le roi apparaît à la poésie féodale comme un lâche...*
Passage de *Guill. au court nez* (Paris, introd. de Berte aux grands pieds), cité dans *Gérard de Nevers*.

Grant fu la cort en la sale à Loon,
Moult ot as tables oiseax et venoison.
Qui que manjast la char et le poisson,
Oncques Guillaume n'en passa le menton :
Ains menja tourte, et but aigue à foison.
Quant mengier orent li chevalier baron,
Les napes otent escuier et garçon.
Li quens Guillaume mist le roi à raison :
— « Qu'as en pensé », dit-il, li fiés Charlon?
« Secores-moi vers la geste Mahon. »
Dist Loéis : « Nous en consillerons,
« Et le matin savoir le vous ferons
« Ma volonté, se je irai o non. »
Guillaume l'ot, si taint come charbon,
Il s'abaissa, si a pris un baston.
Puis dit au roi : « Vostre fiez vos rendon,
« N'en tenrai mès vaillant une esperon,

« Ne vostre ami ne serai ne voste hom,
« Et si venrez, o vous voillez o non. »

(Ms. de *Gérard de Nevers*, n° 7498, treizième siècle, corrigé sur le texte le plus ancien du ms. de *Guillaume au Cornès*, n° 6995.)

141 — page 484 — *On remonte au vieil élément indigène*, etc...

Le principal dépôt des traditions bretonnes du moyen âge est l'ouvrage du fameux Geoffroi de Monmouth. Sur la véracité de cet auteur et les sources où il a puisé, voyez Ellis, *Intr. metrical romances*; Turner, *Quaterly review*, janvier 1820; Delarue, *Bardes armoricains*; et surtout la dernière édition de Warton (1834), avec notes de Douce et de Park; voyez aussi les critiques de Ritson, quelques passages des poésies de Marie de France, publiés par M. de Roquefort, 1820, etc.

142 — page 487, note 2 — *La fête de l'âne*...
On chantait la prose suivante :

Orientis partibus
Adventavit asinus
Pulcher et fortissimus
Sarcinis aptissimus.
Hez, sire asnes, car chantez
Belle bouche rechignez,
Vous aurez du foin assez
Et de l'avoine à plantez.
    Lentus erat pedibus
Nisi foret baculus
Et eum in clunibus
Pungeret aculeus.
Hez, sire asnes, etc.
    Hic in collibus Sichem
Jam nutritus sub Ruben,
Transiit per Jordanem,
Saliit in Bethleem.
Hez, sire asnes, etc.
    Ecce magnis auribus
Subjugalis filius
Asinus egregius
Asinorum dominus.
Hez, sire asnes, etc.
    Saltu vincit hinnulos,
Damas et capreolos,

Super dromedarios
Velox Madianeos.
Hez, sire asnes, etc.
    Aurum de Arabia,
Thus et myrrham de Saba,
Tulit in ecclesia
Virtus asinaria.
Hez, sire asnes, etc.
    Dum trahit vehicula
Multa cum sarcinula,
Illius mandibula
Durat terit pabula.
Hez, sire asnes, etc.
    Cum aristis hordeum
Comedit et corduum;
Triticum e palea
Segregat in area.
Hez, sire asnes, etc.
    Amen dicas Asine (hic genuflectebatur)
Jam satur de gramine :
Amen, amen itera,
Aspernare vetera.
Hez va ! hez va ! hez va hez !
Biax sire asnes car allez
Belle bouche car chantez.

(Ms. du treizième siècle, ap. Ducange, *Glossar.*)

143 — page 493. — *La cathédrale de Cologne, le type de l'architecture gothique...*

Les maîtres de cette ville ont bâti beaucoup d'autres églises. Jean Hültz, de Cologne, continue le clocher de Strasbourg. — Jean de Cologne, en 1369, bâtit les deux églises de Campen, au bord du Zuiderzée, sur le plan de la cathédrale de Cologne. — Celle de Prague s'élève sur le même plan. — Celle de Metz y ressemble beaucoup. — L'évêque de Burgos, en 1442, emmène deux tailleurs de pierres de Cologne pour terminer les tours de sa cathédrale. Ils font les flèches sur le plan de celle de Cologne. — Des artistes de Cologne bâtissent Notre-Dame de l'Épine, à Châlons-sur-Marne. Boisserée, p. 15.

144 — page 496 — *Les méandres de l'église de Reims...*

On voyait dans plusieurs églises, entre autres à Chartres et à Reims, une spirale de mosaïque, ou labyrinthe, ou *dædalus*, placé au centre de la croisée. On y venait en pèlerinage; c'était l'emblème de l'intérieur du temple de Jérusalem. Le labyrinthe de Reims portait le nom des quatre architectes de l'église. Povillon-Pierard, *Description de Notre-Dame de Reims*. — Celui de Chartres est surnommé *la lieue;* il a sept cent soixante-huit pieds de développement. Gilbert, *Description de Notre-Dame de Chartres*, p. 44.

145 — page 499 — *La peinture sur vitres...*

Les Romains se servaient depuis Néron des vitres colorées, surtout en bleu. Le beau rouge est plus fréquent dans les anciens vitraux; on disait proverbialement : *Vin couleur des vitraux de la Sainte-Chapelle*. Ceux de cette église sont du premier âge; ceux de Saint-Gervais, du deuxième et du troisième, et de la main de Vinaigrier et de Jean Cousin. Au deuxième âge, les figures, devenant gigantesques, sont coupées par les vitres carrées. A cette époque appartiennent encore les beaux vitraux des grandes fenêtres de Cologne, qui portent la date de 1509, apogée de l'école allemande; ils sont traités dans une manière monumentale et symétrique. — Angelico da Fiesole est le patron des peintres sur verre. On cite encore Guillaume de Cologne et Jacques Allemand. Jean de Bruges inventa les émaux ou verres à deux couches. — La Réforme réduisit cet art en Allemagne à un usage purement héraldique. Il fleurit en Suisse jusqu'en 1700. La France avait acquis tant de réputation en ce genre, que Guillaume de Marseille fut appelé à Rome, par Jules II, pour décorer les fenêtres du Vatican.

A l'époque de l'influence italienne, le besoin d'harmonie et de clair obscur fait employer la grisaille pour les fenêtres d'Anet et d'Écouen ; c'est le protestantisme entrant dans la peinture. En Flandre, l'école des grands coloristes (Rubens, etc.) amène le dégoût de la peinture sur verre. Voyez dans la *Revue française* un extrait du rapport de M. Brongniart à l'Académie des sciences sur la peinture sur verre; voyez aussi la notice de M. Langlois sur les vitraux de Rouen.

FIN DU TOME DEUXIÈME.

TABLE DES MATIÈRES

LIVRE III. — Tableau de la France.

	Pages
Les divisions féodales répondent aux divisions naturelles et physiques.	1
L'histoire de la féodalité doit donc sortir d'une caractérisation géographique et physiologique de la France.	2
La France se sépare en deux versants, occidental et oriental.	3
La France peut se diviser par ses produits en zones latitudinales.	5
Bretagne.	7
Anjou.	19
Touraine.	20
Poitou.	22
Limousin.	28
Auvergne.	29
Rouergue.	31
Guyenne.	ibid.
Pyrénées.	33
Languedoc.	43
Provence.	47
Dauphiné.	55
Franche-Comté.	59
Lorraine.	60
Ardennes.	65
Lyonnais.	66
Autunois et Morvan.	70
Bourgogne.	71
Champagne.	73
Normandie.	78

TABLE DES MATIÈRES

Pages

Flandre. 80
Centre de la France, Picardie, Orléanais, Ile-de-France. 87
Centralisation. 93

LIVRE IV.

Chapitre Ier. *L'an 1000. Le roi de France et le pape français. Robert et Gerbert. — France féodale.* 102

    Croyance universelle à la fin prochaine du monde. 103
    Calamités qui précèdent l'an 1000. 105
    Le monde aspire à entrer dans l'Église. 107
    Le roi de France, Robert, est un saint. 109
    Espoir du monde après l'an 1000. Élan de l'architecture; dogme de la Présence réelle; pèlerinages. 113
    Gerbert, ou Sylvestre II, ami des Capets. 115
    Les Capets s'appuient sur l'Église et sur les Normands 116
    Rivalité des maisons normandes de Normandie et de Blois. . . . 117
    Robert épouse Berthe, de la maison de Blois. 118

1037. Mauvais succès d'Eudes-le-Champenois, héritier de la maison de Blois. 119
    La maison de Blois se divise en Blois et Champagne, et reste inférieure aux Normands de Normandie. . . . . *ibid.*
    La maison indigène d'Anjou succède à sa puissance. 120
    Les Angevins gouvernent Robert, Bouchard, Foulques-Nerra. . . *ibid.*

1012. Après eux les Normands de Normandie gouvernent Robert, et lui soumettent la Bourgogne. 122

1031. Henri Ier. Il se brouille avec les Normands. 124

1031-1108. Nullité d'Henri Ier et de Philippe Ier. . . . . *ibid.*

Chapitre II. *Onzième siècle. — Grégoire VII. — Alliance des Normands et de l'Église. — Conquête des Deux-Siciles et de l'Angleterre* 126

    Lutte entre le Saint-Pontificat et le Saint-Empire, entre la féodalité et l'Église. . . . . *ibid.*
    Matérialisme profond du monde féodal. 129
    L'Église devient peu à peu féodale et se matérialise. 133
    Grégoire VII entreprend de la relever. Célibat des prêtres. . . . 136
    L'Église prétend à la domination universelle. 137

TABLE DES MATIÈRES

	Pages
L'Empire est vaincu.	139
Le pape s'allie aux Normands.	140
Caractère conquérant et chicaneur des Normands.	141
1000-1026. Leurs pèlerinages en Italie.	144
1026. Premiers établissements des Normands en Italie.	145
1037-1053. Les fils de Tancrède conquièrent la Pouille et les Deux-Siciles.	ibid.
Guillaume-le-Bâtard, duc de Normandie	147
Grossièreté et esprit d'opposition de l'Église anglo-saxonne.	148
Édouard, roi d'Angleterre, ami des Normands, gouverné par le Saxon Godwin	149
Guillaume, soutenu par le pape, prétend régner après Édouard, à l'exclusion d'Harold, fils de Godwin	150
1066. Bataille d'Hastings; conquête de l'Angleterre par les Normands.	154
Guillaume traite d'abord les vaincus avec quelque douceur	156
Révolte des Saxons. Partage de toute l'Angleterre.	157
Utilité de la conquête. Forte organisation sociale	160
Puissance de la royauté et de l'église anglaise.	ibid.
Le saint-siège triomphe dans toute l'Europe par l'épée des Français.	164

CHAPITRE III. *La Croisade.* (1095-1099.) 166

État de l'Islamisme en Asie	ibid.
L'essence de l'Islamisme était l'unité.	167
La dualité y rentre. Alides. Ismaïlites.	169
Doctrine mystique des Ismaïlites, ou Assassins. Puissance d'Hassan, 1090.	170
Faiblesse des Califats.	172
Jeunesse et vigueur du Christianisme	ibid.
Pèlerinages armés; commencement des croisades	173
Les Grecs appellent les princes de l'Occident	176
1095. Le pape français Urbain II prêche la croisade à Clermont.	178
Grandeur du mouvement populaire.	180
Les chefs. Godefroi de Bouillon, Hugues de Vermandois, Raymond de Toulouse, etc.	181
Les Provençaux et les Normands. Bohémond.	182
Godefroi de Bouillon	184
1096. Départ des chefs. Arrivée à Constantinople.	185
Haine mutuelle des croisés et des Grecs.	186
Alexis Comnène reçoit l'hommage des croisés.	ibid.
Les croisés passent en Asie Mineure. Prise de Nicée	189

Prise d'Antioche. Souffrances des croisés. Bohémond garde Antioche.. 191

1099. Prise de Jérusalem. 193
Godefroi, roi de Jérusalem. Établissement de la féodalité française en Palestine.. 194

CHAPITRE IV. *Suites de la croisade. Les Communes. Abailard. Première moitié du douzième siècle.* 197

Résultat de la croisade. L'aversion de l'Europe et de l'Asie a diminué. 198
La pensée de l'égalité s'est développée.. 199
Tentatives d'affranchissement. Communes 200
Le roi s'appuie sur les communes contre les barons. 203

1108. Louis VI. Il fait ses premières armes pour l'Église et les marchands. 208
La royauté avait gagné à l'absence des seigneurs, partis pour la croisade. 209
Guerre de Louis contre les Normands. Bataille de Brenneville, 1119. 211

1115. Expédition dans le Midi 213

1124. L'empereur Henri V veut envahir la France. Toute la France s'arme pour Louis VI. 214
La liberté se produit dans la philosophie. 215
Mouvement de la pensée. Gerbert, Bérenger, Roscelin, école de droit; université de Paris. *ibid.*
Le Breton Abailard essaye de ramener le christianisme à la philosophie. Immense popularité de son enseignement. 219
Saint Bernard; sa puissance. 221
Il attaque Abailard et son disciple Arnaldo de Brescia. 223

1119. Abailard se retire à Saint-Denis. 224
Il fonde le Paraclet pour Héloïse. 225
Il est condamné au concile de Sens 226
Héloïse. La femme se relève par l'amour désintéressé. 227
Robert d'Arbrissel la place au-dessus de l'homme. Ordre de Fontevrault, 1106. 231
Progrès du culte de la Vierge. 232
La femme règne aussi sur la terre. Elle succède, etc. . . . . . *ibid.*

CHAPITRE V. *Le roi de France et le roi d'Angleterre. Louis-le-Jeune, Henri II (Plantagenet). — Seconde croisade; humiliation de Louis. — Thomas Becket, humiliation d'Henri (seconde moitié du douzième siècle).* 235

    Le roi d'Angleterre violent, héroïque, impie . . . . *ibid.*
    Le roi de France, figure pâle et impersonnelle; mais il a pour lui le peuple et la loi, l'Église et la bourgeoisie. 237
    Il est le symbole et le centre de la nation . . . . *ibid.*

1137. Dévotion de Louis VII. 239

1142. Guerre avec la Champagne. Incendie de Vitry. 240

1147. Seconde croisade, prêchée par saint Bernard. Différence entre la seconde croisade et la première. 241
    L'empereur Conrad et une foule de princes prennent la croix. . . *ibid.*
    Mauvais succès des croisés dans l'Asie Mineure. 243
    Retour honteux de Louis VII 244
    La femme de Louis, Éléonore, obtient le divorce, se marie à Henri Plantagenet et lui apporte l'Aquitaine. 246
    Situation de la royauté anglaise. Oppression des vaincus; puissance de la féodalité. 247
    Le roi s'appuie contre ses barons sur des mercenaires. Nécessité d'une fiscalité violente . . . . *ibid.*

1087. Guillaume-le-Roux. 248

1100. Henri Beauclerc. 250

1135. Étienne de Blois. Il reconnaît pour son successeur Henri Plantagenet, comte d'Anjou. 251

1154. Henri II. Ses vastes possessions 252
    Les vaincus espèrent sous Henri II. 253
    Résurrection du droit romain. . . . . *ibid.*
    Le Saxon Becket, élève de Bologne, favori et chancelier d'Henri II. 255
    Guerre d'Henri II contre le comte de Toulouse. 257
    Henri II donne à Becket l'archevêché de Kenterbury. 258
    Rôle populaire des archevêques de Kenterbury. Ils défendent les libertés de Kent. 259
    Becket accepte ce rôle et se brouille avec Henri. 262

1163. Henri fait signer aux évêques les coutumes de Clarendon. 263
    Les races vaincues soutiennent Becket. 265
    Becket, défenseur de leur liberté et de la liberté de l'Église . . *ibid.*

1164. Il se réfugie en France. 270
    Louis VII l'accueille et le protège. 271

TABLE DES MATIÈRES

	Pages
Il excommunie ses persécuteurs	271
Le pape se déclare contre lui	272
Entrevue de Becket et des deux rois à Chinon	277

1170. Menaces d'Henri II. Quatre chevaliers normands assassinent
l'archevêque dans son église. *Passion* de Becket 281
- Henri obtient son pardon du saint-siège 287
- Révolte de ses fils et de sa femme Éléonore 288
- Il fait pénitence au tombeau de Thomas Becket 290
- Il reprend avec énergie la guerre contre ses fils 291
- Caractère impie et parricide de cette famille 292
- Attachement des Méridionaux pour Éléonore de Guyenne 294

1189. Malheur et mort d'Henri II 296
- Le roi de France surtout profite de la chute du roi d'Angleterre. 299
- Son dévouement à l'Église fait sa grandeur 300

1180. Philippe-Auguste 301

CHAPITRE VI. 1200. *Innocent III. — Le pape prévaut, par les armes des Français du Nord, sur le roi d'Angleterre et l'empereur d'Allemagne, sur l'empire grec et sur les Albigeois. — Grandeur du roi de France* 304

- Situation du monde à la fin du douzième siècle . . . . *ibid.*
- Révolte contre l'Église 305
- Mysticisme sur le Rhin et aux Pays-Bas 307
- En Flandre, mysticisme industriel 309
- Rationalisme dans les Alpes 311
- Vaudois . . . . *ibid.*
- Albigeois 313
- Liaison du Midi avec les juifs et les musulmans . . . . *ibid.*
- Incrédulité et corruption 314
- Littérature. Troubadours 315
- Situation politique du Midi 316
- Doctrines albigeoises, croyances manichéennes 317
- Danger de l'Église 319
- Innocent III 321
- Prétentions croissantes du saint-siège 324
- Opposition de l'empereur et du roi d'Angleterre 325
- Philippe-Auguste 327
- Richard Cœur-de-Lion 328

1187. Prise de Jérusalem 329
- Règne des Atabecks de Syrie, Zenghi et Nuhreddin 330
- Saladin 331
- Troisième croisade. Frédéric-Barberousse meurt en chemin . . . 332

	Pages
Les rois de France et d'Angleterre prennent la route de mer	333
Leurs querelles en Sicile	ibid.
Siège de Saint-Jean d'Acre	334
Divisions des croisés. Philippe retourne en France	337
L'empereur retient Richard prisonnier	341
1199. Retour et mort de Richard	ibid.
Le divorce de Philippe-Auguste le brouille avec l'Église	342
1202-1204. Quatrième croisade	ibid.
Les croisés empruntent des vaisseaux à Venise	343
L'empereur grec implore leur secours	345
Haines mutuelles des Grecs et des Latins	346
Siège et prise de Constantinople	348
Soulèvement du peuple. Murzuphle	350
Seconde prise de Constantinople	351
Partage de l'empire grec. Baudoin de Flandre, empereur	352

CHAPITRE VII (Suite). — *Ruine de Jean. Défaite de l'empereur. Guerre des Albigeois. Grandeur du roi de France.* (1204-1222.) 354

L'Église frappe d'abord le roi d'Angleterre	355
Danger continuel des rois d'Angleterre; mercenaires et fiscalité	ibid.
Désharmonie croissante de l'empire anglais	356
Rivalité de Jean et de son neveu Arthur de Bretagne	358
1204. Meurtre d'Arthur	359
Philippe-Auguste cite Jean devant sa cour	360
Jean se ligue avec l'empereur et le comte de Toulouse	361
Situation précaire de l'Église dans le Languedoc	ibid.
Antipathie du Nord pour le Midi	362
Ravages des routiers	ibid.
Opposition des deux races dans les croisades	363
La croisade est prêchée par l'ordre de Cîteaux. Sa splendeur	364
Durando d'Huesca	365
Saint Dominique	ibid.
Le comte de Toulouse favorise les hérétiques	367
1208. Assassinat du légat Pierre de Castelnau	368
Innocent III fait prêcher la croisade dans le nord de la France	369
A la tête des croisés, Simon de Montfort. Destinées de cette famille	372
Siège et massacre de Béziers	374
Prise de Carcassonne	375
Montfort accepte la dépouille du vicomte de Béziers	376
Siège des châteaux de Minerve et de Termes	377

	Pages
Le comte de Toulouse se soumet à des conditions humiliantes...	379
Siége de Toulouse.	381
Tous les seigneurs des Pyrénées se déclarent pour Raymond	382
Le roi d'Aragon fait défier Montfort.	383
Opposition des armées de Montfort et de don Pedro.	384

1213. Bataille de Muret... *ibid.*
    Querelle de Jean et des moines de Kenterbury. 386
    Le pape se déclare contre Jean et l'excommunie. *ibid.*
    Le pape arme la France. Jean se soumet. 388
    Guerre de Philippe contre les Flamands. 389
    Jean se ligue avec l'empereur Othon. 390

1214. Bataille de Bouvines 391

1215. Soulèvement des barons d'Angleterre. Grande Charte. 392
    Louis, fils de Philippe, descend en Angleterre. 395

1216. Mort de Jean. Mort d'Innocent III. *ibid.*
    Doutes, et peut-être remords du pape 396

1222. Le Midi se jette dans les bras du roi de France 398
    Situation de l'Europe. L'avenir est au roi de France *ibid.*

CHAPITRE VIII. *Première moitié du treizième siècle. Mysticisme. Louis IX. Sainteté du roi de France*............ 400

Décadence de la papauté.................... *ibid.*
Ordres mendiants, Dominicains et Franciscains.. 401
Esprit austère des Dominicains. 402
Mysticisme des Franciscains 403
Légende de saint François. *ibid.*
Drames et farces mystiques. 406
Le mysticisme franciscain accueilli par les femmes. Clarisses.
    Dévotion à la Vierge 407
Influence des femmes au treizième siècle *ibid.*

1218. Louis VIII s'empare du Poitou et étend son influence en Flandre. 409
    Il reprend la croisade contre les Albigeois. 410

1226. Il meurt. Régence de Blanche de Castille. 411
    Elle s'appuie sur le comte de Champagne 412
    Ligue des barons. Pierre Mauclerc, duc de Bretagne 413
    Nouvelle croisade en Languedoc. Soumission du comte de Toulouse.
    Soumission des barons. 415

1236. Saint Louis. Situation favorable du royaume. 416
    Discrédit de l'empereur et du pape. 418
    Saint Louis hérite des dépouilles des ennemis de l'Église. *ibid.*

TABLE DES MATIÈRES

Pages

    Ravages des Mongols en Asie. 419
    L'empereur grec implore le secours de la France. 421
    Saint Louis retenu par la guerre contre Henri III. 422

1241. Batailles de Taillebourg et de Saintes. 423

1258. Prise de Jérusalem par les Mongols. 424
    Saint Louis, malade, prend la croix. 425
    Séjour des croisés en Chypre. 427
    Siège de Damiette. 428
    Défaite de Mansourah. 429
    Maladies dans le camp. 432
    Prise du roi et d'une foule de croisés. 433
    Il fortifie les places de la terre sainte et revient en France. . . 436
    Le mysticisme produit l'insurrection des Pastoureaux. 436
    Saint Louis restitue des provinces à l'Angleterre 437
    Situation de l'Angleterre sous Henri III. 438
    Il veut s'appuyer sur les hommes du Midi. 439
    Insurrection des barons. Montfort. . . . . *ibid.*

1258. Statuts d'Oxford. 440

1264. Saint Louis, pris pour arbitre, casse les Statuts. 441
    Montfort appelle les communes au Parlement. . . . . *ibid.*
    Charles d'Anjou accepte la dépouille de la maison de Souabe. . . 442
    Caractère héroïque de cette maison gibeline. 443
    Dur esprit des Guelfes 444
    La maison de Souabe se rend odieuse 445
    Conquête des Deux-Siciles par Charles d'Anjou. 447

1270. Croisade de Tunis, et mort de Louis IX. 456
    Sainteté de Louis IX. Son équité dans les jugements. 463

ÉCLAIRCISSEMENTS 473

APPENDICE. 509

FIN DE LA TABLE DU DEUXIÈME VOLUME.

IMPRIMERIE E. FLAMMARION, 26, RUE RACINE, PARIS.

ŒUVRES COMPLÈTES

DE

J. MICHELET

ÉDITION DÉFINITIVE, REVUE ET CORRIGÉE

DÉTAIL DE L'ŒUVRE COMPLÈTE

Histoire de France (Moyen âge, Temps modernes, Révolution, XIXe siècle).	26 vol.
Vico.	1 vol.
Histoire romaine.	1 vol.
L'Oiseau. — La Mer.	1 vol.
Luther (Mémoires).	1 vol.
Le Peuple. — Nos Fils.	1 vol.
Le Prêtre. — Les Jésuites.	1 vol.
La Montagne. — L'Insecte.	1 vol.
L'Amour. — La Femme.	1 vol.
Précis d'histoire moderne. — Introduction à l'Histoire universelle.	1 vol.
La Bible de l'Humanité. — Une année du Collège de France (1848).	1 vol.
Les Origines du Droit. — La Sorcière.	1 vol.
Les Légendes du Nord. — La France devant l'Europe.	1 vol.
Les Femmes de la Révolution. — Les Soldats de la Révolution.	1 vol.
Lettres inédites adressées à Mlle **Mialaret** (Mme **Michelet).**	1 vol.
TOTAL.	40 vol.

Prix de chaque volume 7 fr. 50.
(Envoi franco contre mandat ou timbres).

IMPRIMERIE E. FLAMMARION, 26, RUE RACINE, PARIS.

www.ingramcontent.com/pod-product-compliance
Lightning Source LLC
Chambersburg PA
CBHW070359230426
43665CB00012B/1184